디지털금융시대,

금융당국자가 알려 주는

가상자산 투자 및 관리 秘法

김춘규

박영사

책을 펴내며.

미국의 트럼프 대통령이 재집권을 하면서 "가상자산"의 가격이 급격하게 올라가고 있습니다. 가상자산은 다른 자산에 비해 가격변동성이 매우 큽니다. 투자자인 일반국민들은 이러한 가격변동성을 활용해 "일확천금"을 꿈꾸는 경우가 많습니다.

하지만 이러한 가격변동성에는 ⅰ) 가상자산시장의 특징적 수요와 공급, ⅱ) 각국의 가상자산 규제, ⅲ) 거액 투자자의 투자경향 등이 포함되어 있습니다. 앞에서 언급한 이 세 가지를 제대로 분석하지 못할 경우, 투자자는 큰 손실을 면치 못할 가능성이 매우 높습니다.

가상자산이 디지털금융시대에 있어서 새로운 투자아이템이 될 수 있음에는 동의합니다. 하지만 가상자산에 대한 규제의 발전, 각국의 가상자산 규제의 차이, 가상자산에 대한 자금세탁방지 규제, 최근에 제정된 가상자산법의 주요 내용 등을 충분히 이해하고 있어야만, 진정한 투자대상으로서 가치가 있다고 생각합니다.

인터넷에는 출처가 불분명하고 증명·확인되지 않은 정보가 많아 투자자에게 혼란을 가중시키고 있습니다. 직접 가상자산 규제정책을 마련하고 집행·분석해 본 저자는, 이 책에 금융당국 등에서 작성한 자료 등을 풀어서 상세히 수록하였습니다.

제1편에서는 가상자산의 개념 및 자금세탁 가능성, 가상자산의 자금세탁방지제도의 도입, 가상자산 관련 특정금융정보법의 주요 내용 등 우리나라의 가상자산에 대한 규제의 발전과정을 설명하였고, 제2편에서는 가상자산과 관련한 기준을 FATF, 미국, 일본, 유럽연합 등의 사례를 들어 국제기준과 각국의 규제정책을 설명하였습니다.

아울러, 제3편에서는 가상자산거래소에서 시행되고 있는 가상자산 관련 의심거래보고제도, 고객확인의무제도 및 고액현금거래보고제도를 수록하였고, 제4편에서는 「가상자산이용자 보호 등에 관한 법률」(이하 '가상자산법')의 주요 내용 및 향후 개정방향에 대해 저자의 의견을 상세히 기술하였습니다.

마지막으로, 제5편에서는 가상자산의 투자방법 및 유의사항을 금융당국에서 발표한 보도자료 등을 기반으로, 투자의 기본개념, 시장현황, 가격변동성에 따른 유의사항, 투자 시 유의사항, 투자사기 사례 등을 상세히 설명하였습니다.

가상자산은 디지털금융시대에 발생한 새로운 투자자산임에 틀림없습니다. 하지만 가상자산의 무분별한 정보와 확인되지 않은 정보 등으로 인해 투자자를 속이기 위한 새로운 사기 유형으로 자리 잡고 있는 것도 현실입니다. 가상자산에 대한 규제정책과 투자사기 유형 등을 이해함으로써 더 이상의 피해 없이 가상자산이 기술과 접목된 새로운 투자상품으로 자리매김하기를 희망합니다.

2025년 1월, 과천에서

김 춘 규

이 책을 적극 추천합니다.

　　가상자산과 관련하여, 정부는 '혁신'과 '안정'이 균형을 이룰 수 있는 정책을 모색해 왔습니다. 블록체인 등 기술혁신은 지원하되, 가상자산이용자 보호와 시장 건전화에 중점을 두고, 21년부터 가상자산사업자신고제, 트래블 룰 도입 등 자금세탁방지를 위한 규제장치를 도입했습니다. 특히, 2024년 7월부터는 가상자산이용자 보호를 위해 시급하고 중요한 사안을 담은 「가상자산이용자보호법」이 시행된 바 있습니다.

　　금융당국은 예치금 등 이용자 재산 보호, 불공정거래행위 규제 등 새로운 이용자제도의 안착과 국민의 체감도 확대에 노력을 기울였습니다.

　　하지만 「가상자산이용자보호법」 제정만으로는 여전히 부족한 부분이 많습니다. 최근 입법논의가 되고 있는 '법인에 대한 실명계좌 발급 이슈'뿐만 아니라, '사업자 진입·영업 규제', '자율규제기구 설립' 등을 포함한 "2단계 가상자산법 추진"과 함께 '가상자산 거래지원 개선 문제', '블록체인 생태계 육성방안', '시장독과점 문제' 등 산업정책적 이슈를 포함하여 '스테이블코인', '국경 간 가상자산 거래' 등 향후 반영해야 할 난제가 많습니다.

　　저는 「가상자산이용자보호법」 시행을 계기로 가상자산이 제도권으로 편입되었으나, 가상자산시장은 아직 관련 법령 정비가 되어 있지 않은 새로운 시장으로서 경제적 · 법률적으로 체계적인 규율이 필요한 분야라고 생각합니다.

　이러한 시점에 금융위원회 금융정보분석원(FIU)에서 가상자산 검사 컨설팅과 심사분석 업무 등을 수행한 김춘규 수사관이 그간의 업무와 연구를 통하여 「디지털금융시대, 금융당국자가 알려 주는 가상자산 투자 및 관리 秘法」이라는 소중한 책을 발간하는 것은 매우 시의적절하고, 가상자산제도 정착에 크게 도움이 될 것입니다.

　저자인 김춘규 수사관은 금융위원회 금융정보분석원(FIU)에서 자금세탁방지 검사와 심사분석 업무를 수행하면서 10년 이상 근무한 분으로, 가상자산정책을 견고하게 발전시켜 주는 데 기여하였습니다. 수사관님의 열정과 경험을 모두 녹여 낸 이 책을 진심으로 적극 추천합니다.

2025년 3월, 금융위원회 상임위원

김 범 기

차례.

PT 1 우리나라의 가상자산 규제 발전과정 … 1

　CH 1 우리나라의 가상자산 규제 발전과정 … 3

　　1 가상자산의 개념 및 자금세탁 가능성 … 3

　　2 가상자산 자금세탁방지제도 도입 … 10

　　3 가상자산 관련 특정금융정보법령 개정 주요 내용 … 12

　　4 가상자산 관련 특정금융정보법령 추가개정 주요 내용 … 16

　　5 가상자산사업자 신고수리 현황 … 17

PT 2 가상자산 관련 국제기준 및 각국의 규제정책 … 21

　CH 1 FATF의 가상자산·가상자산사업자에 대한 위험 기반 접근법

　　적용지침 주요 내용 … 23

　　1 FATF 용어 정의 및 AML/CFT 관련 가상자산사업자 부문 특징 … 23

　　2 각국 및 권한당국에의 적용 … 33

　　3 가상자산사업자 및 기타 가산자산활동 참여·제공개체에의 적용 … 73

　　4 가상자산사업자·가상자산활동에 대한 위험 기반 접근법 적용국가별

　　　사례 … 83

　CH 2 미국 FinCEN의 CVC 관련 불법행위에 관한 권고안 … 98

　　1 서문 … 98

2 가상자산 위험 ··· 99

3 가상자산 남용 주요 사례 ··· 101

4 가상자산 남용 위험신호 지표 ··· 109

5 CVC 관련 의심거래보고 시 유용한 정보 ··· 113

CH 3 일본의 자금결제법 법률요강, 사무처리 기준 등 ··· 116

1 자금결제법에 관한 법률안 개요 ··· 116

2 암호자산 사무처리 기준 ··· 122

CH 4 유럽의 MiCA법의 주요 내용 ··· 157

1 서론 ··· 157

2 가상자산의 정의, 구분 및 차등규제 ··· 158

3 가상자산에 대한 공시의무 ··· 160

4 내부자 거래 규제 ··· 161

5 가상자산서비스업에 대한 규제 ··· 162

6 가상자산서비스업에 대한 규제·감독기관 ··· 164

PT 3 가상자산 관련 자금세탁방지제도 ··· 167

CH 1 가상자산 관련 의심거래보고 ··· 169

1 가상자산 의심거래 참고유형 ··· 169

2 가상자산 의심거래보고 작성 ··· 186

3 가상자산 의심거래보고 관련 주요 위법·부당행위 사례 및 유의점
··· 204

CH 2 가상자산 관련 고객확인의무 ··· 207

1 고객확인의무의 개념 및 필요성 ··· 207

2 고객확인의무의 기본원칙과 새로운 접근법 ··· 214

3 고객확인의무에 대한 국제기준과 주요국 사례 ··· 220

4 AML/CFT 위험관리체계와 위험평가 ··· 228

5 상황에 따른 고객확인의무 응대요령 ··· 249

6 고객확인의무 업무처리 관련 Q&A ··· 262

7 가상자산 고객확인의무 관련 주요 위법·부당행위 사례 및 유의점
··· 266

CH 3 고액현금거래보고 검증 및 확인 ··· 269

1 고액현금거래보고의 이해 ··· 269

2 금융회사 등의 고액현금거래보고에 관한 업무지침 ··· 280

3 사례별 고액현금거래보고 처리방법 ··· 288

4 고액현금거래보고 제외대상 기관의 점검 및 확인 ··· 295

5 고액현금거래보고 업무처리 관련 Q&A ··· 296

PT 4 가상자산법 주요 내용 및 향후 정책방향 ··· 301

CH 1 가상자산이용자 보호 등에 관한 법률 주요 내용 ··· 303

1 가상자산이용자 보호 등에 관한 법률 제정이유 ··· 303

2 가상자산법 제정경과 ··· 304

3 가상자산법 주요 내용 ··· 306

CH 2 가상자산법 향후 개정방향 ··· 310

1 자율적 규제 생태계 구축 ··· 310

2 가상자산거래소 및 코인 인증제도 도입 ··· 312

CONTENTS

3 FIU의 가상자산거래소 서버 추적원 도입 ··· 312

4 디지털자산 감독 및 육성기관 설립 ··· 313

5 디지털자산 보호기금 마련 ··· 314

PT 5 가상자산 투자 및 유의사항 ··· 315

CH 1 투자대상으로서 가상자산 ··· 317

1 가상자산의 투자대상과 가치 ··· 317

2 가격변동성이 큰 가상자산과 투자원칙 ··· 319

3 가상자산의 투자전략 ··· 320

CH 2 가상자산산업의 시장현황 ··· 324

1 가상자산거래업자 영업현황 ··· 325

2 가상자산시장 동향 ··· 329

CH 3 가상자산시장 가격변동성 확대에 따른 유의사항 ··· 334

1 가상자산시장의 가격변동성 확대 ··· 334

2 유의사항 ··· 335

CH 4 가상자산 투자 시 유의사항(투자원칙) ··· 337

CH 5 가상자산 투자사기 유형 ··· 340

1 가상자산 투자사기 유형 및 신고방법 ··· 340

2 가상자산 투자사기 사례 ··· 342

참고 ⋯ 347

    1 디지털자산을 이용한 자금세탁 사례 ⋯ 349

    2 가상자산사업자 신고 매뉴얼 ⋯ 351

    3 가상자산 주요 용어 정리 ⋯ 374

CONTENTS

x

PART 1

우리나라의 가상자산 규제
발전과정

1

우리나라의 가상자산 규제 발전과정

₿

가상자산의 개념 및 자금세탁 가능성

■1 가상자산이란?

대표적인 가상자산인 '비트코인'은 미국이 1차 양적완화QE를 시행한 2009년부터 발행·유통된 이래, 총 통화가치와 거래건수가 매년 기하급수적으로 증가하고 있다. 비트코인은 P2P 네트워크 기반의 비집중화Decentralized된 전자화폐로, 2009년 '사토시 나카모토Satoshi Nakamoto'라는 필명의 소프트웨어 엔지니어가 처음 개발한 것으로 알려져 있다. 비트코인은 기존 화폐체계에 대한 불신이 확산되면서 이상적인 화폐를 구현하려는 동기에서 출발하였다. 전통적인 화폐 개념과 달리 은행이나 중앙 금융회사에 의해서 관리되는 것이 아니라, 세계 각국에 분산된 개인 간 네트워크P2P: Peer to Peer에 의존하고 있다.

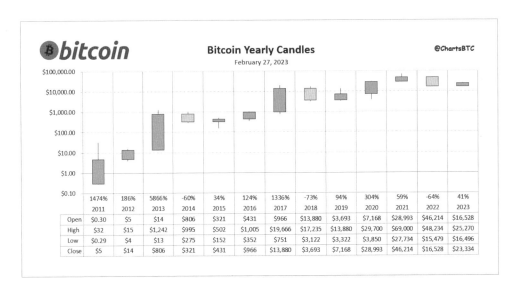

비트코인의 연도별 미국 달러화 가치환산표(2011-2023)

비트코인은 현재 가장 널리 퍼진 '대안 가상자산Alternative Cryptocurrency'으로, 지불 및 통화가치 수단으로서 영향력을 점차 확대하고 있는 추세이다. 2013년 4월 초 비트코인을 미국 달러로 환산한 총시장가치가 최초로 25억 달러를 돌파했고, 전 세계 약 10,000여 개의 가맹점에서 비트코인으로 결제가 가능해졌다.

비트코인의 기본 화폐단위는 '1비트코인BTC'이며, 최소 단위는 소수점 이하 8번째 자리인 0.00000001BTC로 '1사토시Satoshi'로 통칭한다. 화폐발행은 약 10분 간격으로 비트코인 계정을 보유한 네트워크 참여자가 특정 암호를 해독했을 때 일정량의 비트코인을 보상받는 방식으로 이루어지며, 2009년부터 2140년까지 총 2,100만BTC만 발행되도록 설계되어 있다. 기간별 통화발행량은 매 4년마다 이전 대비 절반씩 줄어든다. 예를 들면, 2009년부터 2012년까지 1,050만BTC, 5~8년째에는 525만BTC, 9~12년째에는 262.5만BTC가 발행되는 방식이다.

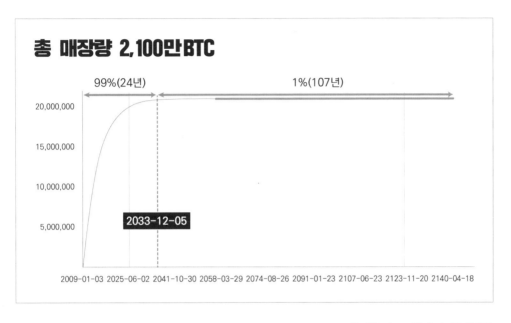

연도별 비트코인 총 누적 생산량

비트코인은 인터넷상에서 전자적인 방법으로 '생성 – 획득 – 교환'의 과정을 거쳐 발행·유통된다. 비트코인 공식사이트에서 자신의 운용체계OS에 맞는 '비트코인 지갑' 프로그램을 내려받아 실행하면 은행 계좌와 유사한 비트코인 고유계정(33자의 주소)이 생성되고, 비트코인 계정에는 소유자에 대한 정보가 포함되지 않아 기본적으로 익명으로 거래가 가능하다. 비트코인은 각 나라별로 운영되고 있는 비트코인 환전소에서 기존 화폐로 교환하거나, 암호화 블록을 생성하는 데 성공하여 일정 BTC를 할당받는 방법으로 획득할 수 있다.

2010년 최초 거래 시 1비트코인당 0.5센트 수준에서 현재는 수만 달러의 시세로 거래되고 있다. 그리고 비트코인은 비트페이Bitpay와 같은 비트코인 결제

서비스 제공업체에 등록한 가맹점에서 결제할 수 있는데, 비트코인의 모든 거래 내역을 저장하는 '블록체인Block Chain'을 통해 이중결제를 차단할 수 있다.

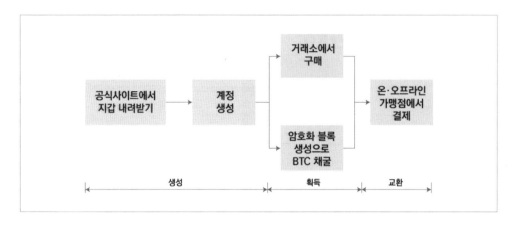

비트코인의 생성 · 획득 · 교환 과정

비트코인은 블록체인 기술에 기반을 두고 작동되는 가상자산이다. 비트코인은 블록체인 안에 가상화폐 발행과 거래내역을 기록하는 일종의 공공 거래장부public ledger를 갖고 있다. 이 공공 거래장부 안에는 P2P 네트워크에 참여한 비트코인 사용자들이 거래한 내역이 모두 기록되는데, 모든 비트코인 사용자는 10분에 한 번씩 이 거래장부를 검사한다. 만일 일부 사용자의 거래장부에 이상이 발생하면, 전체 비트코인 사용자 가운데 과반수가 갖고 있는 데이터와 일치하는 장부로 대체된다.

비트코인은 이와 같은 방식으로 기존 금융회사와 같이 서버에 중앙집중화된 거래장부를 갖고 있지 않아도, 다수의 비트코인 참여자들이 갖고 있는 거래장부를 분산체크하기 때문에 사실상 해킹이 불가능하다. 해커가 금융회사의 거래장부를 조작하려면 전산센터에 있는 서버를 해킹하면 되지만, 비트코인의 거래내역을 조작하기 위해서는 전 세계 비트코인 사용자의 과반수 이상의 거래장부를 동시에 해킹해야 하기 때문이다. 따라서 블록체인 기술은 P2P 방식의 거래장부 체크방식을 통해 거래의 안전성을 확보하게 된다.

이러한 기술적 안전성과 더불어 비트코인은 낮은 거래수수료, 익명성, 희소성 등에 기반을 둔 안정적인 투자자산으로서 가치가 재인식되면서 거래범위가 점차 확대되고 있다. 비트코인으로 거래할 경우, 달러, 엔, 위안화 등 국가별로 다른 화폐로의 환전 없이 BTC를 국제 공통화폐 단위로 결제할 수 있어 거래수수료가 저렴하고, 전 세계 어느 곳에서든지 금융회사를 거치지 않고 개인 간에 직접 송금 · 결제할 수 있기 때문에 거래수수료가 최저 0.0005비트코인(한화 60원) 정도에 불과하다.

또한 화폐 보유자의 개인정보가 기록되지 않기 때문에 거래내용이 추적되는 것을 원치 않거나, 익명 거래를 원하는 사용자들의 비트코인 사용이 빠르게 확산되고 있다. 이러한 익명성은 초기 비트코인 사용 확대에 크게 기여하였으나, 온라인 도박과 마약 등 불법거래에 활용되는 등의 부작용도 유발하였다.

비트코인의 총발행량이 2,100만BTC로 제한된 데 따른 희소성과 인플레이션이 없을 것이라는 믿음으로 인해 사람들은 투자자산으로서 비트코인의 가치를 재인식하고 있다. 페이스북 소송으로 유명한 윙클보스 형제[1]는 비트코인에 1,100만 달러를 투자하기도 했다.

이처럼 비트코인의 사용이 전 세계적으로 증가함에 따라 일부 국가들을 중심으로 비트코인에 대한 적극적인 규제 움직임이 나타나고 있다. 미국 정부는 기본적으로 비트코인을 법정화폐로 인정하지 않고, 관계당국의 허가 없이 거래하는 것을 불법으로 간주하여 규제하겠다는 입장을 취하고 있다. 기타 국가들은 전자화폐를

---

1 캐머런 윙클보스, 타일러 윙클보스 등 두 형제는 2004년 마크 주커버그가 자신들의 아이디어를 도용해 페이스북을 만들었다는 내용의 소송을 제기해 7년간의 법정공방을 벌인 끝에 6,500만 달러의 합의금을 지급받았다.

교환하거나 이동시키는 모든 형태의 거래를 합법적인 거래로 인정하여 거래차익에 대해 과세하거나, 반대로 거래 자체를 중단시키고 있다.

향후 비트코인에 대한 전망은 기존 화폐체계를 위협할 새로운 전자화폐로 성장할 것이라는 '낙관론'과, 자체의 한계로 인해 소멸될 것이라는 '회의론'으로 나뉘고 있다.

낙관론자들은 비트코인이 기존 화폐가 지닌 문제점을 해결하는 가장 이상적인 화폐로서 현행 화폐와 금융시스템에 타격을 줄 혁명적인 변화를 이끌 것이라는 입장이다. 가맹점 수가 발행 초기 불과 25개에서 5년 만에 약 10,000여 개로 급증했고, 미국 라마수社는 전 세계 어디에서든지 비트코인을 사용할 수 있는 ATM도 상용화했다. '유니온 스퀘어', '와이컴비네이터' 등 실리콘밸리의 주요 벤처캐피탈들이 500만 달러 규모의 투자를 단행하는 등 비트코인 관련 업체에 대한 투자도 급증하고 있다. 실제 케냐는 국가적 차원에서 값비싼 은행 송금수수료를 줄이기 위해 자국 내에서 널리 사용되는 모바일 화폐시스템인 '엠페사M-Pesa'에 비트코인 거래서비스를 추가하기도 했다.

반면, 회의론자들은 지금의 비트코인 열풍은 새로운 화폐에 대한 호기심에서 비롯된 버블Bubble일 뿐이며, 기술적인 문제점과 정부의 적극적인 규제 때문에 실패로 끝날 것이라는 입장을 취하고 있다. 비트코인의 가격이 급등하자 타인의 전자지갑을 탈취하기 위한 악성코드인 '봇넷Botnet[2]이 증가하였으며, 환전소에 대한 해킹 공격도 발생하고 있는 상황이다. 거래의 익명성을 악용한 불법거래나 돈세탁과 같은 부작용이 증가함에 따라 이에 대한 각국의 규제강화로 인해 비트코인의 거래·교환수단으로서의 가치가 소멸될 가능성도 크다. 노벨 경제학상 수상

---

2 트로이 목마와 같은 악성 소프트웨어가 설치되어 해커와 같은 제3자에게 작동권한이 양도된 다수의 좀비 컴퓨터로 구성되는 네트워크를 말한다.

자인 폴 크루그먼은 "비트코인과 이에 열광하는 사람들은 정부가 화폐발행의 권한을 남용한다고 생각하고, 다른 사람들이 비트코인을 받아줄 것이라는 헛된 믿음을 가지고 있을 뿐이다."라고 비판한다.

향후 비트코인의 성공 여부는 각국의 규제강도에 따라 판가름 날 것으로 예상된다. 비트코인은 순수하게 네트워크에 참여한 개인의 신뢰에만 기반하고 있을 뿐이므로, 중앙정부가 강제적으로 사용을 중지시킨다면 그 존립 기반을 한순간에 잃어버릴 가능성이 크다. 그럼에도 불구하고 각국 중앙은행에 대한 반감과 정부의 규제에서 벗어나려는 사람들의 욕구가 반영된 다양한 형태의 전자화폐들이 속속 등장하고 있다.

'Namecoin', 'Litecoin', 'PPCoin' 등 비트코인과 유사한 전자화폐들이 이미 유통되고 있고, 기타 다른 형태의 전자화폐로 확대될 가능성도 배제할 수 없다. 최근 우리나라의 비트코인 지갑 다운로드 수가 세계 상위권으로 급상승하는 등 관심이 커지고 있어 국내에서도 점차 비트코인 사용이 증가할 것으로 예상된다.

2 가상자산과 자금세탁 가능성

가상자산의 가장 큰 장점이자 단점은 "거래의 익명성"이다. 거래에 누가 참여했는지에 대한 "개인정보"가 포함되어 있지 않다는 것이다. 다만, 비트코인의 블록체인 안에 가상화폐 발행과 거래내역을 기록하는 일종의 공공 거래장부public ledger를 갖고 있을 뿐이다. 또한 비트코인의 거래가 증가할수록 블록체인의 정보는 복잡해지고 발행 및 거래내역의 추적이 곤란해진다. 따라서 불법거래나 자금세탁에 가상자산(비트코인 등)이 사용되고 있는 것이다.

가상자산 자금세탁방지제도 도입

◼︎1 국제적 논의 현황

국제적으로는, 자금세탁방지 국제기구인 FATF에서 2015년 6월 가상자산 가이드라인을 제정하였다.

이후 2017년 10월 FATF 총회에서 가상자산을 이용한 자금세탁·테러자금조달 위험성과 대응방향 등을 논의하였고, 2018년 2월 FATF 회원국들은 전자지갑, Mixer[3] 등으로 가상자산거래의 익명성이 강화됨에 따라 자금세탁 위험이 더욱 높아지고 있다는 우려를 나타냈다. 그럼에도 국가별 규제가 상이하고 가상자산에 관한 국제논의도 부족하여 FATF 차원에서 적극적으로 대응할 필요가 있다는 데 공감하였다.

이에 FATF는 가상통화 가이드라인[4]을 개정하고, G20 재무장관회의에 대응계획을 보고[5](2018.3.)하는 등의 조치를 해 나가기로 합의하였다.

한편, 우리 정부는 동 회의에서 가상통화 관련 금융거래에 자금세탁방지의무를 보다 엄격하게 적용하는 한국 정부의 사례를 발표하고, 「가상통화 관련 자금세탁방지 가이드라인」을 소개하였다.

FATF 회원국들은 국제 첫 사례인 우리나라의 가이드라인에 관심을 나타냈었고, 금융회사의 자금세탁방지의무 이행이 중요함을 강조하였다. 우리 정부는 가상자산취급업소를 폐쇄한다 하더라도 가상통화를 이용한 자금세탁의 위험은 잔존하

---

3 전자지갑은 소유자 신원확인이 어려우며, Mixer는 무작위 거래발생으로 자금흐름의 추적을 방해
4 2015년 6월 제정, 가상통화 취급업자에 대해 FATF 국제기준 적용 등을 명시
5 가상통화 등 신기술이 야기한 자금세탁 위험성과 대응계획을 보고

므로, 금융회사를 통한 지속적인 방지노력이 중요하다고 언급하였다.

또한 FATF 회원국은 가상통화 관련 FATF 국제기준을 보다 명확히 하고, 상호평가Mutual Evaluation**6**에서도 이를 반영할 필요가 있음을 지적하였다.

이러한 논의를 바탕으로 FATF에서는 가상자산에 대한 국제기준을 채택 (2018.10.)하고, G20(2018.11.)·FATF(2018.10. 등) 등 국제기구는 가상자산에 대한 국제기준 이행을 우리나라를 비롯한 각국에 요구하였다.

■2 우리나라의 도입배경

이러한 FATF 요구에 우리나라는 특정금융정보법 개정을 통해 행정지도인 「가상통화 관련 자금세탁방지 가이드라인」의 주요 내용을 법과 시행령 등에 반영 하기로 하고, 입법을 추진하였다.

업권법이 부재한 상황에서 특정금융정보법에 자금세탁방지 관련 규제를 담는 것에 대한 논란이 있었으나, 가상자산으로 인한 국민들의 피해가 속출함에 따라 어쩔 수 없이 도입하게 되었다.

가상자산 자금세탁방지 관련 규제 주요 경과

- 가상자산 관련 금융부문 대책 발표(2018.1.23.)★
  - 금융회사가 가상자산 관련 금융거래를 수행할 때 준수해야 할 가이드라인★ 제정
    ★ 「FIU 가상통화 관련 자금세탁방지 가이드라인」
  - 두 차례 가이드라인을 개정 및 연장(1차 2018.6.27., 2차 2019.6.26.)

---

6 FATF가 제정한 자금세탁·테러자금조달 방지를 위한 국제기준(FATF 국제기준)에 대한 회원국의 이행상 황을 엄격하게 점검하고, 미흡 시 제재

- FATF 국제기준 채택(2018.10.★) 및 G20(2018.11.)·FATF(2018.10. 등) 등 국제기구에서 각국의 국제기준 이행 촉구

  ★ 주석서는 2019.6. 채택

- **국회**에서는 가상자산 자금세탁방지 관련 **복수의 법안이 발의**★되었고, 2019.11.25. 의원 입법안을 중심으로 **대안을 마련**하여 **정무위에서 의결**

  ★ 2018.3. 제윤경 의원 대표발의, 2018.12. 전재수 의원 대표발의, 2019.3. 김병욱 의원 대표발의, 2019.6. 김수민 의원 대표발의

SECTION 3

가상자산 관련 특정금융정보법령 개정(2021.3.23.) 주요 내용

■1 가상자산사업자의 범위

특정금융정보법에서는 가상자산사업자를 '가상자산의 매도·매수, 교환, 이전, 보관·관리, 중개·알선 등의 영업을 하는 자'(법 제2조 제2호 하목 6.)로 규정하고 있다.

이에 따라, 시행령에서는 별도의 행위를 추가하지 않고, 법 적용범위를 주요 가상자산사업자로 제한하는 방향으로 규정하였다.

주요 가상자산사업자 예

- 가상자산거래업자
- 가상자산보관관리업자
- 가상자산지갑서비스업자 등

★ 사업모델에 따라 영업범위는 변경될 수 있음

---

2 가상자산의 범위

특정금융정보법은 "가상자산"을 경제적 가치를 지니고 이전될 수 있는 전자적 증표로 정의하면서 제외대상(법 제2조 제3호)[7]을 규정하고 있다.

또한 동법 시행령은 선불카드, 모바일 상품권, 전자채권 등을 추가로 제외(영 제3조 제3항)하고 있다. 다만, 가상자산의 정의에 해당된다 하여도 소위 '다크코인' 등 거래내역 파악이 곤란하여 자금세탁의 위험이 큰 가상자산은 가상자산사업자의 취급을 금지(영 제13조)[8]하고 있다.

3 실명확인 입출금계정[9](이하 '실명계정') 발급기준

특정금융정보법에서는 가상자산의 거래투명성 제고를 위해 가상자산사업자에게 실명계정을 통한 금융거래를 의무화(법 제7조 제3항 제2호)하였다.

동법 시행령에서는 실명계정 개시기준과 관련하여, 다음과 같이 5가지 요건(영 제12조의8)을 정하고 있다.

---

7 가상자산 제외대상
   ❶ 화폐·재화·용역 등으로 교환될 수 없는 전자적 증표로서 발행인이 용도를 제한한 것, ❷「게임산업법」에 따른 게임물의 이용을 통하여 획득한 결과물, ❸ 선불전자지급수단, 전자화폐, ❹ 전자등록주식, ❺ 전자어음, ❻ 전자선하증권, ❼ 거래의 형태와 특성을 고려하여 시행령으로 정하는 것
   ※ 화폐·재화 등으로 교환될 수 없는 분산원장 기반 신원확인(Decentralized Identity) 등은 가상자산의 대상이 아님
8 예 가상자산 이전 시 전송기록이 식별될 수 없도록 하는 기술이 내재된 가상자산의 취급금지
9 동일 금융회사 등에 개설된 가상자산사업자의 계좌와 그 가상자산사업자의 고객 계좌 사이에서만 금융거래 등을 허용하는 계정

또한, 동법 감독규정에서는 **금융정보분석원**[FIU] 고시 개정을 통해 실명계정 발급의 예외사항[10](법 제7조 제3항 제2호)을 규정하고 있다.

다만, 예외에 해당한다 하여도 가상자산사업자는 FIU에 신고하여야 하며, 다른 자금세탁방지 의무를 이행하여야 한다.

■4 가상자산 이전 시 정보제공의 대상 · 기준

특정금융정보법에서는 가상자산을 이전할 때 송신을 담당하는 가상자산사업자가 이전 관련 정보를 수취인에게 제공해야 할 의무[Travel rule]가 부과(법 제6조 제3항)된다.

동법 시행령에서는 가상자산 이전 시 정보제공 대상 · 기준 등을 규정(영 제11조)하고 있다.

---

10 예 법화와 가상자산 간 교환이 없어 예치금이 없는 등 실명계정이 필요 없는 가상자산사업자의 경우 발급예외 대상으로 규정

가상자산 이전 시 정보제공 대상·기준

- 규제 적용시기 : 법 시행 이후 1년이 경과된 시점(2022.3.25.)

  가상자산사업자 간 정보공유 시스템 구축을 위해서는 업계 자율적으로 공동의 솔루션을 도입할 충분한 기간이 필요함을 감안하여 법 시행시기를 1년 유예한다.

  - 2021.3.25. 법 시행 → 6개월간 신고접수 → 신고접수 후 3개월 이내 수리 예정
  - 국제자금세탁방지기구(FATF)에서 가상자산 이전 시 정보제공 기준(Travel rule) 적용에 대한 세부사항 발표

- 가상자산 이전 시 기준금액 : 1백만 원 상당 이상

  금융정보분석원장 고시★에 따라 환산금액을 산정했을 때 1백만 원 상당 이상에 해당하는 가상자산의 이전에 대하여 규정을 적용한다.

  - ★ 예 각 가상자산사업자가 사전에 공시한 방법에 따라 환산평가금액을 산정

- 가상자산 이전이 사업자를 매개하는지에 따른 규제 여부

  개인 간의 거래에는 규정을 적용하지 않으며, 가상자산사업자가 송신 또는 수취를 이행하는 경우에 규정을 적용한다.

▼ 가상자산 이전 유형별 규제대상 여부

구분	송신 수행자	수취 수행자	규제대상 여부	규정방식
①	가상자산 사업자 A	가상자산 사업자B	○ → 사업자 간 자율적으로 공통 정보전송·공유 시스템 구축 필요	사업자 간 정보제공
②	가상자산 사업자	개인	○ → 식별이 안 된 개인의 지갑으로 이체금지	사업자가 수취인을 확인
③	개인	가상자산 사업자	△ → 기술적으로 수취제한 불가, 사업자는 의심거래에 해당하는지 판단 필요	사업자가 고객에게 송신인 정보요청
④	개인	개인	× → 특정금융정보법 적용대상 아님	-

5 신고 관련 절차·방법 등

가상자산사업자 신고 접수 및 통지는 금융정보분석원[11]에서 수행(영 제12조부터 제12조의7까지)한다.

가상자산 관련 특정금융정보법령 추가개정(2021.10.5.) 주요 내용

1 추가개정 추진배경

2021년 10월 정부 관계부처 차관회의(2021.5.28.)에서 결정한 '가상자산거래 관리방안'에 따라 가상자산사업자의 거래투명성 제고 및 자금세탁방지를 위한 특정 금융정보법 시행령을 추가개정하였다.

2 주요 개정내용

가상자산사업자가 전산망에 허위입력을 통한 가상자산의 시세조작 등 위법행위를 하는 문제점이 발생[12]하였다.

이에, 특정금융정보법(제8조)이 시행령으로 위임한 자금세탁방지의무 이행을 위한 가상자산사업자의 조치를 추가하여, 가상자산사업자는 본인 및 상법 시행령

---

11 금융감독원은 가상자산사업자의 신고내용에 대한 심사의견을 작성
12 가상자산사업자가 데이터상에 허위로 입력한 자산으로 자전거래 등을 한 것은 사전자기록등위작죄 등에 해당(대법원 2020.8.27. 선고 2019도11294 전원합의체)

제34조 제4항에 따른 특수관계에 있는 자가 발행한 가상자산을 취급하지 않도록 하고, 가상자산사업자 및 그 임직원은 해당 가상자산사업자를 통해 거래하지 못하게 함으로써 거래투명성을 제고하였다.

가상자산사업자 신고수리 현황

1 초기 가상자산사업자에 대한 신고심사 결과(2021.9.25.~12.23.)

> 24개 거래업자, 5개 보관업자 등 29개 사업자가 심사 통과됨
> - 5개 사업자는 유보·재심사 결정(2022.1. 말 진행)
> - 8개 사업자는 신고를 자진 철회함

1. 심사 개요

금융정보분석원FIU은 2021년 9월까지 최초 신고 접수한 42개 가상자산사업자(이하 사업자)에 대한 심사를 수행하였다.

신고 접수된 사업자 유형은 29개 거래업자, 13개 지갑서비스 및 보관업자(이하 보관업자)이다.

금융감독원의 1차 심사 결과를 토대로 다양한 분야(경제, 법률, IT 등)의 전문가로 구성된 신고심사위원회가 9차례에 걸쳐 심사한 결과, 24개 거래업자, 5개 보관업자 등 29개사가 심사 통과되었고, 5개사는 유보되었으며, 8개사는 신고를 자진 철회하였다.

2. 심사 결과

 # 초기 가상자산사업자에 대한 신고심사 결과

① 29개 거래업자 중 24개 사업자가 심사 통과되었다.

나머지 5개 거래업자 중 3개 사업자는 준비부족 등의 사유로 신고를 자진 철회[13]하였다. 2개 사업자는 자금세탁방지(이하 AML) 시스템이 미흡하다고 판단되어 1개월의 보완기간 부여 후(유보) 재심사하기로 하였다.

② 13개 보관업자 중 5개 사업자가 심사 통과되었다.

나머지 8개 보관업자 중 4개 사업자는 준비부족 등의 사유로, 1개 사업자는 신고대상이 아닌 사유[14]로 신고를 철회하였다.

3개 사업자는 1개월간 AML 보완 및 쟁점검토 후 재심사(유보)하기로 하였다.

---

13 철회사업자는 2021.12.24.부터 모든 영업을 종료하고, 고객 자산인출을 지원해야 함
14 사업자가 개인키 등을 보관·저장하는 프로그램만 제공할 뿐 독립적인 통제권을 갖지 않은 경우는 특정금융정보법상 가상자산사업자 신고대상이 아님

▼ 가상자산사업자 신고심사 현황

구분		신고접수	심사통과	신고철회	유보·재심사
거래업자	원화마켓	4	4	0	0
	코인마켓	25	20	3	2
보관업자(지갑·보관 등)		13	5	5	3
합계		42	29	8	5

2 심사 통과된 29개 가상자산사업자(2021.12.23. 기준)

▼ 심사 통과된 29개 가상자산사업자 현황

구분	서비스명	법인명
원화마켓거래업자 (5개사)	업비트	두나무 주식회사
	코빗	주식회사 코빗
	코인원	(주)코인원
	빗썸	주식회사 빗썸코리아
	고팍스15	(주)스트리미
코인마켓거래업자 (19개사)	플라이빗	주식회사 한국디지털거래소
	지닥(GDAC)	주식회사 피어테크
	비둘기지갑	차일들리 주식회사
	프로비트	오션스 주식회사
	포블게이트	주식회사 포블게이트
	후오비코리아	후오비 주식회사

15 2022.4,21. 금융정보분석원 신고심사위원회를 통과하여 원화마켓거래업자가 되었다.

코인마켓거래업자 (19개사)	코어닥스	㈜코어닥스
	플랫타익스체인지	㈜플랫타이엑스
	한빗코	플루토스디에스 주식회사
	비블록	주식회사 그레이브릿지
	비트레이드	주식회사 블록체인컴퍼니
	오케이비트	㈜오케이비트
	빗크몬	주식회사 골든퓨쳐스
	프라뱅	주식회사 프라뱅
	코인엔코인	㈜코엔코코리아
	보라비트	㈜뱅코
	캐셔레스트	주식회사 뉴링크
	텐앤텐	주식회사 텐앤텐
	에이프로빗	주식회사 에이프로코리아
기타 지갑보관· 관리업자(5개사)	코다(KODA)	㈜한국디지털에셋
	케이닥(KDAC)	주식회사 한국디지털자산수탁
	헥슬란트	㈜헥슬란트
	마이키핀월렛	코인플러그
	하이퍼리즘	주식회사 하이퍼리즘

PART 2

가상자산 관련 국제기준 및 각국의 규제정책

The Age of Digital Finance, Secrets to Invest and Manage Cryptocurrency

FATF의 가상자산 · 가상자산사업자에 대한 위험 기반 접근법 적용지침 주요 내용

₿

FATF 용어 정의 및 AML/CFT 관련 가상자산사업자 부문 특징

FATF 권고사항에서는 모든 국가가 금융회사 및 DNFBPs 부문에 특정 AML/CFT 의무사항을 부과하고, 각 부문들이 의무사항을 잘 이행하도록 하게끔 요구하고 있다. FATF 용어Glossary상 주요 용어 정의는 다음과 같다.

① '금융회사financial institution'란 영업으로 고객을 위하여 또는 고객을 대신하여 특정한 활동이나 업무를 하나 혹은 그 이상 수행하는 자연인이나 법인을 말한다.

② '가상자산virtual asset, VA'이란 전자적 방식으로 거래 혹은 이체가 가능하고 지급 혹은 투자 목적으로 사용될 수 있는 전자적 형태의 가치증표이다. 이미 FATF 권고사항에서 다루고 있는 법화, 증권, 기타 금융자산의 전자적 형태는 가상자산으로 보지 않는다.

③ '가상자산사업자virtual asset service provider, VASP'는 FATF 권고사항에서 다루고 있지 않은 자연인이나 법인으로, 다른 자연인이나 법인을 위해 혹은 대리·대표하여 아래 내용 중 1가지 이상의 활동이나 업무를 영업으로 수행하는 자를 의미한다.

ⅰ) 가상자산과 법화 간 교환거래

ⅱ) 동종 또는 이종 가상자산 간 교환거래

ⅲ) 가상자산의 이체[1]

ⅳ) 가상자산 또는 가상자산 통제수단의 보관 및(또는) 관리

ⅴ) 발행인의 가상자산 공급 및(또는) 가상자산 판매와 관련된 금융서비스 참여 및 제공

FATF 정의에 가상-가상 및 가상-법화 간 거래나 금융활동, 업무가 모두 포함됨을 확인할 수 있다. 각각이 수행하는 금융활동의 내용에 따라 가상자산 교환거래 및 이체서비스, 지갑서비스를 제공하거나 자연인/법인의 가상자산이나 지갑 및(또는) 개인키 등을 보관하거나 통제하는 등의 서비스를 제공하는 가상자산 지갑 관련 사업자들, 가상자산의 발행·공급·매도와 관련한 금융서비스 제공업자들(ICO 등), 그밖에 다른 가능한 사업모델 등이 가상자산사업자에 해당된다.

각국은 어떤 활동 또는 개체가 용어 정의상 범주에 속하는지, 그리고 그에

---

1   가상자산 맥락에서의 '이체'란 다른 자연인이나 법인을 대리·대표하여 특정 가상자산 주소나 계좌에서 다른 가상자산주소나 계좌로 가상자산을 옮기는 거래를 수행하는 것을 말한다.

따라 규제의 대상이 되는지 여부를 결정할 때 가상자산 생태계에 존재하는 다양한 가상자산서비스 및 사업모델들을 고려해야 하며, 특히 국제기준상 가상자산활동 [즉, 위 가상자산사업자 정의 ⅰ)~ⅴ)의 내용]의 맥락에서 그들의 기능 혹은 그들이 활성화하는 금융활동을 고려해야 한다. 또한 각국은 그러한 활동에 다른 자연인이나 법인을 ❶ 위해 일하거나 ❷ 대리·대표하여 위 다섯 가지 활동을 영업으로 수행하는 자연인 또는 법인의 관여 여부를 고려해야 한다. 이때 ❶ 위해 일하거나 ❷ 대리·대표하는 것 모두 정의상 필수요소이며, ❷ 대리·대표한다는 것은 고객을 위해 그 영업을 수행하는 그 자연인이나 법인이 일정 수준의 가상자산을 '보관'·'통제'하거나, 혹은 '해당 금융 활동을 적극적으로 활성화하는 능력'이 있다는 것을 의미한다.

예를 들어, 가상자산과 법화 간의 교환거래[ⅰ)], 1개종 이상의 가상자산 간 교환거래[ⅱ)], 특정 지갑에서 동일인이 소유한 다른 지갑으로의 이체를 포함하는 가상자산의 이체[ⅲ)] 등은 잠재적으로 다양한 가상자산 교환거래 및 이체 활동에 적용될 것이다. 거래소exchange나 교환업자exchanger는 다양한 형태와 사업모델로 나타날 수 있으며, 이들은 자기 고객들이 가상자산으로 전통적 법화나 다른 가상자산, 기타 다른 자산이나 상품 등을 사고 팔 수 있도록 하는 제3자 서비스를 제공하는 것이 일반적이다.[2] 교환거래 및 이체서비스 사업모델에는 중개료(수수료, 커미션, 차익, 기타 수익 등)를 받고 가상자산을 실물 화폐나 다른 형태의 가상자산 및(또는) 귀금속 등으로 교환하는 것을 적극적으로 활성화하는 전통적 가상자산거래소나 가상자산 이체서비스가 포함된다. 이러한 사업모델은 현금, 전자이체, 신용카드,

---

2 여러 국가에서 'exchange'라는 단어를 폭넓은 의미로 사용하고 있으며, 이 단어가 거래소가 유지하는 시장 및 시장시설을 포함하고 또 그렇게 받아들여지는 만큼 ⅰ) 송금 및 환전업자는 물론, ⅱ) 매수·매도자를 집결시키거나 일반적으로 주식거래소가 수행하는 기능을 수행하는 시장이나, 시설을 구성·유지·공급하는 조직·협회·단체(송금 및 환전업자 인격 여부와는 무관) 모두를 지칭할 수 있다.

가상자산 등 다양한 지급수단을 받는 것이 일반적이다. 전통적 가상자산거래소 혹은 이체 서비스는 행정결합, 비결합, 제3자 제공자 등이 될 수 있다. 키오스크 제공자(일명 'ATM', '비트코인 텔러머신', '비트코인 ATM', '자판기' 등)도 소유자·운영자가 가상자산을 법화나 다른 가상자산으로 교환할 수 있게 해 주는 물리적인 전자터미널(키오스크)을 이용해 국제기준상 가상자산활동을 제공하거나 적극적으로 활성화한다는 점에서 위 정의에 부합할 수 있다.

위 정의 중 ⅰ), ⅱ), ⅲ)에 기반한 교환거래나 이체활동에 해당하는 다른 가상자산서비스나 사업모델도 있으며, 따라서 그러한 서비스·모델 이면에 있는 자연인/법인이 영업으로써 다른 자연인/법인을 대리·대표하여 그러한 활동을 수행하거나 활성화한다면 가상자산사업자라고 한다. 그러한 서비스·모델로는,

➡ 법화를 송금 또는 이체하여 가상자산을 구매할 때 사용되는 가상자산 에스크로서비스(스마트계약 기술을 활용한 서비스 등을 포함하며, 해당 서비스 제공업자는 자금을 보관)

➡ 자연인 또는 법인 고객을 대리·대표하여 가상자산 발행과 거래를 활성화하는 중개서비스

➡ 매도·매수주문서를 취합하는 주문서 거래서비스[3](사용자가 거래상대방을 물색, 가격을 발견하고 사용자들에게서 매도·매수주문을 받아 서로 매칭하는 매칭 플랫폼을 통해 거래까지 할 수 있게 하는 것이 일반적[4])

---

3 각국은 검증되고 비일임적인 방법을 사용하여 다수의 매도자·매수자가 주문을 주고받는 경우, 그러한 주문을 취합하는 데 사용되는 활동과 기술의 총체를 평가해야 한다. 매도·매수주문을 취합하는 시스템이란, 예를 들어, 시스템에 입력된 관심거래를 사용자에게 표시 혹은 대변하는 시스템, 혹은 사후 처리와 집행을 위해 중앙에서 사용자들의 주문을 받는 시스템 등이 될 수 있다.

4 여기서 주문서 거래서비스의 예로 들고 있는 것은 전형적인 '주문서(order book)' 형태다. 즉, 매도자·매수자의 주문을 수집·표시하는 웹사이트 인터페이스로, 여기에서 사용자들은 거래상대방을 물색하고 가격을 발견하며 매칭엔진으로 거래를 한다. 이러한 온라인 플랫폼의 사례로, 이더델타 케이스(미국

➡ 사용자가 가상자산 포트폴리오를 구매하고 마진거래, 알고리즘 기반 거래 등 보다 세련된 거래테크닉을 이용할 수 있는 최신^{advanced} 거래서비스 등도 있다.

P2P 거래 플랫폼은 가상자산 매도자·매수자가 거래상대방을 찾을 수 있는 웹사이트이다. 일부 거래 플랫폼은 중개자로서 거래를 활성화하기도 한다. 가상자산 거래 플랫폼이 가상자산 매도자·매수자가 (주문 관련 자동적인 소통 여부와는 무관하게) 자신들의 제안내용을 게시할 수 있는 공간만을 제공하고, 실제 거래는 다른 공간에서 진행되는 경우(개인 지갑 혹은 해당 플랫폼 지갑이 아닌 별도의 지갑, 즉 개인 사용자끼리의 거래)라면, 국가별로 법체계에 따라 이 플랫폼이 위 가상자산사업자 정의에 해당하는 조건을 충족하지 않을 수도 있다.

그러나 거래나 제안이 거래 플랫폼에서 매칭되어 가상자산을 매수자에게 구매·매도하는 경우 등 [앞서 i)~v)의 내용처럼] 가상자산이 관여된 교환거래, 이체 및 기타 금융활동을 활성화하는 플랫폼이라면, 이는 고객을 대리·대표하여 영업을 함으로써 교환 및 (또는) 이체활동을 수행하는 가상자산사업자라고 할 수 있다.

교환거래 및 이체서비스는 분산화된 거래소나 플랫폼을 통해 이뤄질 수도 있다. 예를 들어, '분산 애플리케이션^{DApp}'이란 블록체인 플랫폼의 P2P 네트워크를 기반으로 운영되는 소프트웨어 프로그램(2차 블록체인 형성을 허용하는 공개 분산원장의 일종)은 1인 혹은 여러 명(자연인/법인 포함)으로 이루어진 그룹이 통제하지 못하도록 고안되어 관리자를 확인할 수 없게 되어 있다. DApp 소유자/운영자는 가상자산활동을 제공하기 위해 이 앱으로 다양한 기능을 수행하게 할 수 있으며, 소프트웨어

증권거래위원회, 2018.11월)를 들 수 있다. 이더델타(EtherDelta)를 통해 매도자·매수자는 이더와 ERC20 토큰을 세컨더리 시장에서 거래했는데, 이때 주문서 내에 거래를 매칭하고 기록을 위해 분산원장으로 보내는 사용자 인터페이스를 제공하는 가상자산 주문서 거래서비스가 사용됐다. 이와는 대조적으로 P2P 거래 플랫폼은 매수자와 매도자가 거래상대방을 찾는 게시판에 가깝고, 이들은 실제 거래를 진행하기 위해 다른 위치로 옮겨간다.

업체 등 법인화되지 않은 단체와 같은 역할을 수행하는 것도 그중 하나이다.[5] 일반적으로 DApp 사용자는 해당 소프트웨어를 작동하려면 소유자/운영자의 궁극적 이익을 위해 DApp에 수수료를 내야 하며, 수수료는 주로 가상자산으로 지불된다. DApp들이 가치를 (가상자산으로든 전통적 법화로든) 교환하거나 이체하는 거래를 활성화하거나 직접 수행하는 경우, 해당 DApp과 그 소유자/운영자 또는 둘 다 가상자산사업자의 정의에 해당할 수 있다. 마찬가지로 분산된 가상자산 지불시스템 개발자 역시 다른 자연인/법인을 대리·대표하여 앞서 언급된 활동을 영업으로 활성화하거나 수행하는 데 관여하는 경우에는, 가상자산사업자가 될 수 있다.

각국은 가상자산사업자의 정의 중 iv) '가상자산 또는 가상자산 통제수단의 보관 및(또는) 관리' 맥락에서 고객의 가상자산 가치를 안전하게 보관하는 기능과 (소유자·고객의 지시가 있다는 전제하에) 해당 자산을 소유자에게서 독립적으로 관리 또는 이전할 수 있는 권한이 결합된 서비스나 사업모델을 고려해야 한다. 보관 및 관리서비스에는 다른 자연인/법인 소유 가상자산과 관련된 스마트 계약에 대해 당사자가 아님에도 단독적이고 독립적인 통제권을 가진 자연인/법인 등이 포함된다.

매수주문과 자금을 받아 가상자산을 발행인으로부터 매수한 후 되팔고 그 자금이나 자산을 분배하는 등, 가상자산의 공급이나 발행 및 거래를 적극적으로 활성화하는 자연인 또는 법인 역시 정의 중 i), ii), iii) 및 v) '발행인의 가상자산 공급 및(또는) 가상자산 판매와 관련된 금융서비스의 참여 및 제공'에 해당될 수 있다.[6]

---

5 DApp 사례로는 미국 증권거래위원회(SEC) 발표 '1934년 증권거래법 제21조(a)에 따른 DAO 수사보고서 (Report of Investigation Pursuant to Section 21(a) of the Securities Exchange Act of 1934: The Dao, 발행번호: 제81207호, 발행일: 2017.07.25.)'를 참조

예를 들어, ICO는 일반적으로 초기 지지자들로부터 새로운 사업자금을 조달하기 위한 수단으로, 발행을 적극적으로 활성화하는 자연인/법인은 교환거래나 이체활동은 물론 발행공급 및(또는) 판매활동을 포함하는 서비스를 제공할 수도 있다.

따라서 발행인의 공급 및(또는) 판매와 관련된 금융서비스에 참여하거나 그런 서비스를 제공하는 사업자에게 적용되는 AML/CFT 의무에는, 해당국의 송금 관련 규제는 물론 증권, 상품 및 파생 관련 활동에 대한 규제가 모두 포함돼야 할 수도 있다.

어떤 가상자산사업자가 정의에서 언급된 5가지 유형의 활동이나 운영[가상-법화 교환거래, 가상-가상 교환거래, 이체, 보관 및(또는) 관리, 발행인의 공급 및(또는) 매도 관련 금융서비스 참여 및 제공 등] 중 1개 이상 항목에 중복 해당될 수도 있다.

예를 들어, ICO를 통해 공급·매도된 가상자산 등 자산거래 매커니즘을 제공하는 일련의 온라인 플랫폼들은, 정의상 거래소 또는 법체계상 가상자산이 증권에 해당하는 여러 국가들에서는 가상자산을 취급하는 증권 관련 기관이 될 수도 있다. 다른 국가들은 또 다른 접근법을 취하고, 그 접근법상으로는 지급토큰이 포함될 수도 있을 것이다.

따라서 각국의 유관 권한당국은 자국 법체계상 어떤 개체가 '거래소'나 다른 의무이행개체(⬛ 증권 관련 기관)의 정의에 부합하는지, 또 어떤 개체가 특정 정의에 해당하는지 여부를 결정할 때 무엇보다 그 플랫폼 관련 사실 및 정황, 자산, 관여 활동 등을 고려하는 기능적인 접근법을 적용하도록 해야 한다.

결정을 내리기 전까지 각국 및 권한당국은 해당 개체가 수행하는 활동과 기능을 고려해야 한다. 다만, 그 활동과 관련되거나 해당 개체가 사용하는 기술의

---

6   v) 활동은 FATF의 '금융회사(financial institutions)' 정의 중 ⅷ) '증권발행에의 참여 및 그러한 발행과 관련된 금융서비스의 제공'을 가상자산 맥락에서 유사하게 적용하기 위해 포함된 것이다.

종류는 결정에 영향을 미치지 않는다.

가상자산활동에 관여하는 자연인/법인이 가상자산사업자에 해당되는지 여부는 그 자연인/법인이 가상자산을 어떻게 사용하며 누구의 이익을 위해 사용하는지에 달려 있다. 앞서 강조한 것처럼 자연인/법인이 다른 자연인/법인을 대리·대표하여 영업으로 FATF 정의상의 활동[즉, ⅰ)~ⅴ)]에 관여돼 있다면 그 자연인/법인은 가상자산사업자이며, 이때 그 자연인/법인이 국제기준상 가상자산활동을 수행하는 데 어떤 기술을 사용하는지는 무관하다. 그러나 어떤 자연인/법인이 위의 활동에 관여돼 있더라도, 영업으로 다른 자연인/법인을 위하거나 대리·대표하는 것이 아니라면 가상자산사업자가 아니다(예 가상자산을 확보하여 자신들을 위한 상품과 서비스를 구매하는 데 사용하거나 일회성 교환·이체를 하는 개인 등).

FATF에서는 가상자산을 영업목적이 아니라 개인적으로 이용하는 이들을 대상으로 규제하지 않는다(단, 개인적 이용자들도 어떤 국가의 제재 및 법집행체계에서는 이행의무 대상이 될 수 있다).[7]

이와 유사한 맥락으로 FATF는 이체나 교환, 대체가 불가능한 폐쇄형 항목들까지 규제대상으로 포함하려고 하지는 않는다.

예를 들면, 항공사 마일리지나 신용카드 포인트, 혹은 그와 비슷한 로열티성 보상이나 포인트 등으로, 이는 개인이 세컨더리 시장에서 후에 매도할 수 없는 것들이다. 오히려 가상자산과 가상자산사업자 정의는 특정한 금융활동과 기능(이체, 교환, 보관, 관리, 발행 등) 그리고 가상-가상이든 가상-법화든 대체 가능한 자산을 포함하는 것을 목적으로 하고 있다.

---

7 예 미국에서는 그러한 '이용자(users)', 즉 미국 내 혹은 미국 사법권의 적용을 받는 자연인/법인 등은 재무부 해외자산통제국(OFAC)에서 관리하는 모든 미국 제재 및 규제를 준수해야 한다. 또한 미국의 제재이행 의무는 디지털 화폐 거래든 전통적 법화 거래든 혹은 다른 자산·재산 형태가 포함된 거래든 상관없이 동일하다.

이와 유사하게, FATF는 가상자산이나 가상자산활동의 기반기술에 대한 규제를 모색하지 않으며, 그러한 기술이나 소프트웨어를 이용하여 그 이면에서 다른 자연인/법인을 대신하여 금융활동을 활성화하거나 위에 언급된 가상자산활동을 영업으로 수행하는 자연인/법인을 규제하고자 한다.

따라서 새로운 가상자산 플랫폼의 소프트웨어 애플리케이션을 개발하거나 매도하는 자(즉, 소프트웨어 개발자)는 단순히 애플리케이션이나 플랫폼을 개발만 하거나 매도만 하는 경우에는 가상자산사업자에 해당하지 않을 수 있지만, 그 새로운 애플리케이션이나 플랫폼으로 다른 자연인/법인을 대신하여 영업으로 자금을 교환거래 또는 이체하거나 혹은, 위에 언급된 다른 금융활동 중 하나를 수행하는 데 관여하는 경우에는 가상자산사업자가 될 수 있다.

FATF는 하드웨어 지갑 제조업자나 비위탁형 지갑non-custodial wallets 등과 같이 가상자산 네트워크에 부차적인 서비스 혹은 상품을 제공하는 자연인/법인이 다른 고객을 대리·대표하여 영업으로 위 국제기준상 가상자산활동에 관여되거나 이를 활성화하는 경우가 아닌 한 가상자산사업자로 규제하고자 하지는 않는다.

FATF는 특히 주석서 15에서 여러 국가들 간에 혹은 심지어 업계 내에서 일반적으로 알려지지 않은 용어를 기반으로 한 특정 자산(예 유틸리티토큰 등)을 면제하지 않음으로써 권고사항 15 및 주석에서 기술중립성을 유지하고 있다. 오히려 권고사항 15는 물론 국제기준 권고사항은 활동 기반으로 구성되고 기능에 초점을 두고 있어 각국에 충분한 유연성을 제공할 수 있도록 하고 있다.

빠르게 진화하는 영역 내 다양한 상품·서비스군이 포함돼 있는 가상자산과 가상자산활동 맥락에서는 유연성이 특히 유의미하다. 표면적으로는 가상자산이 아닌 듯한 것들(혹은 토큰)도 사실상 가치의 이전이나 교환거래가 가능하거나 자금세탁과 테러자금조달을 활성화시킬 수 있는 가상자산이 될 수 있다.

예를 들어, ICO 중에 '게임토큰'과 관련 있거나 이를 포함하는 경우도 있고,

게임토큰이 게임 내 토큰과 가상자산 간의 교환 혹은 이체거래 사이의 자금흐름을 파악하기 어렵게 하는 데 사용될 수도 있다. 증권과 상품 부문에도 대체·이체 가능한 상품 및 서비스를 위한 세컨더리 시장이 존재한다. 가치의 저장체로 기능하나 실상은 가치를 누적하고 가상자산 영역 내에서 가치로 매도될 수 있는 특정 가상항목을 개발하고 구매할 수 있다.

앞서 논의한 것처럼 각국은 가상자산을 둘러싼 금융행위나 활동 혹은 그 기반 기술 및 그 기술이 ML/TF 위험을 제기하는 방식(강화된 익명성, 혼란, 중개소멸, 투명성 저하 등의 가능성이나 가상자산사업자가 AML 혹은 고객확인을 수행하는 능력을 약화하는 기술, 플랫폼, 가상자산 등)에 초점을 맞추고 그에 따른 조치를 적용해야 한다.

각국은 가상자산활동이 이미 기존에 규제를 받고 있던 법화 금융시스템과 교차하는 경우와 가상자산활동에 법화 금융시스템이 관여되지 않고 가상－가상 소통만으로 이루어지는 경우(1개 혹은 그 이상의 가상자산 간 거래 등), 양자 모두에 대해 가상자산활동 관련 ML/TF 위험을 해소해야 한다. 전자의 경우 가상자산활동 규제는 국가 법체계상 적절하게 이뤄져야 하며, 이때 다양한 규제선택지가 존재할 수 있다.

이와 유사하게, AML/CFT 규제는 국제기준상 가상자산활동과 가상자산사업자에게 적용된다. AML/CFT 규제는 금융활동에 관여된 가상자산의 유형, 예를 들어 여러 다양한 금융거래에서 AECs를 이용하거나 고객에게 AECs를 추가 서비스 또는 다른 잠재적 거래파악 방해기능 제공 등과는 상관없이 적용될 것이다.

FATF 권고사항상 AML/CFT 규제를 받는 다른 기관들에 적용되는 것과 유사한 FATF 조치들이 가상자산사업자에게도 적용되며, 이때 특정 국가에서 가상자산사업자를 어떻게 부르는지와는 상관없이 가상자산사업자가 관여하는 활동의 유형이 기반이 된다.

또한 주석서 15에서도 언급하고 있듯 FATF 권고사항상 '재산property', '수익

proceeds', '자금funds', '자금 또는 자산funds or assets', 기타 그에 '상응하는 가치 corresponding value' 등에 적용할 수 있는 조치들은 역시 가상자산에 적용된다(예 권고사항 3~8, 30, 33, 35, 38).

SECTION 2
각국 및 권한당국에의 적용

제2절에서는 가상자산사업자 및 가상자산활동과 관련된 FATF 권고사항들이 각국과 권한당국에 어떻게 적용하는지를 설명하고, 국제기준상 가상자산활동과 관련된 위험의 식별·완화, 예방조치의 적용, 인·허가/등록의무의 적용, 금융회사의 관련 금융활동에 대한 감독에 준하는 효과적인 감독의 이행, 효과적·억제적 제재의 마련, 국내외 협력활성화 등에 초점을 맞추고 있다.

가상자산·가상자산사업자와 관련된 ML/TF 위험을 해소하기 위해 각국이 정부당국과 국제협력을 어떻게 이용할 것인지를 이해하는 데 FATF 권고사항 거의 전체가 직접적 연관성이 있으며, 가상자산·가상자산사업자와 직접적 혹은 명시적 연관성이 없는 권고사항이라도 여전히 전혀 무관하지는 않고, 적용될 수도 있다.

주석서 15에서 기술하는 바와 같이 FATF 권고사항상 의무가 가상자산·가상자산사업자에게 전면적으로 적용된다. 즉, AML/CFT 규제를 받는 다른 기관들에 적용되는 의무가 모두 포함되며, 규제는 가상자산사업자가 관여돼 있는 금융활동을 기반으로 국제기준상 가상자산활동이나 업무와 관련된 ML/TF 위험과 관련하여 적용된다.

본 절에서는 또한 가상자산사업자 감독당국의 위험 기반 접근법RBA 적용에 대해서도 검토한다.

1 가상자산 · 가상자산사업자 맥락에서의 권고사항 적용

1. 위험 기반 접근법 및 국가적 조정

[**권고사항 1**] FATF 권고사항은 각국이 위험 기반 접근법RBA을 적용함으로써 ML/TF 위험에 대한 예방·완화 조치들이 자국 내에서 확인된 위험에 부합하도록 해야 한다고 강조한다. 이러한 RBA하에서 각국은 가상자산을 이용한 더욱 고위험의 상황이나 활동에 대해 의무사항을 강화해야 한다. 2015 VC 지침 당시에도 논의됐듯 특정한 가상자산 금융활동의 유형, 가상자산활동이나 운영, 집권형/분산형 가상자산의 구별 등은 각국이 가상자산 관련 ML/TF 위험을 평가할 때 고려해야 할 핵심 측면임에는 변함이 없을 것이다. 가상자산·가상자산사업자는 익명성이 강화되고 가상자산 자금흐름을 파악하기 어려워질 수 있는 점, 효과적으로 고객확인·검증을 수행하기 힘들다는 점 등 때문에 대체로 ML/TF 고위험으로 간주되어 필요시 강화된 고객확인 조치를 적용해야 할 수도 있다.

권고사항 1에서는 각국이 자국의 ML/TF 위험을 확인·이해·평가하고 효과적으로 그 위험을 완화할 수 있는 조치를 취하도록 하고 있다. 이 의무는 권고사항 15 '새로운 기술' 관련 위험에도 적용되며, 가상자산 및 국제기준상 가상자산활동·업무·상품·서비스 등을 제공하거나 그에 관여된 가상자산사업자 관련 위험도 예외가 아니다.

권한당국이 국제기준상 가상자산활동(**예** 가상자산 결제, 이체, 발행 등)을 대상으로 AML/CFT 정책을 수립하고, 또 관련 가상자산 기술 및 새로운 상품·서비스에서의 혁신을 지원하는 데에는 적절하고 필요한 경우, 공공－민간 부문 협력이 도움이 될 수 있다. 권한당국이 AML/CFT 자원을 배분하고 우선순위를 매기는 데에 있어서도 위 협력이 도움이 될 수 있다.

각국의 권한당국은 조정을 통해 가상자산활동·업무·상품·서비스 등에 대한 위험평가를 실시해야 하며, 가상자산사업자 관련 위험 및 경우에 따라 해당국 내 가상자산사업자 업계 전반에 대한 위험에 대해서도 평가를 실시해야 한다.

위험평가를 통해 ⅰ) 모든 유관기관이 어떤 가상자산활동·업무·상품·서비스가 어떻게 기능하는지, 그리고 AML/CFT 차원의 규제대상 영역에 해당하고 또 영향을 미칠 수 있는지를 이해할 수 있어야 하고(송금과 결제 방식, 가상자산 키오스크, 가상자산 상품, 가상자산 증권이나 기타 발행 활동 등. 가상자산사업자 정의 참고), ⅱ) 유사한 위험 프로파일의 유사 상품·서비스에 적용하는 유사 AML/CFT 조치들을 적극 추진해야 한다.

가상자산사업자 부문이 진화하면서 각국은 국제기준상 가상자산활동 대상 AML/CFT 조치와 그밖에 다른 규제·감독 조치(이를테면 소비자 보호, 건전성, 네트워크 IT 보안, 세금 등 관련 조치) 사이의 관계를 조사하는 것을 고려해야 한다. 다른 부문에서의 조치가 ML/TF 위험에 영향을 미칠 수 있기 때문이다. 가상자산의 채택이 이렇게 계속 확대된다면 각국은 이런 차원에서 국제기준상 가상자산활동과 가상자산사업자(가상자산 부문에서 운영 중인 다른 의무이행개체들)를 대상으로 포괄적인 장·단기 정책적 노력을 기울일 것을 고려해야 한다.

각국은 가상자산사업자(다른 의무이행개체들)가 국제기준상 가상자산활동 혹은 특정 가상자산 상품·서비스의 제공 및 관여 시 관련된 ML/TF 위험을 확인·평가하고 그 위험을 완화하기 위해 효과적인 조치를 취하도록 해야 한다.

가상자산사업자가 법적으로 허용되는 경우, 해당국과 가상자산사업자, 금융회사와 DNFBPs(가상자산활동에 관여되거나 가상자산활동·업무·상품·서비스를 제공하는 금융회사나 DNFBPs 포함)는 관련 ML/TF 위험을 평가하고 RBA를 적용하여 해당 위험을 적절히 예방·완화하는 조치가 이행되도록 해야 한다.

각국은 자체 위험평가 결과와 국가 차원의 규제 맥락을 감안하여 본 지침에서는 언급되지 않는 다른 정책적 목표(소비자 보호, 건전성, 통화정책 등) 추구를 위해 가상자산활동이나 가상자산사업자를 금지할 수 있는 재량이 있다. 가상자산활동이나 가상자산사업자를 금지하는 것을 고려하는 국가들은 그러한 금지가 자국의 ML/TF 위험에 어떤 영향을 미치는지를 고려해야 한다.

어떤 국가의 해당 부문 금지·규제 여부와는 상관없이 전반적인 ML/TF 위험 완화 차원에서는 추가적 조치가 유용할 수 있다. 예를 들어, 가상자산활동과 가상자산사업자가 금지된 국가라면, 해당국에서는 불법적으로 운영되는 가상자산사업자(혹은 가상자산활동에 관여하고 있는 다른 의무이행개체들)를 식별하고 이들에게 비례적·억제적 제재를 가하는 것이 완화조치가 될 수 있겠다. 금지하는 경우라도 해당국의 위험 프로파일을 바탕으로 범위 및 집행 조치는 물론 가상자산활동 및 가상자산사업자 운영의 국경초월적 특성(예 해외 가상자산 결제나 이체 등)을 고려하는 위험 완화 전략 등은 여전히 의무사항이다.

[권고사항 2]에서는 가상자산사업자 부문 포함 AML/CFT 정책에 대한 국가적 협력·조정을 요구하고 있으며, 따라서 국제기준상 가상자산활동을 규제·감독하는 맥락에서 본 권고사항은 간접적으로 각국에 적용될 수 있다. 각국은 여러 기관이 합동으로 참여하는 실무그룹이나 태스크포스 등의 체계를 통해 정책결정자들과 규제당국, 감독당국, FIU, 법집행당국 등이 서로 간에, 또 다른 유관 권한당국들과 협력하여 효과적 정책·규제·기타 조치들을 수립·이행함으로써 국제기준상 가상자산활동과 가상자산사업자 관련 ML/TF 위험을 해결하도록 해야 한다.

AML/CFT 의무 및 개인정보보호법이나 기타 유사법(예 정보보안, 현지화 등)과의 호환성 보장을 위한 관련 당국과의 협력 및 조정도 그러한 노력에 해당될 수 있다. 이동이 매우 쉽고 국경초월적인 가상자산의 특성, 그리고 국제기준이 적용되거나 규제를 받는 가상자산활동에 여러 규제기관(송금, 증권, 상품, 파생활동 등을 규제하는 권한당국 등)이 개입될 수 있는 점 등 때문에 국가적 협력·조정은 가상자산 맥락에서 특히 중요하다. 또한, 수사를 시작하고 여러 기관의 다양한 도구를 이용해 사이버 및(또는) 가상자산 생태계상 문제를 해결하는 맥락에서도 가상자산 사안 관련 국가적 협력은 필수적이다.

가상자산 취급과 관련하여 자금 혹은 가치 기반 용어들의 해석은 다음과 같다.

각국은 FATF 권고사항 적용목적으로 '재산property', '수익proceeds', '자금funds', '자금이나 기타 자산funds or other assets' 다른 '상응하는 가치corresponding value' 등 권고사항에 등장하는 모든 자금 혹은 가치 기반 용어들에 가상자산도 포함되는 것으로 생각해야 한다. 특히 각국은 권고사항 3~8, 30, 33, 35, 38상의 관련 조치를 가상자산 맥락에서 적용하여 가상자산이 ML/TF나 PF에 남용되는 것을 막도록 하고, 가상자산을 이용한 범죄의 수익 전부에 대해 조치를 취해야 한다.

위에 언급한 특정 권고사항들은 자금이나 가치 기반 용어들 혹은 기타 유사용어들에 대한 내용이 포함된 것들로(표면적으로는 가상자산사업자나 비슷한 의무이행개체들에게 직접 적용이 안 될 것처럼 보일 수도 있으나, 사실상 이 부문에서 적용 가능함), 각각 ML범죄, 몰수와 잠정조치, TF범죄, 정밀금융제재, 비영리단체, 법집행기관의 권한, 제재, 국제협력 관련 내용이다.

[권고사항 3]의 이행을 위해서는 액수와는 상관없이 가상자산 맥락을 포함해 어떤 형태의 재산에든 ML범죄가 적용될 수 있어야 한다. 이때 재산이란 직접적으로 범죄수익을 나타내는 것이다. 해당 재산이 범죄수익임을 증명할 때 꼭 특정인의 전제범죄 유죄판결을 필요로 해서는 안 되며, 가상자산 관련 수익의 경우에도 이는 예외가 아니다. 따라서 각국은 적용 가능한 ML범죄 조치의 범위를 가상자산을 이용한 범죄수익에까지 확대해야 한다.

[권고사항 4] 유사하게 "ⅰ) 세탁된 자금, ⅱ) 자금세탁행위, 기타 전제범죄로 부터 발생한 범죄수익과 동 범죄행위에 사용되었거나 사용될 수단, ⅲ) 테러자금 조달행위로 발생한 범죄수익과 동 범죄행위에 사용되었거나 사용될 수단, ⅳ) 이에 상응하는 가치의 재산"과 관련된 몰수 및 잠정조치도 가상자산에 적용된다.

법화 및 상품에 적용할 수 있는 몰수나 잠정조치의 경우, 법집행기관은 자산이 범죄활동에서 유래한 것임을 입증할 수 있는 근거가 있거나 근거가 이미 확인된 경우, 긴급temporary 자산동결을 요청할 수 있어야 한다. 동결기간을 연장하거나 자산의 몰수를 요청하기 위해서는 법원명령을 받아야 한다.

[권고사항 5] 유사하게 권고사항 5의 TF범죄는 가상자산 포함 "모든 자금 또는 다른 자산"에 적용돼야 하며, 해당 자금이나 자산의 출처가 합법적인지 불법 적인지 여부는 상관없다(주석서 5 참고).

[권고사항 6] 각국은 제재대상자의 자금이나 기타 자산(가상자산 포함)을 지체 없이 동결하여 테러 및 테러자금조달 관련 정밀금융제재와 관련 있는 제재대상자 가 이용할 수 있거나, 그 대상자의 이익을 위해 사용될 수 있는 자금이나 기타 자산(가상자산 포함)이 없도록 해야 한다.

[권고사항 7] 각국은 확산금융 관련 정밀금융제재 맥락에서 제재대상자의 자 금이나 기타 자산(가상자산 포함)을 지체 없이 동결하여 제재대상자가 이용할 수 있거나, 그 대상자의 이익을 위해 사용될 수 있는 자금이나 기타 자산(가상자산 포함)이 없도록 해야 한다.

[권고사항 8] 각국은 또한 권고사항 8에서 기술하듯 테러자금조달 남용으로부 터 비영리단체를 보호하기 위해 위험 기반 접근법에 따라 조치를 적용해야 하며, 이때 비밀리에 테러조직으로의 자금전파에 가상자산이 이용되는 경우도 포함된다 [권고사항 8(c) 참고].

본 지침에 언급된 모든 자금 혹은 가치 기반 용어들에 적용된다는 맥락에서 권고사항 30 역시 국제기준상 가상자산활동 및 가상자산사업자에 적용된다. 각국은 다른 유형의 재산이나 범죄수익과 마찬가지로 권한당국이 몰수대상이거나 몰수대상이 될 가능성이 있는, 혹은 범죄수익으로 의심되는 가상자산 관련 재산을 신속하게 식별·추적하고 동결·압수를 위한 조치를 개시할 책임을 갖도록 해야 한다. 각국은 자국 법체계상의 가상자산 분류와는 상관없이(즉, 특정국의 재산 관련 법상의 가상자산 분류와는 상관없이) 권고사항 30을 이행해야 한다.

[권고사항 33] 각국이 관리하는 통계에는 권한당국이 접수·제공하는 의심거래보고(STR) 관련 통계는 물론 권한당국의 동결·압수·몰수 재산에 대한 통계도 포함돼야 한다. 따라서 가상자산사업자 및 가상자산활동 맥락에서도 권고사항 33이 이행돼야 하며, 각국은 가상자산사업자 및 은행 등 다른 의무이행개체들로부터 가상자산, 가상자산사업자, 가상자산활동 등과 관련하여 권한당국에 제출하는 의심거래보고에 대한 통계도 관리해야 한다.

각국은 자금 혹은 가치 기반 용어가 포함된 다른 권고사항(권고사항 3~8, 30, 35, 38)의 경우와 마찬가지로 권한당국이 동결·압수·몰수하는 모든 가상자산에 대한 통계도 관리해야 하며, 이때 해당국에서 재산 관련 자국법상 가상자산을 어떻게 분류하는지 여부는 상관없다. 각국은 의심거래보고 및 관련 통계를 업데이트하여 수사 및 금융분석을 활성화할 수 있는 가상자산 관련 지표를 포함하는 것을 고려해야 한다.

[권고사항 35]는 각국에 권고사항 6, 8, 23이 적용되는 자연인/법인 중 AML/CFT 의무를 이행하지 못한 이들에게 적용할 수 있는 효과적이고 비례적이며 억제적인 여러 제재를 갖추도록 하고 있다. 이와 유사하게 주석서 15 중 6번 문단에서 기술하듯 각국은 가상자산사업자(및 가상자산활동에 관여하는 다른 의무이행개체들) 중 AML/CFT 의무를 준수하지 못한 이들에게 부과할 수 있는 제재를 갖추어야 한다. 그러한 제재는 금융회사와 DNFBPs 및 다른 자연인/법인의 경우와 마찬

가지로, 가상자산사업자뿐만 아니라 경우에 따라 그 관리자와 고위경영진에게도 적용할 수 있어야 한다.

[권고사항 38] 역시 자금 혹은 가치 기반 용어들을 포함하고 있고 가상자산 맥락에서도 적용되나, 보다 자세한 내용은 본 지침 '국제협력' 부분 및 주석서 15의 8번 문단의 내용에서 보듯 권고사항 37~40 이행 부분에 기술돼 있다.

2. 인·허가/등록

각국은 가상자산사업자의 인·허가 및(또는) 등록을 담당하는 1개 혹은 그 이상의 당국을 지정해야 한다.

주석서 15의 3번 문단에 따라, 가상자산사업자는 최소 그 개설국(들)에서 인·허가를 받거나 등록을 해야 한다. 법인개설과 관련한 증명으로는[8] 회사의 창설, 공공등기부·상업등기부 혹은 기타 유사한 회사나 법인격 있는 개체 등기부 등록 등과 같이 자국 내에서 법인격이 있는 개체의 존재를 공식화하는 데에 사용되는 다른 기제, 공증이나 다른 공무원의 인정, 회사의 부속정관 또는 정관의 제출, 회사 납세번호 부여 등이 있다.

가상자산사업자가 자연인인 경우, 사업장이 소재한 국가에서 인·허가를 받거나 등록을 해야 한다. 인·허가/등록 결정은 국가별로 여러 가지 요소를 고려할 수 있다. 자연인의 사업장은 그 사업이 주로 운영되는 곳 혹은 그 사업 관련 장부와 기록이 보관되는 곳은 물론, 해당 자연인이 거주하는 곳(즉, 자연인이 현재 물리적으로 위치, 소재하거나 거주하는 곳) 등으로 규정될 수 있다. 자연인이 자기 거주지에서 사업을 운영하거나 사업장이 확인되지 않는 경우, 이를테면 주 거주지가 사업장으로 간주될 수 있다. 또한 사업장에 대해서는 잠재적 고려요소로 서버의 소재지도

---

8 주석서 24 각주 40번

포함될 수 있다.

인·허가/등록 가상자산사업자는 관련 당국이 제시하는 적절한 인·허가 및 등록 기준을 충족해야 한다. 당국은 효과적으로 가상자산사업자를 감독할 수 있도록 인·허가/등록 가상자산사업자에게 그러한 조건들을 부과해야 한다. 그러한 조건에는 충분한 감독권한이 허용돼야 하고, 가상자산활동의 규모나 특성에 달라질 수는 있지만, 상주 대표나 실질적 경영진의 존재, 특정한 금융 관련 의무 등이 포함될 수 있다.

또한 각국은 자국에서 상품 및(또는) 서비스를 고객에게 제공하거나 운영을 수행하는 가상자산사업자에게 자국 내 인·허가/등록을 요구할 수 있다. 따라서 인·허가/등록이 가능한 국가는 자국 내 주소지가 있거나 자국에 살고 있는 사람들이 이용할 수 있거나 이용하는 가상자산사업자 서비스의 인·허가/등록을 요구할 수 있다.

권한당국은 범죄자나 공범들이 가상자산사업자의 지분을 보유하거나 실제 소유자가 되거나 상당 부분 지배 또는 관리하는 것을 막기 위해 필요한 법적·규제적 조치들을 취해야 한다. 그러한 조치로는 가상자산사업자에게 지분이나 사업운영, 구조 등에 상당한 변화가 있는 경우, 당국에 사전승인을 받도록 하는 것 등이 포함될 수 있다.

각국은 인·허가/등록이 필요함에도 인·허가/등록 없이 가상자산활동이나 업무를 수행하는 자연인/법인을 식별하기 위한 조치를 취하고, 가상자산활동이나 업무에 관여할 수 있는 전통적 의무이행개체들(고객에게 가상자산을 제공하는 은행 등)의 맥락에서 적절한 제재를 적용해야 한다. 감독당국들은 가상자산사업자 부문과 국제기준상 가상자산활동·업무에 관여하거나 국제기준상 가상자산상품·서비스를 제공하는 다른 의무이행개체들을 모니터링하는 체계를 갖추고, 적절한 채널을 통해 가상자산사업자 및 다른 의무이행개체들에게 관련 당국에 인·허가/

등록 신청의무를 통지하도록 해야 한다. 각국은 또한 인·허가가 없거나 미등록인 가상자산사업자(및 가상자산활동에 관여하는 다른 의무이행개체들)를 확인하고 제재를 가할 수 있는 책임당국을 지정해야 한다.

앞서 본 지침에서 언급됐듯이, 가상자산활동이나 가상자산사업자를 금지하기로 한 국가들의 경우라도, 권고사항 15의 의무사항에 따라 법적 의무를 이행하지 않은 자연인/법인을 확인하고 조치를 취하기 위한 도구와 권한을 갖춰야 한다.

인·허가/등록 없이 운영하는 자연인/법인을 확인하기 위해 각국은 가능한 도구와 자원의 범위를 고려하여 인·허가가 없거나 미등록인 가상자산사업자를 수사하도록 할 수 있어야 한다. 예를 들어, 각국은 웹 스크랩핑이나 공개정보를 이용하여 무허가/미등록 개체가 온라인으로 사업을 광고하거나 호객행위를 하는 경우를 적발할 수 있다. 업계 내 정보를 이용하거나(공개 피드백을 받기 위한 채널 설립 포함) 의심거래보고, 은행 제공 수사단서 등 보고기관에서 제공한 FIU 정보나 기타 정보를 이용할 수도 있으며, 과거 인·허가/등록 신청이나 거절 기록 및 법집행·정보기관의 보고 등 비공개 정보를 이용하여 무허가/미등록 사업자를 확인할 수도 있다. 그밖에 다른 수사도구나 능력을 활용하는 것도 고려해야 한다.

앞서 권고사항 2 관련해서도 언급했듯이, 여러 국가의 당국들이 무허가/미등록 가상자산사업자나 활동 등에 대한 정보를 갖고 있을 수 있는 만큼 가상자산사업자의 규제와 인·허가/등록에 관여된 이들 당국 간의 조정은 중요하다. 각국은 적절한 정보공유 채널을 통해 무허가/미등록 가상자산사업자를 확인하고 이들에게 제재를 가할 수 있도록 해야 한다.

3. 감독·모니터링

[권고사항 26·27] 아래 언급되겠지만, 권고사항 15는 각국에 효과적인 AML/CFT 감독·모니터링 시스템을 가상자산사업자에게도 적용하도록 하고 있

다. 권고사항 26과 27에서도 언급되지만, 주석서 15의 5번 문단에서도 유사하게 각국에 가상자산사업자에 대해서도 AML/CFT 차원의 적절한 규제와 감독·모니터링이 적용되도록 하고, 자신들의 ML/TF 위험에 부합하여 효과적으로 FATF 권고사항을 효과적으로 이행하도록 하고 있다.

가상자산사업자에게는 국가 차원의 AML/CFT 의무사항 이행을 점검하고 보장하는 효과적 시스템이 적용돼야 한다. 자율규제기구SRB가 아닌 위험 기반 감독·모니터링을 수행할 의무가 있는 권한당국이 가상자산사업자를 감독·모니터링해야 한다. 감독당국은 가상자산사업자(및 가상자산활동에 관여하는 다른 의무이행개체들)를 감독·모니터링하고, 이들이 AML/CFT 의무사항을 이행하도록 하는 적절한 권한을 보유해야 한다.

그러한 권한으로는 검사권, 정보제공을 요구할 권한, 징계성제재 및 금전제재 부과권한 등이 있으며, 필요시 가상자산사업자의 인·허가/등록을 취소·제한·정지하는 등의 권한도 이에 포함된다.

가상자산활동의 국경초월적인 특성과 서비스 제공, 특정 가상자산사업자를 특정 국적에 결부하며 생길 수 있는 문제들을 감안할 때, 주석서 15의 8번 문단의 언급처럼 관련 감독당국 간 국제협력은 또한 매우 중요하다. 각국은 이 같은 측면에서 국제증권관리위원회나 바젤은행감독위원회 등의 국제표준 정립기구들의 자료를 지침 삼아 활용할 수 있다.[9]

아래에서 보다 자세히 논의하겠지만, DNFBPs가 가상자산활동에 관여하는 경우, 각국은 해당 DNFBPs에 FATF 권고사항에 따른 가상자산사업자 관련 조치를 모두 적용해야 하며, 감독·모니터링도 예외가 아니다.[10]

---

9 예 바젤위원회 '효과적 은행감독을 위한 핵심준칙'의 원칙 3(협력과 협조) 및 13(본국·주재국 간 협력) 참고

10 2.2에서도 언급됐듯 각국은 가상자산사업자라는 용어를 '금융회사' 혹은 'DNFBPs'로 부를 수 있다.

4. 예방조치

주석서 15의 7번 문단에서는 권고사항 10~21상의 예방조치가 모두 가상자산 및 가상자산(금융)활동 맥락에서 각국 및 의무이행개체들에 적용됨을 명확히 기술하고 있다.

그러나 권고사항 9, 22, 23 역시 이 부분에서 간접적으로 적용될 수 있으며, 아래에도 잘 언급돼 있다. 따라서 아래 부분에서는 각국이 가상자산 맥락에서 예방조치를 어떻게 이행해야 하는지 추가적인 고려에 도움이 되고자 권고사항별로 설명을 제공한다. 이와 관련하여 가상자산사업자나 활동에 관여된 다른 의무이행개체들이 아래 예방조치 및 FATF 권고사항 전반에 걸친 AML/CFT 조치들을 어떻게 이행해야 하는지 이들에게 특정된 지침을 제공한다.

[**권고사항 9**]는 금융회사의 비밀보장 법률이 FATF 권고사항 이행을 방해하지 않도록 하기 위한 목적으로 포함된 것이다. 권고사항 9에서 명시적으로 가상자산사업자를 포함하거나 언급하지는 않지만, 금융회사와 마찬가지로 각국은 이와 유사하게 비밀보장 법률이 가상자산사업자의 FATF 권고사항 이행을 방해하지 않도록 해야 한다.

[**권고사항 10**] 각국 및 의무이행개체들은 FATF 국제기준 및 자국법상 의무사항을 충족하도록 고객확인CDD절차를 설계해야 한다. 고객확인절차를 통해 가상자산사업자(및 가상자산활동에 관여하는 다른 의무이행개체들)는 국제기준상 가상자산활동이나 고객관계 혹은 특정 금액 이상의 일회성 거래와 관련된 ML/TF 위험을 평가할 수 있어야 한다. 초기 고객확인은 최소 법제도상 요구하는 수준에서 위험 기반으로, 그리고 신뢰할 만하고 독립적인 정보·데이터·문서 등을 바탕으로 고객

그러나 각국이 가상자산사업자를 어떤 용어로 부르는지와 상관없이 가상자산사업자가 관여돼 있는 금융활동의 유형 및 이들이 제공하는 금융서비스의 유형에 따라, 이들은 여전히 금융회사와 같은 수준의 규제·감독 대상이 된다.

및 (가능한 경우) 해당 고객의 실제 소유자를 확인하고 고객의 신원을 검증하는 과정으로 구성된다. 또한 고객관계의 목적과 애초의 특성 등을 필요시 이해하고 고위험 상황에서 추가정보를 확보하는 것 역시 고객확인절차의 일부다.

실질적으로 가상자산사업자가 계좌를 개설·관리하고(즉, 고객관계를 수립하고) 고객을 대리·대표하여 국제기준상 가상자산활동에 관여되거나 서비스를 제공할 시에 관련된 CDD 정보를 수집한다. 그러나 가상자산사업자가 일회성 거래를 수행하는 경우에는 CDD 수행 기준금액이 주석서 15의 7(a)에 따라 미화 1,000달러/1,000유로다.[11]

관계나 거래의 특성과 상관없이 각국은 가상자산사업자가 고객과 거래관계를 개설할 때나 기준금액 면제와는 별개로 ML/TF 의심이 들 때, 또 기존에 확보한 신원정보의 진실성 및 적절성에 의구심이 있는 때 등 고객의 신원을 위험 기반으로 확인하고 검증할 수 있는 효과적인 절차를 갖추도록 해야 한다.

일부 국가에서는 가상자산 키오스크(앞서 가상자산 서비스 및 사업모델 섹션에서 언급했듯 일명 가상자산 'ATM') 사용을 키오스크 사업자나 소유자/운영자와 해당 키오스크 이용고객의 일회성 거래로 고려할 수 있다. 혹은 위 키오스크 소유자/운영자(즉, 키오스크 사업자)에게 가상자산사업자나 기타 금융회사(이를테면 송금업자)로 등록하도록 하고, 그러한 거래를 일회성 거래로 고려하지 않는 국가도 있을 수 있다.

앞서 말했듯이, 가상자산은 범죄나 자금세탁, 테러자금조달, 기타 불법행위에의 악용가능성에 보다 취약한 특성들이 있다. 이를테면 글로벌한 도달력, 신속성, P2P 거래가능성, 강화된 익명성 및 거래의 흐름이나 상대방을 파악하기 어려울 수 있는 점 등이 그러한 특성들이다.

---

11 FATF는 가상자산활동 관련 ML/TF 위험과 국경초월적 특성을 감안하여 가상자산 관련 거래의 기준금액을 미화 1,000달러/1,000유로로 낮추기로 하였다.

따라서 이들 특성을 감안하여 각국은 권고사항 10에서 요구하는 수준 이상으로 가상자산이 관여된 모든 거래나 가상자산사업자(및 은행 등 가상자산활동에 관여되는 은행 등 다른 의무이행개체들)가 수행하는 모든 거래(미화 기준금액 1,000달러/1,000유로 이하의 일회성 거래 포함)에 대해 자국법상의 범위 내에서 전면적으로 고객확인을 요구할 수 있다. 위험평가 결과(고위험 확인 등)를 기반으로 이러한 접근법을 취한다면 권고사항 1의 RBA에 부합한다고 할 것이다. 또한 각국은 규제·감독체계 확립 과정에서 가상자산사업자가 어떤 거래를 사실상 일회성으로만 수행되는 거래로 확인하고 보장하는지를 고려해야 한다.

권고사항 10의 주석에 언급돼 있듯 ML/TF 고위험으로 강화된 고객확인 조치가 필요한 상황들이 있다. 가상자산 관련 활동 및 가상자산사업자의 맥락에서 각국은 이를테면 국가나 지리적 기반의 위험요소들을 고려해야 한다. 특정 국가에 위치한 가상자산사업자 혹은 특정국에서 송금되거나 특정국과 관련 있는 가상자산 이체 건은 ML/TF 고위험을 제기할 가능성이 있다[주석서 10의 15(b)참고].

가상자산사업자가 영업하거나 가상자산 이체가 발생한 어떤 특정 국가가 더 ML/TF 고위험을 제기하는지에 대해서는 일반적으로 합의된 정의나 방법론은 없으나, 다른 위험요소와 함께 국가의 특정 위험을 고려함으로써 잠재적인 ML/TF 위험을 판단하는 데 유용한 정보를 얻을 수 있다. 고위험 지표로는 아래 등이 있다.

① 신뢰할 만한 출처[12]를 통해 테러리스트행위에 자금이나 기타 지원을 제공한 것으로 확인된 국가나 지역, 혹은 테러리스트 조직으로 지정된 조직이 소재한 국가나 지역

---

12 '신뢰할 만한 출처'란 전 세계적으로 인지도 및 명성이 있는 국제기구나 기타 기구가 제공하는 정보로, 이들 정보는 공개되고 이용에 큰 제약이 없다. FATF와 FATF 유사 지역기구 외에 IMF, 월드뱅크, 에그몽 그룹 등의 국제기구들이 이런 출처에 해당할 수 있으며, 그밖에도 다양한 기구들이 있을 수 있다.

② 신뢰할 만한 출처를 통해 조직범죄, 부패, 혹은 기타 범죄행위 수준이 심각한 것으로 확인된 국가로서 불법약물, 인신매매, 밀수, 불법도박 등의 거점·중간지 등도 해당

③ 유엔 등 국제기구의 제재, 엠바고, 혹은 유사조치가 적용되는 국가

④ 신뢰할 만한 출처를 통해 정부역할, 법집행, 규제체계가 약한 것으로 확인된 국가들로, FATF 공식성명에서 AML/CFT 체계가 미비한 것으로 확인된 국가 및 고객관계와 거래 시 금융회사의 각별한 주의가 필요한 국가 등이 포함

각국은 또한 가상자산상품·서비스, 거래 혹은 전달채널(체계) 등과 관련된 위험요소를 고려해야 하며, 그러한 위험요소로는 해당 활동에 가명이나 '익명 거래', '비대면 거래관계 혹은 거래' 및(또는) '알 수 없거나 관련이 없는 제3자로부터의 지급' 등이 있다[주석서 10의 15(c) 및 본 지침서 31번 문단에 제시된 고·저위험 지표 등 참고]. 가상자산 거의 대부분이 위 요소 중 1개 혹은 그 이상을 포함한다는 사실로 인해 각국이 가상자산상품·서비스, 거래 혹은 전달채널의 바로 그 특성에 기반하여 이 부문 활동을 원래 고위험인 것으로 결정할 수도 있다.

그러한 경우, 혹은 다른 경우라도 위에 언급된 요소들과 관련하여 제기될 수 있는 고위험을 완화할 수 있는 강화된 고객확인 조치에는 아래와 같은 조치들이 있다.

① 신분증 번호 등 고객에게서 받은 신원정보를 제3자 데이터베이스나 기타 신뢰할 만한 출처의 정보로 강화

② 잠재적으로 고객의 IP 주소를 추적

③ 고객의 거래 프로파일과 일치하는 활동정보 강화 차원에서의 인터넷 검색, 단 정보수집은 자국 개인정보보호 관련 법체계 내에서 진행돼야 함[13]

---

[13] 2015 VC 지침 44번 문단, 2013년 신규 결제상품·서비스에의 위험 기반 접근법 적용지침(2013.6월)

각국은 또한 주석서 10의 20번 문단에서 제시하고 있는 강화된 고객확인 조치들을 고려해야 한다. 즉, 고객 및 거래관계 특성에 대한 추가정보 확보, 고객의 자금출처에 대한 정보 확보, 거래나 거래시도 건의 이유에 대한 정보 확보 및 해당 관계에 대한 강화 모니터링 수행 등이다.

또한 각국은 법화 활동 중 비대면 거래(모바일 서비스 등)나 가상자산 거래에 상응하는 활동에 관여된 금융회사들이 위험을 평가하고 그에 따라 완화정책을 수립하도록 할 수 있는 조치를 고려해야 한다.

그리고 각국은 가상자산사업자 및 가상자산상품·서비스를 제공하거나 그에 관여된 다른 의무이행기관들에 특히 고위험 고객 혹은 가상자산상품·서비스 유형의 경우, 기존 기록의 검토를 통해 고객확인절차로 수집된 문서나 데이터, 정보 등의 최신성 및 관련성을 유지하고 지속적 고객확인을 수행하도록 해야 한다(가상자산사업자 및 다른 의무이행기관들에 대한 지속적 고객확인과 모니터링의무는 제4장 추가논의 참고). 이 같은 거래 및 기록 검토는 효과적인 감독에 필수요소이다.

[권고사항 11]에서는 각국이 가상자산사업자에게 모든 거래기록 및 고객확인 조치를 각 거래를 재구성할 수 있고 관련 요소가 권한당국에 신속하게 제공될 수 있는 방식으로 최소 5년간 보관하게 하도록 요구하고 있다.

각국은 가상자산사업자나 활동에 관여하는 다른 의무이행기관에 거래 관련 기록과 고객확인 조치를 통해 확보한 정보를 보관하도록 해야 한다. 보관해야 하는 정보로는 관련 당사자들의 신원확인과 관련된 정보, 공개키(혹은 그와 유사한 식별자), 관련 주소나 계좌(혹은 그와 유사한 식별자), 거래의 특성 및 일자, 이체금액 등이 있겠다.

각 기관들이 고객신원을 적절히 확인할 수 있다면 특정 가상자산의 블록체인

66번 문단 참고

혹은 기타 관련 분산원장에 대한 공개정보는 기록보관의 초석을 제공해 줄 수 있다. 그러나 기록보관 시 가상자산 기반의 블록체인이나 기타 형태의 분산원장에만 의지해서는 권고사항 11의 이행 수준을 충족할 수 없다.

예를 들어, 블록체인이나 기타 유형의 분산원장에서 이용 가능한 정보를 통해 특정 지갑주소로 거래를 추적하는 것이 가능할 수 있다. 단, 해당 지갑주소와 개인의 이름을 바로 매칭하는 것은 어려울 수 있다. 지갑주소에는 고유의 숫자 및 문자의 결합 형태로 된 이용자 코드(즉, 개인키)가 있고 이는 분산원장에서 디지털 서명으로 활용된다. 그러나 그 주소와 실제 인물 혹은 자연인을 연결하려면 추가적인 정보가 필요하다.

[권고사항 12]에서는 각국에 가상자산사업자 등 의무이행개체들이 적절한 위험평가 시스템을 갖추어 고객이나 실제 소유자가 외국 PEPs[14]인지 여부 혹은 외국 PEPs와의 관련성이나 연관성을 판단하고, 그렇다고 하면 이들과의 거래 여부를 결정하거나 거래를 할 때 필요한 경우, 자금출처의 확인 등 일반적인 고객확인절차(권고사항 10의 내용) 이상의 추가적인 조치를 취하도록 하고 있다.

[권고사항 13]은 각국이 금융회사에 해외 환거래 은행 관계를 맺는 경우, 일반적인 고객확인 조치 외에 추가로 다른 일정 의무를 적용하도록 하고 있다. 국제기준상 가상자산활동에 관여될 수 있고 이미 권고사항 13의 조치들을 적용받는 그런 전통적 금융회사 외에, 가상자산사업자 부문의 일부 기타 거래관계나 국제기준상 가상자산활동 등은 해외 환거래 은행 관계와 유사한 특징을 갖고 있을 수 있다.

관련 주석서 13에서는 환거래 은행 및 다른 유사한 국경초월적 관계에 대해

---

14 '외국 PEPs'란 외국에서 고위 공직을 수행 중이거나 수행해 온 개인을 뜻하는 것으로, 예를 들면, 국가나 정부의 수반, 고위 정치인, 정부/사법/군의 고위 관료, 국영기업의 고위 임원, 정당의 중요 관료 등이다 (FATF 용어집).

금융회사는 일반적인 고객확인 조치 외에 추가로 권고사항 13의 (a)~(e)를 적용해야 한다고 규정하고 있다. '다른 유사한 관계'에는 다른 MVTS 업자를 위한 중개자로 기능하는 자금 또는 가치이전 서비스MVTS 사업자, 혹은 어떤 은행의 다른 MVTS 고객 계좌를 통해 은행서비스 혹은 유사 서비스를 이용하는 MVTS 업자 등이 포함된다(2016년 FATF 환거래 은행 관련 지침).

가상자산사업자 부문 내 관계가 현재 혹은 미래에[15] 국경초월적인 환거래 은행 관계에 유사한 특성을 가지는 만큼, 각국은 그러한 관계를 개설하는 가상자산사업자(및 가상자산 부문 내에서 운영 중인 다른 의무이행개체들)를 대상으로 권고사항 13의 예방조치들을 이행해야 한다.

[권고사항 14]에서는 각국이 자국 내 MVTS를 제공하는 자연인/법인이 인·허가/등록을 하고 AML/CFT 조치를 이행하도록 하고 있다. 2015 VC 지침에서도 기술하고 있지만, 즉 이는 자국 내에서 영업 중인 MVTS의 인·허가/등록의무 및 기타 AML/CFT 의무들의 이행 여부를 모니터링 대상에 포함하는 것이다. 그러나 권고사항 15의 인·허가/등록의무는 MVTS 활동에 관여된 이들은 물론, 모든 가상자산사업자에게 적용된다(이를테면 특정 국가에서 영업으로 가상화폐와 법화의 가상자산 교환서비스를 제공하는 국내 개체).

[권고사항 15] 2018년 10월 FATF는 개정 권고사항 15를 채택했다. 가상자산, 국제기준상 가상자산 금융활동, 가상자산사업자 등 맥락에서의 적용을 명확하게 하고자 개정 권고사항은 새로운 기술 맥락에서 각국 및 의무이행개체들이 적용해야 할 기본적인 위험 기반 접근법과 관련 의무를 강화한다. 권고사항 15는 각국이 새로운 전달체계 등 새로운 상품과 업무를 개발할 때나, 신규·기존 상품에 새로운

---

15 예 연구진 및 애널리스트들은 가상자산사업자 및 가상자산 프로토콜이 전통적 금융회사의 중개 없이도 기존의 환거래 은행 고객과 직접 연결되고, 이들이 해외로 자금을 송금·수신할 수 있는 가능성이 상당하다고 보고 있으며, 이렇게 되면 결제(settlements)가 더욱 빨리 이뤄지고 비용도 절감될 수 있다.

혹은 개발 중인 기술을 적용할 때 관련 ML/TF 위험을 확인·평가하도록 하고 있다. 본 권고사항에서는 특히 각국에 자국 내 인·허가를 받은 혹은 영업 중인 금융회사가 새로운 상품이나 업무를 내놓기 전, 또는 새로운 혹은 개발 중인 기술을 사용하기 전 관련 ML/TF 위험을 관리·완화하기 위해 적절한 조치를 취하도록 하고 있다(부록 참고).

2018년 10월 개정사항은 나아가 권고사항 15의 목적에 맞게 각국이 가상자산에서 부상하는 위험을 관리·완화하고, 가상자산사업자가 AML/CFT 목적으로 규제를 받으며, 인·허가를 받거나 등록을 하고, FATF 권고사항에서 요구하는 관련 조치의 이행 여부를 모니터링 및 보장할 수 있는 효과적 시스템의 적용을 받도록 명시하고 있다.

2019년 6월 채택된 주석서 15에서는 권고사항 15를 보다 명확히 설명하며, FATF 의무사항이 가상자산, 국제기준상 가상자산활동, 가상자산사업자 등에 어떻게 적용되는지를 보다 구체적으로 정의하고 있다. 주석에 따른 적용 맥락으로는 관련 ML/TF 위험의 평가, 인·허가/등록, 감독·모니터링, 고객확인·기록보관·의심거래보고 등 예방조치, 제재 및 기타 집행 관련 조치들, 국제협력 등이다(부록 참고).

가상자산사업자 및 가상자산활동 맥락에서 각국은 자국 내에서 인·허가를 받았거나 영업 중인 가상자산사업자가 AECs, 믹서, 텀블러, 기타 가상자산의 송금인/수취인, 보유자, 실제 소유자의 신원을 파악하기 어렵게 만드는 기술 등 익명성 강화 기술이나 체계를 이용하는 활동에 관여 시 생기는 위험을 스스로 관리·완화할 수 있는지를 고려하도록 해야 한다.

가상자산사업자가 그러한 활동에 관여하여 생길 수 있는 위험을 관리·완화할 수 없다면, 해당 가상자산사업자는 그러한 활동에 관여하도록 허용돼서는 안 된다.

[**권고사항 16**]은 테러리스트들이나 다른 범죄자들이 자금을 옮기기 위해 전자

적으로 활성화된 자금이체(당시 FATF 초안에 사용된 용어는 '전신송금')를 자유롭게 이용하는 것을 막고, 이와 같은 오용 사례가 발생하면 감지하기 위한 목적으로 포함되었다.

본 권고사항은 전신송금 및 관련 메시지와 연관된 의무사항을 확립하며 국내외 전신송금에 모두 적용된다. 권고사항 16에서는 '전신송금'을 금융회사가 송금인을 대신하여 전자적 수단으로 일정 금액을 수신 금융회사의 수취인에게 이용 가능하도록 하는 모든 거래라고 정의하고 있으며, 이때 송금인이나 수취인이 동일인인지 여부는 무관하다.

FATF 권고사항의 기능적 접근법에 따라 전신송금과 관련 메시지에 대한 권고사항 16의 의무사항은 그러한 서비스를 제공하는 모든 업자들에게 적용되며, 그러한 업자에는 가상자산 이체와 같이 전신송금과 기능적으로 유사한 서비스를 제공하거나 그러한 활동에 관여된 가상자산사업자도 포함된다. 각국은 권고사항 16을 전통적인 전신송금의 가치나 가상자산 이체의 가치가 법화든 가상자산을 이용하든 상관없이 적용해야 한다. 그러나 각국은 다양한 가상자산과 국제기준상 가상자산 활동 관련 위험을 고려하여 가상자산 이체의 최소한도 기준금액을 미화 1,000달러/1,000유로로 정할 수는 있다.

따라서 권고사항 16의 의무사항은 법화 거래든 가상자산 거래든 상관없이 ⅰ) 전통적인 전신송금 혹은 ⅱ) 가상자산사업자와 다른 의무이행기관 간 가상자산 이체 혹은 관련된 메시지 운영 등(이를테면 가상자산사업자 2곳 간 혹은 가상자산사업자와 은행 또는 기타 금융회사와 같은 다른 의무이행개체 간)이 포함된 모든 거래와 관련한 가상자산사업자에게 적용돼야 한다. 가상자산 이체가 포함되는 거래의 경우, 각국은 국경초월적인 가상자산활동 및 가상자산사업자 운영 특성을 기반으로 모든 가상자산 이체를 국내 전신송금보다는 권고사항 16의 주석에 따라 해외 전신송금으로 간주해야 한다.

주석서 15 중 7(b)에 기술된 것처럼 권고사항 16의 모든 의무사항은 가상자산사업자나 가상자산 이체에 관여된 다른 의무이행기관들에 적용된다. 이때 의무란 필수 송금인·수취인 정보를 확보·보유·전송하여 의심거래를 확인·보고하고, 정보의 이용가능성을 모니터링하며, 동결조치를 취하고, 제재대상자와의 거래를 금지할 수 있도록 하는 것이 포함된다.

따라서 각국은 가상자산 이체에 관여된 송금기관(가상자산사업자든 금융회사 등 다른 의무이행기관이든)이 정확한[16] 필수 송금인·수취인 정보를 확보·보유하고 가능한 경우, 그 정보를 수취기관(가상자산사업자이든 금융회사 등 다른 의무이행기관이든)에 보낼 수 있도록 해야 한다. 나아가 각국은 주석서 16에서 명시하듯 수취기관이 필수(이나 정확할 필요는 없는) 송금인 정보와 정확한 필수 수취인 정보를 확보·보유하도록 해야 한다.

필수정보는 i) 송금인의 이름(즉, 송금하는 고객), ii) 거래에 사용되는 송금인의 계좌번호(즉, 가상자산 지갑), iii) 송금인의 물리적 주소(지리적 주소 혹은 신원정보번호)나 고객 식별번호(즉, 거래번호 아님), iv) 수취인의 이름, v) 거래를 처리하는 데 사용되는 수취인의 계좌번호(즉, 가상자산 지갑) 등이다.

해당 정보는 가상자산 이체에 직접 첨부될 필요는 없다. 해당 정보는 주석서 15에서 언급된 것처럼 직접 혹은 간접으로 전송될 수 있다.

각국이 가상자산 이체 사업자들(가상자산사업자이든 다른 의무이행개체들이든)로 하여금 필수 송금인 및 수취인 정보를 즉시 그리고 안전하게 전송하도록 하는 것이 필수적이다. 특히 가상자산 이체의 신속성과 국경초월적 특성을 감안하면, 그리고 권고사항 16의 목적(및 송금인과 수취인 정보가 "… 전신송금에 동반돼야 한다"는

---

16 권고사항 16에서 사용되는 구체적 용어와 관련해서는 FATF 용어집을 참고. 이 경우 "'정확한(accurate)' 은 정확성을 이미 검증받은 정보를 뜻하는 데 사용된다."고 기술하고 있다.

권고사항 16의 전통적 의무사항)에 부합하려면 더욱 필수적이다.

주석서 15 중 7(b) 맥락에서 "안전하게"란 필수정보의 진실성 및 이용가능성을 보호하여 수취 가상자산사업자나 다른 의무이행개체들의 기록보관 및 이러한 정보의 이용을 활성화하고 승인되지 않은 공개로부터 정보를 보호해야 한다는 것을 뜻한다. 이 용어를 사용한다고 해서 권고사항 16 혹은 권고사항 9의 목적을 방해하려는 것은 아니다.

"즉시"란[마찬가지로 주석서 15 중 7(b) 맥락에서, 그리고 가상자산의 국경초월적 특성과 글로벌 도달력, 신속한 거래속도 등을 감안할 때] 사업자들이 필수정보를 이체거래 자체와 동시에 제공해야 한다는 뜻이다(가상자산사업자 및 다른 의무이행기관들에 특정되는 해당 사안에 대해 추가정보는 제4장을 참고).

각국은 자국 체계 내 송금·수취 기관이 모두 적절한 당국의 요청이 있을 시 위 필수정보를 제공할 수 있도록 해야 한다. 또한 송금·수취 기관이 모두 동결조치를 취하고 제재대상자들과의 거래를 금지할 수 있도록 해야 한다(즉, 정밀 금융제재 의무를 준수하기 위해 고객을 스크리닝하는 것).

따라서 송금 기관은 권고사항 10의 고객확인의무에 따라 고객, 즉 송금자에 대한 필수정보를, 수취기관은 고객, 즉 수취인에 대한 필수정보를 갖고 있어야 한다.

가상자산 이체가 전통적 법화의 전신송금과는 달리 가상자산사업자든 금융회사 등 다른 의무이행기관이든 의무이행개체 2곳(이체거래의 양측)을 꼭 포함하지는 않을 수 있음을 FATF는 인지하고 있다. 가상자산 이체 건에서 한쪽만 의무이행개체인 경우[예를 들어 송금 가상자산사업자나 다른 의무이행개체가 가상자산을 고객, 즉 송금인 대신 송금하는데, 이때 수취인은 수취기관의 고객이 아닌 언호스티드 월렛(unhosted wallet)처럼 그 가상자산 이체를 수취하는 개인 가상자산이용자가 자신의 분산원장기술(DLT) 소프트웨어를 이용하는 경우]라 하더라도, 각국은 여전히 의무이행개체가 자신들의 고객(경우에 따라 송금인 혹은 수취인)과 관련하여 권고사항 16의 의무를 따르도록 해야 한다.

FATF는 가상자산 송금이체의 경우 가상자산사업자와 금융회사가 의무이행 개체 아닌 개인 사용자에게 필수정보를 보낼 것을 기대하지는 않는다. 가상자산사 업자나 다른 의무이행개체가 아닌 개체에게서 가상자산 송금이체를 수취하는 가 상자산사업자의 경우(이를테면 언호스티드 월렛 등 개인의 분산원장 소프트웨어를 이용하는 개인 가상자산이용자로부터의 이체), 필수 송금인 정보를 받아야 한다.

이와 유사하게, 현재 혹은 머지 않은 미래에 가상자산 이체를 활성화하는 '중개 가상자산사업자', 다른 중개 의무이행개체나 금융회사 등 가상자산 이체체인 내에서 중개요소를 이용하는 가상자산 이체 시나리오가 등장할 수 있다.

각국은 주석서 15에서 기술하듯 그러한 중개기관(가상자산사업자이든 다른 의무이 행개체이든)이 권고사항 16의 의무사항을 준수하도록 해야 하며, 이때 의무에는 모든 가상자산 이체를 적법한 국외 전신송금cross-border qualifying transfer으로 취급하 는 것도 포함된다.

전통적 법화의 해외송금을 처리하는 전통적 중개 금융회사가 전신송금에 모 든 필수 송금인 및 수취인 정보가 포함되도록 하는 것처럼, 중개 가상자산사업자나 다른 가상자산 이체를 활성화하는 유사 중개기관 역시 VA 이체체인을 따라 필수 정보가 전송되도록 하고, 필수 기록을 보관하며, 요청이 있을 시 적절한 당국에 해당 정보를 제공하도록 해야 한다. 가상자산 이체에 관여하는 중개기관 역시 송금·수취 가상자산사업자(혹은 가상자산 이체거래를 활성화하는 다른 송금·수취 의무이 행개체들)처럼 의심거래를 확인하고, 동결조치를 취하며, 제재대상자와의 거래를 금지해야 한다는 권고사항 16의 의무를 가진다.

FATF의 기술중립적 접근법에 따라 필수정보가 꼭 블록체인이나 다른 분산원 장에서의 이체 일부로(혹은 그에 포함되어) 전달될 필요는 없다. 수취 가상자산사업자에게 정보를 제공하는 것은 블록체인이나 다른 분산원장의 가상자산 이체과정과는 전적으로 구별되는 과정이 될 수 있다. 송금·수취 기관이 권고사항 16의 의무를 이행할 수 있도록 하는 기술이나 솔루션이라면(그리고 당연히 FATF 권고사항의 다른 AML/CFT 의무이행을 방해하지 않는다는 전제하에) 모두 수용할 수 있다.

각국은 권고사항 16의 이행을 위해 이용할 수 있는 기술이나 솔루션의 적용과 관련하여 민간 부문과 함께 작업해야 한다(권고사항 16의 맥락에서 사업자 및 기타 의무이행개체들에게 특정된 보다 자세한 정보는 제4장을 참고).

[**권고사항 17**]에 따라 각국은 의무이행개체들이 새로운 거래를 개시 및(또는) 고객의 신원을 확인하고 검증하는 과정 등 고객확인절차 중 일부를 수행하기 위해 제3자에게 의존하는 것을 허용하도록 하고 있다. 그러나 제3자는 권한당국의 AML/CFT 관련 감독·모니터링을 받는 규제대상으로, 고객확인 및 기록보관 의무이행을 위한 조치들을 갖추고 있어야 한다.

각국은 가상자산사업자의 권고사항 15상 지위에 따라 가상자산사업자가 제3자로 기능하는 것을 허용할 수 있다. 의무이행개체들은 제3자가 규제를 받는 대상인지 여부를 확인하는 것 외에도 추가적으로 위험 기반으로 제3자를 선정해야 한다. 제3자 가상자산사업자라고 할 때 각국 및 의무이행개체들은 제3자가 잠재적으로 제기할 수 있는 위험, 거래나 업무의 특성, 제3자 가상자산사업자의 고객군이나 타깃시장, 필요시 사업파트너 등을 고려해야 한다.

가상자산사업자가 사업의 개시를 위해 다른 가상자산사업자에 의존하거나, 특히 가상자산 이체 맥락에서 고객확인 수행과 관련하여 가상자산사업자-가상자산사업자 간에 의존하는 경우에는, 권고사항 16의 의무사항에 부합하고 또 이를 준수해야 한다.

[**권고사항 18**]은 각국이 가상자산사업자 등 의무이행개체들에게 AML/CFT 정책과 절차의 효과성 및 국내 또 경우에 따라 해외에 있는 모든 영업점·부서

· 지점 · 자회사의 위험관리 품질을 확립하는 것과 관련하여 내부통제를 갖추도록 할 것을 요구하고 있다.

그러한 내부통제에는 명확한 AML/CFT 책임소재와 관리자 수준의 준법감시인 등 적절한 거버넌스 마련, 현지법에 따라 직원의 진실성을 모니터링하는 통제, 지속적인 직원훈련, 시스템 점검을 위한 (외부 혹은 내부) 감사기능 등이 모두 포함돼야 한다.

[권고사항 19]는 FATF가 강화된 고객확인 조치가 필요한 국가들이라고 강조하는 고위험 국가들 출신의 자연인/법인과 거래관계 및 거래를 할 때 가상자산사업자 등 의무이행개체들이 강화된 고객확인 조치를 적용하도록 각국에 요구하고 있다. 이 의무사항은 가상자산활동 및 가상자산사업자의 국경초월적인 특성을 감안할 때 특히 유의미하다.

[권고사항 20]에 따라 금융회사는 자금이 범죄수익이거나 테러자금조달과 관련 있는 것으로 의심되거나 그렇게 믿을 만한 합리적 이유가 있는 경우, 그러한 의심을 즉각 관련 FIU에 보고해야 한다. 따라서 각국은 가상자산사업자는 물론 가상자산활동에 관여되는 다른 의무이행기관들이 의심거래를 보고하도록 해야 한다(가상자산사업자 및 다른 의무이행개체들에 특정된 정보는 제4장을 참고).

예방조치의 적용과 관련하여 주석서 15의 7번 문단 내용에 부합하고 위 권고사항 16에서 논의됐듯이, 각국은 가상자산사업자가 운영 중인 국가 내에서 권고사항 16의 모든 관련 요소들을 이행하도록 해야 한다(마찬가지로 추가정보는 제4장을 참고).

가상자산사업자 및 가상자산활동에 관여하는 다른 의무이행기관들을 대상으로 이미 종합적인 AML/CFT 의무를 적용하는 국가들에서 가상자산 관련 의심거래 보고가 법집행기관의 수사 노력에는 물론, 가상자산 생태계 내 사업자와 활동을 보다 잘 이해하고 분석할 수 있도록 FIU의 능력을 개선하는 데 아주 중요하게

작용함을 보여준 바 있다.[17]

각국은 기존 보고체계나 형식을 개선하여 사업자 및 다른 의무이행기관들이 장치식별기device identifier, 관련 시간기록이 포함된 IP주소, 가상자산 지갑주소, 거래해시 등 가상자산활동과 관련될 수 있는 구체적인 지표들을 보고하도록 할 필요성을 고려해야 한다.

[**권고사항 21**]은 비밀누설 금지 및 기밀유지 조치로 FATF 권고사항 중 금융회사에 적용 가능한 조치 관련 내용이다. 각국은 그러한 조치들을 예방조치의 적용과 관련한 주석서 15의 7번 문단에서 기술하듯 가상자산사업자에게도 적용해야 한다.

권고사항 21에서 구체적으로 제시하듯 정보공개 제한 위반과 관련하여 가상자산사업자, 그 대표자, 관리자, 직원들은 가능한 경우, 민·형사상의 책임으로부터 법적 보호를 받아야 하고 법적으로 의심거래보고사실을 공개(혹은 '기밀누설')하지 못하도록 해야 한다.

5. 법인 · 법률관계의 투명성과 실제 소유자

[**권고사항 24·25**] FATF 용어집에서는 가상자산사업자를 가상자산사업자 정의에서 구체적으로 적시하는 활동이나 영업을 수행하는 '자연인이나 법인'이라고 정의하고 있다. 권고사항 24·25는 각국이 자금세탁 및 테러자금조달에 법인과 법률관계가 남용되는 것을 막기 위한 조치를 취하도록 하고 있다.

따라서 각국은 금융회사·DNFBPs의 경우와 마찬가지로 가상자산사업자의 남용을 막기 위한 조치를 취해야 하고, 권고사항 10과 22의 의무사항을 수행하는

---

17 2017년 미국 BTC-e 사례가 대표적이다. BTC-e는 법화 및 가상자산의 교환거래를 취급하고 랜섬웨어 · 해킹 · 신원도용 · 조세사기 · 공직부패 · 마약밀반입 등을 이용한 거래를 활성화한 인터넷 기반 송금업자이다. 미국 법집행기관은 예금기관과 가상자산사업자(특히 거래소들)가 보고한 의심거래들을 통해 BTC-e가 사용한 전자지갑 주소를 확인할 수 있었고, 그 거래소를 통한 불법적 수익의 흐름을 감지하여 조치를 취할 수 있었다.

가상자산사업자에 의한 실제 소유자 및 통제 관련 정보를 이용할 수 있도록 하는 조치를 고려해야 한다.

6. 실무운영 및 법집행

[**권고사항 29**] 가상자산사업자(혹은 가상자산 영역에서 운영하는 전통적인 금융회사나 국제기준상 가상자산활동에 관여하는 다른 의무이행개체들)가 권고사항 20에 따라 보고한 의심거래는 FIU에 제출돼야 한다.

또한 각국 FIU는 가상자산사업자를 포함하여 자국 내 보고기관으로부터 추가적인 정보를 확보할 수 있어야 하고, FIU가 본연의 기능을 적절히 수행하는 데 필요한 금융·행정·법집행 정보를 적시에 이용할 수 있어야 한다.

[**권고사항 30**]은 권고사항별 분석 중 위 자금 혹은 가치 기반 용어 부분에 언급돼 있다.

[**권고사항 31**] 금융회사·DNFBPs와 마찬가지로 각국 및 권한당국은 가상자산사업자가 보유한 모든 필요한 문서와 정보를 이용할 수 있는 권한을 확보할 수 있어야 하고, 이때 그 권한에는 기록의 제공을 위한 강제조치의 사용도 포함된다.

이들은 가상자산사업자 등의 자연인 또는 법인이 가상자산 계좌나 지갑을 보유 혹은 통제하는지 여부를 확인하기 위한 효과적 체계와, 권한당국이 소유자에게 사전통지 없이 가상자산 포함 자산을 확인할 수 있는 절차를 두도록 하는 체계를 갖춰야 한다. 권고사항 31의 적용은 각국 및 권한당국이 국제기준상 가상자산활동과 가상자산사업자 관련 ML/TF 위험을 해소하고 완화하는 데 특히 중요하다.

[**권고사항 32**] 각국은 국제기준상 가상자산활동과 가상자산사업자에게 권고사항 32의 적용을 고려할 때 위험 기반 접근법RBA을 취해야 한다. 특히 각국은 RBA하에서 ⅰ) 가상자산사업자의 활동과 가상자산 간을 이용한 활동이 물리적인

금전적 도구의 이동이라는 범위에 해당하는지 여부와 ⅱ) 그런 자산이 해외로 이동할 때 이에 대한 신고의무와 적발체계를 실질적으로 어떻게 확립할 것인지 및 자국 내에서 ML/TF 위험을 어떻게 완화할 것인지 등을 고려해야 한다. 권고사항 30과 마찬가지로 권고사항 33은 위 자금 혹은 가치 기반 용어 부분에 언급돼 있다.

[권고사항 34]는 각국이 가상자산활동 및 가상자산사업자 관련 ML/TF 위험은 물론, 가상자산 자체와 관련된 위험을 확인·해소하기 위한 접근법에 필수요소이다.

관련 권한당국은 가상자산사업자(및 전통적 금융회사 등 다른 의무이행개체들)가 국가 차원의 AML/CFT 조치를 적용하고, 특히 (가상-가상 거래든 가상-법화 거래든) 의심거래를 적발·보고할 수 있도록 가이드라인을 확립하고 피드백을 제공해야 한다.

7. 국제협력

[권고사항 36~40] 가상자산활동 및 가상자산사업자 부문의 국경초월성, 이동성 등의 특성을 감안할 때 각국 및 권한당국의 국제협력 권고사항 36~40의 이행, 특히 권고사항 37~40에 제시된 각국 및 권한당국이 적용할 수 있는 조치들은 매우 중요하다. 또한 국제협력 관련 의무사항을 효과적으로 이행하는 것은, 어떤 특정 국가에서 가상자산활동을 제공하는 사업자가 규제가 더 많을 법한 다른 국가들의 사업자들과 비교해 불공정 경쟁의 이익을 누리지 못하도록 그 능력을 제한하고, 이익이 되는 국가를 찾아가는 행위jurisdiction shopping/hopping나 규제차익을 제한하는 차원에서도 중요하다.

가상자산사업자 부문에 대한 효과적 규제·감독·집행에는 글로벌 차원의 접근법과 각국을 아우르는 평준화된 규제체계가 필요하다는 점을 인식하여 주석서

15의 8번 문단에서는, 권고사항 37~40 적용이 국제기준상 가상자산활동·가상자산사업자 관련 위험을 완화하는 데에 중요함을 강조하고 있다.

각국은 국제협력 중에서도 특히 상대국과 협력하고 형사사법공조를 제공할 수 있도록 필요한 도구들을 갖추고(권고사항 37), 가상자산 형태는 물론 가상자산사업자 활동과 관련된 기타 전통적 자산 형태의 범죄수익과 수단을 확인·동결·몰수할 수 있도록 해야 하며(권고사항 38), 가상자산 관련 범죄나 불법행위에 관여된 불법행위자들 맥락에서 효과적인 인도공조를 제공해야 한다(권고사항 39).

금전 혹은 가치 기반 용어들을 포함하는 다른 권고사항들과 마찬가지로, 각국은 가상자산 맥락에서 '자금세탁, 전제범죄 혹은 테러자금조달에서의 사용으로부터 세탁된 재산, 수익, 그에 사용된 도구, 혹은 그 사용을 위해 시도된 도구 및 그에 상응하는 가치의 재산'과 관련하여 몰수와 잠정조치들을 적용할 수 있어야 한다.

또한 주석서 15의 8번 문단에서는 구체적으로 가상자산사업자 감독당국들이 즉시 그리고 건설적으로 해외 당국들과 정보를 교환하도록 하고 있으며, 정보교환에 감독당국의 성격이나 지위, 혹은 가상자산사업자를 부르는 용어의 차이나 그 지위와는 영향을 주지 않는다.

국제협력의 경우, 인·허가/등록은 특정 국가에서 하고 상품·서비스는 다른 국가에 위치한 고객들에게 '역외'로 제공하는 가상자산사업자의 맥락에서 유의미하다. 각국 FIU가 서로 협력하고, 특히 적시에 국경초월적 가상자산활동 혹은 가상자산사업자 영업 관련 의심거래보고에 대해 정보를 교환하는 것이 중요하다.

자국 내 가상자산사업자에 대한 충분한 감독·규제 통제를 통해 각국은 가상자산 부문에서 수사지원 및 국제협력을 보다 원활히 할 수 있다. 현재로서는 대부분의 국가가 규제나 수사능력이 부족하므로, 이는 각국이 유의미한 국제협력을 제공할 때 장애물이 될 수 있다. 또한 여러 국가에서 법체계상 특정 가상자산 관련 ML/TF 활동이 범죄화되어 있지 않아 쌍방가벌성이 요구되는 경우, 효과적인 사법공조를 제공하기 어려울 수 있다.

8. DNFBPs가 국제기준상 가상자산활동에 관여 또는 그런 활동을 제공하는 경우

DNFBPs가 가상자산사업자 활동에 관여하는 경우(예 카지노가 가상자산 기반 게이밍을 제공하거나 다른 가상자산활동·상품·서비스 등에 관여하는 경우), 각국은 해당 개체에 FATF 권고사항 중 가상자산사업자에 적용되는 모든 조치를 적용해야 한다.

[권고사항 22·23]에는 특정 DNFBPs 유형에 대해 적용해야 하는 고객확인, 기록보관 및 기타 의무사항을 제시하며, 적용대상은 ⅰ) 카지노, ⅱ) 부동산 중개업자, ⅲ) 귀금속상, ⅳ) 변호사, 공증인 기타 독립적 법률전문 및 회계사, ⅴ) 신탁 및 회사서비스업자 등이다. 권고사항 22는 구체적으로 권고사항 10, 11, 12, 15, 17의 의무사항이 DNFBPs에 적용된다고 언급하고 있다.

따라서 가상자산활동에 관여하는 DNFBPs의 규제·감독 및 이들에 대한 예방 조치 적용을 고려할 때 각국은 가상자산사업자 관련 여러 권고사항 중에서도 특히 권고사항 10, 11, 12, 15, 17을 참고하고, 그에 따라 적절한 고객확인, 기록보관 및 기타 의무사항을 적용해야 한다.

[권고사항 28]은 각국 및 권한당국이 FATF 권고사항에 명시된 대로 DNFBPs에 규제·감독 조치를 적용하도록 하고 있다. 앞서 언급한 것처럼 각국은 가상자산 활동에 관여하는 DNFBPs 포함 가상자산사업자에게 DNFBPs 수준의 감독이 아닌, 금융회사가 받는 감독·규제와 유사한 수준의 감독·규제를 적용해야 한다. DNFBPs가 국제기준상 가상자산활동에 관여하는 경우(예 가상자산상품·서비스를 제공하는 카지노, 혹은 국제기준상 가상자산활동에 관여하는 카지노 등), 각국은 모든 가상자산사업자에게 적용되는 더 높은 감독 수준을 그 DNFBPs에 적용해야 하는데 ("DNFBPs 플러스" 감독), 그 수준이란, 즉 권고사항 26과 27에서 언급된 금융회사에

대한 감독·규제와 동일한 수준이다.

이 경우 해당 기관은 자국에서 그러한 개체·기관·상품·서비스 등을 지칭·사용·분류하는 용어와는 상관없이 본질적으로 DNFBPs가 아닌 특정 금융활동에 관여하는 가상자산사업자이다. 각국이 이러한 접근법을 채택한다면 전 세계적으로 가상자산사업자 부문에서 규제 수준이 평준화될 수 있을 것이고, 이들에 대한 감독도 이들이 관여·제공하는 활동에 부합하고 적절한 수준이 될 것이다.

2 가상자산사업자 감독·모니터링 관련 위험 기반 접근법

1. ML/TF 위험 이해

AML/CFT에 대한 위험 기반 접근법RBA의 목적은 각국 및 관련 의무이행기관들이 확인하는 ML/TF와 비례하는 예방·완화 조치를 마련하는 것이다. 감독의 경우, RBA는 감독당국의 자원배정에 활용된다. 또한 감독당국을 통해 결국은 가상자산사업자의 RBA 적용에 도움이 되도록 적용되기도 한다.

효과적인 위험 기반 정책은 한 국가적 정책, 법적·규제적 체계를 반영하는 것이다. 국가적 정책, 법적·규제적 체계에는 또한 금융포용, 금융안정성, 금융건전성, 금융소비자 보호, 시장경쟁 등 해당국이 추구하는 금융 부문의 정책목표가 보다 광범위한 맥락에서 반영돼야 한다.

국가적 체계상 가상자산사업자가 RBA를 적용하도록 할 때에는 또한 가상자산사업자 부문의 특성, 다양성, 성숙도, 위험 프로파일은 물론, 개별 가상자산사업자 관련 ML/TF 위험과 특정 가상자산활동·상품·서비스 등도 반영돼야 한다.

감독당국들은 또한 가상자산 부문 내 위험을 평가할 때 가상자산시장, 그 구조, 금융시스템 내에서의 역할, 해당국의 경제상황 등에 대해 보다 깊은 이해를 바탕으로 해당 부문의 위험을 평가해야 한다. 이를 위해서는 본 지침의 시작 부분에서 언급된 가상자산 서비스나 사업모델 중 여러 가상자산 관련 사업자들과 활동을 규제·감독하는 데 감독당국들에 필요한 실용적 기술과 전문성을 확보할 수 있도록 훈련, 인력, 기타 자원 등이 필요할 수 있다.

감독당국은 가상자산활동·상품·서비스 및 가상자산사업자 관련 ML/TF 위험을 식별·평가하기 위해 다양한 출처의 정보를 활용해야 한다. 다양한 출처로는 각국의 NRA 및 부문별 위험평가, 자국 내 혹은 해외 유형론과 감독전문성, FIU 지침과 피드백 등을 대표적인 예로 들 수 있겠다.

권한당국이 자국 내 가상자산사업자 부문이나 더 광범위한 가상자산 생태계를 적절하게 이해하지 못하는 경우, 권한당국이 가상자산사업자 부문 및(또는) 가상자산 생태계와 관련하여 보다 구체적인 부문별 위험평가를 수행하여 국가적 차원에서 관련 ML/TF 위험을 이해할 수 있도록 하고, 가상자산사업자가 수행해야 할 기관 내 평가에도 정보를 제공해야 한다.

효과적인 RBA를 위해서는 ML/TF 위험에 대한 정보를 이용할 수 있는 것이 가장 기본이다. 권고사항 1(주석서 1.3 참고)에서는 감독당국을 포함하여 각국이 지속적으로 해당국의 ML/TF 위험을 확인·평가하여 가상자산사업자 포함 금융회사와 DNFBPs 등이 AML/CFT 위험평가를 수행할 때 이용할 수 있는 정보를 제공하도록 하고 있다.

각국(감독당국 포함)은 위험평가 결과를 최신으로 유지하고, 위험평가 결과에 대한 적절한 정보를 가상자산사업자를 포함해 모든 관련 권한당국, 금융회사, DNFBPs 등에 제공해야 한다. 가상자산사업자 부문 내에서 일부 가상자산활동·상품·서비스 관련 ML/TF 위험을 확인할 능력이 잠재적으로 제한된 경우, 각국 및 감독당국은 해당 부문과 협업을 통해 위험을 이해하고 민간 부문이 자체적으로 위험을 이해할 수 있도록 한다. 필요한 정보와 지원의 수준은 가상자산사업자 부문의 역량에 따라 달라질 수 있다.

　감독당국이 개별 가상자산사업자 혹은 특정 가상자산활동·상품·서비스를 살펴볼 때 고려해야 하는 요소로는 해당 가상자산사업자의 상품과 서비스, 사업모델, 지배구조, 금융·회계 관련 정보, 전달채널, 고객 프로파일, 지리적 위치, 영업소재국, 가상자산사업자의 AML/CFT 조치 이행 여부 등이 있으며, 거래파악이나 가상자산사업자·감독당국의 효과적 AML/CFT 조치 이행을 어렵게 하는 특정 가상자산토큰 혹은 상품 관련 위험 등도 고려해야 한다.

　감독당국은 또한 위험관리정책 수준, 내부 감독체계 작동수준 등 가상자산사업자의 내부통제도 검토해야 한다. AML/CFT 맥락에서 관련이 있을 수 있는 다른 정보로는 가상자산사업자의 관리 및 컴플라이언스 기능의 적절성 등이 있겠다.

　건전성 감독당국이 가상자산사업자나 국제기준상 가상자산활동에 관여하는 다른 의무이행개체들에 건전성 규제를 적용하는 그런 국가라면(즉, 가상자산사업자가 은행, 보험사, 증권사, 투자사 등과 같이 '핵심원칙'[18]이 적용되는 전통적 금융회사로 분류되는 경우라면), 위 정보는 이들 감독당국을 통해 어느 정도 확보할 수 있으며 따라서 여러 기관에 책임소재가 있는 경우, 건전성 감독당국과 AML/CFT 감독당국 사이에 정보공유 및 협업이 필요하다.

　가상자산사업자의 인·허가/등록은 국가적 차원에서, 감독·집행은 주 정부 차원에서 공유하는 형태 등의 다른 규제모델에서는 정보공유에 검사결과 공유도 포함돼야 한다.

　경우에 따라 감독당국(해외 감독당국, 결제시스템이나 도구, 증권, 상품, 파생활동 등의 감독당국 등 포함), FIU, 법집행기관 등 다른 이해관계자들로부터의 정보 역시 어떤

---

18 FATF 권고사항에서 '핵심원칙(core principle)'이란 바젤은행감독위원회의 '효과적인 은행감독을 위한 핵심 원칙', 국제증권위원회의 '증권감독의 목적과 원칙', 국제보험감독자협의회의 '보험감독원칙' 등을 의미한다.

가상자산사업자가 자신의 ML/TF 위험을 효과적으로 관리하고 있는지 여부를 판단하는 데 도움이 될 수 있다. (광범위한 배경 검토작업 없이) 등록만 하면 되는 체계라도 여전히 법집행 및 규제기관들이 어떤 가상자산사업자의 존재나 사업라인, 해당 사업자의 가상자산활동·상품·서비스 및(또는) 그 통제관심사 등을 파악하도록 할 수 있다.

감독당국들은 가상자산사업자 부문 및 가상자산사업자 모두에 대해 위험 프로파일 평가를 주기적으로 검토해야 한다. 가상자산사업자의 환경에 상당한 변화가 있거나 새로운 관련 위협이 부상하는 경우에도 마찬가지다. 가상자산사업자나 보다 광범위한 가상자산사업자 부문 대상 국가 차원의 감독관행 및 특정 가상자산 활동·상품·서비스 및 사업모델 등과 관련한 ML/TF 위험에 대한 각국 사례는 본 지침 제5장에서 확인할 수 있다.

2. ML/TF 위험 완화

FATF 권고사항에서는 감독당국들에 ML/TF 고위험 부문에 감독자원을 더 많이, 더 우선적으로 할당하도록 하고 있다. 이는 즉, 감독당국들이 해당 부문과 개별 가상자산사업자의 ML/TF 위험 수준을 기반으로 평가의 주기 및 강도를 결정해야 한다는 뜻이다. 감독당국들은 고위험이 될 소지가 있는 부문을 우선 고려해야 하며, 이는 개별 가상자산사업자 수준에서든 특정 부문에서 운영 중인 가상자산사업자에 대해서든 모두 적용될 수 있다.

개별 가상자산사업자의 경우, 가상자산사업자가 제공할 수 있는 특정 상품·서비스·사업라인 등, 예를 들어 가상자산사업자의 거래파악이나 고객확인 조치 이행을 어렵게 하는 AECs, 믹서·텀블러 등의 특정 가상자산 또는 가상자산 서비스를 말하며, 특정 부문 가상자산사업자의 경우, 예를 들면 가상 금융활동 위주 혹은 그 활동만 활성화하거나 거래 등의 파악을 어렵게 하는 특정 가상자산상품

· 서비스를 제공하는 가상자산사업자, 혹은 고객들을 대리 · 대신하여 수취기관 등과 같은 다른 규제대상 개체가 아니라 개인 사용자에게 가상자산을 이체하도록 활성화하는 가상자산사업자 등을 말한다. 이 부문 전체를 고위험으로 분류하기로 한 국가라도 고객 기반, 상대 국가, 적용 가능한 AML/CFT 통제 등을 바탕으로 이 부문 내 개별 가상자산사업자의 분류를 이해하고 설명할 수 있어야 한다.

위험 기반 체계에서는 모든 가상자산사업자가 다 같은 AML/CFT 통제를 쓰지는 않으며, 불법수익의 이체나 교환거래가 포함된 고의성 없는unwitting 개별적 · 단독적single, isolated 사건들을 기반으로 꼭 어떤 가상자산사업자의 AML/CFT 통제가 건전하지 않은 것은 아님을 권한당국이 인식하는 것이 중요하다.

반면, 가상자산사업자는 RBA가 유연하게 적용된다는 뜻은 효과적인 AML/CFT 통제를 적용해야 한다는 것이지, 의무의 면제를 뜻하는 것은 아님을 이해해야 한다.

감독당국들의 접근법 조정사례는 아래와 같다.

① AML/CFT 감독 · 모니터링 유형의 조정 : 감독당국들은 모든 관련 위험 및 컴플라이언스 정보를 확인하기 위해 임점/비임점 채널을 모두 이용해야 한다. 다만, 체계상 허용된 범위 내에서 가상자산사업자에 대한 임점/비임점 감독 · 모니터링을 적절히 조정할 수 있다. 고위험 상황이라면 비임점 감독만으로는 부적절할 수 있다. 그러나 이전 검사결과(임점/비임점 무관) ML/TF 위험이 낮은 것으로 감독당국이 판단한 경우, 고위험 가상자산사업자에게 자원을 집중적으로 배정할 수 있다. 이 경우 저위험 가상자산사업자를 대상으로는 거래분석 및 질문지 등을 통한 비임점 감독이 진행될 수 있다.

② 지속적 AML/CFT 감독 · 모니터링 주기 및 강도의 조정 : 감독당국들은 확인된 위험에 부합하여 AML/CFT 검사주기를 조정해야 하고, 정기적 검토 및 사안에 따른 비정기적 AML/CFT 감독(예를 들면, 내부고발이 있었거나 법집행기관의 정보가 있는

경우, 금융보고 분석이나 기타 감독결과 등이 있는 경우 등)을 병행해야 한다. 감독 관련 다른 RBA 고려요소로는 지리적 위치, 인·허가/등록 상태, 고객 기반, 거래유형(가상-가상 거래, 가상-법화 거래 등), 가상자산 유형, 제공하는 계좌 수·지갑·수익·상품·서비스(투명성이 높은 서비스 vs. AECs 등 거래파악을 어렵게 하는 상품·서비스) 등, 과거 컴플라이언스 미이행 기록 및(또는) 관리 측면에서의 상당한 변화 등이 있다.

③ AML/CFT 감독·모니터링 강도의 조정 : 감독당국들은 확인된 위험에 맞게 적절한 평가강도와 범위를 결정해야 하며, 평가목적은 가상자산사업자의 남용을 막기 위한 가상자산사업자의 정책 및 절차의 적절성을 평가하는 것이다. 강도 높은 감독이라면 가상자산사업자의 위험평가·보고·기록보관 관련 정책 및 절차의 이행을 검증하기 위한 상세 시스템 및 문서 점검, 내부감사, 실무급 직원·고위경영진 및 이사회와의 면담 등을 예로 들 수 있겠다.

감독당국들은 감독·검사 결과를 바탕으로 ML/TF 위험평가를 업데이트해야 하고, 필요한 경우 AML/CFT 감독접근법 및 AML/CFT 규정과 지침의 적절성도 검토해야 한다. 감독당국들은 기밀유지 관련 기준이나 의무에 위배되지 않는 선에서 필요한 경우, 감독결과를 가상자산사업자에게 전달하여 그들의 RBA 품질을 향상시킬 수 있도록 해야 한다.

3. 일반적 접근법

감독당국들은 가상자산사업자가 직면하거나 가상자산사업자 부문과 관련된 ML/TF 위험을 이해해야 한다. 감독당국은 사업라인이나 특정 가상자산활동·상품·서비스의 위험 수준을 전반적으로 이해하고 있어야 하며, 특히 고위험 활동·상품·서비스에 대해서는 철저한 이해가 동반돼야 한다.

감독당국들은 감독·검사자들이 가상자산사업자의 정책·절차·통제가 해당 가상자산사업자의 위험평가와 관리절차 측면에서 적절하고 비례적인지 평가하기 위해 충분한 도구를 갖추고 있도록 해야 한다. 가상자산사업자 부문 내 조치들의 전반적인 강도에 대해 감독·검사자들의 이해를 돕는 차원에서 각국은 가상자산사업자의 AML/CFT 프로그램에 대한 비교분석을 수행하여 개별 가상자산사업자의 통제 수준에 대한 정보를 제공하는 것을 고려해야 한다.

RBA 맥락에서 감독당국들은 어떤 가상자산사업자의 AML/CFT 조치 이행 수준 및 위험평가 프로그램이 ⅰ) 규제 의무사항을 충족하고, ⅱ) 적절하고 효과적으로 관련 위험을 완화·관리하는지 판단해야 한다. 이 과정에서 감독당국들은 해당 가상자산사업자의 자체 위험평가 내용을 고려해야 한다.

다수의 인·허가/등록을 갖추고 여러 국가에서 영업하는 가상자산사업자의 경우, 자연인/법인의 가상자산사업자 인·허가/등록을 결정할 때 감독당국은 국제기준상 가상자산활동의 국경초월적 특성을 감안하여 해당 가상자산사업자가 노출된 위험 및 그러한 위험이 적절히 완화되는 정도 등을 고려해야 한다.

감독당국들은 검사절차의 일환으로 어떤 가상자산사업자의 AML/CFT 통제에 대한 검사결과 및 판단내용을 전달해야 하고, 가상자산사업자에게 적용되는 법적·규제적 의무를 준수하기 위해 필요한 것으로 사료되는 조치들을 명확하게 소통해야 한다.

가상자산 금융활동이 여러 개의 권한당국의 권한에 해당하는 국가에서는 해당국 내 감독당국들 간에 필요시 서로 협력하여 가상자산사업자 및 가상자산활동에 관여하거나, 가상자산활동·상품·서비스를 제공하는 다른 의무이행기관들에 대해 자신들의 기대를 명확히 소통해야 한다.

특히 규제를 받는 여러 가상자산활동에 관여하는 가상자산사업자(이를테면 가상자산송금업자나 증권·상품·파생활동 등), 혹은 은행·증권·상품 혹은 기타 규제당국이 개입될 수 있는 가상자산 금융활동의 맥락에서 이 부분은 중요하다.

4. 지침

감독당국들은 가상자산사업자의 법적·규제적 의무사항 준수에 대한 기대를 전달해야 하고, 필요시 관련 이해관계자들과 자문과정을 거치는 것을 고려할 수 있다. 이 같은 과정은 원하는 결과를 기반으로 한 높은 수준의 의무, 위험 기반 의무, 가상자산사업자가 특정 AML/CFT 통제를 어떻게 가장 적절히 적용할 수 있는지와 관련된 법규나 세부지침을 어떻게 해석하는지에 대한 정보 등의 형태로 진행될 수 있다.

감독당국 및 기타 권한당국들은 가상자산기술 전문가로부터의 지도 및 정보를 고려하여 가상자산사업자의 관련 사업모델이나 운영, 이들의 잠재적 ML/TF 위험 노출, 특정 가상자산 유형이나 국제기준상 가상자산활동과 관련된 ML/TF 위험 등을 보다 깊이 이해하고, 완화조치의 적절성 여부를 판단할 수 있다.

앞서 언급되었듯이, 가상자산사업자 부문에 지침과 피드백을 제공하는 것은 필수적이며, 권고사항 34의 의무사항이기도 하다. 지침에는 가상자산사업자가 평가를 수행하고 위험완화·의무이행 관리체계를 개발하여 관련 법·규제의무를 충족하도록 하는 모범관행이 포함될 수 있다. 감독당국들과 가상자산사업자 간에 지속적·효과적인 소통을 지원하는 것은 성공적인 RBA 이행의 필수요소다.

가상자산사업자 감독당국들은 또한 다른 국내 규제·감독당국들과의 연락을 통해 가상자산사업자의 법적 의무에 대한 일관된 해석을 보장하고, 가상자산사업자 간, 또 가상자산사업자와 금융회사·DNFBPs 등 다른 의무이행개체들 간의 공정성을 추구하는 것을 고려해야 한다.

감독당국이 1개 기관 이상인 경우(예를 들어, 건전성 감독당국과 AML/CFT 감독당국이 다른 기관이거나 같은 기관 내 다른 부서인 경우 등)에는 이 같은 조정이 특히 중요하다. 이는 또한 여러 상품·서비스를 제공하거나, 혹은 특정 국가 내에서 각기 다른 규제·감독권에 해당되는 다양한 금융활동에 관여하는 가상자산사업자의 맥락에서도 특히 중요하다.

지침의 여러 출처는 가상자산사업자 사이에서 규제차익의 기회, 허점, 혹은 불필요한 혼란을 생성해서는 안 된다. 지침이 단일기관에서 제공되지 않는다고 하여 가상자산사업자 간에 규제차익이나 허점, 불필요한 혼란이 생성돼서는 안 된다. 가능한 경우, 국내 관련 규제·감독당국들이 합동으로 지침을 마련하는 것을 고려해야 한다.

5. 훈련

훈련은 감독·검사자들이 가상자산사업자 부문 및 현재 존재하는 다양한 사업모델을 이해하도록 하는 차원에서 중요하다. 특히 감독당국들은 감독·검사인력의 훈련을 통해 가상자산사업자의 ML/TF 위험 평가 수준을 평가하고 자체 위험평가 결과를 바탕으로 한 해당 가상자산사업자의 AML/CFT 정책·절차·내부통제 등의 적절성, 비례성, 효과성, 효율성 등을 고려할 수 있도록 해야 한다.

감독·검사인력은 훈련을 통해 가상자산사업자의 위험평가 수준과 해당 가상자산사업자의 AML/CFT 통제의 적절성·비례성에 대해 공고한 판단을 내릴 수 있어야 한다. 또한 감독·권한당국이 여러 기관이거나 국가적 감독모델이 통합적 형태가 아닌 경우, 국가 차원에서의 감독접근법상 일관성 유지가 훈련의 목표가 되어야 한다.

이와 유사하게 각국은 공공−민간 부문 훈련 및 협력을 통해 실무 및 기타 권한당국은 물론, 업계에 가상자산사업자 및 가상자산활동과 관련하여 다양한 사안에 대해 교육하고, 인식을 제고하는 것을 고려해야 한다.

6. 정보교환

공공−민간 부문 간 정보교환은 중요하며, 가상자산사업자 및 가상자산활동 맥락에서의 국가적 AML/CTF 전략에 중요한 부분을 형성해야 한다. 공공기관들은 가능한 경우, 위험정보를 공유하여 가상자산사업자의 위험평가에 정보를 제공할 수 있도록 해야 한다. 가상자산 부문에서 위험과 관련하여 공공－민간 부문이 공유할 수 있는 정보의 유형은 다음과 같다.

① ML/TF 위험평가

② 자금세탁 또는 테러자금조달에의 가상자산사업자 남용 유형론 및 방법론, 특정 가상자산 기제와 다른 특정 가상자산 기제(이를테면, 자금세탁이나 테러자금조달 맥락에서의 가상자산 이체 또는 교환거래 활동 vs. 가상자산 발행활동) 혹은 보다 일반적인 가상자산과의 비교분석

③ 의심거래보고 및 다른 관련 보고의 품질·유용성에 대한 일반적 피드백

④ 가상자산활동이나 가상자산사업자 거래와 관련하여 의심스러운 지표에 대한 정보

⑤ 공개된 특정 정보. 비밀유지계약 등 관련 보호조치가 적용될 수도 있음

⑥ 권고사항 6에 따라 자산이나 거래가 동결대상인 국가, 자연인/법인, 단체 등

또한 각국은 가상자산사업자 포함 민간 부문과의 정보공유를 통해 이들이 법집행기관이나 다른 정부기관의 정보요청의 성격을 보다 잘 이해할 수 있게 하거나, 그러한 요청의 특성을 가늠하여 가상자산사업자가 가능한 경우, 권한당국 에 보다 정확하고 구체적인 정보를 제공할 수 있도록 하는 방법을 고려해야 한다.

국내 은행, 증권, 상품, 파생 부문 및 가상자산사업자 부문의 감독당국들 간의 협력, 법집행기관, 정보기관, FIU와 가상자산사업자 감독당국 간의 협력, FIU와 가상자산사업자 부문 감독당국 간의 협력과 정보교환 역시 효과적인 가상자산사 업자 감독·모니터링에서 중요하다.

이와 유사하게, 권고사항 40에 부합하여 당국 간 국제적 정보공유 및 민간

부문의 해외 상대방과의 정보공유는 가상자산사업자의 국경초월적 특성 및 글로벌도달력을 감안할 때 이 부문에서 대단히 중요하다.

가상자산사업자 및 기타 가상자산활동 참여·제공개체에의 적용

FATF 권고사항은 각국 및 가상자산사업자는 물론 은행, 증권매매·중개업자, 기타 금융회사 등 국제기준상 가상자산 관련 서비스나 금융활동 혹은 업무를 제공하는 기타 의무이행개체(이하 '기타 의무이행개체')에 모두 적용된다.

따라서 제3절에서는 가상자산사업자 및 국제기준상 가상자산활동에 관여하는 기타 의무이행개체들에게 특정된 추가적 지침을 제공한다.

[권고사항 1]에 따라 ML/TF 위험을 확인·평가하고 그 위험을 완화하기 위해 효과적인 조치를 취하는 것 외에 가상자산사업자와 국제기준상 가상자산활동에 참여하는 기타 의무이행개체들은, 고객확인CDD 등 특히 위 제2절에 언급된 권고사항 9~21의 예방조치를 모두 적용해야 한다.

이와 유사하게 DNFBPs가 국제기준상 가상자산활동에 관여하는 경우, 주석서 15에 언급된 자신들의 AML/CFT 의무를 인지하고 있어야 한다.

아래 각각의 예방조치 및 FATF 권고사항과 관련된 내용들은 가상자산사업자 및 기타 의무이행개체들을 대상으로 특정 사안에 대해 구체적인 추가지침을 제공하기 위한 목적으로 작성됐다.

즉, 제2절에서와 같이 예방조치 내 FATF 권고사항마다 한 문단을 할애하지 않았다고 해서 각 권고사항이나 예방조치가 가상자산사업자 및 가상자산활동에 관여하거나, 그러한 활동을 제공하는 기타 의무이행개체들에게 적용되지 않는다는 뜻은 아니다.

[권고사항 10]에서는 금융회사가 모든 고객들을 대상으로 이행해야 하는 고객확인CDD 조치들을 기술하고 있다. 즉, 고객 신원확인, 확인된 신원의 신뢰할 만하고 독립적인 출처의 문서·데이터·정보 등을 통한 검증, 실제 소유자 확인, 거래관계의 목적 및 원래 성격에 대한 정보의 확보 및 이해, 해당 관계에 대한 지속적 확인과 거래에 대한 철저한 조사 등이 그것이다.

권고사항 10은 또한 거래관계 수립 시 등 금융회사가 CDD 조치를 이행해야 하는 상황들을 제시한다. 즉, 지정 기준금액 이상의 일회성 거래를 수행하는 경우(가상자산 거래의 경우, 미화 1,000달러/1,000유로), 권고사항 16 및 그 주석의 일회성 전신송금 거래를 수행하는 경우(역시 가상자산 거래의 경우, 미화 1,000달러/1,000유로), ML/TF가 의심되는 경우, 기존에 확보한 고객 신원정보의 진실성 혹은 적절성에 의구심이 드는 경우 등이다.

각국이 (제2절에서 언급된 것처럼) 일회성으로 보이는 가상자산 거래나 가상자산 이체 등을 모두 권고사항 16의 적용목적으로 적법한 국외 전신송금으로 취급하여 자국 법체계상 최소한도 기준금액인 미화 1,000달러/1,000유로를 채택할 수는 있으나, 강조돼야 할 부분은 은행, 증권매매·중개업자, 기타 금융회사 등은 국제기준상 가상자산활동에 관여하는 경우에도 여전히 각각의 고객확인 기준금액을 준수해야 한다는 점이다.

카지노 등 국제기준상 가상자산활동에 관여하는 DNFBPs의 경우, 일회성 전신송금 거래에 일회성 거래의 최소한도 기준금액인 미화 1,000달러/1,000유로를 적용해야 한다. 제2절에서도 언급됐지만 각국의 맥락에서 가상자산사업자는 고객을 수락하고 거래를 활성화할 때 운영절차와 과정을 수립하는 것과 관련하여 거래가 어느 정도 꾸준한(즉, 비일회성) 기반이 아닌 일회성 기반으로만 수행되는지를 어떻게 결정하고 보장하는지 여부를 고려해야 한다.

비록 카지노와 귀금속상이 일회성 거래와 일회성 전신송금 거래에 대해 고객확인을 수행해야 하는 기준금액은 각각 미화 3,000달러/3,000유로, 미화 15,000달러/15,000유로지만, 국제기준상 가상자산사업자 및 가상자산활동에 참여하는 DNFBPs의 경우에는 주석서 15에 명시된 고객확인이 적용돼야 한다(즉, 일회성 거래 및 일회성 전신송금 거래의 경우, 최소 기준금액인 미화 1,000달러/1,000유로).

가상자산사업자와 기타 의무이행개체들은 관계의 성격이나 가상자산 거래의 성격과는 상관없이 효과적으로 고객확인을 이행하고, 위험 기반으로 고객의 신원을 확인·검증할 수 있는 고객확인절차를 갖춰야 한다. 고객확인을 수행해야 하는 상황은 해당 고객과 거래관계 수립, 기준금액과 상관없이 ML/TF 의심이 있는 경우, 기존에 확보된 신원정보의 진실성 및 적절성에 의심이 드는 경우 등이다.

[권고사항 10]의 의무사항을 이행하여 고객확인을 수행하는 과정에서는 다른 의무이행개체들과 마찬가지로 가상자산사업자도 자국법상 의무에 따라 필요한 고객확인·검증정보를 확보하고 검증해야 한다. 일반적으로 필요한 고객확인·검증정보로는 고객의 성명정보 외에 물리적 주소나 생년월일, 고유 국가 신원번호(주민등록번호나 여권번호) 등의 식별요소들이 있다.

자국법상 의무에 따라 다르지만, 가상자산사업자에게 또한 거래관계를 수립할 때(즉, 온보딩 시) 고객의 신원검증, 계좌이용을 위한 고객신원 인증, 해당 고객의 사업 및 위험 프로파일 판단 및 거래관계에 대한 지속적 고객확인 수행, 해당 고객 및 고객의 금융활동과 관련된 ML/TF 위험을 완화할 수 있는 추가정보를 수집하도록 할 수도 있다.

이미 일부 가상자산사업자가 수집하고 있는 핵심 신원정보가 아닌 추가정보로는 시간대가 적힌 IP 주소, 지리적 정보, 기기식별자, 가상자산 지갑주소, 거래해시 등이 있다.

국제기준상 가상자산활동의 경우, 가상자산사업자의 고객 및 실제 소유자 정보의 검증은 관계수립 전이나 수립 단계 중에 마무리돼야 한다.[19]

가상자산사업자와 기타 의무이행개체들은 고객확인 조치 적용 맥락에서 확보한 정보에 대한 전체론적 관점을 기반으로(앞서 언급한 전통적 정보 및 비전통적 정보 모두 해당) 적절한 경우, 고객위험 프로파일을 준비할 수 있어야 한다.

고객의 프로파일을 통해 지속적 모니터링이 필요하다면 그 수준과 유형을 결정하게 될 것이고, 거래관계의 개설·지속·종료 결정의 근거가 마련될 것이다. 위험 프로파일은 고객 수준(이를테면, 거래활동의 성격과 규모, 예치된 가상자금의 출처 등)에서나 특정 성향을 공유하는 고객그룹 수준(유사한 가상자산 거래를 수행하거나 같은 가상자산을 이용한 고객그룹 등)에서 적용될 수 있다. 가상자산사업자는 주기적으로 거래관계의 고객위험 프로파일을 업데이트하여 적정 수준의 고객확인을 적용해야 한다.

가상자산사업자가 ML/TF 의심 때문에 거래관계를 수립 또는 지속하지 않거나 거래를 하지 않기로 한 가상자산 주소를 발견한 경우, 해당 가상자산사업자는 자국법상의 범위 내에서 '블랙리스트 지갑주소' 목록작성을 고려해야 한다. 가상자산사업자는 지속적 모니터링의 일환으로 고객 및 상대방의 지갑주소가 위와 같은 블랙리스트에 해당하지 않는지 스크리닝해야 한다. 가상자산사업자는 자체적으로 위험 기반 평가를 하고, 블랙리스트와 일치하는 결과가 있는 경우, 추가적인 완화·예방 조치가 필요한지 판단해야 한다.

가상자산사업자와 국제기준상 가상자산활동에 관여하는 기타 의무이행개체들은 앞서 권고사항 1의 적용과 관련하여 언급했듯, 자국 규제체계에서 허용 또는

---

19 2015 VC 지침 45번 문단 참고

요구하는 범위 내에서 개별 거래관계·상품·서비스 및 가상자산활동 관련 ML/TF 위험에 부합하여 고객확인 조치의 적용범위를 조정할 수 있다.

따라서 가상자산사업자 및 다른 의무이행개체들은 제2절에서 언급됐듯, 거래관계 혹은 가상자산활동 관련 위험이 높은 경우, 그러한 정보를 검증할 수 있도록 확보하는 정보의 양이나 유형을 확대해야 한다. 이와 유사하게 가상자산사업자 및 기타 의무이행개체들은 해당 거래관계나 활동과 관련된 위험이 낮은 경우, 고객확인 조치의 적용을 간소화할 수 있다.

그러나 가상자산사업자 및 기타 의무이행개체들은, 자연인 또는 법인이 그 가상자산활동이나 서비스를 일회성 혹은 아주 제한적인 선에서 수행한다는 전제만으로 간소화된 CDD를 적용하거나 다른 예방조치의 면제를 적용하지 않을 수 있다[주석서 1.6(b) 참고]. 또한 간소화된 CDD 조치는 자금세탁이나 테러자금조달 의혹이 있거나, 특정 고위험 시나리오가 적용되는 경우에는 허용되지 않는다(제2절 잠재적 고위험 시나리오 관련 설명 참고).

위험 기반의 지속적 모니터링이란 어떤 거래가 가상자산사업자(또는 기타 의무이행개체)의 고객 및 거래관계의 성격·목적에 대한 정보와 일치한지 여부를 판단하기 위해 거래를 분석한다는 뜻이다. 거래 모니터링에는 또한 고객 프로파일상 변화(고객행동, 상품사용, 관여액수 등)의 확인 및 프로파일 정보를 최신으로 유지하는 것 등이 포함되며, 이 경우 강화된 고객확인 조치의 적용이 필요할 수도 있다.

거래 모니터링은 가상자산 거래 맥락을 포함하여 잠재적으로 의심스러운 거래를 확인하는 과정에서 필수적인 요소다. 고객 프로파일상 예상되는 행동에 부합하지 않는 거래, 또는 평소 거래패턴과는 사뭇 다른 거래는 잠재적으로 의심스러울 수 있다.

모니터링은 지속적 기반으로 수행돼야 하고, 특정 거래로 인해 모니터링이 필요한 경우도 있을 수 있다. 주기적으로 많은 거래가 발생한다면 자동화 시스템이

유일하게 현실적인 모니터링 방법일 수 있으며, 이상거래로 표시되면 해당 거래가 의심거래인지 전문가의 분석을 거쳐야 한다.

　　가상자산사업자와 기타 의무이행개체들은 자신들의 운영 룰을 이해하고 정기적으로 검증해야 하며, 운영 룰에 가상자산활동·상품·서비스·가상자산 금융활동 관련 확인된 ML/TF가 반영되는지를 확인해야 한다.

　　가상자산사업자와 기타 의무이행개체들은 기관별 위험평가와 개별 고객위험 프로파일에 맞춰 모니터링 범위와 정도를 조정해야 한다. 고위험 상황에는 (제1~2절에 언급됐듯) 강화된 모니터링이 필요하고, 강화된 모니터링은 가상자산사업자와 고객 또는 상대방 간의 즉각적 거래 이상으로 확장돼야 한다.

　　모니터링 시스템의 적절성 및 가상자산사업자와 기타 의무이행개체들의 모니터링 수준 조정을 필요로 하는 요소들은 AML/CFT 위험 프로그램에 관련성을 유지하고 있는지 주기적으로 검토돼야 한다.

　　RBA 모니터링을 통해 가상자산사업자 및 기타 의무이행개체들은 검토활동을 결정하는 금전적 혹은 기타 기준을 세울 수 있다. 해당 목적으로 정의된 상황이나 기준은 확립된 위험 수준에 비춰 적절성 여부의 판단을 위해 정기적인 검토가 이뤄져야 한다. 가상자산사업자 및 기타 의무이행개체들은 경우에 따라 고객 분류 및 각 고객군의 위험 수준을 정하는 데 사용되는 그 기준과 범위를 기록하고 명시해야 한다.

　　각기 다른 고객(이나 가상자산상품) 부문의 모니터링 주기 및 강도를 결정하는 데 적용되는 기준 역시 투명해야 한다. 이를 위해 가상자산사업자와 기타 의무이행개체들은 모니터링 결과와 제기·해결된 의문이 있는 경우, 그 내용을 기록·보유하고 관련 인사 및 국가적 권한당국과 소통해야 한다.

　　[권고사항 12] 국내 PEPs[20]와 국제기구 PEPs[21]의 경우, 가상자산사업자와 같은 의무이행개체들은 합리적인 조치를 취해 고객 혹은 실제 소유자가 국내

혹은 국제기구 PEPs인지를 판단하고, 그런 다음 거래관계의 위험을 평가해야한다. 국내 PEPs 및 국제기구 PEPs와의 고위험 거래관계에 대해 가상자산사업자 및 기타 의무이행개체들은 외국 PEPs에게 적용 가능한 조치와 일관성이 있는 추가조치들을 취해야 하며, 여기에는 필요시 재산과 자금의 출처를 확인하는 것 등도 포함된다.[22]

[**권고사항 16**] 제2절에서 언급됐듯 이 부문의 사업자들은 권고사항 16의 의무사항을 준수해야 하며, 그 의무로는 의심거래를 확인·보고하고, 동결조치를 취하며, 제재대상자와의 거래금지를 위해 가상자산 이체와 관련하여 필수 송금인·수취인 정보를 확보·보유·전송하는 의무가 포함된다. 이 의무사항들은 고객을 대리·대표하여 가상자산 이체를 송금·수신하는 가상자산사업자 및 금융회사 등 기타 의무이행개체 모두에게 적용된다.

FATF는 기술중립적이며 권고사항 16 이행을 위해 사업자들이 적용해야 하는 특정 기술이나 소프트웨어 접근법을 정하지 않는다. 앞에서도 언급했듯 송금·수취기관(거래에 나와 있는 경우)이 AML/CFT 의무를 이행할 수만 있다면, 어떤 기술이나 소프트웨어 솔루션이든 허용된다.

예를 들어, (권고사항 16의 다른 의무사항 이행 외에 추가로) 필수정보를 확보·보유·전송하기 위한 솔루션은 가상자산 이체의 기반이 되는 분산원장기술[DLT] 거래 프로토콜에 내장된 코드일 수도 있고, DLT 플랫폼 상위에서 운영되는 코드일 수도 있으며(이를테면, 스마트 계약, 다중서명, 혹은 기타 다른 기술 이용 등), 독립적인(즉,

---

20 '국내 PEPs'란 국내적으로 고위 공직을 수행 중이거나 수행해 온 개인들, 예를 들면, 국가 또는 정부의 수반, 고위 정치인, 정부와 사법 또는 군의 고위 관료, 국영기업체의 고위 임원, 정당의 중요관료 등을 말한다(FATF 용어집).
21 '국제기구에서 고위 공직을 수행 중이거나 수행해 온 자들'이란 고위 경영진의 구성원, 예를 들면 이사, 부이사, 이사회 또는 유사한 기능을 수행하는 회의체의 구성원을 말한다(FATF 용어집).
22 PEPs 관련 추가정보는 2013년 FATF Guidance on Politically Exposed Persons (Recommendations 12 and 22) 참고

DLT 아님) 메시징 플랫폼 혹은 애플리케이션 프로그램 인터페이스(API)일 수도 있고, 권고사항 16의 조치이행을 위한 다른 효과적인 수단일 수도 있다.

가상자산사업자 및 다른 의무이행개체들은 가상자산 이체 시 송금기관이든 수취기관이든 권고사항 16 및 구체적으로 주석서 15의 7(b)상 의무사항을 준수하기 위해 현재 상용화된 기술을 어떻게 이용할 것인지 고려해야 한다. 가상자산 이체 시 사업자들이 수취인 신원확인을 할 수 있고, DLT 플랫폼에서 가상자산 이체가 수행되기 전 필수 송금인·수취인 정보를 거의 실시간으로 전송할 수 있게 하는 기반 기술은 아래와 같다.

① 공개키/개인키 : 전송에 관여하는 개체마다 쌍으로 생성되며, 전송 초기에 암호화 및 암호화 해제되어 전송인·수취인만이 암호를 풀고 정보를 확인할 수 있게 되어 있음. 공개키는 아무나 이용할 수 있고 개인키는 키 생성자만 알고 있음

② 전송 계층 보안/보안 소켓 계층(TLS/SSL) 연결 : 연결을 시작할 때 당사자들 간 공개키·개인키를 사용하며 이메일, 웹브라우징, 로그인, 금융거래 등 인터넷상의 거의 모든 이동을 보안화함. 이때 웹서버와 브라우저 사이에서 이동하는 모든 데이터의 개인정보는 안전하게 보호되도록 함

③ X.509 인증서 : 인증당국이 관리하는 디지털 인증서로, X.509 PKI 표준을 사용하여 공개키가 그 인증서 내 사용자·컴퓨터·서비스 신원에게 해당됨을 검증함. 전 세계적으로 공공·민간 부문에서 널리 사용됨

④ X.509 속성인증서 : 속성(이름, 생년월일, 주소, 고유식별번호 등)을 암호화할 수 있는 것으로, X.509 속성인증서에 암호화되어 첨부되어 있고 속성인증당국이 관리함

⑤ API 기술 : 소프트웨어 애플리케이션 개발과 관련하여 루틴, 프로토콜, 도구 등을 제공하며 소프트웨어 구성요소가 상호작용하는 방식을 구체화함

⑥ 기타 상용기술 혹은 잠재적 소프트웨어나 데이터 공유 솔루션 등

주석서 15 문단 7(b)에도 언급돼 있듯, 가상자산사업자 및 가상자산 이체에 관여하는 기타 의무이행개체들이 안전한 방식으로 필수정보를 제출하여 가상자산 이체와 관련된 고객정보를 미승인 공개로부터 보호하고, 수취기관들은 가상자산 의심거래를 식별하며 동결조치를 취하고 제재대상자와의 거래를 금지하는 등 효과적으로 AML/CFT 의무사항을 준수할 수 있도록 하는 것은 중요하다.

또한 제2장에서 강조했듯이, 특히 가상자산활동의 국경초월적 특성과 글로벌 도달력, 거래속도 등을 감안하면 사업자들이 필수정보를 즉시(즉, 이체 자체와 동시에) 제출하는 것이 필수적이다.

[권고사항 18] AML/CFT 관련 RBA를 성공적으로 이행하고 효과적으로 운영할 수 있을지 여부는 고위 경영진의 강력한 리더십에 달려 있으며, 여기에는 가상자산사업자 부문 전반에 걸친 RBA 개발 및 이행에 대한 감독도 포함된다. 권고사항 18은 또한 경우에 따라 특히 이례적인 거래나 활동과 관련하여 그룹 내에서 정보공유를 하도록 하고 있다.

가상자산사업자 및 기타 의무이행개체들은 위험을 관리하고 완화하기에 적절한 AML/CFT 프로그램과 시스템을 유지해야 한다. AML/CFT 통제의 성격과 범위를 결정하는 것은 여러 가지 요소들이지만, 그중에서도 가상자산사업자의 사업의 성격·규모·복잡성, 지리적 포괄성 등 포괄적인 영업의 범위, 고객 기반 활동·상품 프로파일, 운영부문별 위험 수준 등을 들 수 있다.

[권고사항 20] 가상자산사업자 및 가상자산활동·상품·서비스에 관여하거나 그를 제공하는 기타 의무이행개체들은 가상자산 관련 거래를 포함하여 이례적이거나 의심스러운 자금의 이동이나 거래, 혹은 불법활동에 개입될 여지가 보이는 활동을 추후 분석할 수 있도록 걸러내는 능력을 갖춰야 하며, 이때 거래나 활동의 유형이 법화-법화 거래든 가상-가상 거래든, 법화-가상, 가상-법화 간 거래

든지 여부는 상관없다.

가상자산사업자 및 기타 의무이행개체들은 적절한 시스템을 갖추어 그러한 자금이나 거래가 적시에 철저히 조사하고, 의심스러운 자금 혹은 거래인지 여부에 대해 판단을 내릴 수 있어야 한다.

가상자산사업자 및 기타 의무이행개체들은 가상자산 및(또는) 사업자 등이 개입되거나, 이들과 관련한 자금이나 거래를 포함하여 의심스러운 자금이나 거래를 권한당국이 구체적으로 제시하는 방법으로 즉각 FIU에 보고해야 한다.

가상자산사업자와 기타 의무이행개체들이 의심을 제기하고 궁극적으로 FIU에 보고하기 위해 두고 있는 절차에는 이 점이 반영돼야 한다. 가상자산사업자와 기타 의무이행개체들이 의심을 제기하는 과정에는 위험민감성 기반의 정책과 절차를 적용할 수 있지만, 일단 ML/TF 의심이 형성되면 그러한 의심은 거래금액이나 거래완료 여부와는 상관없이 보고돼야 한다.

따라서 가상자산사업자와 기타 의무이행개체들의 의심거래보고의무 자체는 위험 기반이 아니며, 보고행위 자체만으로 다른 AML/CFT 의무가 없어지는 것도 아니다. 또한 가상자산사업자 및 기타 의무이행개체들은 여러 국가에서 영업을 할 때에도 이들에게 적용되는 의심거래보고의무를 준수해야 한다.

주석서 15 및 권고사항 16에 따라 가상자산 자금이나 전신송금의 송금 및 수취 양측을 모두 관장하는 가상자산사업자(또는 기타 의무이행개체)의 경우, 해당 가상자산사업자나 기타 의무이행개체는 송금 및 수취 양측 정보를 모두 고려하여 그 정보를 통해 의심이 제기되는지 여부를 판단하고, 필요한 경우 적절한 FIU에 의심거래를 보고하고 해당 거래정보를 그 FIU에 제공해야 한다.

필수 송금인·수취인 정보가 부족하다면 가상자산사업자 및 가상자산활동이 관여된 이체가 의심스러운지, 따라서 FIU에 보고해야 하는지 여부를 평가하는 데 한 가지 요소로 고려돼야 한다. 가상자산이나 가상자산사업자가 포함된 거래에 관여하는 전통적 금융회사 등 기타 의무이행개체의 경우에도 이는 마찬가지다.

가상자산사업자 · 가상자산활동에 대한 위험 기반 접근법 적용국가별 사례

1 가상자산사업자 · 가상자산활동에 대한 국가별 규제 · 감독접근법

제3절에서는 가상자산 관련 금융활동과 관련 사업자들을 규제·감독하는 데 대한 국가별 다양한 접근법을 전반적으로 제시하고 있으며, AML/CFT 의무를 준수하지 못한 자연인/법인에게 제재를 가하거나 강제조치를 취할 수 있는 도구와 조치를 갖추고 있는지 등의 내용이 포함돼 있다.

각국은 자국 체계를 개발 또는 강화할 때 다른 나라의 사례를 참고할 수 있을 것이다. 아래 사례국들은 주석서 15에 따른 의무사항 준수 여부를 아직 평가받지 않았다.

1. 미국

(1) 포괄적이고 기술중립적인 체계

미국은 '디지털 금융 자산'[23] 관련 포괄적이고 기술중립적인 AML/CFT 규제

---

23 미국에서 보는 '디지털 금융자산'(혹은 '디지털자산')이란 디지털 금융서비스 생태계 내에서 다양한 활동을 의미하는 포괄적인 용어로, 여기에는 전자적 화폐(국가 차원의 전자화폐와 정부가 발행·보증하지 않는 비트코인 등 가상화폐로 전환 가능한 전자화폐 모두 포함)를 이용한 금융활동은 물론, 전자적 보안, 전자적 상품, 전자적 파생 등을 이용한 금융활동도 모두 포함된다.

·감독체계를 갖추고 있으며, 이 체계에 따라 미국 금융회사에 적용되는 현 AML/CFT 규제·감독체계 내에서 비非디지털자산 사업자들에게 적용되는 것과 거의 같은 규제·감독이 이 부문 사업자 및 활동에도 적용된다.

미국은 금융범죄단속네트워크FinCEN 및 자금세탁방지법과 은행보안법BSA의 주무당국, 재무부 외환자산통제국OFAC, 미국 국세청IRS, 증권거래위원회SEC, 상품거래위원회CFTC 등과 기타 여러 다른 부처 및 기관들의 도구와 권한에 기반해 이와 같은 접근법을 취하고 있다. 특히 FinCEN, IRS, SEC, CFTC는 자금이전, 증권·상품·파생 등이 관련되거나 세금 관련 시사점이 있는 특정 디지털자산 활동을 감독할 수 있는 규제적·감독적·법집행적 권한이 있으며, 이들은 디지털자산을 불법적 금융거래 혹은 세금회피에 남용하는 것을 완화할 수 있는 권한도 있다.

어떤 자(person, 미국 규제 맥락에서 자연인/법인을 넘어서는 개념)가 디지털자산을 이용하는 특정 금융활동에 관여되는 경우, AML/CFT 및 기타 의무가 적용된다. 활동의 내용에 따라 해당자나 해당 기관은 FinCEN, SEC, CFTC 등 당국의 감독 대상이 되며 송금업자, 국가 차원의 증권거래소, 매매·중개업자, 투자자문업자, 투자회사, 명의개서대리인, 적격거래소, 스왑거래기관SEF, 파생상품청산소DCO, 선물중개사FCM, 상품펀드운영자CPO, 상품거래자문CTA, 스왑딜러, 주요 스왑참가자, 소매 외환거래 매매업자나 도입 중개업자로 규제를 받는다.

위 해당자가 규제·감독 맥락에서 '은행'의 정의에 부합한다면 FinCEN과 미연방 은행 관련 기관(연준 이사회, 연방예금보험공사, 통화감독청, 전국신용조합감독청 등)이 책임당국이되, 주 은행 규제·감독당국도 때때로 디지털자산을 이용한 금융활동에 관여되는 자를 규제·감독할 권한을 동시에 갖는다. 또한 IRS가 미국 내 디지털자산을 재산으로 분류하는 만큼 현행 일반세칙이 미국 내 디지털자산 거래에도 적용된다.

디지털자산 관련 사업자들에 대한 미국의 규제·감독(인·허가/등록 포함)

송금 관련 활동

연방정부 차원에서 송금업자를 규제하는 당국은 FinCEN으로, 어떤 수단을 이용하든 형태와 상관없이(물리적이든 디지털 형태이든) 화폐를 대체하는 가치를 특정자 혹은 특정 장소로 수락·이전하는 영업에 관여된 자는 송금업자로 취급된다. 은행보안법(BSA)상 송금업자들은 FinCEN에 금전서비스업(MSB)으로 등록해야 하고, AML 정책, 기록보관, 의심거래보고 등 보고조치 등을 도입해야 한다. AML 의무사항은 자국 내 소재나 해외 소재 송금업자에게 동일하게 적용되며, 이때 해외 소재 개체의 미국 내 물리적 소재지 유무와는 상관이 없고, 사업의 설립지나 본부 소재지와도 상관없이 미국 내에서 전체로서 혹은 상당 부분이 영업을 영위하는 한 AML 의무 적용은 다르지 않다. 2014년부터 IRS와 FinCEN은 등록·미등록 금융회사들은 물론 다양한 디지털자산 관련 사업자들(관리자, 대규모 거래소, 개별 P2P 거래소, 해외 소재 거래소, 디지털자산/암호귀금속상, 키오스크 업체, 여러 거래 플랫폼 등)에 대해 검사를 수행했다. 대부분 주에서도 관련 의무이행개체들에게 영업을 하는 주에서 송금업자로 인·허가를 받는 것이 주법상 의무사항이며, 이때 회사의 설립지나 물리적인 본부 소재지 등은 상관없다. 송금업자는 소재지나 영업지가 위치한 주(州)에 따라, 그리고 이들 영업이 다른 미국 규제기구의 규제를 받는지 여부에 따라 안전성, 건전성, 자본준비금의무 등 다른 규제의무 대상이 될 수도 있다.

증권 관련 활동

미국에서 디지털자산이 증권인 만큼, 그러한 디지털자산의 공급·매도·거래 및 기타 관련 금융서비스와 행위에 대해서도 증권거래위원회(SEC)가 규제·집행권한을 갖고 있다. 증권인 디지털자산이 세컨더리 시장에서 거래되는 플랫폼은 국가적 증권거래소로 등록되거나 대체거래시스템(즉, SEC의 Regulation ATS)으로 SEC 의무사항 중 면제와 같은 등록면제를 받고 운영돼야 하고, 그 운영과 거래에 대한 정보를 SEC에 보고해야 한다. 해당 증권거래소나 매매·중개업자 혹은 기타 유사 증권 관련 개체의 소재지가 해외이고, 미국 내 소재지가 물리적으로 없다 하더라도 미국 국적자 혹은 투자자에게 증권을 공급·매도·발행하거나(일부 ICO토큰도 잠재적으로 포함) 그밖에 미국 증권시장에 영향을 준다면 해당 업자는 SEC의 규제·감독의 대상이 될 수 있다. 개체가 관여된 활동의 내용에 따라, 또 활동을 수행하는 주(州)에 따라 주 차원의 인·허가의무가 추가로 적용될 수도 있다. 플랫폼 거래 등 디지털자산의 일부 거래는 여전히 앞서 언급한 것처럼 BSA법상 및 주 법규상 송금업자에 해당할 수도 있다. 디지털자산이 증권이라면 SEC의 감독을 받고 해당 증권의 파생 역시 모두 SEC의 감독을 받는다.

상품 및 파생 관련 활동

미국에서 디지털자산은 증권이 아니라도 상품이나 파생의 조건에 부합할 수 있으며, 이런 경우 그러한 디지털자산을 취급하는 자들은 상품거래위원회(CFTC)의 감독을 받는다. CFTC는 증권이 아닌 디지털자산의 파생(예 선물계약)에 대한 전면적 규제권한을 갖고 있다. CFTC는 그러한 자산의 매도에 대한 사기 및 조작 방지 관련 규제권한을 행사하며, 선물거래나 그러한 상품 관련 일부 기타 파생과 관련하여 등록을 요구한다. CFTC는 미국 상품거래법(Commodity Exchange Act) 및 그 관련 규정에 따라 국내외 사기 혹은 기타 조작행위 관련자 혹은 관여자에 대해 조치를 취할 수 있는 광범위한 권한을 갖고 있다(참고사례: CFTC vs. 블루비트뱅크). 일반적으로 증권, 상품, 파생을 거래하는 자연인/법인은 추가적으로 자율규제조직의 감독을 받는다. 증권 활동에는 금융산업규제당국(FINRA) 등록이 필요하며, 상품 및 파생 활동에는 미국선물협회(NFA) 등록이 필요하다. 어떤 활동인지에 따라 자연인/법인은 또한 FINRA와 NFA 양측 모두에 등록을 해야 할 수도 있으며, 이들 등록은 모두 연방 증권 및 상품 관련법상의 의무이다. 또한 송금업자 인·허가와 유사하게 자연인/법인은 자신들이 영업을 하는 주(州) 규제당국으로부터 허가를 받아야 한다. SEC와 CFTC에 등록한 이들 중 BSA법상 의무를 지는 경우도 있는데, 그 의무란 AML 정책을 수립하고 의심거래를 FinCEN에 보고하며 고객신원을 확인·검증하고 외국인이 포함된 특정 계좌에 대해 강화된 고객확인을 적용하는 것 등이다. 관련 규제 및 감독 기구는 또한 디지털자산 활동을 모니터링하고 (일부 등록개체의 경우) BSA법상의 AML/CFT 의무를 포함하여 규제의무 준수 여부에 대해 등록개체들을 검사한다.

(2) 법집행·제재 및 기타 집행권한

미국 법집행당국은 FinCEN에서 금융정보를 받아 디지털자산 관련 수사에 활용한다. 그러한 정보(FinCEN이 수집하고 미국 법집행 권한당국에 제공하는 보고·분석 등에 기반한 정보)는 범죄행위의 증거를 찾아내고 자금세탁이나 테러자금조달행위에 관여했을 수도 있는 개인을 확인하는 데 유용하게 활용돼 왔다.

FinCEN은 금융, 행정, 법집행 정보 등 다양한 범위의 정보를 이용할 수 있다.

FinCEN이 디지털자산을 이용한 의심스러운 ML/TF를 적발하기 위해 도구로써 사용할 만한 핵심적인 정보는 크게 두 가지다. ⅰ) 첫 번째는 은행, 증권매매·중개업자 등 전통적으로 보고의무가 있는 금융회사 등이 제출한 의심거래보고로, 보고의 내용은, 예를 들면 디지털자산거래소나 관련 사업장에서 디지털자산으로 환전 또는 교환거래 목적으로 법화를 송금하거나, 혹은 디지털자산거래소나 관련 사업장에서 디지털자산을 법화로 환전 또는 교환 후 받은 거래 등이다. ⅱ) 두 번째는 디지털자산사업자들이 송금업자로 자금을 받아 디지털자산으로 환전하거나 디지털자산을 저장 및(또는) 거래하고 교환한 내역 관련 의심거래보고이다. FinCEN은 또한 외국은행계좌 정보, 통화수단 반출입 정보, 통화거래 정보 등을 수집하기도 한다. 이들 정보는 모두 디지털자산 관련 범죄행위에 대한 단서를 수사하고 이들 행위를 적발 및 기소하는 데 필요한 증거를 포함하고 있을 수 있다.

미국 정부 부처들과 기관들은 디지털자산과 관련한 불법행위를 근절하기 위해 행정절차는 물론, 연방법원을 통한 강력한 민·형사상 법적 조치들을 취해 왔다. 그러한 조치에는 중단명령cease and desist order, 가처분injunctions, 판결선고 전 이자 포함 환원disgorgement with prejudgment interest 등 여러 형태의 구제책과 고의적 위반에 대한 민사적 금전제재, 몰수와 징역형 등의 형사제재 부과 등이 있다.[24]

미국 규제·감독당국들은 상호 간에, 또 주 차원의 규제기관과 법무부, 다른 법집행기관 등과 광범위하게 서로 연결돼 있어 디지털자산 부문에서 수사 및 기소 노력을 뒷받침한다.

미국은 다양한 민·형사상 권한과 정책도구, 법적 절차를 갖추고, 이를 통해 정부 기관들이 불법 디지털자산 관련 활동을 식별하고, 거래를 특정 개인이나

---

24 미국 법집행·수사 및(또는) 제재조치 참고사례: 2015년 리플랩스(Ripple Labs, Inc.) 민사제재금 사건, 2016년 다크골드 작전(Operation Dark Gold), 2017년 미국 vs. 주비아 샤나즈 테러자금조달 사건, 2018년 미허가 비트코인 거래 유죄판결, 2019년 미 OFAC 샘샘 지정 관련 전자화폐 주소 확인 등

조직과 매칭하며, 위협을 완화하고, 각각의 규제적 또는 형사적 수사기능과 관련하여 분석을 수행할 수 있도록 하고 있다. 그러한 수사·기소를 위해 미 법무부가 활용할 수 있는 민·형사상 법적 권한에는 여러 가지가 있으며, 자금세탁, MSB등록, 금융회사의 기록보관·보고의무, 사기, 탈세, 통제물질이나 기타 불법 물품·서비스의 판매, 컴퓨터 범죄, 테러자금조달 등을 규정하는 연방법도 그에 해당한다.

미국은 특히 디지털자산과 관련하여 BSA법을 위반하여 P2P 거래소를 운영하거나 자금세탁을 하고 미국법을 위배한 국외 소재자들 및 조직들을 기소한 바 있다.

FinCEN, SEC, CFTC 등과 유사하게 미국 법무부도 자국법을 위반한 디지털자산 사업자 및 개인들이 물리적으로 자국 내에 소재하지 않는다 하더라도 기소할 수 있는 광범위한 권한을 갖고 있다. 예를 들어, 디지털자산 거래가 미국 내 금융이나 데이터 저장 시스템 혹은 기타 컴퓨터 시스템을 이용했다면, 미국 법무부는 그러한 거래를 지시하거나 수행한 자들을 기소할 수 있다.

또한 불법 물품이나 장물을 미국으로 수입하는 과정에서 디지털자산을 이용하거나, 자금세탁 목적으로 해외에서 미국에 소재한 디지털자산 관련 사업장이나 사업자나 금융회사 등을 이용하는 자들을 기소할 권한도 있다. 또한 해외에 소재하면서 미국 거주자들을 기망 혹은 이들로부터 편취할 목적으로 불법적 서비스를 제공하는 자들 역시 미국법 위반혐의로 기소될 수 있다.

OFAC는 주로 타 기관과의 협의를 거쳐 미국 금융제재 및 관련 허가, 규제, 페널티 등을 관리하며, 이는 대부분 유형의 다른 자산은 물론 디지털자산과도 관련되는 것들이다. OFAC는 디지털 화폐 거래이든(국가 차원의 전자화폐와 정부가 발행·보증하지 않는 비트코인 등 가상자산으로 전환 가능한 전자화폐 모두 포함) 전통적 법화 거래이든 상관없이 미국 제재이행의무는 동일하게 적용된다고 명확히 밝혔고, 미국 국적자나 그밖에 OFAC 감독을 받는 대상자들은 OFAC 제재상 금지되는 미승인 거래에 관여하지 않도록 해야 할 책임이 있다.

(3) 국제협력이 관건

디지털자산 생태계 고유의 글로벌한 특성으로 인해 디지털자산 활동은 애초부터 초국경적인 범죄를 수행하고 활성화하는 데 특히 잘 맞는다. 고객과 업자들은 국경에 크게 개의치 않고 거래·운영을 할 수 있어 각국에 장애물이 생성된다. 디지털자산이 관여된 범죄행위에 효과적으로 대처하려면 긴밀한 국제적 파트너십이 필요하다.

미국 각 부처와 기관들, 특히 법집행기관들은 디지털자산 관련 활동이 관여된 사건의 경우에는 수사, 범죄인 체포, 범죄 관련 자산 압수 등에서 해외 당국과 긴밀히 협력한다. 특히 해외 소재자들, 디지털자산사업자들, 초국경적 범죄조직 등이 연루된 경우, 다국적 수사·기소를 지원하기 위해 미국은 이러한 협력에 적극적이었다.

협력강화에 형사사법공조 요청은 여전히 핵심기제이다. 디지털자산 관련 증거를 범죄자들이 빠르게 파괴·소멸 혹은 은닉할 수 있기 때문에, 미국은 디지털자산 관련 거래정보·증거들이 현재 합법적 틀에 포함되지 않는 기술적 도구와 절차들을 이용해 저장되거나 위치할 수 있는 점을 인식하고, 증거확보 및 해외소재 자산을 압류할 수 있는 정책을 개발해 왔다.

2. 일본

일본은 2014년 대규모 가상자산사업자 파산 및 2015년 FATF 가상화폐 지침에 대한 대응으로 2016년 결제서비스법과 범죄수익이전방지법(PTCP법)을 제정하였다. 이후 일본 금융청JFSA은 2017년 8월 AML/CFT 및 기술전문가들로 구성된 가상자산사업자 모니터링팀을 창설하였다.

일본 금융청은 등록절차의 일환으로 신청사업자의 위험평가와 사업계획에 일관성이 있는지에 중점을 두고, 서면평가와 임점/비임점 면접을 통해 신청사업자들의 AML/CFT 프로그램을 평가한다(2019년 3월 기준 등록 가상자산사업자는 19곳).

일본 금융청은 고유 위험과 통제에 대한 정량적·정성적 정보의 수집을 위해 가상자산사업자에게 주기적으로 보고제출 명령을 부과한다. 일본 금융청은 수집된 정보를 위험평가와 가상자산사업자 모니터링에 활용한다.

2019년 3월 일본 금융청은 가상자산사업자 22곳에 대한 임점 검사를 수행했고(가상자산사업자로 간주되는 13개 사업자, 즉 개정법 시행 전 영업 중이던 개체들로 영업이 임시 허용 중이던 사업자 포함), 행정처분을 부과했다(시정명령: 21개 사업자, 종료명령: 6개 사업자, 등록거부: 1개 사업자).

일본 금융청은 또한 가상자산사업자 관련 사안에 대해 즉각적이고 유연한 대응을 위해 2018년 인증된 자율규제기구인 일본가상화폐거래협회JVCEA와 면밀히 협력한다. 위 협회는 가상자산사업자인 회원사들에게 교육을 제공하고 모니터링을 담당한다. 협회에서는 AML/CFT 자율규제 및 지침 준수도 추진한다.

일본 금융청은 위 협회와의 협의를 거쳐 경우에 따라 다른 당국과의 합작 하에 아웃리치를 진행하고, 가상자산사업자와 이들의 AML/CFT 준수상황을 개선하는 데 기여할 수 있는 정보 및 아이디어를 공유하였다.

이밖에 일본 금융청의 노력은 아래와 같다.

① 2018년 3월 '가상화폐 교환사업 연구그룹Study Group on the Virtual Currency Exchange Business'을 설립하여 가상자산사업자 관련 다양한 사안에 대한 기관 차원의 대응을 조사하고, 위 그룹이 취합한 보고서에 따른 제안에 비추어 2019년 3월 일본 금융청은 법령 개정안을 국회에 제출하였다. 개정내용으로는 가상자산 관리 서비스업자들에 대한 결제서비스법·PTCP법의 적용, 가상자산의 익명성을 고려하여 가상자산사업자가 취급하는 가상자산의 각 유형변화와 관련된 사전통지 시스템의 도입 등이 포함됐다.

② 2019년 4월 가상자산사업자와 관련된 의심거래 지표들을 준비 및 공개하였다. 이 지표들에는 익명화 기술이 사용된 여러 거래가 포함돼 있다.

3. 이탈리아

이탈리아에서는 2007년 법령Decree 제231호(2017년 입법법령 제90호를 통해 개정)상 가상자산－법화 간 교환거래 서비스에 관여하는 사업자들(즉, '가상자산거래소')도 AML/CFT 의무이행 대상에 속한다.

가상자산 관련 사업자들은 OAMOrganismo degli Agenti e dei Mediatory에 등록을 해야 한다. 자국 내에서 활동을 수행하기 위해서는 가상자산 관련 사업자들에게 등록은 전제조건이다. 등록을 이행하기 위한 작업이 계속 진행 중이다.

가상자산사업자는 의무이행기관으로 간주되며, 이들에게는 모든 AML/CFT 조치가 적용된다. 2019년 3월 21일 이탈리아는 새로운 국가위험평가NRA를 채택했다. 해당 평가에는 가상자산 관련 ML/TF 위험에 대한 평가도 포함됐다. 위 NRA 결과는 국가전략 강화 차원에서 사용될 것이다. 의무이행개체들과 의무적용 대상들(금융/비금융)은 자체 위험평가를 수행·업데이트 시 위 NRA 결과를 고려하도록 요청을 받는다.

의심거래보고 및 이탈리아 FIU의 분석을 통해 수집할 수 있는 정보는 다음과 같다.

① 이탈리아 내 운영 중인 가상자산사업자 관련 정보 : 사업정보(제공서비스 유형), 소재, 실제 소유자, 행정관리자, 기타 관련 주체들에 대한 정보 등

② 개별 거래에 대한 상세정보(날짜, 금액, 실행인, 거래상대방, 지갑계좌 등), 관련 은행계좌(계좌보유자, 위임대행, 자금출처 및 사용처, 일반적인 자금흐름 요소들)

③ 고객이나 지갑보유자에 대한 신상정보 및 경제적 배경, 가상자산 주소와 가상자산 소유자 신원을 매칭하는 데 도움이 되는 정보, 명확한 신원확인 정보(납

세번호, 부가세번호 등)

④ 지갑이나 계좌 정보(1개 혹은 그 이상 주체가 소유한 가상자산 금액, 일정 시간대 내에 가상자산 움직임이 자주 나타나는 같은 주체, 연관 주체와 관련한 구체적 정보, 편집 가능한 포맷의 지갑·계좌 정보 등)

⑤ 가상자산의 형태와 주요 요소 등

2015년부터 이탈리아 중앙은행은 소비자들에게 가상자산을 구매 및(또는) 보유하는 것의 고위험을 경고하고, 가상자산과 관련하여 발생할 수 있는 위험에 대해 금융 중개기관들을 대상으로 감독을 실시했다. 특히 2015년 1월 소비자들에게는 주의, 감독대상인 금융 중개기관에는 지침communication을 발행하고, 2018년 3월에는 3개 유럽 금융당국(ESMA, EBA, EIOPA)에서 발행한 내용을 골자로 하는 소비자 대상 신규 주의를 발행했다.

이탈리아 FIU는 민간 부문의 참여강화 차원에서 2015년 1월 30일 변칙적 가상자산 사용에 대한 지침을 발행했다. 이 지침에서는 특히 금융회사(즉, 은행과 지급 기관들) 및 도박장운영자들을 언급하고, 이들 의무이행개체들이 암호자산 구매나 투자와 관련하여 전신송금·현금입출금·선불카드 사용 등의 변칙적 거래에 주의를 기울일 것을 당부했다.

FIU는 새로운 위험과 트렌드에 초점을 맞춰 분석을 수행하고 있다. 2019년 의무이행개체들의 업무수행을 위해 수정지침이 발행됐다. 특히 FIU는 2015년 가상자산의 변칙적 사용에 대한 지침을 수정하고, 가상자산 관련 의심거래보고에서 확인된 반복적 요소들과 자주 쓰이는 방법 및 행동 측면의 위험 프로파일 등을 포함하여 보다 자세한 정보를 제공하였다.

수정지침에서는 기존 의심거래보고 양식에 정보를 기술하는 법을 구체적으로 안내하고 특히 가상자산사업자, 거래, 사용자·고객, 지갑·계좌 등 정보기입 예시를 제공하고 있다.

2016년 12월과 2018년 7월 FIU는 분석과정에서 나타난 ML/TF 사례집을 발간했다. 이 사례집에는 가상자산의 변칙적 사용 관련 유형론도 들어 있다.

4. 노르웨이

노르웨이에서는 2018년 10월 15일부터 가상자산사업자가 자국 AML 관련법과 의무의 적용을 받았다. AML 규정 중 관련 내용은 아래와 같다.

제1~3조 가상자산에 대한 자금세탁방지법의 적용

- 가상자산과 공식화폐 간 교환거래 서비스 제공자들은 자금세탁방지법상 의무이행기관에 해당하는 것으로 본다. 이는 가상자산 관리(custodianship)서비스에도 마찬가지로 적용된다.
- 가상자산은 전자적 형태로 가치를 표시하는 것이다. 가상자산은 중앙은행이나 정부당국에서 발행하지 않고 법적으로 확립된 화폐와 관련되지 않으며 화폐나 금전의 법적 지위를 보유하지도 않지만, 교환의 수단으로 인정되고 전자적으로 이전, 저장 또는 거래될 수 있다.
- 가상자산 관리서비스란 고객을 대신하여 가상자산을 이전, 보관, 거래하기 위한 목적으로 개인 암호키를 관리하는 것을 뜻한다.
- 금융감독청은 위 1항에서 언급된 제공자들을 대상으로 자금세탁방지법 준수 여부를 감독할 수 있다. 1항의 제공자들은 금융감독청에 등록을 해야 한다. 등록 시 필요한 정보는 아래와 같다.
  - 이름
  - 기업·단체 번호의 유형
  - 사업 주소
  - 제공서비스
  - 아래 해당자의 이름, 거주지 주소, 개인 신원번호 혹은 ID번호
    - ▸ 일반 관리자나 그에 상응하는 직책의 자
    - ▸ 이사회 소속원 혹은 그에 상응하는 직책의 자
    - ▸ 그밖에 다른 연락 가능한 자

2019년 6월 기준으로 등록 가상자산사업자는 6개이며, 등록신청을 제출했으나 AML 정책 및 절차상 미비점으로 아직 승인이 되지 않은 가상자산사업자는 약 20여 곳 이상이다.

가상자산 ATM 3개 업체는 2018년 11월 금융감독청 중단명령 이후 문을 닫았고, 그 후로 새로운 ATM이 생긴 적은 없다. 금융감독청은 해당 부문의 검사를 개시할 것이나, 2019년 하반기 등록신청서를 기반으로 볼 때 가상자산사업자 부문에 규모나 경쟁력, AML 규정에 대한 지식, 전문성 등의 측면에서 다양한 업체들이 있음은 분명하다.

5. 스웨덴

스웨덴 금융감독청은 2013년부터 비트코인과 이더리움을 지급수단으로 간주해 왔다. 즉, 전문거래소가 인·허가 체계의 적용대상이 되고 있고,[25] 신청을 통해 인·허가를 받고 AML/CFT 감독도 받는 것이다. 규정상 명시적으로 가상자산거래소에 AML/CFT 규제가 적용된다고 되어 있지는 않으나(즉, 법에 구체적으로 언급돼 있지는 않음), 이들도 규제대상이라는 인식이 내포돼 있다.

일단 거래소가 인·허가를 받으면 모든 활동(즉, 문제가 되는 가상자산만이 아니라)이 AML/CFT 규제·감독 대상이 된다. 규제·감독이 실시됐고, 그 결과 부문 내 일부 업체는 영업이 정지됐다. 가상자산사업자는 FIU에 의심거래보고를 접수해왔으며, 실무당국들의 피드백을 보면 범죄자들이 규제를 받지 않는 다른 거래소 쪽으로 발길을 돌리고 있음을 알 수 있다.

---

25 엄밀히 말해 포괄적인 '인·허가' 체계라고 말할 수는 없으나, 소유자 및 경영진에 대한 적격성 심사 실시나 해당 업체의 AML/CFT 규정 준수 여부를 평가하는 등 AML/CFT 목적으로 보면 인·허가 체계라고 볼 수 있다.

6. 핀란드

핀란드에서는 2019년 5월 1일 가상자산사업자법(572/2019)이 시행됐다. 가상자산사업자는 핀란드 금융감독청FIN-FSA의 등록(승인)이 필요하다.[26] 법 시행 전 이미 영업 중이던 사업자들은 2019년 11월 1일까지 등록을 마쳐야 한다. 신규 사업자들은 영업을 개시하려면 일단 등록을 해야 한다.

가상자산사업자의 정의에는 거래소(법화-가상, 가상-가상, 가상-금 등 기타 상품 등 모두 포함), 지갑 관리업자, ICOs 등이 포함된다. 등록요건으로는 기본 적격성 심사, 고객자금 관리 시 의무사항, 마케팅 기본 규정(관련된 정보를 모두 제공할 의무와 진실한 정보를 제공할 의무) 등이 포함된다. 가상자산사업자는 AML법(444/2017)상 의무이행개체에 해당되어 2019년 12월 1일부터 AML/CFT 의무를 준수해야 한다. 가상자산사업자의 AML/CFT 위험 평가 및 절차, 가이드라인 등에 대해서는 등록 진행과정에서 검토가 이루어진다.

FIN-FSA는 가상자산사업자 및 가상자산활동 중 일정 부분에 대해 규정과 지침을 발행할 권한을 부여받았다. FIN-FSA 규정안 초안에는 고객의 돈을 보유·보호하는 것, 고객의 돈과 자체 자금의 구분 등에 대한 규정이 포함돼 있다. 지침내용은 AML/CFT 규정 준수와 관련된 것이다.

상기 법 시행 전 FIN-FSA는 ICOs 관련자들에 대해 증권시장 관련법과 금융수단 관점에서 접근했다. 가상자산이 금융수단(즉, 이체 가능한 증권)인 시점을 확인하는 것이 목적이었다. 위 목적을 위해 FIN-FSA는 모든 ICOs 관련 조사에서 사용된 체크리스트 초안을 작성했다. 해당 체크리스트와 가상자산 관련 FAQ는 FIN-FSA 웹사이트에서 이용 가능하다.[27]

---

26 www.finanssivalvonta.fi/en/banks/fintech--financial-sector-innovations/virtualalivaluutan-tarjoajat/

27 www.finanssivalvonta.fi/en/banks/fintech--financial-sector-innovations/virtuaalivaluutan-tarjoaj

FIN-FSA 감독 경험을 통해 이제 가상자산사업자는 규제를 받고, 자신들의 활동에 대한 감독당국들의 지지를 구하기 위해 노력하고 있음이 드러나고 있다. 다만, 일반 대중에게 승인과 지지가 같은 것이 아님을 전달하는 것은 과제로 남아 있다.

규제와 관련하여 FIN-FSA는 가상자산사업자 입장에서 180도 전환을 목격했다. 과거 이들은 규제를 받지 않으려 했으나 이제는 규제대상 부분을 통해 사업모델을 모색하고 있다. 가상자산사업자의 입장변화에는 이들이 은행계좌 개설에 곤란을 겪었던 점이 어느 정도 작용한 것이라고 할 수 있을 것이다.

7. 멕시코

멕시코에서는 2018년 3월 금융기술기관 및 신용기관 외 개체들이 개설한 가상자산거래소라는 '취약한 활동'을 정의하기 위해 '불법수익원 운영의 예방 및 식별'에 관한 연방법이 개정되었다.

마찬가지로 2018년 3월 멕시코는 '금융기술기관 규제법'을 공개했다. 이 법에 따르면, 멕시코 중앙은행에서 승인을 받고 중앙은행이 인정하는 가상자산을 취급한다는 전제하에 금융기술기관이 가상자산을 다룰 수 있도록 하고 있다.

이에 따라, 2018년 9월 가상자산 관련 AML/CFT 관련 조치 및 절차들을 확립하는 기준이 공개되었다. 2019년 3월 멕시코 중앙은행은 금융기술기관과 신용기관이 직접 혹은 간접으로 수행하는 가상자산 취급 내부 업무를 정의하기 위한 기준을 공개했다.

멕시코 중앙은행은 다른 국가로 쉽게 이체할 수 있는 점, 국제적 차원에서 단일한 통제와 예방조치가 없는 점 등 때문에 가상자산이 심각한 ML/TF 위험을

at/frequently-asked-questions-on-virtual-currencies-and-their-issuance-initial-coin-offering/

갖고 있다고 밝혔다. 그러나 기술이 금융기술기관과 신용기관 내부적으로 사용되기만 한다면 이점이 있는 기술의 사용을 장려하고자 한다.

2019년 3월말 'Disposiciones de caracter general a que se refiere el Articulo 115 de la Ley de Instituciones Credito'에 따라 신용기관이 준수해야 하는 가상자산 관련 AML/CFT 조치와 절차들이 확립되었다.

2

미국 FinCEN의 CVC[28] 관련 불법행위에 관한 권고안

₿

서문

    미국 재무부 산하 금융범죄 단속 네트워크FinCEN가 본 권고안을 발행하는 목적은 범죄자 및 악의 행위자들이 어떻게 자금세탁, 제재회피, 기타 불법금융 목적으

---

28 CVC는 convertible vitual currency(전환 가능한 가상자산)을 의미하며, 법화 등으로 환전할 수 있는 가상자산을 규정한 것이다.

로 다크넷 시장, P2P 거래소, 해외 소재 금전서비스업자^{MSB}, CVC 키오스크 등을 통해 CVC를 악용하는가에 관해 금융회사들이 의심거래활동을 확인·보고할 수 있도록 돕기 위해서다.

CVC 등 가상자산은 전통적인 지급결제 및 자금전송 시스템의 대안으로 점점 더 빈번하게 사용되고 있다. 기타 지급결제 및 자금전송방법과 마찬가지로, 금융회사는 CVC와 관련된 잠재적인 ML/TF 및 기타 불법 금융위험을 철저하게 평가·완화해야 한다. 본 권고안은 그러한 활동과 관련해 가장 두드러진 유형론과 위험신호를 집중 조명하고, 법집행기관, 규제기관, 국가안보기관의 의심거래활동 보고 시 상당히 유용할 만한 정보를 설명한다.[29]

가상자산 위험

CVC는 글로벌적인 속성, 분산구조, 제한적인 투명성, 사용도가 가장 높은 가상자산 시스템의 속도 등으로 불법금융의 취약성을 생성한다. 새로운 유형의 익명성이 강화된 CVC의 등장으로 거래와 신원의 투명성이 더 낮아졌고, 믹싱이나 암호강화cryptographic enhancements[30] 등의 익명적 성격이 강화되면서 CVC 소스가

---

29 대다수 CVC 취급 대상들의 비즈니스 모델은 송금업자이다. 송금업자로서 CVC를 수신 및 송금하는 개인은 다른 송금업자와 마찬가지로 FinCEN에 MSB로 등록하고, AML/CFT 프로그램, 기록보관, 보고의무를 준수해야 한다. 해당 의무사항들은 전체적으로 혹은 부분적으로 미국 내에서 사업하는 국내외 소재 CVC 자금 송금업자에게 동등하게 적용되며, 해외 소재 대상이 미국에 물리적으로 존재하지 않더라도 해당된다. 가상화폐 등 다양한 비즈니스 모델에 FinCEN이 적용하는 규제들에 관한 상세한 정보를 원한다면, "특정 CVC 관련 비즈니스 모델에 대한 FinCEN 규제 적용," 2019.5.9. 참고(2019 CVC Guidance)
30 믹싱 및 텀블링은 CVC 수신·발신주소 간의 연결점을 끊어버리는 매커니즘을 포함한다.

더욱 모호해졌다. 일부 CVC는 오히려 ML/TF 통제정책을 회피하려는 뚜렷한 목적을 가지고 개발된 듯하다. 이와 같은 요소들로 인해 법집행기관과 국가 안보기관은 ML/TF 및 CVC를 통해 촉진되는 금융범죄 방지에 더욱 어려움을 느끼고 있다.

AML/CFT 프로그램, 기록보관, 보고의무 및 해외자산통제국OFAC의 기타 규제의무들을 준수하지 않은 금융회사들은 금융시스템을 불법금융 위험에 더욱 노출시킬 위험이 있다. 특히, 감독회피를 시도하고 ML/TF 관련 불법활동에 악용될 수 있는 서비스를 방지하기 위한 통제정책을 이행하지 않는 미등록 MSBs의 경우 노출위험성이 더 크다.

충분한 통제정책이 부재하면, 금융회사는 고객의 자금출처, 고객의 상대당사자 등이 초래하는 위험을 타당하게 평가·완화할 수 없고, 범죄자들은 불법거래에 참여하여 미국 금융시스템을 악용할 수 있다. 불법활동을 범하는 개인들은 발견위험이 기존의 금융회사를 사용하는 위험보다 낮은 경우, 이러한 취약점들을 지속적으로 악용할 것이다.

충분한 AML/CFT 통제정책이 부재한 미등록 CVC 업자들과 제한적인 CVC 거래투명성은 불법행위 및 범죄행위에 가담하여 미국의 안보를 위협하는 자들에게 CVC를 매우 매력적인 자금전송 수단으로 만들어 준다. FinCEN, BSA 및 기타 정보분석에 의하면, 불법행위자들은 CVC를 악용하여 인신매매, 사기, 갈취, 사이버범죄, 마약밀매, ML/TF 등 범죄활동을 촉진하고, 범죄자 집단을 유지시키며, 제재회피를 도모한다.

또한, CVC 사용 증가로 합법적인 사용자들과 금융 중재기관들이 CVC를 통한 정교한 사이버 침입의 대상이 되기도 한다. 최대 우려사항은 CVC가 사이버범죄 경제를 촉진시키는 온라인 다크넷 시장에서 주요 지급결제 및 자금송금 방법이 되어가고 있다는 점이다.[31]

가상자산 남용 주요 사례

FinCEN 및 미국 법집행기관은 악용되거나, 혹은 고의로 자신들의 플랫폼을 미국 내외 범죄자들이 사용할 수 있도록 하여 다크넷 시장, P2P 거래소, 해외소재 MSBs, CVC 키오스크[32] 등을 통해 불법활동을 촉진하고 있는 미등록 대상들을 분석했다.

■1 다크넷 시장

다크넷 시장은 접근 시 특정 소프트웨어가 요구되는 익명의 오버레이 네트워크를 통해서만 접속이 가능한 웹사이트이다.[33] 일부 웹사이트는 접근 시 베팅vetting 과 컨피겨레이션configuration이 요구된다. 이런 시장은 불법 상품 및 서비스를 판매하고, 가상자산을 (유일한) 지급결제 수단으로 명시한다. 다크넷 시장에서의 CVC 사용은 마약류 거래, 아동착취, 사이버 범죄, 기타 범죄활동이 이뤄짐을 보여 준다.

따라서 고객의 온라인 활동 등을 통해 발견 가능한 다크넷 시장은 불법활동에 CVC가 사용됨을 보여 준다. 또한 다크넷 시장은 상품 및 서비스 구매를 촉진시키기 위해 직접적으로 CVC 거래를 촉진시키기도 한다. CVC 전송을 촉진하는 업체는 FinCEN에 MSB로 등록해야 하는데, 해당 업체가 FinCEN에 등록하지 않는 경우,

---

31 다크넷 시장 내용은 기존의 검색엔진으로 생성되지 않고 고유 소프트웨어와 접근승인이 필요하다. 다음을 참고. FBI, "다크넷 시장 기본지침서 : 다크넷 시장은 무엇이며 법집행기관은 이들을 방지하기 위해 무엇을 하고 있는가" 2016.11.1.; 미국 국토안보부, 이민관세사무소(ICE) "ICE 수사관들은 다크넷 범죄자들을 빛에 노출시킨다", 마지막 업데이트 2017년 11월
32 본 권고안에서 논의되는 유형론과 위험신호는 분산형 장부 기반 화폐 혹은 CVC에 적용된다.
33 오버레이 네트워크(overlay network)란 타 네트워크 위에 구성된 통신 네트워크 인프라로 지탱된다. 특수 소프트웨어를 통해 접속 가능한 어니언 라우터(토르) 네트워크가 대표적인 예이다.

미등록 MSB가 불법운영한 것으로 간주된다.

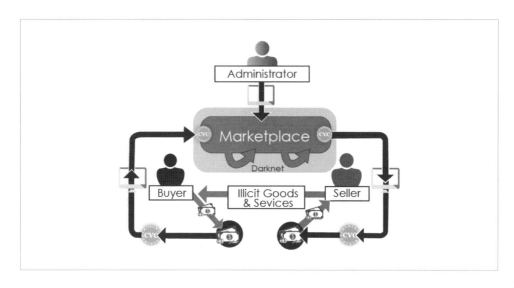

다크넷 시장 : 알파베이와 알렉산더 카제스(Alpha02, Adimin)

2017년 7월, 미국 법집행기관은 당시 최대 범죄 다크넷 시장을 운영 중인 알파베이[34]의 폐쇄를 위한 초국가적인 노력을 발표했다. 2017년 7월 5일, 미국을 대표해 태국의 관련 당국은 신원도용, 마약류 유통, 자금세탁 모의 혐의로 알파베이의 창립자이자 운영자인 알렉산더 카제스를 체포했다.

알파베이는 토르 네트워크(Tor network)에서 기본 서버 위치와 운영진, 중재자, 사용자의 신원을 숨기기 위해 히든서비스(hidden service)를 운영해 왔다. 2년간 수천 명의 사람들이 알파베이를 통해 불법 마약류(펜타닐, 헤로인 등)와 기타 불법상품을 거래하였으며, 주로

---

34 알파베이는 약 200,000명의 사용자, 40,000명의 벤더, 250,000리스팅을 보유하고, 2015년과 2017년 사이에 10억 달러 이상의 CVC 거래를 촉진했다.

비트코인, 모네로(monero), 이더(ether)와 같은 CVC 거래로 이뤄졌다. 미국 법집행당국은 국제 파트너와의 협력을 통해 기소 시 몰수대상에 해당하는 알파베이의 불법활동과 관련한 몇 백만 달러에 달하는 CVC 수익을 동결·보존했다.[35]

2 미등록 P2P 거래소

P2P 거래소는 법화와 가상화폐 혹은 이종 가상화폐 교환서비스를 제공하는 개인 혹은 업체이다. P2P 거래소는 주로 비공식적으로 운영되고, 일반적으로는 온라인 광고, 온라인 포럼, SNS, 입소문 등을 통해서 서비스를 광고한다. P2P 거래소는 온라인 서비스를 제공하거나 가상화폐 거래를 위해 잠재고객을 직접 만나기도 한다.

2019년 5월 9일 발행된 FinCEN 최근 지침을 보면, P2P 거래소들은 위의 업무를 수행하므로 MSB로서의 기능을 하고, 따라서 BSA상 MSB에 부과되는 의무사항과 모든 이행규제들을 준수해야 한다.[36] FinCEN은 미등록 업체들이 자금전송활동을 숨기고 MSB AML/CFT 의무사항을 회피하기 위한 목적으로, 자신들을 개인계좌 보유자로 등록하거나 기업유형을 허위표기하는 경우를 인지하고 있다.

일부 P2P 거래소들은 믹싱 혹은 자금운반책 이용과 같은 수법을 사용하여 거래를 은닉하거나 익명화시킨다. 믹싱이란 CVC 사용자들이 다른 사용자들과의 거래수익을 혼합하여 자신들의 신원을 숨기는 매커니즘을 의미한다. 자금운반책은 한 개인을 대리해서 거래를 수행하는 데 투입되는 제3자를 의미한다.

---

35 미국 법무부 보도자료 참고. "최대 온라인 '암시장'인 알파베이, 폐쇄" 2017.7.20.
36 2019 CVC 지침, pp. 14~15.

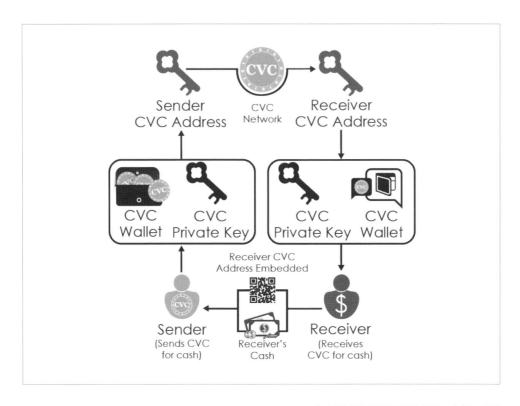

금융회사는 대다수의 P2P 거래소들의 고객들이 P2P 거래소의 계좌로 자금을 입금하기 때문에, 알려진 이동계좌활동funnel account activity을 통해 P2P 거래소들을 확인한다.[37] 금융회사는 CVC 중심 MSB와의 빈번한 활동확인을 통해 기존 자금이동 계좌활동과 P2P 거래소를 구별할 수 있다.

P2P 거래소는 직접적·대면적인 개인 간의 거래활동을 촉진하기 위한 목적으로 잠재적인 가상자산거래자를 서로 매칭하는 온라인 P2P 거래 플랫폼과는 다르

---

37 이동계좌(funnel accounts)에 관한 상세한 설명은 다음을 참고. FinCEN 권고안, FIN-2014-A005, "멕시코 내 미국 화폐 제한조치 업데이트: 이동계좌와 TBML" 2014.5.28.

다. 일부 거래자들은 지속적으로 반복되는 거래에 참여하여 소규모 미등록 CVC 거래소로 운영한다. 최근에는 소규모 거래에 참여하는 CVC 거래자들이 자신들이 모르는 사이에 자금세탁 등에 악용되고 있으며, 마약밀매 등의 수익을 세탁하는 데 이용되는 경우도 있다.[38]

미등록 P2P 거래소 : 에릭 파워즈(Eric Powers)

2019년 4월 18일, FinCEN은 CVC P2P 거래소로 운영되는 동안 고의적으로 BSA상 등록, 프로그램, 보고의무를 위반한 혐의로 에릭 파워즈에게 벌금 $35,350를 부과하였다. 뿐만 아니라, 에릭 파워즈가 자금송금 서비스를 제공하거나 '자금서비스 사업'에 해당되는 모든 활동의 참여를 금지하는 업계적인 금지(industry bar)조치도 부과하였다. 이는 FinCEN 최초의 CVC P2P 거래소에 대한 집행조치이다.

파워즈는 MSB로 등록하지 않았고, BSA 이행준수를 위한 어떠한 서면 정책이나 절차도 마련하지 않았으며, 의심거래 및 고액거래를 보고하지 않았다. 파워즈는 인터넷에 비트코인 거래를 광고했고, 직접적·물리적으로 혹은 메일로 화폐를 주고받거나 예탁기관을 통한 전신거래를 통해 거래를 진행했다. 파워즈는 SAR 보고 없이 수많은 의심거래를 진행했으며, 불법 다크넷 시장인 '실크로드' 관련 사업뿐만 아니라 고객신원 확인이나 자금이 불법활동에서 출처되었는지를 확인하지 않고 토르 네트워크를 통해 고객에게 서비스를 제공하였다. 파워즈는 $10,000 이상 금액의 화폐에 대한 물리적 이체 등 200여 건이 넘는 거래를 진행하였으나, 단 한 건의 CTR도 보고하지 않았다.[39]

---

38 P2P 거래 플랫폼 사건 예시에 관한 상세한 내용은 미국 법무부 보도자료 참고. 미국 뉴욕 서부지방검찰청, '로체스터 남성, 비트코인 사건 유죄 인정'(2017.4.27.) 및 미국 애리조나 지방검찰청, "애리조나에 근거지 둔 P2P 거래자 자금세탁 유죄 판결"(2018.3.29.)
39 FinCEN 보도자료 참고. "FinCEN, P2P 가상화폐 거래소에 AML 관련 법률위반으로 벌금부과"(2019. 4.18.)

악의적 사이버 활동을 촉진하는 P2P 거래소 : 알리 코라샤디쟈데(Ali Khorashadiza-deh)와 모하마드 고르바니얀(Mohammad Ghorbaniyan)

2019년 11월 28일, OFAC은 알려진 숫자만 약 200명인 피해자들을 표적으로 삼삼(SamSam) 랜섬웨어 수법을 사용한 이란의 악의적 사이버행위자들을 대리하여 디지털 P2P 거래소[40]를 운영한 두 명의 이란 국적 남성 알리와 모하마드가 비트코인 랜섬 지급결제를 이란 리얄로 교환해 준 혐의로 해당 인물들을 상대로 조치를 취했다. 거래제한 지정의 일부로, OFAC은 이들 이란의 금융조력자(financial facilitator) 관련 디지털 화폐 주소를 확인했다. 이는 OFAC의 디지털 화폐 주소를 거래제한 지정자로 돌린 최초의 사례이다.[41]

3 미등록 해외 소재 MSB

P2P 거래소처럼 해외 소재 MSB는 법화와 CVC 교환서비스를 제공한다. 이들은 특정 유형의 CVC 수신 후 동종 혹은 이종의 CVC를 타인 혹은 장소로 전송한다. 해외 소재 기업은 '미국 내에서 전체적으로 혹은 상당한 정도로' MSB 사업을 하면 MSB 해당 요건을 충족하게 된다.[42] 규제대상 범주를 피하고자 하는 해외 소재 MSB는 일반적으로 CVC와 관련하여 AML/CFT 법률제도가 제한적이거나 부재한 국가에서 운영한다. 이러한 해외소재 MSB는 미국 내에서 전체적 혹은 상당한 정도로 운영하고 있음에도, 미국의 AML/CFT 제도를 종종 준수하지 않는 모습을 보인다.

AML/CFT 의무사항과 국제기준을 준수하지 않는 해외 소재 MSB는 미국

---

40 OFAC 제재 시 '디지털 화폐'는 공식 가상화폐(sovereign cryptocurrency), 가상화폐, 법화의 디지털 증표를 포함한다. 미국 재무부 리소스 센터 참고. "OFAC FAQs : 제재준수 - 가상화폐 관련 질문사항"

41 미국 재무부 보도자료 참고. "재무부, 악의적 사이버 활동 관련 이란출신 금융 조력자(financial facilitator) 지정 및 최초 관련 디지털 화폐 주소 확인"(2018.11.28.)

42 31 USC. §5312(a)(6), §5312(b), and §5330(d); 31 CFR. §1010.100(ff)

내외로 자금을 이동하려는 CVC 불법사용자들 사이에 인기 있고 중대한 자금세탁 취약성을 드러낸다. 또한, 국가적으로 효과적인 CVC AML/CFT 규제 및 감독 프레임워크의 부재는 불법 금융위험을 악화하고, 법률·규제 차익의 기회를 생성할 수 있다.

미등록 해외 소재 MSB : 비티씨이(BTC-e, 캔톤 비즈니스 법인) 및 알렉산더 비닉

2017년 1월, 비티씨이와 혐의대상 소유자/운영자인 알렉산더 비닉은 미국 캘리포니아 북부 지방법원에 무허가 MSB 및 자금세탁 혐의, 불법자금 거래에 가담한 혐의로 기소되었다. 또한, FinCEN은 동시에 비티씨이와 알렉산더 비닉에게 고의적으로 BSA 및 관련 이행규제를 위반한 혐의로 각각 $110,003,314와 $12,000,000의 벌금을 부과하였다.

비티씨이는 미국에서 사업을 하는 해외 소재 자금 송금업자로, 법화와 비트코인, 라이트코인(litecoin), 네임코인(namecoin), 노바코인(novacoin), 피어코인(peercoin), 이더(ether), 대시(dash)와 같은 CVC를 교환하는 기업이다. 또한, 가상자산거래소 중 세계적으로 물량 기준 최대 규모를 보유하고 있다. 비티씨이와 비닉은 무허가 MSB뿐만 아니라 AML 프로그램, 보고, 기록보관, KYC 의무 등을 준수하지 않았다.[43] 비티씨이와 비닉은 사용자들에게 비티씨이 위장기업 및 자회사의 시스템을 통해 우회적으로 자신들의 서비스에 접근할 수 있도록 하여 사용자의 거래익명성을 부추겼다. 비티씨이와 그 거래구조는 사이버 범죄자 등 범죄자들 간의 자금세탁의 주요 출구였다. 비티씨이는 랜섬웨어, 컴퓨터 해킹, 신원도용, 텍스리펀 사기수법, 공공부패, 마약밀매 등의 거래를 촉진했다. 비티씨이는 2011년부터 2017년까지 수 백억 달러의 금액을 교환하였다.[44]

---

[43] FinCEN 민사 범칙금 관련 참고, "비티씨이(캔톤 비즈니스 법인 및 알렉산더 비닉) 관련 민사법칙금 부과" 2017.07.
[44] U.S. v. BTC-e, 캔톤 비즈니스 법인 및 알렉산더 비닉. 2017.01.

■4 CVC 키오스크

CVC 키오스크(비트코인 ATM, 크립토 ATM 등으로도 불림) 이용자들이 현금과 가상화폐를 교환할 수 있도록 해 주는 ATM과 유사한 기기·전자터미널이다. CVC 키오스크는 CVC 거래소-고객 지갑 사이의 금전전송을 촉진하거나 CVC 거래소로 운영되는 것이 일반적이다. 사업등록을 하고 AML/CFT 통제를 이행하는 키오스크 업자들도 있기는 하나, 한편으로 은행비밀법BSA상 의무를 회피할 목적의 고의적 운영방식을 취하는 업자들도 있다. 키오스크 업자 중에는 분할거래 등을 지원하거나, 고객확인에 필요한 정보를 수집·보유하지 않거나, CVC 거래소 및 예금기관에 자사의 업무성격을 허위로 기술(에 현금 위주 활동과 관련이 있다고 주장)하기도 했다.

CVC 키오스크 : '칼릴 라이트' 사건

칼릴 라이트는 미국 메릴랜드 지방법원에서 유통목적의 통제물질소지죄로 징역 2년을 선고받았다. 해당 죄목에 대한 수사과정에서 법집행당국은 라이트가 메릴랜드 주 볼티모어의 한 비트코인 키오스크에서 비트코인을 최소 112,797달러 구매하여 이를 직접 약물판매에 이용된 다크넷 시장 알파베이에 보냈다. 알파베이는 현재 운영되지 않는다.[45]

---

45 United States v. Khalil Wright, No. 1:16-mj-02987 참고(2016.11.)

가상자산 남용 위험신호 지표

CVC를 주로 취급하는 금전서비스업자^{MSB} 및 기타 금융회사는 불법행위에 대한 특정 위험신호나 지표를 적용하여 등록되지 않은 MSB 활동 및 의심스러운 가상자산 구매·이체·거래를 확인하는 데 핵심적 역할을 수행할 수 있다. 어떤 위험신호가 있다고 해서 꼭 불법행위와 관련 있는 CVC 거래인 것은 아닌 만큼 각 기관은 어떤 CVC 거래가 의심스럽다는 결론을 내리기 전에 고객의 금융활동 내역, 고객이 여러 지표에 해당하는지 여부 등 배경정보와 주변 사실 및 정황을 고려해야 한다. 의심거래 가능성을 평가할 때 각 기관은 일반적인 거래 스크리닝 중에 바로 관찰되는 위험신호도 있고, 특정 거래를 검토할 때 관찰되는 위험신호도 있다는 점을 유념해야 한다.

■1 다크넷 시장 관련

① 고객이 다크넷 시장이나 기타 불법활동과 관련이 있었던 CVC 주소로 거래를 수행한다.

② 어떤 고객의 CVC 주소가 불법활동과 관련된 공개 게시판에서 보인다.

③ 어떤 고객의 거래가 토르^{Tor}와 관련이 있는 IP 주소에서 시작된다.

④ 블록체인 분석결과 거래소로 CVC를 이체하는 지갑의 자금출처가 다크넷 시장 등으로 의심스럽다.

⑤ 어떤 거래에 믹서·텀블러 등이 이용되며, 알려진 지갑주소와 다크넷 시장 사이에 불법자금의 흐름을 확인하기 어렵게 하려는 의도로 보인다.

2 미등록/불법운영 P2P 거래소 관련

① 어떤 고객이 전혀 다른 지역이나 금융회사의 지점, 개인·회사 등으로부터 현금을 입금·송금받은 직후 그 돈으로 가상자산을 구입한다.

② 어떤 고객이 단기간에 여러 다른 출처에서 자금을 입금받고 알려진 가상자산 거래 플랫폼에 자금을 이체했는데, 입금금액의 총합이 이체금액과 거의 같다.

③ 고객의 전화번호나 이메일 주소가 교환서비스를 광고하는 알려진 CVC P2P 거래 플랫폼으로 연결돼 있다.

3 미등록 해외 소재 MSB 관련

① 어떤 고객이 송금·수신 거래를 하는 미등록 해외 CVC 거래소나 기타 MSB의 소재지가 고객 거주지나 사업장 위치와는 전혀 관련이 없는 곳이다.

② 어떤 고객이 고객알기KYC나 CDD 조치 미비 등 CVC 개체 대상 AML/CFT 규제가 부적절한 것으로 알려져 있거나, 부족한 고위험 지역에 소재한 CVC 거래소나 해외 소재 MSB를 이용한다.

③ 어떤 고객이 조세회피처로 유명한 지역 내 CVC 업체들에 CVC 거래를 다수 지시한다.

④ 아직 거래소에서 고객확인이 되지 않았거나, FinCEN에 송금업자로 등록되지 않은 고객이 그 거래소를 통해 유동성을 제공받아 상계성 거래를 여러 건 실행하는 점으로 볼 때, 해당 고객이 미등록 MSB일 가능성이 있다.

4 미등록/불법운영 CVC 키오스크 관련

① 어떤 고객이 범죄발생률이 상대적으로 높은 지역에 CVC 키오스크를 여러

곳 운영한다.

② 하나의 CVC 지갑주소로 여러 다른 고객들과 많은 거래가 이뤄지는데, 알려진 CVC 거래소로 운영되지는 않는다.

5 CVC 키오스크를 이용한 불법활동 관련

여러 기계를 사용하거나(스머핑) 같은 전화번호를 쓰는 여러 신원을 이용하여 CTR 기준금액이나 같은 지갑주소에 대한 CVC 키오스크의 일일 거래제한을 하회하도록 거래를 조정한다.

6 기타 불법활동 가능성 관련

① 어떤 고객이 갈취, 랜섬웨어, 제재대상인 CVC 주소, 기타 불법활동과 관련이 있는 CVC 주소와 거래를 수행한다.

② 고객의 거래가 신뢰할 수 없는 IP 주소, 제재대상 국가의 IP 주소, 과거 의심거래 위험신호가 있었던 IP 주소 등에서 시작된다.

③ VPN이나 토르Tor를 이용해 CVC 거래소 계정에 접근한다.

④ 어떤 고객이 별다른 이유 없이 여러 가상자산 간에 여러 차례 신속한 거래를 개시하는 것으로 볼 때, 각각의 블록체인에 대한 커스터디 체인을 해체하거나 더 나아가 해당 거래를 확인하기 어렵게 하려는 시도일 가능성이 있다.

⑤ 어떤 고객이 이미 다른 계정에서 사용되고 있는 신원 혹은 계정 크리덴셜 (예 비표준적 비밀번호, IP주소, 플래시 쿠키 등)을 제공한다.

⑥ 어떤 고객이 관련 확인절차나 기록보관, 보고 기준금액 이하로 다양한 CVC 간에 거래나 환전을 여러 차례 신속하게 실행한 다음 그 가치를 해당 거래소

에서 인출한다.

⑦ 고객의 프로필과 관련된 IP 주소와 거래가 시작되는 IP 주소가 일치하지 않는다.

⑧ 플랫폼 이용자들의 평균 연령보다 나이대가 있는 고객이 계좌를 개설하고 다수의 거래에 참여하는 것으로 볼 때, CVC 운반책이나 고령자 금융착취 피해자일 가능성이 있다.

⑨ 어떤 고객이 CVC 거래나 활동을 하고 있으면서도 CVC에 대한 지식이 많지 않은 점을 볼 때, 사기피해자일 가능성이 있다.

⑩ 어떤 고객이 KYC 관련 문서나 자금출처 관련 질의요청을 거부한다.

⑪ 어떤 고객이 보유자산이나 기존의 재정상황으로 납득하기 어려운 거액의 CVC를 구매하는 점을 볼 때, 자금세탁, 운반책, 사기피해자일 가능성이 있다.

⑫ 각기 다른 2명의 고객의 것으로 확인되는 계좌에서 단일한 지갑주소를 사용하고 있다.

⑬ 계좌나 CVC 주소로 평소보다 훨씬 많은 액수의 출처를 알 수 없는 자금이 입금되고 이후 법화로의 환전이 이루어지는 것을 볼 때, 자금절취 가능성이 있다.

⑭ 어떤 계정이나 고객의 이메일 주소나 기타 연락처 정보에 여러 차례 변동이 있는 점을 볼 때, 계정탈취일 가능성이 있다.

⑮ CVC 메시지란에 사용된 언어로 미루어볼 때 불법활동을 지원하거나 약물, 도난된 신용카드 정보 등 불법 재화구매에 사용되는 거래인 것 같다.

CVC 관련 의심거래보고 시 유용한 정보

CVC 거래를 통해 법집행당국 및 기타 국가보안 관련 기관들이 CVC 거래를 이용한 불법행위 가능성을 수사할 때 대단히 유용할 수 있는 여러 정보들이 생성된다. 특히 법집행당국에 유용한 정보로는 아래의 것들이 있다.

① 가상자산 지갑주소

② 계좌정보

③ 거래 상세내역(가상화폐 거래해시, 송금인·수취인 정보 등)

④ 관련 거래내역

⑤ 가능한 로그인 정보(IP 주소 등)

⑥ 단말기 정보(단말기 식별번호 IMEI 등)

⑦ 고객의 온라인상 공개정보 및 커뮤니케이션 분석을 통해 얻은 정보

금융회사는 의심거래보고 시 보고양식 및 서술 부분에 확보한 관련 정보를 모두 제공해야 한다.

미국 금융회사의 CVC 관련 의심거래 및 불법활동 보고의무

• **의심거래보고**

불법활동으로 생성된 자금이 포함돼 있거나, 아니면 불법활동에서 생성된 자금을 가장하려는 시도가 있거나, BSA상 규제의무를 회피할 목적이 있거나, 사업성 혹은 명백한 합법적 목적이 부족하거나, 해당 금융회사를 이용해 불법활동을 촉진하려고 한다는 것을 인지하거나, 의심하거나, 그렇다고 의심할 만한 이유가 있는 경우, 의심거래보고를 해야 한다. CVC가 관련된 의심거래는 CVC 관련 상거래에 특화된 금융회사, 그러한 사업체에 서비스를 제공하는 금융회사, 적극적으로 CVC를 이용하는 고객들을 가진 금융회사 등에서 발견될

수 있다.

일부 CVC 악용 관련 위험지표 중에는 합법적인 금융활동이 반영될 수도 있는 만큼, 금융
회사는 어떤 거래가 의심거래라는 판단을 내리기 전에 다른 위험지표 및 예상되는 거래활
동과 함께 CVC 악용가능성에 대한 지표를 평가해야 한다. 블록체인 분석 및 기타 CVC
활동 분석 체계의 기술적 특성상 FinCEN은 금융회사 내 AML, 사기, IT 관련 부서들
간의 원활한 소통을 강조한다. 또한 FinCEN은 ML/TF 관련 의심거래 여부와 보고 여부를
결정하는 데 있어 미국 애국자법(USA PATRIOT Act) 제314조(b)에 따른 금융회사 간
커뮤니케이션도 강조하고 있다.

- 의심거래보고 지침

FinCEN은 의심거래보고 시 **금융회사가 보고대상 의심거래와 CVC 관련 불법활동 가능성
간의 연결고리를 시사하는 차원에서 서술 부분에 본 권고 "CVC FIN-2019-A003"를 핵심용
어로 언급하도록 하고 있다.** 2019.1.1. 시행된 의심거래의무보고 신규 양식에 따라 금융회
사는 위 핵심용어를 이용하여 양식 중 필드 2("보고기관 의견")에 본 권고를 언급해야
한다.

- OFAC 의무[46]

디지털 화폐를 이용하거나 거래하는 미국의 개인 및 기관은 해외자산통제국(OFAC)에서
금지한 미승인 거래에 관여되지 않을 책임이 있음을 인지하고 있어야 한다. OFAC 제재
관련 의무에는 OFAC 제재대상자(SDN) 리스트만 대조 확인하는 것이 아니라 제재대상
국가·지역의 개인·법인이 계좌를 개설하고 디지털 화폐로 거래를 하지 못하도록 적절한
조치를 취하는 것까지 포함된다.

디지털 화폐를 취급하는 사업체와 개체들은 다음의 조치가 가능하도록 정책과 절차를
이행해야 한다.

  - 제재대상 국가·지역과 관련된 IP 주소 차단

---

46 미국 금융회사 등 미국 국적의 자연인/법인은 미국 제재에 대한 준수의무 등 다른 규제이행의무도 있다.
미국 해외자산통제국(OFAC)은 2018.3. CVC 포함 <u>디지털 화폐 관련 지침</u>을 발행했다(재무부 리소스센터
<u>"OFAC FAQs : 제재준수 - 가상화폐 관련"</u>을 참고).

- 제재대상 국가·지역의 계좌주임이 확인된 경우, 해당 계좌 불용처리
- OFAC 제재 준수 여부 확인권한이 있는 전담 준법감시 담당자 마련
- 지리적으로 미국 제재대상 지역 출신 여부 확인을 위해 가능성 있는 모든 이용자 스크리닝
- 모든 관련 인력 대상 OFAC 준법감시 교육 등

3

일본의 자금결제법 법률요강, 사무처리 기준 등

₿

자금결제법에 관한 법률안 개요

　　최근의 정보통신기술 진전에 따른 금융거래 다양화에 대응하고, 금융의 기능에 대한 신뢰성 향상 및 이용자 보호 등을 도모하기 위해, 가상자산교환업자에 관한 규제 정비, 가상자산을 이용한 파생상품 거래 및 자금조달 거래에 관한 규제 정비, 고객정보 동의취득 후 제3자에게 제공하는 업무 등 금융회사 업무의 추가, 장외 파생상품 거래에 있어서 증거금 청산에 관한 규정 정비 등의 조치를 강구할 필요가 있다. 이에 따라 자금결제에 관한 법률 및 기타 관련 법률의 정비 등을 실시한다.

1 자금결제에 관한 법률의 일부개정(제1조 관련)

1. 암호자산교환업에 관한 제도 정비

① "가상통화"의 호칭을 "암호자산"으로 변경하고, 암호자산의 정의에서 금융상품거래법에서 규정하는 "전자기록 이전 권리"를 제외함과 동시에, 암호자산교환업의 정의에 암호자산 교환 등에 관하지 않은 암호자산의 관리를 업으로서 행하는 것을 추가한다(자금결제에 관한 법률 제2조 관련).

② 암호자산교환업의 등록 거부사유에 인정자금결제사업자협회에 가입하지 않은 법인으로서 해당 협회의 규칙에 준하는 내용의 사내 규칙을 작성하지 않은 것 등을 추가한다(자금결제에 관한 법률 제63조의5 관련).

③ 암호자산교환업자는 취급하는 암호자산의 명칭 또는 업무의 내용 및 방법을 변경할 경우에는 사전에 신고해야 하는 것으로 한다(자금결제에 관한 법률 제63조의6 관련).

④ 암호자산교환업자가 광고 및 권유 시에 허위의 표시를 하는 것을 금지하고, 암호자산교환업의 광고 등에 관한 규정을 정비하기로 한다(자금결제에 관한 법률 제63조의9의2, 제63조의9의3 관련).

⑤ 암호자산교환업자는 이용자에게 신용을 공여하여 암호자산 교환 등을 행하는 경우에는 그 계약에 관한 정보의 제공 등의 조치를 강구해야 하는 것으로 한다(자금결제에 관한 법률 제63조의10 관련).

⑥ 암호자산교환업자는 이용자의 금전을 신탁하고 이용자의 암호자산을 원

칙적으로 이용자 보호가 결여될 우려가 적은 방법으로 분별 관리하는 동시에, 그 이외의 방법으로 관리하는 이용자의 암호자산과 동종동량의 암호자산(이하 "이행보증 암호자산")을 자기의 재산으로서 보유한 상태에서 이용자 보호가 결여될 우려가 적은 방법으로 분별 관리해야 하는 것으로 한다(자금결제에 관한 법률 제63조의11, 제63조의11의2 관련).

⑦ 암호자산교환업자로 하여금 암호자산 관리를 행하게 하고 있는 이용자는 해당 암호자산교환업자가 관리하는 이용자의 암호자산 및 이행보증 암호자산에 대하여 다른 채권자에 앞서 변제를 받을 권리를 갖는 것으로 한다(자금결제에 관한 법률 제63조의19의2, 제63조의19의3 관련).

2. 기타
기타 필요한 규정을 정비하기로 한다.

■2 금융상품거래법의 일부개정(제2조 관련)

1. 암호자산을 이용한 파생상품 거래 및 자금조달 거래에 관한 규제 정비
① 금융상품의 정의에 암호자산을 추가하고, 암호자산을 이용한 파생상품 거래를 규제의 대상으로 하기로 한다(금융상품거래법 제2조 제24항 관련).

② 금융상품거래업자 등이 행하는 암호자산을 이용한 파생상품 거래에 관련된 업무에 관하여 설명의무 등의 규정을 정비하기로 한다(금융상품거래법 제43조의6 관련).

③ 수익분배를 받을 권리 등 중 전자정보처리조직을 이용하여 이전할 수 있는 재산적 가치(전자기기 기타의 것에 전자적 방법에 의하여 기록되는 것에 한함)에 표시

되는 것(이하 "전자기록 이전권리")을 제1항 유가증권으로 하고, 기업내용 등의 공개 제도의 대상으로 함과 동시에, 전자기록 이전 권리의 매매 등을 업으로서 행하는 것을 제1종 금융상품거래업에 관련된 규제의 대상으로 하기로 한다(금융상품거래법 제2조 제3항·제8항, 제3조, 제28조 관련).

④ 수익분배를 받을 권리를 가지는 자가 출자한 암호자산 등을 금전으로 간주하고, 금융상품거래법의 규정을 적용하기로 한다(금융상품거래법 제2조의2 관련).

⑤ 암호자산을 이용한 파생상품 거래나 자금조달 거래를 업으로서 행하는 경우의 금융상품거래업의 등록, 업무내용 및 방법의 변경에 관련된 사전신고 등에 관한 규정을 정비하기로 한다(금융상품거래법 제29조의2, 제29조의4, 제31조 관련).

2. 암호자산을 이용한 불공정행위에 관한 규제의 정비

암호자산의 거래 및 암호자산을 이용한 파생상품 거래 등에 관한 불공정한 행위를 금지하기로 한다(금융상품거래법 제185조의22~제185조의24 관련).

3. 고객에 관한 정보를 그 동의를 얻어 제3자에게 제공하는 업무 등에 관련된 규정의 정비

금융상품거래업자의 부수업무에, 고객에 관한 정보를 그 동의를 얻어 제3자에게 제공하는 것 및 기타 보유하는 정보를 제3자에게 제공하는 업무로서, 본업의 고도화 또는 이용자의 편의성 향상에 기여하는 것을 추가하기로 한다(금융상품거래법 제35조제1항제16호 관련).

4. 전자적 기록에 관련된 범칙조사절차 등의 정비

일정한 전자적 기록에 관한 압류, 기타 전자적 기록과 관련된 증거수집절차 등을 정비하기로 한다(금융상품거래법 제210조~제226조 관련).

5. 기타

기타 필요한 규정을 정비하기로 한다.

3 **금융상품의 판매 등에 관한 법률의 일부개정**(제3조 관련)

① 금융상품 판매의 정의에 암호자산을 취득시키는 행위를 추가하기로 한다(금융상품 판매 등에 관한 법률 제2조 관련).

② 기타 필요한 규정을 정비하기로 한다.

4 **농업협동조합법, 수산업협동조합법, 중소기업협동조합법, 신용금고법, 장기신용은행법, 노동금고법, 은행법, 보험업법 및 농림중앙금고법의 일부개정**(제4조~제12조 관련)

1. 고객에 관한 정보를 그 동의를 얻어 제3자에게 제공하는 업무 등에 관련된 규정의 정비

은행, 보험회사 등의 부수업무에, 고객에 관한 정보를 그 동의를 얻어 제3자에게 제공하는 업무 및 기타 보유하는 정보를 제3자에게 제공하는 업무로서, 본업의 고도화 또는 이용자의 편의성 향상에 기여하는 것을 추가하기로 한다(은행법 제10조, 보험업법 제98조 등 관련).

2. 보험회사에 의한 보험업에 관련된 IT 기업 등의 자회사화에 관한 규정의 정비

보험회사는 인가를 얻어 정보통신기술 기타 기술을 활용한 보험업의 고도화 혹은 이용자의 편의성 향상에 기여하는 업무 또는 기여할 것으로 전망되는 업무를 영위하는 회사의 의결권에 대하여 기준 의결권 수를 넘는 의결권을 취득 또는 보유할 수 있는 것으로 한다(보험업법 제106조 관련).

5 금융회사 등이 행하는 특정 금융거래의 일괄청산에 관한 법률의 일부개정(제13조 관련)

장외 파생상품 거래 등 특정 금융거래를 행하는 금융기관 등에 대하여 갱생절차 개시의 결정이 이루어진 경우에는, 해당 특정 금융거래에 관련된 담보권의 목적인 재산은 갱생절차 개시의 신청이 있었을 때 또는 양도한 때에 갱생절차 개시의 결정이 이루어진 자의 상대방 또는 제3자에게 귀속하는 것으로 하며, 해당 담보권의 목적인 재산의 액을 일괄청산 후의 채권액으로부터 공제하는 것으로 한다(금융회사가 행하는 특정 금융거래의 일괄청산에 관한 법률 제4조 관련).

6 기타

1. 시행일

이 법률은 공포한 날로부터 기산하여 1년을 넘지 않는 범위 내에서 정령으로 정한 날부터 시행한다(부칙 제1조 관련).

2. 경과조치 등

① 필요한 경과조치 등을 정하기로 한다.
② 자금결제에 관한 법률 등의 개정에 따라 관련 법률의 개정을 실시하기로 한다.

암호자산 사무처리 기준

◼1 총칙

1. 암호자산의 범위 등

1−1. 암호자산의 범위 및 해당성의 판단기준

당국은 자금결제에 관한 법률(2009년 법률 제59호, 이하 '법') 제2조 제5항에서 규정하는 암호자산의 해당성에 대해 조회 등이 있었을 경우에는 이하의 점에 유의하면서 동항 각 호에서 규정하는 암호자산의 정의에 비추어 판단한다.

덧붙여, 정보통신기술은 급속히 진전하고 있어 나날이 변화하는 것이므로, 암호자산의 해당성 등에 대해서는, 그 이용형태 등에 따라 최종적으로는 개별적·구체적으로 판단하는 것에 유의한다.[47]

(1) 법 제2조 제5항 제1호에 규정하는 암호자산(이하 '1호 암호자산')의 해당성에 관해 '대가변제를 위해 불특정인에 대해 사용할 수 있는지'를 판단함에 있어서, 예를 들어, '블록체인 등의 네트워크를 통해 불특정인 간에 이전 가능한 구조를 가지고 있는지', '발행자와 점포 등 간의 계약 등에 의해 대가변제를 위해 암호자산을 사용할 수 있는 점포 등이 한정되어 있지 않은지', '발행자가 사용 가능한 점포 등을 관리하고 있지 않은지' 등에 대해 신청자에게 상세한 설명을 요구하기로 한다.

(2) 1호 암호자산의 해당성에 관해 '불특정인을 상대로 하여 구입 및 매각할 수

---

47 주 법 제2조 제5항 각 호의 내용을 충족하는 경우에도 "금융상품거래법"(1948년 법률 제25호) 제2조 제3항에 규정하는 전자기록 이전권리를 표시하는 것에 대해서는 암호자산에 해당하지 않음에 유의한다.

있는지'를 판단함에 있어, 예를 들어, '블록체인 등의 네트워크를 통해 불특정인 간에 이전 가능한 시스템을 가지고 있는가', '발행자에 의한 제한 없이 일본통화 또는 외국통화와 교환을 할 수 있는가', '일본통화 또는 외국통화와의 교환시장이 존재하는가' 등에 대해서 신청자에게 상세한 설명을 요구하기로 한다.[48]

(3) 법 제2조 제5항 제2호에 규정하는 암호자산의 해당성에 관해 '불특정인을 상대방으로서 전호에 설명한 것과 상호교환을 할 수 있는지'를 판단함에 있어서, 예를 들어 '블록체인 등의 네트워크를 통해 불특정다수 간에 이전 가능한 구조를 가지고 있는가', '발행자에 의한 제한 없이 1호 암호자산과의 교환을 실시할 수 있는가', '1호 암호자산과의 교환시장이 존재하는가', '1호 암호자산을 이용하여 구입 또는 매각할 수 있는 상품·권리 등뿐만 아니라 해당 암호자산과 동등한 경제적 기능을 보유하는가' 등에 대해 신청자에게 상세한 설명을 요구하기로 한다.

(4) 법 제2조 제6항에 규정된 현금성 전자화폐(자산가치가 일정 비율에 따라 현금으로 평가되는 자산, 예를 들어 페이스북에서 발행하는 리브라 등)의 해당성에 관해 '일본통화 혹은 외국통화로 채무의 이행, 환불 기타 이에 준하는 것'임을 판단함에 있어 '발행자 및 그 관계자(이하 '발행자 등')와 이용자 간의 계약 등에 의해 발행자 등이 해당 이용자에 대해 법정통화로 환불 등의 의무를 지고 있는지' 등에 대해 신청자로부터 상세한 설명을 요구하기로 한다.[49]

---

48 주 선불식 지불수단 발행자가 발행하는 이른바 '선불카드'나, 포인트서비스(재화·서비스의 판매금액의 일정 비율에 따라 포인트를 발행하는 서비스나, 내점이나 이용 시마다 일정액의 포인트를 발행하는 서비스 등)에서의 '포인트'는 이들 발행자와 점포 등과의 관계에서 상기 (1) 또는 (2)를 충족하지 않아 암호자산에는 해당하지 않는다.

49 주 통화표시자산에 해당하는 경우에는 법 제2조 제5항에 규정하는 암호자산에는 해당하지 않지만, 당해 자산의 내용이나 그 사업자가 행하는 거래내용에 따라서는 선불식 지불수단이나 외환거래 기타 법령상의 규정에 해당할 가능성이 있다는 점에 유의한다.

1-2. 암호자산교환업의 해당성 및 취급하는 암호자산의 적절성 판단기준

1-2-1. 의의

정보통신기술은 급속히 진전하고 있어 날마다 다양한 암호자산이 출현할 것으로 상정된다. 또한 암호자산교환업과 관련된 거래(법 제2조 제7항 각 호에서 규정하는 행위와 관련된 거래. 이하 동일)의 형태에 대해서도 다양한 모습을 생각할 수 있다.

이 때문에 취급하려고 하는 것이 암호자산에 해당하거나 해당 암호자산의 취급이 암호자산교환업과 관련되는 거래에 형식적으로 해당한다고 해도, 이용자 보호 내지 공익성의 관점에서 암호자산교환업자가 취급하는 것이 반드시 적절하지 않은 것도 있을 수 있다. 이러한 관점에서 암호자산교환업자에 관한 내각부령(2017년 내각부령 제7호. 이하 '내각부령') 제23조 제1항 제5호는 암호자산교환업자에 대해 이용자의 보호 또는 암호자산교환업의 적정하고 확실한 수행에 지장을 줄 우려가 있다고 인정되는 암호자산을 취급하지 않기 위해 필요한 조치를 의무화하고 있다.

따라서 당국은 암호자산교환업과 관련된 거래의 적절성 및 취급하는 암호자산의 적절성 등에 대해 신청자에게 상세하게 설명하도록 요구함과 동시에, 필요에 따라 인정자금결제사업자협회(이하 '협회')와도 연계하여 등록신청 심사 등을 실시하기로 한다.

1-2-2. 암호자산교환업의 해당성 판단기준

당국은 법 제2조 제7항에 규정된 암호자산교환업의 해당성에 대한 확인요청 등이 있는 경우, 다음 사항에 유의하면서 동항 각 호에 규정된 암호자산교환업의 정의에 비추어 판단한다.

(1) 법 제2조 제7항에서 규정하는 '업으로서 행하는 것'이란 '對공중성'이 있는 행위로 '반복계속성'을 가지고 행해지는 것으로 해석되지만, 구체적인 행위

가 '對공중성'이나 '반복계속성'을 갖는 것인지 아닌지에 대해서는 개별 사례별로 실태에 입각해 실질적으로 판단해야 한다. 또한 "對공중성"이나 "반복계속성"에 대해서는 실제로 "對공중성"이 있는 행위가 반복계속적으로 행해지고 있는 경우뿐만 아니라, "對공중성"이나 "반복계속성"이 예상되는 경우 등도 포함되는 점에 유의한다.

(2) 암호자산의 매매 또는 다른 암호자산과의 교환을 내용으로 하는 계약에 관련된 이하의 각 행위를 제3자를 위해 행하는 경우에는 원칙적으로 법 제2조 제7항 제2호에 규정된 '전호에 열거한 행위의 매개'(이하 '암호자산 거래의 매개')에 해당한다.[50]

① 계약체결의 권유

② 계약체결의 권유를 목적으로 한 상품설명

③ 계약체결을 위한 조건교섭

(3) 법 제2조 제7항 제4호에 규정하는 '타인을 위해 암호자산을 관리하는 행위'에 해당하는지 여부에 대해서는 개별 사례별로 실태에 입각하여 실질적으로 판단해야 하지만, 이용자의 관여 없이 단독 또는 위탁처와 공동으로

---

50 주 1 매개행위에 해당하는지 여부는 개별 사례별로 실태에 입각하여 실질적으로 판단할 필요가 있으나, 예를 들어 인터넷상의 표시 등을 이용하는 경우라도, 해당 표시 등을 이용한 다음 특정인에 대해 제3자와의 계약체결을 위한 유인행위를 행하고 있다고 평가할 수 있는 경우에는, 해당 인터넷상의 표시 등을 포함한 일련의 행위가 매개행위로 될 수 있는 것에 유의하는 것으로 한다.
주 2 단, 암호자산의 매매 또는 다른 암호자산과의 교환에 관해서 이하의 각 행위의 사무처리의 일부만을 행하는 것에 지나지 않는 경우에는, 암호자산의 거래의 매개행위에 해당하지 않는 것으로 볼 수 있는 경우도 있다.
• 상품안내 전단지, 팜플렛, 계약신청서 등의 단순한 배포·교부(전자적 방법에 의한 것을 포함), 단 단순한 배포 또는 교부를 넘어, 배포 또는 교부하는 서류의 기재방법 등의 설명까지 행하는 경우에는 암호자산 거래의 매개행위가 될 수 있다.
• 계약신청서 및 그 첨부서류 등의 수령·회수, 단 계약신청서의 단순한 수령·회수 또는 계약신청서의 오기·기재누락·필요서류의 첨부누락의 지적을 넘어, 계약신청서의 기재내용의 확인 등까지 행하는 경우에는 암호자산 거래의 매개행위에 해당할 수 있다.
• 세미나 등에서 일반적인 암호자산의 구조·활용법 등에 대한 설명

이용자의 암호자산을 이전할 수 있는 비밀키를 보유하는 경우 등 사업자가 주체적으로 이용자의 암호자산을 이전할 수 있는 상태에 있는 경우에는 동호에 규정하는 암호자산의 관리에 해당한다.[51]

(4) 암호자산의 교환 등을 실시하는 자가 금전의 이동을 내용으로 하는 의뢰를 받고, 이것을 인수 또는 인수하여 수행하는 경우에는, 외환거래를 실시하고 있다고 하여 법 제37조에 근거한 자금이동업자의 등록이 필요할 수 있다.

(5) 암호자산을 이용한 선물거래 등의 거래에서는 결제 시에 거래의 목적이 되고 있는 암호자산의 현물을 주고받는 거래와, 해당 거래의 목적이 되고 있는 암호자산의 현물을 주고받지 않고 반대매매 등을 실시함으로써 금전 또는 해당 거래에서 결제수단으로 되어 있는 암호자산의 수수만으로 결제할 수 있는 거래(이하 '차금결제거래')가 존재한다. 위의 두 가지 거래 모두가 금융상품거래법 제2조 제20항에서 규정하는 파생상품 거래에 해당하는 경우에는 금융상품거래법의 규제대상이 되므로, 이용자의 암호자산 관리를 수반할 때를 제외하고는 암호자산교환업의 등록을 필요로 하지 않는다. 이 때문에, 암호자산교환업의 등록을 필요로 하는 거래인지 아닌지에 대해서는 개별적·구체적으로 거래의 내용을 확인할 필요가 있다.

1-2-3. 취급하는 암호자산의 적절성 판단기준

당국은 등록신청 심사나 암호자산교환업자가 취급하는 암호자산의 적절성 판단에 있어서는 취급하는 암호자산의 구조(발행자, 관리자, 기타 관계자나 해당 암호자산과 밀접하게 관련된 프로젝트의 내용 등을 포함), 예상되는 용도, 유통상황 및 해당

---

51 주 내각부령 제23조 제1항 제8호에 규정하는 암호자산의 차입은 법 제2조 제7항 제4호에 규정하는 암호자산의 관리에는 해당하지 않지만, 이용자가 그 청구에 의해 언제든지 차입한 암호자산을 반환받을 수 있는 등 암호자산의 차입이라고는 하나, 실질적으로 타인을 위해 암호자산을 관리하고 있는 경우에는 동호에 규정하는 암호자산의 관리에 해당한다.

암호자산에 사용되는 기술 외에 해당 암호자산을 취급할 때의 사내 태세 확보 상황 등에 입각하여 테러자금공여나 자금세탁 등에 이용되는 리스크, 시스템 리스크 등을 비롯한 해당 암호자산의 취급에 의해 발생할 수 있는 리스크의 내용에 대해 신청자나 암호자산교환업자에게 상세한 설명을 요구하기로 하는 것 외에, 이용자로부터의 고충(민원)이나 협회의 의견 등의 외부정보를 포함하여 이용자 보호 및 업무의 적정·확실한 수행확보의 관점에서 암호자산교환업자가 취급하는 것이 적절한지 여부를 판단하기로 한다.[52]

■2 암호자산교환업자의 감독상 착안점

1. 경영관리 등

1-1. 의의

암호자산교환업자가 그 업무의 성질상 이용자의 재산을 관리하는 것이나, 암호자산이 테러자금공여나 자금세탁 등에 이용되는 위험이 높은 점 등에 비추어 이용자

---

[52] 주 1 특히 일본가상통화교환업협회 자주규제규칙 '가상화폐의 취급에 관한 규칙'에서 ⅰ) 법령 또는 미풍양속에 위반되는 방법으로 이용될 우려가 높은 암호자산, ⅱ) 범죄에 이용될 우려가 높은 암호자산, ⅲ) 테러자금공여나 자금세탁 등에 이용될 우려가 높은 암호자산에 대해서는 그 취급의 적정성 여부를 신중하게 판단해야 한다고 되어 있음에 유의한다. 또한 동 규칙에서 암호자산의 특성 및 암호자산교환업자의 태세에 비추어 다음 중 하나에 해당하는 암호자산의 취급을 금지하는 동시에, 이전기록의 추적이 현저하게 어려운 암호자산에 대해서는 테러자금공여나 자금세탁 등에 이용되는 위험이 높아 적절한 감사를 실시하지 못할 우려가 있으므로, 이들 문제가 해결되지 않는 한 취급해서는 안 된다고 규정되어 있는 점에 유의한다.
- 이전·보유기록의 갱신·보장에 중대한 지장·우려가 인정되는 것
- 공인회계사 또는 감사법인에 의한 적절한 감사가 곤란한 것
- 시스템상 기타 안전한 보관 및 출납이 곤란한 것
- 상기 이외에 자금결제법상의 의무에 대한 적정하고 확실한 이행이 곤란한 것
주 2 예를 들어, 신규로 발행하는 암호자산을 판매할 경우, 발행단계에서 유동성이 부족하다고 해도 해당 암호자산을 취급하는 것이 적절하지 않다고 바로 판단하는 것이 아니라, 신청자의 설명이나 외부정보를 충분히 고려하여 종합적으로 판단한다.

의 금전·암호자산의 분별관리 등 이용자 보호를 위한 조치나 테러자금공여 및 자금세탁방지 대책이 적절히 이루어질 필요가 있다.

또한, 업무운영 태세의 유지·향상에 있어서는 경영에 대한 규율제정이 유효하게 기능하여 적절한 경영관리가 이루어지는 것이 중요하다.

암호자산교환업자의 감독에 있어서는 다음과 같은 점에 유의한다. 덧붙여 감독에 있어서는, 암호자산교환업을 둘러싼 환경의 변화를 주시하면서 암호자산교환업자의 자주성을 존중함과 동시에, 암호자산교환업자에 대해서는 전업 규정이 없고 업태나 규모 등이 매우 다양하다는 점에 유의하여 해당 암호자산교환업자의 사업 내용이나 특성의 변화를 포함한 실태를 근거로 대응할 필요가 있다.

1-2. 주요 착안점

(1) 경영진은 암호자산교환업자가 목표로 해야 할 전체상 등에 근거한 경영방침을 명확히 정하고 있는가? 그리고 경영방침에 따른 경영계획을 명확히 정하고, 그것을 조직 전체에 주지시키고 있는가? 또한, 그 달성 정도를 정기적으로 검증해 필요에 따라 재검토를 실시하고 있는가?

(2) 경영진은 비즈니스 모델, 업무내용, 경영규모, 해외거점의 설치상황, 취급하는 암호자산의 특성 등을 감안한 후 업무를 실시함으로써 발생할 수 있는 경영상의 리스크를 특정해 평가하고 있는가? 또한, 특정·평가한 경영상의 리스크에 대한 대응방법을 경영계획 및 경영관리에 반영하고 있는가?[53]

(3) 이사는 업무집행에 해당하는 대표이사 등의 독단전행을 견제·억제하고, 이사회에서의 업무집행 의사결정 및 이사의 업무집행에 대한 감독에 적극적으로 참가하고 있는가?

---

53 주 경영상 리스크의 특정·평가에 있어서는 각 부문(영업 부문·내부관리 부문·내부감사 부문)에서 파악된 각종 리스크 분석(해외거점을 가지는 경우에는 해당 해외거점과의 관계를 근거로 하는 것)을 실시하는 태세가 정비되어 있을 필요가 있음에 유의한다.

(4) 경영진은 내각부령 제9조 제1항에 규정된 재산적 기초를 준수할 뿐만 아니라, 사업내용이나 특성에 따른 재산적 기초를 확보하도록 노력하고 있는가? 일본 가상통화교환업협회 자주규제규칙 '재무관리에 관한 규칙'을 바탕으로 비즈니스 모델, 업무내용, 경영규모, 해외거점의 설치상황, 취급하는 암호자산의 특성 등에 비추어, 예를 들어 시장리스크, 거래처리스크, 오퍼레이셔널리스크(암호자산의 유출 리스크 포함), 유동성리스크라는 재무상의 리스크를 분석·특정한 후에 해당 리스크의 관리방법을 정하는 등 재무상의 리스크관리 태세를 구축하고 있는가?[54]

(5) 경영진은 내각부령 제23조 제1항 제7호 및 일본가상통화교환업협회 자주규제규칙 '재무관리에 관한 규칙'을 바탕으로, 재무정보 기타 기업정보를 적정하고 적시에 공표하기 위한 내부관리 태세를 구축하고 있는가?

(6) 암호자산의 관리를 실시하는 경우에 경영진은 재무제표 감사 및 분별관리 감사를 실시함에 있어서 업무내용, 경영규모, 취급하는 암호자산의 특성 등을 근거로 하여 적절한 공인회계사 또는 감사법인을 선정하고 있는가?

(7) 경영진은 법에 근거해 이용자의 보호를 도모하고, 업무의 적정하고 확실한 수행을 확보하는 것 등이 암호자산교환업자에게 요구된다는 것을 충분히 인식하고, 업무추진이나 이익확대라는 사업실적 측면뿐만 아니라, 법령준수나 적정한 업무운영을 확보하기 위해 내부관리 부문 및 내부감사 부문의 기능강화 등 내부관리 태세의 확립·정비(필요한 인적·물적 자원의 확보를 포함)에 관한

---

54 주 1 재무상의 리스크관리 태세를 검증할 때는 상기 자율규제규칙에서 해당 리스크의 파악이나 관리 태세의 정비, 재무건전성을 유지·향상하기 위한 경영계획의 작성·실시 등을 요구하고 있음에 유의한다.
주 2 커버거래, 위험회피를 위한 반대매매 거래(◙ 고객으로부터 특정 비율로 외환구입 등을 의뢰받은 경우 위험회피 차원에서 이번에는 자신이 주문자가 되어 같은 내용의 의뢰를 다시 금융기관에 하는 방법으로 손실을 막는 거래)의 상대방에게 금전이나 암호자산을 예탁하는 경우, 재무상의 리스크관리의 일환으로서 해당 상대방의 여신 심사·관리를 실시할 필요 외에 해당 상대방이 예탁한 암호자산이 외부에 유출되지 않도록 적절하게 관리하고 있는지 등을 확인할 필요가 있다.

사항을 경영상의 최대 중요과제 중 하나로 두고, 그 실천을 위한 구체적인 방침의 책정 및 철저한 주지 등에 대해 성실하고 솔선해서 임하고 있는가?[55]

(8) 경영진은 영업소장의 권한에 따른 감시 등에 대해서 내부관리 부문이 이용자 대응을 실시하는 부서에 대해 적절한 업무운영을 확보하기 위한 모니터링·검증 및 개선책의 책정 등을 실시하는 태세를 정비하고 있는가?

(9) 경영진은 암호자산교환업에 관한 거래에 대한 내부감사의 중요성을 인식하고, 내부감사의 목적을 적절히 설정하는 동시에 내부감사 부문의 기능을 충분히 발휘할 수 있는 태세를 구축하고 있는가? 또한, 피감사 부문 등의 리스크관리상황 등을 감안하여 감사방침, 중점항목 등의 내부감사 계획의 기본사항을 승인하고 있는가? 게다가, 내부감사의 결과에 대한 개선책을 책정·실시하는 등 적절한 조치를 강구하는 것과 동시에, 지적 사항의 개선상황을 계속 추적·확인하고 있는가?

(10) 경영진은 단호한 태도로 반사회적 세력과의 관계를 차단하고 배제해 나가는 것이 암호자산교환업자에 대한 공공의 신뢰를 유지하고, 암호자산교환업자의 업무적절성을 위해 불가결하다는 것을 충분히 인식하며, "기업이 반사회적 세력에 의한 피해를 방지하기 위한 지침에 대해"(2007년 6월 19일 범죄대책 각료회의 간사회 합의, 이하 1–2에서 '정부지침')의 내용을 바탕으로 결정한 기본방침을 사내외에 선언하고 있는가? 나아가 정부지침에 입각한 기본방침을 실현하기 위한 태세를 정비함과 동시에 정기적으로 그 유효성을 검증하는 등 법령준수, 위험관리 사항으로서 반사회적 세력에 의한 피해방지를 명확하게 자리매김하

---

55 주 본 사무 가이드라인에서 말하는 '내부관리 부문'이란, 법령 및 사내 규칙 등을 준수하는 업무운영을 확보하기 위한 내부사무 관리부서, 법무부서 등을 말한다. 또한, '내부감사 부문'이란 영업 부문으로부터 독립된 검사부서, 감사부서 등을 말하며, 내부관리의 일환으로서 피감사 부문 등이 실시하는 검사 등은 포함하지 않는다.

고 있는가?

(11)~(15) (생략)

2. 업무의 적절성 등

2-1. 법령준수

2-1-1. 법령준수(컴플라이언스) 태세 등

2-1-1-1. 의의

암호자산교환업자가 법령이나 사내 규칙 등을 엄격하게 준수하고, 적정하고 확실한 업무운영에 노력하는 것은 이용자의 암호자산교환업에 대한 신뢰를 향상시키게 되며, 나아가서는 암호자산의 더 진전된 유통·발전을 통한 이용자 편리성 향상이라는 관점에서 중요하다.

또한, 암호자산교환업자는 적정하고 확실한 업무운영을 확보한다는 관점에서 업무에 관해 규모와 특성에 따른 사내 규칙 등을 정하고 끊임없이 재검토함과 동시에, 임원 및 암호자산교환업 업무에 종사하는 사용인 기타 종업원(이하 '임직원')에게 사내교육을 실시하는 한편, 준수상황을 검증할 필요가 있다. 그밖에 본 사무 가이드라인의 각 착안점에 기재되어 있는 문자 그대로의 대응이 암호자산교환업자에 있어서 시행되지 않는 경우라 하더라도, 해당 암호자산교환업자의 규모나 특성 등으로 보아 이용자 이익 보호의 관점에서 특별한 문제가 없다고 인정된다면 부적절하게 볼 것은 아니다.

암호자산교환업자의 감독에 있어서는 다음과 같은 점에 유의한다.

2-1-1-2. 주요 착안점

(1) 컴플라이언스가 경영의 최대 중요과제의 하나로서 자리매김되고, 그 실천과 관련한 기본적인 방침, 한층 더 구체적인 실천계획(컴플라이언스·프로그램)이나 행동규범(윤리규정, 컴플라이언스·매뉴얼) 등이 책정되어 있는

가? 또한, 이러한 방침 등은 임직원에게 철저하게 주지될 수 있도록 노력하고, 충분히 이해될 수 있도록 함과 동시에 일상의 업무운영에서 실천되고 있는가?

(2) 암호자산교환업자 및 임직원은 법 제63조의9 3. 및 내각부령 제20조 제13호에 근거하여 협회가 정한 자주규제규칙 등을 위반하는 행위로서 이용자 보호가 부족하거나 암호자산교환업의 적정하고 확실한 수행에 지장을 줄 우려가 있는 것을 금지하고 있다는 것을 잘 살펴, 법령 등을 준수하기 위해 필요한 업무운영체제를 정비할 때 협회가 정한 자주규제규칙의 내용을 반영하고 있는가? 예를 들어, 일본가상통화교환업협회 자주규제규칙 '종업원 등의 복무에 관한 규칙'의 내용을 참조하면서 업무 내용·종별에 따른 복무규칙 기타 임직원의 금지행위와 관련된 규칙 등이 책정되어 있는가?

(3)~(4) (생략)

2-1-2.~2-1-3. (생략)

2-1-4. 거래 시 확인 등의 조치

2-1-4-1. 의의

범죄로 인한 수익의 이전 방지에 관한 법률(1998년 법률 제22호, 이하 '범수법')에 근거하여 거래 시 확인, 거래기록 등의 보존, 의심스러운 거래 신고 등의 조치(범수법 제11조에서 정하는 거래 시 확인 등의 조치를 말한다. 이하 '거래 시 확인 등의 조치')에 관한 내부관리 태세를 구축하는 것은 조직범죄에 의한 금융 서비스의 남용을 방지하고, 일본 금융시장에 대한 신뢰를 확보하기 위해서도 중요한 의의를 지닌다.

암호자산교환업자의 감독에 있어서는 위험 기반 접근법RBA을 포함한 '테러자금공여 및 자금세탁방지 대책에 관한 가이드라인'(이하 '머니론 테러자금공여

대책 가이드라인') 외에 예를 들면, 다음과 같은 점에 유의한다.[56]

2-1-4-2. 주요 착안점

암호자산교환업자의 업무에 관해 거래확인 등의 조치 및 자금세탁 대책 가이드라인에 기재된 조치를 정확하게 실시하고, 테러자금공여나 자금세탁과 같은 조직범죄 등에 이용되는 것을 방지하기 위해 다음과 같은 태세가 정비되어 있는가?

(1)~(2) (생략)

(3) 의심스러운 거래를 신고할 때 고객의 속성, 거래상황, 기타 암호자산교환업자가 보유하고 있는 해당 거래와 관련된 구체적인 정보를 종합적으로 감안한 후에 '범수법' 제8조 제2항 및 '범수법' 시행규칙 제26조, 제27조에 근거한 적절한 검토·판단이 이루어질 수 있는 태세가 정비되어 있는가? 해당 태세를 정비할 때는 특히 다음 사항에 충분히 유의하고 있는가?

① 암호자산교환업자가 실시하고 있는 업무내용·사업내용에 따라 시스템, 매뉴얼 등에 의해 의심스러운 고객이나 거래 등을 검출·감시·분석하는 태세를 구축한다.

② (생략)

(4) 암호자산의 교환 등을 다른 암호자산교환업자 및 국외 사업자 간에 행하는 경우나, 자사가 개발한 시스템을 다른 암호자산교환업자 및 국외 사업

---

56 주 1 또한 정보통신기술의 진전 등 환경변화에 대응하기 위한 은행법 등의 일부를 개정하는 법률(2016년 법률 제62호)의 시행 전부터 암호자산교환업자와 거래관계에 있는 기존 고객은 거래 시 확인이 마쳐지지 않은 경우가 있지만, 적절한 고객관리의 관점에서 암호자산교환업자는 거래 시 확인이 마쳐지지 않은 사람에 대해 거래 시 확인절차를 실시해 나갈 수 있도록 노력할 필요가 있다.
주 2 거래 시 확인의 취급에 대해서는 별도로 범수법에 근거하여 필요한 조치를 취할 수 있음에 유의한다.
주 3 위험 기반 접근법(RBA)이란 스스로 자금세탁 및 테러자금공여 리스크를 특정·평가하고, 이를 실효적으로 절감하기 위해 해당 리스크에 맞는 대책을 강구하는 것을 말한다.

자가 사용하는 것을 허락하는 경우에는, 머니론 테러자금공여 대책 가이드라인에 기초하여 다음과 같은 태세를 갖추고 있는가?

① 해당 다른 암호자산교환업자 및 국외 사업자(이하 '거래업자 등')의 고객 기반, 업무내용, 테러자금공여나 자금세탁을 방지하기 위한 체제정비 상황 및 국외 거래업자에 대해서는 현지 감독당국의 해당 거래업자에 대한 감독체제 등에 대해 정보를 수집하고, 거래업자의 테러자금공여나 자금세탁 등에 이용되는 위험을 적정하게 평가할 것. 나아가 이를 정기적으로 재검토하는 외에 머니론 테러자금공여 대책에 중대한 영향을 미칠 수 있는 새로운 사태가 발생하는 등의 경우에 필요에 따라 리스크 평가를 재검토할 것

②~③ (생략)

(5) 타사와의 제휴에 의해 서비스를 제공하는 경우나, 암호자산교환업과 관련한 업무의 일부를 위탁하는 경우에는 머니론 테러자금공여 대책 가이드라인에 근거해 이하의 태세가 정비되어 있는가? 또한 해당 제휴처 및 위탁처(이하 '제휴처 등')가 특정 사업자인 경우에는 상기 (4)에 게재된 사항을 참조할 것

①~③ (생략)

(6) 암호자산교환업과 관련된 거래의 부정이용 등을 방지하기 위해 현금지불이나 법 제2조 제7항에서 규정하는 암호자산의 교환 등을 계속적으로 혹은 반복해서 행하는 것, 또는 동항 제3호 혹은 제4호의 행위를 실시하는 것을 내용으로 하는 계약(이하 '계좌개설계약 등')의 체결 기타 암호자산교환업자의 특정거래에 있어서 필요에 따라 거래 시 확인을 실시하는 등 암호자산교환업과 관련한 거래의 부정이용에 의한 피해방지에 대해 검토하고 필요한 조치를 강구하고 있는가?

특히 내각부령 제23조 제1항 제2호에 기초하여 암호자산교환업과 관련된 거래에 대해 수사기관 등으로부터 해당 암호자산교환업과 관련된 거래가 사기 등의 범죄행위에 이용되었다는 취지의 정보제공이 있거나, 기타 사정을 감안하여 범죄행위가 이루어졌다는 의심이 있는 경우에 대해 다음과 같은 태세를 정비할 필요가 있다.[57]

① 범죄행위에 이용되었다는 의심이 있는 해당 암호자산교환업과 관련된 거래를 신속하게 정지하기 위한 태세

② 계좌개설계약 등을 체결하고 있는 자가 해당 계약을 범죄행위에 이용하고 있다고 의심되는 경우, 해당하는 자에 대한 자금의 지급을 정지하기 위한 태세

(7) 암호자산교환업과 관련된 거래의 부정이용에 관한 재판소로부터의 조사촉탁이나 변호사법에 근거하는 확인요청 등에 대해, 개개의 구체적 사안마다 암호자산교환업자에게 부과된 비밀유지의무도 감안하면서 이러한 제도의 취지에 따라 적절한 판단을 내릴 태세가 정비되어 있는가?

(8) (생략)

(9) 범수법 시행령 제7조 제1항 제1호 (다) 및 (다)에서 제시하는 거래를 하는 경우에는, 합리적이라고 인정되는 환산기준에 따라 해당 거래와 관련된 암호자산을 일본 통화인 엔화로 환산하고 거래확인 등의 조치를 정확하게 실시하고 있는가?

---

[57] 주 ① 또는 ②에 근거하여 암호자산교환업과 관련된 거래나 자금의 지불을 정지한 경우로서 해당 암호자산교환업과 관련된 거래가 범죄행위에 이용되었다고 인정하기에 충분하고 상당한 이유가 있는 경우, 또는 계좌개설계약 등을 체결하고 있는 자가 해당 계약을 범죄행위에 이용하고 있다고 인정하기에 충분하고 상당한 이유가 있는 경우에는, 암호자산교환업자의 관리하에 있는 해당 암호자산교환업과 관련된 거래에 관한 자금 및 암호자산 및 자금지불에 관한 자금을 피해자에게 환불 혹은 반환하는 등의 피해회복을 위한 조치를 강구하는 것이 바람직하다.

환산에 대해서는 계속 적용을 조건으로, 예를 들어 다음과 같은 방법도 생각해 볼 수 있다.

① 암호자산과 다른 암호자산과의 교환, 매개, 중개, 대리 : 해당 교환의 대상이 되는 암호자산의 시세(시세가 없는 암호자산 간의 교환을 하는 경우에는, 해당 암호자산과 교환 가능한 암호자산으로서 일본통화 또는 외국통화와 교환 가능한 것의 시세)를 이용하여 환산하는 방법

② 암호자산의 이전 : 해당 이전의 대상이 되는 암호자산의 시세(시세가 없는 암호자산을 이전하는 경우에는, 해당 암호자산과 교환 가능한 암호자산으로서 일본통화 또는 외국통화와 교환 가능한 것의 시세)를 이용해 환산하는 방법 또한 상기 ① · ②에 열거한 암호자산의 시세에 대해서는 거래 시점의 실제 시세(실제 거래가 성사된 가격, 시세) 외에, 예를 들어 다음과 같은 시세를 생각할 수 있다.

- 거래일이 속하는 월이나 주의 전월이나 전주의 말일, 당월이나 당주의 초일의 시세
- 거래일이 속하는 달의 전월 또는 전주의 평균시세와 같이 1월 이내의 일정 기간 동안의 시세

2-1-5.~2-1-6. (생략)

2-2. 이용자 보호를 위한 정보제공 상담기능 등

2-2-1. 이용자 보호조치 등 (생략)

2-2-2. 신용거래에 대한 대응

2-2-2-1. 의의

암호자산교환업자가 암호자산교환업의 이용자와 내각부령 제1조 제2항 제6호에 규정하는 암호자산 신용거래를 행하는 경우에는, 법 제63조의10 제2항 및 내각부령 제25조에 근거하여 법 제63조의10 제1항에 근거한 이용자 보호

조치 등과 더불어, 해당 암호자산 신용거래에 관련된 계약의 내용에 관한 정보의 제공, 기타 해당 암호자산 신용거래와 관련한 업무 이용자의 보호를 도모하고, 해당 업무의 적정하고 확실한 수행을 확보하기 위한 조치를 강구할 필요가 있다.[58]

2-2-2-2. 주요 착안점

(1) 이용자에게의 정보제공

① 내각부령 제25조 제1항 제1호에 규정된 '암호자산 신용거래에 대해 이용자가 예탁해야 할 보증금의 금액 및 그 계산방법'으로써 이용자로부터 예탁받은 보증금의 금액이 시세변동 등에 따라 바뀐다는 것 및 그 계산방법과 해당 보증금의 금액변동에 따라 필요한 금액보다 부족한 경우에 추가로 예탁해야 하는 보증금(이하 '추증')에 관한 사항을 설명하고 있는가?

②~④ (생략)

(2)~(5) (생략)

2-2-3. 이용자가 예탁한 금전·암호자산 및 이행보증 암호자산의 구분관리

2-2-3-1. 의의

암호자산교환업자가 이용자로부터 금전·암호자산을 예탁받는 경우에는, 법 제63조의11 및 제63조의11의2 및 내각부령 제26조, 제27조 및 제29조의

---

58 주 암호자산 신용거래를 할 때 암호자산교환업자가 이용자에 대한 금전대출을 할 경우, 해당 암호자산교환업자는 대금업 등록을 받을 필요가 있다. 암호자산신용거래는 보증금(내각부령 제25조 제1항 제1호에 규정하는 보증금)을 담보로 암호자산교환업자로부터 신용공여를 받음으로써, 원금(보증금)에 레버리지(leverage)를 발휘한 거래를 실시할 수 있다는 점에서 암호자산의 파생상품 거래와 같은 경제적 기능 및 리스크를 갖는 것으로 고려된다. 이와 같이 암호자산 신용거래는 과도한 투기를 초래할 우려가 있으므로 해당 암호자산 신용거래를 하는 암호자산교환업자에 대해서는 암호자산교환업자가 제공하는 신용거래의 내용이나 형태를 바탕으로 필요에 따라 암호자산의 파생상품 거래를 하는 금융상품 거래업자 등과 동등한 업무운영을 요구함과 동시에, 예를 들어 다음과 같은 점에 유의한다.

규정에 근거해 이용자로부터 예탁받은 금전·암호자산(이하 '이용자 재산'이라 한다) 및 이행보증 암호자산(법 63조의11의2 제1항에 규정하는 이행보증 암호자산을 말한다. 이하 동일)에 관한 분별관리에 대한 적절한 취급이 확보될 필요가 있다. 암호자산교환업자에 대한 감독에 있어서는 이용자 재산 및 이행보증 암호자산(이하 '이용자 재산 등'이라 칭한다)의 분별관리 상황의 적절성을 확인하기 위해 암호자산교환업자에 대해 정기적으로 또는 필요에 따라 외부감사나 내부감사 상황 보고를 요구하는 동시에, 일본가상통화교환업협회 자주규제규칙 '이용자 재산의 관리에 관한 규칙' 및 외부감사에 관해 내각부령 제28조 및 제30조에서 규정하는 금융청 장관이 지정하는 규칙 등을 바탕으로, 예를 들어 다음과 같은 점에 유의할 필요가 있다.

2-2-3-2. 주요 착안점

(1) 경영진의 인식·관여

경영진은 이용자 재산 등의 분별관리가 이용자 보호에 이바지하는 것임을 이해한 후에 이용자 재산 등의 분별관리의 중요성을 인식하고 있는가? 또 이용자 재산 등의 분별관리 상황에 대해서 정기적 혹은 수시로 보고를 받는 등 이용자 재산 등의 분별관리가 적절히 행해지기 위한 체제정비(내부견제기능의 확보를 포함한다) 등에 활용하고 있는가?

(2) 분별관리에 관한 일반적인 착안점

① 이용자 재산 등의 분별관리에 대해 사내 규칙에 금전 및 암호자산의 종류별로 분별관리의 집행방법이 구체적으로 정해져 이용자와의 계약에 반영되고 있는가?

② 자신의 재산인 금전·암호자산과 이용자 재산 등이 상기 ①의 집행방법에 근거해 명확히 구분되며, 또한 각각의 이용자의 금전잔액·암호자산의 수량에 대해 즉시 판별할 수 있도록 하고 있는가? 또한,

그 준수상황에 대해 적절히 검증하도록 하고 있는가?

③ 자신의 재산인 암호자산과 이행보증 암호자산이 상기 ①의 집행방법에 근거해 명확히 구분되고, 또한 어느 쪽이 이행보증 암호자산인지를 즉시 판별할 수 있도록 하고 있는가? 또한, 그 준수상황에 대해 적절히 검증하도록 하고 있는가?

④ 이용자의 금전관리에 대해 내각부령 제26조 제1항 각 호의 요건을 충족하는 이용자 구분관리신탁과 관련된 계약에 근거하여 관리하고 있는가? 또한, 동항 제6호에 규정하는 개별 이용자 구분관리 금액 및 이용자 구분관리 필요액을 동조 제2항의 규정에 따라 매 영업일마다 산정하고 있는가?

⑤ 위와 같은 분별관리 업무를 담당하는 부문을 설치하는 동시에, 금전 및 암호자산의 종류별로 이용자 재산 등의 수납·지급절차를 실시하는 담당자와 이용자 재산 등의 잔고를 대조하는 담당자를 설치하고, 양 담당자를 겸무시키지 않는 것으로 하고 있는가? 또한, 사고·부정행위 등 방지의 관점에서 각 담당자를 정기적으로 교대시키는 등의 조치를 강구하고 있는가?

(3) 이용자로부터 예탁받은 암호자산(이하 '수탁암호자산') 및 이행보증암호자산의 분별관리에 관한 착안점

① 자신이 수탁암호자산 및 이행보증암호자산(이하 '대상 암호자산')을 관리하는 경우의 분별관리에 대해서는 자기의 암호자산(이행보증암호자산을 제외한다. 이하 ①에서 동일)을 관리하는 지갑과는 다른 지갑에서 대상 암호자산을 관리하도록 하고 있는가? 자기의 암호자산을 관리하는 지갑과 대상 암호자산을 관리하는 지갑의 보관장소를 명확히 구분해 보관하고 있는가? 예를 들어, 지갑을 보관하기 위한 기기를

명확하게 구분하는 것을 고려할 수 있다.

② 대상 암호자산의 관리를 제3자에게 위탁하는 경우의 분별관리에 대해서는 대상 암호자산 이외의 암호자산을 관리하는 지갑과는 다른 지갑에서 해당 대상 암호자산을 관리하도록 하고 있는가? 대상 암호자산을 관리하는 지갑과 해당 대상 암호자산 이외의 암호자산을 관리하는 지갑의 보관장소를 명확히 구분해 보관시키고 있는가? 예를 들어, 지갑을 보관하기 위한 기기를 명확하게 구분하는 것을 고려할 수 있다.

③ 대상 암호자산의 관리에 대해, 거래내용이 블록체인 등의 네트워크상에 반영되지 않는 등의 사정에 의해 블록체인 등의 네트워크상의 대상 암호자산의 재고(현재 보유량)가 암호자산교환업자가 관리하는 장부상의 대상 암호자산의 잔액보다 모자라는 사태를 방지하기 위해 필요한 조치를 강구하고 있는가?[59]

④ 대상 암호자산의 관리에 대해, 암호자산교환업자가 관리하는 장부상의 대상 암호자산의 잔고와 블록체인 등의 네트워크상의 대상 암호자산의 재고를 매 영업일 대조하고 있는가? 또한, 대조한 결과 상기 ③의 조치에도 불구하고, 대상 암호자산의 재고가 장부상의 대상 암호자산의 잔액에 미치지 않는 경우에는, 원인을 분석하여 신속하게 해당 부족액을 해소하고 있는가?[60]

---

59 주 필요한 조치로는, 예를 들어 일본가상통화교환업협회 자주규제규칙 '이용자 재산 관리에 관한 규칙'을 바탕으로 블록체인 등의 네트워크상의 대상 암호자산 재고가 암호자산교환업자가 관리하는 장부상의 대상 암호자산 잔액보다 부족해지는 사태를 방지하기 위해 필요한 암호자산 수량을 미리 사내 규칙으로 정함과 동시에, 해당 암호자산과 동종동량의 자신의 암호자산을 한도로 대상 암호자산을 관리하는 지갑 안에서 해당 자신의 암호자산을 혼동하여 관리(해당 수량을 초과하는 혼동이 발생한 경우에는 발생일의 다음 날부터 기산해 5영업일 이내에 해당 혼동을 해소하지 않으면 안 된다)하는 것이 고려될 수 있다.
60 주 해당 부족액에 관해서는 부족이 발생한 날의 다음 날부터 기산하여 5영업일(계약에 근거해 5영업일보

⑤ 자신이 대상 암호자산을 관리하는 경우에는 법 제63조의11 제2항 및 내각부령 제27조 제2항에서 정하는 요건에 해당하는 수탁암호자산(이하 '대상 수탁암호자산'이라 칭함)을 제외하고, 해당 암호자산이 외부에 유출되는 일이 없도록 해당 대상 암호자산을 이전하기 위해 필요한 비밀키 등을 상시 인터넷에 접속하고 있지 않는 전자기기 등에 기록해 관리하는 방법, 기타 이와 동등한 기술적 안전관리 조치를 강구해 관리하는 방법에 의해 관리하고 있는가? 덧붙여 한 번이라도 인터넷에 접속한 적이 있는 전자기기 등은 "상시 인터넷에 접속하고 있지 않는 전자기기 등"에 해당하지 않는다는 것에 유의한다.[61]

⑥ 대상 암호자산의 관리를 제3자에게 위탁하는 경우에는, 대상 수탁암호자산을 제외하고 대상 암호자산의 보전에 관해 해당 암호자산교환업자가 스스로 관리하는 경우와 동등한 이용자의 보호가 확보되어 있다고 합리적으로 인정받을 수 있는 방법으로 관리하고 있는가?[62]

⑦ 대상 수탁암호자산을 제외한 대상 암호자산의 전부 또는 일부가 상

다 짧은 기한으로 이용자가 수탁암호자산을 찾을 수 있는 경우에는 해당 기한) 이내에 해소해야 한다.

61 주 '동등한 기술적 안전관리 조치'가 강구되고 있는지는 개별 사례별로 실태에 입각하여 실질적으로 판단할 필요가 있지만, 예를 들어 대상 암호자산을 이전하기 위해 필요한 비밀키 등이 서명 시에 한해 인터넷에 접속된 전자기기 등에 기록되어 관리되고 있으나, 해당 전자기기 등에 기록되어 있는 비밀키 등이 해당 전자기기 등으로부터 외부로 일절 이전하지 않고 해당 전자기기 등의 서명을 할 수 있는 기술적 사양이 갖추어지고, 또한 해당 비밀키 등에 의한 서명이 주로 이루어짐으로써 그때마다 거래내용의 진정성이 확인되는 경우 등이 고려될 수 있다.

62 주 '자신이 관리하는 경우와 동등한 이용자의 보호가 확보되어 있다고 합리적으로 인정받을 수 있는 방법'에 해당하는지는 개별 사례별로 실태에 입각해 실질적으로 판단할 필요가 있지만, 예를 들면 이하의 경우 등을 생각할 수 있다.
- 대상 암호자산의 관리를 다른 암호자산교환업자에게 위탁하고 위탁자인 암호자산교환업자가 도산한 경우 기타 일정한 사유가 발생한 경우에는, 당해 다른 암호자산교환업자가 관리하고 있는 대상 암호자산이 신속하게 위탁원인 암호자산교환업자에게 반환된다는 취지의 합의가 있는 경우
- 대상 암호자산을 신탁회사 등에 신탁하고 위탁자인 암호자산교환업자가 도산한 경우 기타 일정한 사유가 발생한 경우에는, 당해 암호자산교환업자의 이용자가 수익자가 되어 신탁재산인 대상 암호자산이 당해 이용자에게 교부되는 경우

기 ⑤ 및 ⑥ 이외의 방법으로 관리되는 사태가 발생한 경우, 해당 사태가 발생한 날의 다음 날부터 기산하여 1영업일 이내에 해당 사태를 해소하고 있는가?

⑧ 대상 암호자산의 관리를 제3자에게 위탁하는 경우에는 위탁처에서 상기 (2) ①부터 ③ 및 ⑤ 그리고 상기 (3) ②부터 ④, ⑥ 및 ⑦에 열거한 사항을 준수하고 있는 것 외에, 2-2-2-4에 근거해 유출 위험에 필요한 대응이 이루어지고 있는지를 확인하고 있는가?

(4) 분별관리 감사

① 분별관리 감사(내각부령 제28조 제1항에 규정된 분별관리 감사 및 내각부령 제30조에 규정된 이행보증 암호자산 분별관리 감사를 총칭하여 말한다. 이하 같다)에 대응하기 위해 필요한 사내 태세(사내 규칙·매뉴얼의 책정, 대응 부서의 설정 등을 포함하지만 이에 한정되지 않는다)가 정비되어 있는가?

②~③ (생략)

2-2-4. 암호자산의 유출 리스크에 대한 대응

2-2-4-1. 의의

암호자산교환업자가 이용자로부터 암호자산을 예탁받을 경우, 대상 암호자산이 부정접속 등에 의해 유출됨으로써 이용자에게 대상 암호자산을 반환할수 없게 되는 등 이용자 보호를 도모할 수 없게 될 우려가 있기 때문에, 평시보다 분별관리나 시스템 리스크 관리 등의 내부관리 태세(업용에 따른 내부감사 태세를 포함한다)의 구축을 통해 이와 같은 유출위험에 대해 적절히 대응해야 한다.

실제로, 부정접속 등에 의해 고액의 암호자산이 유출된 사안도 복수 발생하고 있으므로, 암호자산교환업자의 경영에 있어서 상기 유출 리스크에 대한 대응은 최대 중요과제의 하나가 되고 있다. 암호자산교환업자의 감독에 있어서는 상기 유출 리스크에 대한 적절한 대응이 도모되고 있는지를 확인할 때, 예를 들어 다음과 같은 점에 유의한다.

2-2-4-2. 주요 착안점

(1) 경영진의 인식·관여 (생략)

(2) 유출 리스크의 특정·평가

① 취급하는 암호자산의 종류별로 해당 암호자산의 유출 리스크를 특정·평가하고 있는가?[63]

② 유출 리스크를 특정할 때는 암호자산의 구조나 해당 암호자산에 사용되는 기술, 사내의 시스템 네트워크 환경, 대상 암호자산을 이전하기 위해 필요한 비밀키 등의 사용(서명)에 이르는 운영 등의 사정을 감안하여 예상되는 유출장면(비밀키 등의 누설, 도난, 부정이용, 소실 등을 포함하지만, 이에 한정되지 않는다)을 철저히 밝혀내고, 해당 유출의 원인이 되는 리스크(사이버 공격 외에 사무처리 미스, 내부부정, 시스템의 불량 등을 포함하지만, 이에 한하지 않는다)를 구체적으로 특정하고 있는가?

③ 특정한 유출 리스크 평가에 있어서는, 해당 리스크가 표면화됨으로써 발생할 수 있는 대상 암호자산에 미치는 영향 기타 이용자 및 경영에 대한 영향 등을 구체적으로 분석·평가하고 있는가? 또한 정기적으로 리스크 평가를 재검토하는 것 외에 대상 암호자산의 관리에 관해 중대한 영향을 미칠 수 있는 새로운 사태가 발생한 경우에는, 필요에 따라 리스크 평가를 재검토하도록 하고 있는가?

④ 새로운 암호자산의 취급이나 서비스의 제공을 개시하는 경우에는,

---

[63] 주 유출 리스크를 특정하고 평가할 때는 협회나 전문적 식견을 갖는 관계 단체 등의 보안대책에 관한 지침 등도 참고할 필요가 있음에 유의한다.

해당 암호자산·서비스 등의 제공 전에 분석을 실시해 유출 리스크의 관점에서 검증하고 있는가?

(3) 유출 리스크의 저감

① 이용자의 편리성 등을 이유로 어쩔 수 없이 인터넷에 접속된 환경에서 비밀키 등을 관리해야 하는 경우에는, 법 제63조의11 제2항 및 내각부령 제27조 제2항에서 정하는 요건범위 내에서 해당 환경에서 비밀키 등을 관리하는 수탁암호자산의 상한을 사전에 사내 규칙으로 정한 후 관련된 상한범위 내에서 비밀키 등을 관리하는 등의 조치를 강구하고 있는가?

② 상기 ① 외에 유출위험을 낮출 때는 유출 양태의 변화나 기술의 진보 등을 포함하면서 협회나 전문적 지식을 갖춘 관계 단체 등의 보안대책에 관한 지침 등도 참고할 필요가 있는데, 예를 들어 다음 사항을 포함해 상기 (2)에서 특정·평가된 유출위험에 대해 효과적인 저감조치를 강구하고 있는가?

　가. 대상 암호자산을 이전하는 경우에는, 사전에 사내 규칙 등으로 정해진 절차에 따라 복수의 담당자가 관여하는 체제로 되어 있는가?

　나. 권한자 이외의 자가 사용(서명)할 수 없는 방법으로 비밀키 등을 관리하고 있는가? 특히 하드웨어나 종이 등의 물리매체로 비밀키 등을 관리할 경우, 잠긴 보안실, 금고 등 권한자 이외의 자가 접근할 수 없는 환경에서 보관하고 있는가?

　다. 대상 암호자산의 이전에 대해 복수의 비밀키 등을 이용한 전자서명을 필요로 하게 하는 등 적절한 조치를 강구하고 있는가? 복수의 비밀키 등을 이용할 경우, 각 비밀키 등의 보관장소를 나누어 관리하고 있는가?

라. 대상 암호자산의 이전에 있어서 당해 대상 암호자산의 이전과 관련된 거래내용이 진정한 것인지를 확인하고 있는가?

마. 이용자로부터의 의뢰에 의해 대상 암호자산이 자동적으로 외부로 이전하는 구조를 이용하는 경우에는, 1회 또는 단시간에 이전할 수 있는 대상 암호자산의 상한을 설정하고 있는가?

바. 비밀키 등이 분실되었을 경우에 대비해 백업을 작성하고 있는가? 백업에 대해서도 2−2−3−2. (3) ⑤ 및 ⑥ 그리고 상기 나.에 근거해 안전하게 관리하고 있는가?

사. 대상 암호자산의 이전절차에 대해 내부감사의 대상으로 삼고 있는가?

(4) 유출 시의 대응

① 대상 암호자산의 유출을 즉시 검지할 수 있는 시스템 감시체제, 기타 유출을 즉시 검지하기 위해 필요한 내부관리체제가 정비되어 있는가?

② 대상 암호자산의 유출을 검지한 경우에는, 검지한 내용에 대해 경영진에게 확실하고 신속하게 전달하기 위한 사내 연락체제가 정비되어 있는가?

③ 대상 암호자산의 유출을 검지했을 경우의 대응과 관련하여 유출 시를 예상한 컨틴전시 플랜을 책정한 후, 예를 들어 이하의 조치를 포함한 긴급 시 체제를 구축하고 있는가?

가. 2차 피해를 방지하기 위해 필요한 조치[64]

---

[64] 주 예를 들면, 인터넷과 접속한 환경에서 비밀키 등을 보관하고 있는 경우에는 해당 비밀키 등을 즉시 인터넷으로부터 격리하는 것, 해당 비밀키 등으로 관리되는 암호자산을 즉시 인터넷에 접속되어 있지 않은 환경으로 이전시키는 것, 다른 암호자산에 영향이 없는지 확인하는 것 등 유출상황이나 보관하고

나. 피해를 입은 이용자에 대한 대응(상담창구 설치 등을 포함한다)[65]

　　다. 당국 및 외부 위탁처 등을 포함한 관계자에 대한 보고·연계

　　라. 신속한 원인분석 및 새로운 리스크 저감조치의 검토·실시[66]

2-2-5.~2-2-8. (생략)

2-3.~2-4. (생략)

3.~4. (생략)

5. 외국암호자산교환업자에 대한 기본적 견해

5-1. 외국암호자산교환업자의 권유금지

외국암호자산교환업자(법에 따라 등록한 자를 제외, 이하 동일)는 법령에 특별한 규정이 있는 경우를 제외하고, 국내에 있는 자에게 암호자산교환업과 관련된 거래를 권유해서는 안 된다.[67]

5-2. 외국암호자산교환업자에 의한 인터넷 등을 이용한 크로스보더 거래

외국암호자산교환업자가 홈페이지 등에 암호자산교환업과 관련된 거래에 관한 광고 등을 게재하는 행위에 대해서는 원칙적으로 '권유'행위에 해당한다.

단, 다음에 열거하는 조치를 비롯하여 일본 내에 있는 자와의 암호자산교환업과 관련된 거래로 이어지지 않는 합리적인 조치가 강구되어 있는 한, 일본 내에 있는 자에 대한 '권유'에는 해당하지 않는다.

있는 암호자산의 특성 등에 따라 필요한 대응을 검토할 필요가 있다.

65 주 이용자에 대한 피해회복에 있어서는 내각부령 제23조 제3항에서 규정하는 채무의 이행에 관한 방침에 따른 대응이 요구된다는 점에 유의한다.

66 주 원인분석을 신속하게 실시하기 위해서는 관련 서버 등의 증거보전을 적절하게 할 것, 사건추적에 충분한 정보를 포함하는 접근로그 등을 기록해 둘 필요가 있다는 점에 유의한다.

67 주 외국암호자산교환업자를 포함하여 해외에 존재하는 사업자가 국내에 있는 자와의 사이에서 암호자산의 교환 등을 업으로서 행하는 경우, 해당 사업자의 행위는 암호자산교환업에 해당한다는 것에 유의한다.

(1) 담보문구 (생략)

(2) 거래방지 조치 등

일본 국내에 있는 자와의 암호자산교환업과 관련한 거래를 방지하기 위한 조치가 강구되어 있을 것. 상기 조치가 충분히 강구되어 있는지를 판단할 때는 다음에 열거한 사항에 유의할 필요가 있다.

① (생략)

② 일본 국내에 있는 자에 의한 암호자산교환업과 관련된 거래라고 믿을 만한 합리적인 사유가 있는 경우에는, 해당자로부터의 주문에 응하는 일이 없도록 주의하고 있을 것

③ 일본 국내 이용자용 콜센터를 설치하거나 일본 국내에 있는 자를 대상으로 하는 홈페이지 등에 링크를 설정하는 것 등을 비롯해 일본 국내에 있는 자에 대해 암호자산교환업과 관련한 거래를 유인하는 일이 없도록 유의하고 있을 것

또한 위에 열거한 조치는 어디까지나 예시이며, 이와 동등하거나 그 이상의 조치가 강구되어 있는 경우에는, 해당 광고 등의 제공은 일본 국내에 있는 자를 위한 '권유'행위에 해당하지 않는 것으로 본다.

(3) 또한 이상에 제시하는 합리적인 조치가 강구되어 있지 않은 경우에는, 해당 광고 등의 제공이 일본 국내에 있는 자에 대한 암호자산교환업과 관련된 거래의 '권유'행위에 해당할 개연성이 매우 높으므로, 해당 외국암호자산교환업자는 일본 국내에 있는 자와의 사이에서 권유를 수반하는 암호자산교환업과 관련된 거래가 이루어지고 있지 않다는 취지를 증명해야 한다.

■3 암호자산교환업자의 감독과 관련된 사무처리의 유의점

1. 일반적인 사무처리 등

1-1. 검사·감독 사무에 관한 기본적 견해

암호자산교환업자에 대한 검사·감독의 목적은 자금결제에 관한 서비스의 적절한 실시를 확보하고, 그 이용자 등을 보호하는 동시에 해당 서비스의 제공을 촉진하기 위해 암호자산의 교환 등에 대해 등록 기타 필요한 조치를 강구함으로써 자금결제 시스템의 안전성, 효율성 및 편리성의 향상에 이바지하는 데 있다(법 제1조 참조). 이러한 검사·감독의 목적을 달성하기 위해서는, 감독당국에서도 암호자산교환업자에 대해 각각의 암호자산교환업자의 규모나 특성에 따른 대응을 계속적으로 실시해 나갈 필요가 있다.

이 때문에 암호자산교환업자의 검사·감독 사무를 실시하는 데 있어서는 우선, 각 암호자산교환업자가 어떠한 방법으로 비즈니스 모델의 구축, 재무건전성의 확보, 컴플라이언스·리스크 관리 태세의 구축 등의 과제에 임하려고 하는지에 대한 방침을 이해한 후, 해당 방침이 어떠한 국정관리체계하에서 실시되어 어떠한 잠재적인 리스크나 과제를 내포하고, 각 암호자산교환업자가 이러한 리스크 등을 어떻게 인식하고 대응하려고 하고 있는지 정확하게 파악하는 것이 필수적이다.

그 후 각 암호자산교환업자가 감독당국으로부터 지적받지 않고 스스로 최선의 업무수행을 위해 개선하도록 암호자산교환업자 스스로 경영체제를 변혁해 나갈 필요가 있다. 감독당국으로서는 실태파악이나 대화 등을 통한 지속적인 모니터링 과정에서 보다 나은 실무를 추구하는 각 암호자산교환업자의 활동을 독려한다. 단, 상기 과정에서 업무의 건전성과 적절성의 관점에서 중대한 문제가 인정되는 경우나 암호자산교환업자의 자주적인 대책으로는 업무개선이 제대로 이루어지지 않는다는 점이 인정되는 경우에는, 법 제63조의16에 근거한 업무개선명령 등의 행정처분의 발동 등을 검토한다.

나아가 암호자산교환업자의 검사·감독 사무를 실시하는 데 있어서는, 이하의 점에도 충분히 유의한 다음 실시하는 것으로 한다.

(1) 암호자산교환업자와의 충분한 의사소통 확보

검사·감독에 있어서는 암호자산교환업자의 경영에 관한 정보를 정확하게 파악·분석하고, 적시에 적절히 대응해 나가는 것이 중요하다. 이 때문에 감독당국에서는 암호자산교환업자로부터의 보고 외에, 암호자산교환업자와의 건전하고 건설적인 긴장관계하에서 평소에도 충분한 의사소통을 도모하고 적극적으로 정보를 수집할 필요가 있다.

구체적으로는 경영진이나 사외이사, 내부감사 담당자를 포함한 암호자산교환업자의 다양한 임직원과의 정기·적시면담이나 의견교환 등을 통해서 암호자산교환업자와의 일상적인 커뮤니케이션을 확보하고, 재무정보뿐만 아니라 경영에 관한 다양한 정보에 대해서도 파악하도록 노력할 필요가 있다.

(2) 암호자산교환업자의 자주적인 노력 존중

감독당국은 사기업인 암호자산교환업자의 자기책임 원칙에 준거한 경영판단을 법령 등에 근거해 검증하고, 문제의 개선을 독려해 나가는 입장에 있다. 검사·감독에 있어서는 이러한 입장을 충분히 고려하여 암호자산교환업자의 업무운영에 관한 자주적인 노력을 존중하도록 배려해야 한다.

(3) 효율적·효과적인 검사·감독 사무의 확보

감독당국 및 암호자산교환업자의 한정된 자원을 효과적으로 이용하는 관점에서, 검사·감독 사무는 암호자산교환업자의 규모나 특성을 충분히 고려하여 효율적·효과적으로 이루어질 필요가 있다.

따라서 암호자산교환업자에게 보고나 자료제출 등을 요구할 경우에는 검사·감독 사무상 실제로 필요한 것으로 한정하도록 배려함과 동시에, 현재 실시하고 있는 검사·감독 사무의 필요성, 방법 등에 대해서는 항상 점검을 실시하고, 필요에 따라 개선을 도모하는 등 효율성·유효성의 향상을 도모하도록 노력해야 한다.

이미 이루어진 보고나 자료제출 등에 대해서는 암호자산교환업자의 사무부담 경감 등의 관점에서 연 1회 정기적으로 점검을 실시한다. 이때 암호자산교환업자의 의견을 충분히 청취하는 것에 유의한다.

(4) 암호자산교환업자가 복수의 금융기관을 포함한 금융 관련 그룹[68]에 속해 있는 경우에는, 금융 관련 그룹의 실태에 따른 감독 사무를 수행하도록 노력할 필요가 있으며, 금융 관련 그룹으로서의 경영관리의 유효성[69], 자기자본 충실의 적절성[70], 리스크 파악·관리에 대한 적절성[71]과 컴플리언스 태세 등[72]을 증명하고 필요한 대응을 강구하는 것이 중요하다.

(5) 해외 감독당국 등과의 연계 확보

암호자산교환업자 등의 해외 활동이나 무등록업자 등(하기 1-6에 규정된 무등록업자 등)에 대한 대응에 관해 해당 암호자산교환업자 및 무등록업자 등이 거점을 둔 국가(호스트국)의 금융감독당국과 밀접하게 연계할 필요가 있다.

(6) 암호자산교환업자와 관련된 정보의 적극적인 수집

암호자산교환업자의 검사·감독에 있어서는 이용자 등으로부터의 고충(민원) 등을 포함해 암호자산교환업자의 경영에 관한 정보를 정확하게 파악·분석하

---

68 주 1 복수업태의 금융기관이 모회사·자회사 관계 내지 지주회사 등 산하에 있는 경우, 이들 기업의 집단(본 집단에는 이들 기업의 자회사·관련 회사 외에 이들 기업을 위해 내부관리 업무를 제공하는 회사를 포함)

69 주 2 예 '대표이사, 이사 및 이사회', '감사역 및 감사역회' 및 '내부감사 부문'의 유효성

70 주 3 예 금융 관련 그룹 내 암호자산교환업자 및 금융 관련 그룹의 자기자본 적절성

71 주 4 예 리스크의 전파·편재·집중 및 각종 리스크에 대한 관리 태세의 적절성

72 주 5 예 컴플라이언스 태세, 금융 관련 그룹 내 거래의 적절성, 사무 리스크·시스템 리스크 관리 태세, 위기관리 태세, 증자, 고객정보 보호, 고객의 이익보호를 위한 체제정비

고, 필요에 따라서 적시에 적절히 검사·감독상의 대응으로 연결해 가는 것이 중요하다. 이 때문에 암호자산교환업자로부터의 보고만이 아니라, 이용자 등으로부터 제기되는 고충(민원)에도 주의를 기울이며, 또한 협회나 암호자산교환업자와 평소부터 충분한 의사소통을 하여 적극적으로 정보수집을 할 필요가 있다.

1-2. 검사·감독 사무의 진행방법

암호자산교환업자의 검사나 감독사무의 기본은 실태파악이나 대화 등을 통한 모니터링, 감독상의 조치, 피드백, 정보발신이라는 각 수단을 각 암호자산교환업자의 상황이나 안고 있는 문제의 성질, 중대성 등에 따라 적절하게 조합함으로써 각 암호자산교환업자에게 필요한 개선을 독려해 나가는 데 있다.

이와 더불어, 일상적인 모니터링을 통해 자금결제에 관한 서비스의 적절한 실시 확보 및 이용자 보호 등의 관점에서 암호자산교환업자를 둘러싼 글로벌한 경제·시장 환경의 변화를 정확하게 파악하는 동시에, 각 암호자산교환업자의 개별적 상황에 대해서도 모니터링·데이터나 수시 공청회 등의 결과를 바탕으로, 암호자산교환업자와의 대화 속에서 리스크 관리 등에 관한 최선의 업무수행 추구나 변화에 유연하게 대응할 수 있는 경영·협치 태세의 정비 등의 과제를 해결하기 위한 시스템을 독려할 필요가 있다.

1-3. 검사·감독 사무의 구체적 방법

(1) 온·오프 일체의 지속적이고 중점적인 모니터링

감독당국은 각 암호자산교환업자의 특성·과제를 파악한 후 과제의 성질·우선도에 따라 현장검사를 포함한 모니터링 방법을 기동적으로 나누어 사용하여 개선상황을 추적하는 계속적인 모니터링을 실시한다.

모니터링 기법의 사용 구분에 대해서는 각 암호자산교환업자의 개별적·구체적 상황에 더해 각 기법에서의 실태파악과 관련한 유효성이나 감독당국 측

· 암호자산교환업자 측의 부담 정도, 문제의 긴급성 등의 관점도 충분히 고려해야 한다.

기본적으로는 우선 경영과 재무 상황 등에 관한 자료의 분석이나 암호자산교환업자 내외의 관계자로부터 청취와 같은 모니터링을 실시하고, 주변의 건전성, 적절성 등과 관련된 과제를 확인할 수 있는지 등에 대한 분석 결과를 바탕으로, 법 제63조의15에 근거한 현장검사의 필요 여부에 대해 판단한다. 또한 모니터링의 구체적인 실시에 있어서는 위 1-2에 근거하고, 본 사무 가이드라인의 착안점을 보완·부연하여 사업자와의 대화를 원활하게 실시하기 위한 도구인 '암호자산교환업자의 등록심사와 관련된 질문표' 외에 협회가 정한 자주규제규칙의 내용을 고려한다.

(2) 구체적 수법

① 실태파악 및 대화의 실시에 있어서의 전제행위

가. 정보수집·프로파일링(특성 파악)

전술한 바와 같이 금융청은 각 암호자산교환업자의 특성이나 과제, 개선을 위한 자주적인 대처상황 등 그때그때의 개별적·구체적 상황을 파악하는 것을 목적으로 모니터링을 실시한다. 이 중에는 암호자산교환업자를 둘러싼 환경변화가 미치는 경영영향이나, 이에 대한 각 암호자산교환업자의 대응 상황에 대해 파악하는 것도 포함된다. 이러한 정보수집이나 프로파일링은 일상적인 모니터링 성과의 집적이며 특정한 형식에 얽매이는 것은 아니지만, 예를 들어 다음과 같은 관점에서 대책을 실시한다.

a. 거시적 관점

경제, 금융시장, 정치, 사회 등 내외의 환경변화가 각 암호자산교환업자에게 미치는 영향에 대해 분석·파악할 필요가 있다. 이를 위해, 예를 들면 금융청 내의 관계부서나 재무국, 관계부처 등과 제휴하여 일반 사업회사를 포함한 국내외의 불상사, 국내외의 법령·제도의 개정이나 판례 동향, 해외당국이나 국제기관에서의 논의 동향, 암호자산 거래시장 동향, 경제·사회환경의 변화, 암호자산에 사용되는 기술의 진전 등 내외 환경변화에 관한 정보를 수집한 후에 같은 업종의 타사나 타업계, 유사 업무·상품, 법제도 등에 잠재된 공통의 과제를 분석하고 파악하는 것이 유용하다.

이러한 정보수집·분석을 통한 문제사태의 수평적 전개·확대의 분석으로써 암호자산교환업자 전체에 내재하는 과제의 파악·특정에 힘쓴다.

b. 미시적 관점

암호자산교환업자와의 실효성 있는 대화 등을 실현하기 위해서는 각 암호자산교환업자 고유의 실정에 대한 깊은 지식축적이 필수적이다. 특히 그 출발점으로서 암호자산교환업자가 각각의 경영환경(고객특성, 경쟁환경 등) 안에서 어떠한 모습을 목표로 하고, 그것을 위해서 무엇을 하고 싶은가 하는 경영이념이나 해당 이념에 근거한 비즈니스 모델·경영전략, 업무운영 및 조직 태세를 확인하는 것이 필요하다.

그 때문에, 예를 들면 다음과 같은 해당 암호자산교환업자나 그 당사자(종업원, 고객, 주주 등)로부터의 정보수집이 유용하다.

• 경영·재무 상황 등의 정형자료뿐만 아니라 경영의 의사결정과 관련한 회의체의 자료나 회의록 등을 분석하는 것(경영상 리스크의 특정 평가에 대한 정보를 포함)

• 결산이나 리스크 관리에 관한 청취조사뿐만 아니라, 각 부문의

책임자를 시작으로 하는 각 계층의 자로부터 비즈니스 동향이나 업무의 적절한 운영확보 상황 등에 대해 수시로 공청회를 실시할 것

- 암호자산교환업자 자신의 리스크 인식이나 업무방향을 파악하기 위해 내부감사 부문, 감사(등)위원·감사역, 사외이사 등과 의견을 교환할 것
- 금융서비스 이용자 상담실에 접수된 상담, 고충(민원) 등의 정보 등 다양한 채널을 활용하여 수집한 금융서비스 이용자의 목소리 외에, 미디어 보도나 외부로부터의 확인요청 등을 포함한 외부정보를 분석할 것

나. 우선과제의 명확화 및 모니터링 방침·계획 책정

상기 정보수집·특성파악을 통해서 특정된 각 암호자산교환업자의 과제나 업태 등에 공통되는 횡단적인 과제에 대해서는 암호자산교환업자의 경영진과 경영상의 실질적인 중요사항을 논의하기 위해, 또한 한정된 행정자원을 최대한 유효하게 활용하기 위해 사회적 요청 등 그때그때의 중요도·긴급도도 충분히 고려하여 우선순위를 매길 필요가 있다. 이렇게 특정된 횡단적인(표본상으로) 우선도가 높은 과제에 대해서는 사무연도 초에 연도 단위의 방침 등으로 설정·공표한다.

②~⑤ (생략)

1-4.~1-5. (생략)

1-6. 무등록업자에 대한 대응

(1) 무등록업자 등의 실태파악 등

이용자로부터의 고충(민원), 수사당국으로부터의 확인요청, 암호자산교환업자·협회 등으로부터의 정보제공 또는 신문이나 인터넷 광고 등으로부터,

무등록으로 암호자산교환업을 하고 있다고 의심되는 자(이하 '무등록업자 등')를 파악했을 경우, 경찰이나 지역 소비생활센터 등에 확인요청, 무등록업자 등에 대한 직접 확인(전화나 메일 등의 확인 등 문의방법은 불문) 등을 통해 적극적으로 실태파악에 힘쓴다. 특히 이용자로부터 고충(민원) 등이 있을 경우나 수사당국으로부터 확인요청이 있었던 경우에는, 그 대응에만 머무르지 않도록 충분히 유의하도록 한다.

(2) 무등록업자 등과 관련된 대응에 대하여

무등록업자 등에 관한 정보를 입수했을 경우, 피해확대를 막는다는 관점에서 아래와 같은 대응에 노력하기로 한다.

① 고충(민원) 등의 접수 (생략)

② 무등록 암호자산교환업을 행할 우려가 인정되는 경우 : 직접 수리한 정보나 금융청, 타 부서로부터 제공받은 정보에 의해 업자명 및 연락처가 판명되었고, 동시에 영업실태도 어느 정도 판명된 업자에 대해서는 무등록 업자 등에 대한 직접 확인(전화나 메일 등의 확인 등 문의방법은 불문) 등에 의해 실태파악에 힘쓰고, 그 결과 해당 업자가 무등록 암호자산교환업을 행하고 있을 우려가 있다고 인정된 경우(부재 등으로 연락이 되지 않는 경우도 포함한다)에는, 별지양식 5에 따라 문서에 의한 조회를 실시하고 다음에 따라 대응한다.

　가. 무등록에 이른 원인에 고의성·악질성이 없으며, 이용자 보호의 관점에서 문제가 있는 업체가 아닌 경우에는, 즉시 암호자산교환업무의 정지 및 암호자산교환업자의 등록을 요구한다.

　나. 무등록에 이른 원인에 고의성·악질성이 있다고 인정되고 기타 이용자 보호상 필요하다고 인정되는 경우에는, 관련된 행위를 즉시 중지하도록 별지양식 4에 따라 문서에 의한 경고를 한다. 또한, 무등록업

자 등에 대한 직접 확인 등이나 별지양식 5에 의한 문서발송할 필요도 없이 무등록 암호자산교환업을 실시하고 있다는 것이 판명된 경우에는, 즉시 별지양식 4에 따라 문서로 경고하는 것으로 한다.[73]

③ 경고를 했음에도 불구하고 시정하지 않는 경우 (생략)

④ 공표 등 : '경고', '고발' 조치를 취했을 경우에는 이들 조치의 대상이 되는 업자의 상호, 명칭 또는 성명(법인의 경우,대표이사 또는 이에 상당하는 자의 성명을 포함), 소재지 또는 주소(개인의 경우, 도도부현명 및 시정촌명 또는 특별구명으로 하며, 비거주자는 이에 상당하는 것) 및 무등록으로 행하고 있던 암호자산교환업의 내용 등에 대해 웹사이트에 공표하는 동시에, '관리대장' 및 '경고문서' 등의 사본을 신속히 금융청 장관에게 송부한다. 보고를 받은 금융청에서는 공표한 업자를 리스트화하고 금융청 웹사이트를 통해 공표한다.

또한, 경고대상이 된 업자의 소재지가 허위임이 명백한 경우나 업자의 소재지가 불분명한 경우 등 경고서의 교부가 어려운 경우에는, 경고서를 발송하지 않고 상기의 공표 등을 실시한다. (이하 생략)

---

73 주 별지양식 4에 의한 경고나 별지양식 5에 의한 조회를 하는 경우에 이용자 보호상 필요하다고 인정되는 때에는 수사당국, 관계부처 등에 연락한다.

4

유럽의 MiCA^{market in Cryto-Asset}법의 주요 내용

₿

서론

    유럽연합^{EU}은 세계 최초로 가상자산산업을 규제하는 법안을 통과시켰고 2024년에 시행할 예정이다. 법안에 따르면, 투자자가 가상자산를 잃을 경우에 가상자산제공자^{Provider}는 책임을 져야 하고, 가상자산거래소들은 가상자산 거래자들에 대한 정보를 보관해 현지 금융당국에 보낼 수 있어야 한다. 가상자산 관련 범죄를 막고, 리스크를 줄여 투자자를 보호하겠다는 취지다.

    기존 금융서비스 관련 법령의 적용을 받지 않는 가상자산에 관하여 혁신 및 공정한 경쟁을 지원하는 체계를 마련함으로써 법적 명확성을 제공함과 동시에,

투자자 보호와 시장의 건정성 및 금융의 안정을 도모하기 위해 제정되었다.

2023.4.20일(현지시간) 블룸버그는 EU 의회가 가상자산 규제 패키지MiCA를 이날 통과시켰다고 보도했다. 이 패키지는 이제 EU 회원국 27곳의 공식승인을 받아야 한다. 구체적인 사항은 점진적으로 시행될 예정이다. 매이리드 맥기네스 EU 금융서비스 담당 집행위원은 "2024년부터 법이 시행될 것으로 기대한다"고 밝혔다.

가상자산의 정의, 구분 및 차등규제

EU에서는 가상자산을 '분산원장 암호화 기술을 사용하여 전자적으로 이전·저장될 수 있는 디지털 가치 및 권리'로 정의하고 있으며, 크게 증권형 토큰, 자산준거토큰, 유틸리티토큰, 전자화폐토큰으로 구분했다.

▼ MiCA법에 따른 가상자산의 구분

구분	정의 및 특징
증권형 토큰	주식, 채권, 단기금융상품 등 금융투자상품과 기능상 동일하며, 유럽증권시장감독청이 별도로 정한 기준에 해당하는 가상자산
자산준거토큰	복수의 법정화폐, 하나 또는 복수의 가상자산 또는 그러한 자산조합의 가치에 준거하여 안정적인 가치를 유지하는 것을 목적으로 하는 유형의 가상자산으로, 상품 및 서비스를 구입하기 위한 지불수단이자 가치저장소의 역할을 하는 가상자산
유틸리티토큰	분산원장기술(DLT) 네트워크에서 사용할 수 있는 애플리케이션, 서비스 또는 리소스에 대한 전자적 접근을 디지털 방식으로 제공하기 위해 비재무적 목적으로 발행하는 토큰으로, 그 토큰의 발행인만이 수령하는 유형의 가상자산

전자화폐토큰	화폐와의 1:1 교환으로 발행되어 보유자에게 부여되는 지급수단으로서 기존의 전자화폐와 기능 면에서 동일하나, 분산원장기술을 이용한다는 점에서 차이가 있는 가상자산

증권형 토큰은 「금융투자상품지침」에 따른 EU회원국의 법률을 적용하고, 동법MiCA의 적용대상에서는 제외된다. 비트코인 등 발행자가 특정되지 않는 암호자산, 대체불가토큰NFT 등도 적용대상에서 제외된다. 한편, 중앙은행이 분산원장에 기반하여 발행하는 디지털 화폐 및 이와 관련한 서비스는 이 법 적용이 배제되었다.

▼ 가상자산 종류별 규제내용

구분	자산준거토큰	유틸리티토큰	전자화폐토큰
발행자	EU 내에 설립된 법인으로서 관계당국의 인가를 받은 법인 **주요 의무** • 주요 정보 공시 • 내부통제 및 리스크 관리 • 준비자산 관리(커스터디, 투자정책 등) • 자기자본 규제 준수 • 대고객 커뮤니케이션, 영업행위 규제 준수 • 이해상충 관리	EU 내에 설립된 법인으로 제한 **주요 의무** • 대고객 커뮤니케이션, 영업행위 규제 준수 • 이해상충 관리	은행, 전자화폐기관으로 제한 **주요 의무** • 전자화폐지침에 따른 전자화폐기관 운영요건 준수 (최저 자기자본 규제 등) • 토큰보유자의 상환권 보장 • 수취자금 관리(커스터디, 투자정책 등)
암호자산 백서	• 관계당국의 승인 필요 • 공표의무 • 내용 및 형식 규제 • 부실공시에 대한 손해배상책임	• 관계당국 앞 통지의무 • 공표의무 • 내용 및 형식 규제 • 부실공시에 대한 손해배상책임	• 관계당국 앞 통지의무 • 공표의무 • 내용 및 형식 규제 • 부실공시에 대한 손해배상책임
중요토큰 추가규제	• 자본 및 상호운영성 요건 강화 • 정기적 유동성 평가 및 모니터링		
공통	• 마케팅 커뮤니케이션 내용 규제 • 발행자의 손해배상책임		

또한 지급수단 및 투자수단으로서의 수용성 및 이에 따른 소비자·투자자 보호 필요수준 등에 따라 유형별로 차등규제를 적용한다.

자산준거토큰 및 전자화폐토큰의 소비자·투자자 보호를 위한 발행자의 재무건전성 등 진입규제와 공시, 리스크 관리, 내부통제 등 행위규제는 자본시장과 유사한 규제를 적용하고 있다.

특히, 유틸리티토큰 등에 대해서는 EU 내 설립법인이 백서를 공시할 경우, 신고만으로 가상자산 발행 및 공개가 가능하도록 규제를 최소화함으로써 소규모 기업의 혁신노력을 지원하도록 하고 있다.

SECTION 3

가상자산에 대한 공시의무

가상자산 발행자와 공개자는 일반대중이 그들의 내부정보에 쉽게 접근하여 해당 정보를 적시에 완전하고 정확하게 평가할 수 있도록 가능한 신속하게 동 정보를 일반대중에게 제공할 의무를 MiCA법에서 명시하고 있다.

다만, 예외적으로 다음의 경우에 한하여 자신의 책임하에 내부정보의 공시를 연기할 수 있다고 규정하고 있다.

① 즉각적인 공시가 발행자 또는 공개자의 정당한 이익을 해할 수 있는 경우

② 공시의 연기가 일반대중의 오해를 불러일으킬 가능성이 없는 경우

③ 발행자 또는 해당되는 경우에 공개자가 해당 정보의 비밀을 보장할 수 있는 경우

내부자 거래 규제

MiCA법에서는 누구도 직접적이든 간접적이든, 본인의 계산이든 제3자의 계산이든 가상자산에 관한 내부정보를 이용하여 가상자산을 취득하거나 처분해서는 안 된다고 규정하고 있다.

또한 가상자산에 관한 내부정보 보유자는 다음과 같은 행위를 할 수 없다고 명시하고 있다.

① 내부정보를 이용하여 타인에게 해당 정보와 관련된 가상자산을 취득 또는 처분하도록 권유하거나 유도하는 행위

② 내부정보를 이용하여 타인에게 해당 가상자산에 관한 주문을 취소 또는 수정하도록 권유하거나 유도하는 행위

내부정보를 보유한 자는 정상적인 고용, 전문적 활동 또는 직무수행과정에서 공개되는 경우를 제외하고, 타인에게 동 정보를 공개해서는 안 된다고 규정하고 있다.

특히, 구체적으로는 제77조에서 내부정보inside information를 정의하고, 가상자산 서비스 제공자CASP는 대중이 가상자산에 대한 정보에 쉽게 접근하고, 완전하고 정확하며 적시에 해당 정보를 평가할 수 있는 방식으로 자신과 관련된 내부정보를 가능한 한 공개하여야 한다고 규정하고 있다. 또한, 제78조에서는 누구도 직접 또는 간접적으로 자신의 계정이나 제3자의 계정을 위해 해당 가상자산을 획득하거나 해당 가상자산을 처분하기 위해 가상자산에 대한 내부정보를 사용하는 것을 금지하고 있으며, 제79조에서 내부정보를 소유한 사람은 고용, 직업 또는 직무의 정상적인 수행을 제외하고 그러한 정보를 다른 사람에게 부정하게 공개하는 것을 금지하고 있다.

가상자산서비스업에 대한 규제

MiCA법에서 가상자산서비스는 '가상자산 커스터디, 거래플랫폼 운영, 가상자산 환전 및 교환, 투자자문 등 가상자산 관련 일체의 서비스 및 활동'을 의미한다. 가상자산서비스에 대한 규제로는 다음과 같은 것이 있다.

구분	주요 규제내용
업자규제	• 암호자산서비스업자 인가 및 등록부 작성 • 건전성 규제 • 지배구조 규제 및 고객확인 정책 • 고객자산 보호 • 민원처리절차 마련 • 이해상충 및 업무위탁 관리

사업자 인가, 공시, 건전경영 유지, 투자자 보호 등에 관해 금융투자업자에 준하는 규제를 적용하고 있다.

또한, MiCA법에서는 가상자산서비스 제공자CASP ; Crypto Asset Service Provider 및 가상자산 발행인에 대해 엄격한 승인 및 운영조건을 규정하고 있다.

가상자산서비스를 제공하기 위해서는 회원국 정부로부터 사전승인을 받아야 하며, 이는 유럽연합 전역에서 유효하게 적용한다.

가상자산서비스 제공자CASP ; Crypto Asset Service Provider는 자본요건, 거버넌스 모델, 직원교육, 보험적용 등과 관련된 추가요건을 적용받는다.

투자자 보호를 최우선으로 하여 적절한 자산분리, 자금의 보관, 사업구조 및 경영인 자격에 대한 추가의무가 적용되어야 한다.

EU 내의 가상자산서비스 제공자CASP ; Crypto Asset Service Provider는 EU 회원국에

등록된 사무소를 가지고 있고, MiCA 제55조에 따라 서비스 제공자로 인증된 법인에 의해서만 제공될 수 있다.

▼ 가상자산서비스 제공자(CASP ; Crypto Asset Service Provider)에 따른 자본요건

	CASP 유형	필요자본	기타 요구사항
Class 1	제3자를 대신하여 가상자산 주문실행	€ 50,000	서비스 제공자는 실행된 고객주문에 대해 최상의 결과를 보장하는 효과적인 실행조치를 수립하고 구현하여야 함
	가상자산 모집 (placement)	€ 50,000	고객과의 계약체결 전에 거래비용과 수수료, 절차 및 가격 등 규정된 정보를 명확하게 전달하여야 함
	제3자를 대신하여 가상자산 주문접수 및 전송	€ 50,000	고객의 주문을 전송할 때 CASP는 고객주문을 특정 가상자산 거래플랫폼으로 전달(routing)하기 위한 유인책(보수, 할인 또는 비금전적 혜택)의 수령을 금지
	가상자산에 대한 자문제공	€ 50,000	• 가상자산 자문업자는 고객으로부터 관련 정보를 수집하고, 고객의 가상자산 투자지식과 경험을 평가해야 함 • 제공된 자문은 이 평가와 비교하여 투자위험에 대한 명확한 설명과 경고를 포함해야 함
Class 2	제3자를 대신하여 가상자산 보관 및 관리	€ 125,000	• 가상자산 관리인은 고객의 가상자산을 자신의 주소와 분리된 DLT 주소에 보관하여야 함 • 가상자산 관리인은 각 고객에 대해 보유한 가상자산의 위치에 대해 분기별 보고서를 제출해야 함 • 고객은 해킹이나 오작동으로 인한 손실에 대해 가상자산 관리자에게 책임을 물을 수 있음
Class 3	가상자산 거래플랫폼 운영 [다자간 거래시설/조직화된 거래시설 (MFT/OFT)]	€ 150,000	• MiCA에 명시된 플랫폼에 대한 운영규칙을 채택하고, 거래시스템의 운영탄력성을 보장하기 위해 효과적인 절차 및 조치를 마련하여야 함 • 사업자는 자신의 계정으로 플랫폼에서 거래금지 • 거래 전후 투명성 조항의 적용을 받으며, 수수료 구조가 투명하고 공정하며 차별이 없는지 확인하여야 함
	법정통화 또는 가상자산 간의 교환	€ 150,000	거래소운영자는 거래플랫폼에서 실행되는 거래에 대한 가격, 가격결정방법을 공개하고, 접수된 주문과 체결된 거래의 세부정보를 공개하여야 함

자료 | MiCA, Annex IV Minimum capital requirements for crypto-asset service providers

또한 모든 가상자산서비스 제공자는 고객의 최선의 이익을 위해 정직하고 공정하며 전문적으로 행동할 의무가 있고, 명확하고 오해의 소지가 없는 정보를 고객에게 제공하여야 하며, 가상자산서비스 제공자의 고의 또는 과실로 가상자산 구매와 관련된 위험에 고객이 노출되지 않도록 하여야 한다.

거래플랫폼에서 거래할 수 있는 모든 가상자산은 가상자산 거래와 관련된 만연한 시장남용을 방지하기 위한 규제조치의 적용을 받고, 다음과 같은 사기행위를 명시적으로 금지하고 있다.

구체적인 내용으로 MiCA법 제76조에서 시장남용규칙market abuse rules의 범의를 정의하고 있으며, 제80조에서 시장조작market manipulation을 금지하고 있다.

이러한 규정위반 시 법인은 연간 매출액의 3%인 500만 유로, 자연인은 70만 유로의 금전적 제재를 부과받을 수 있으며, 이는 국내법의 제재와 별개로 병과할 수 있다.

SECTION 6

가상자산서비스업에 대한 규제·감독기관

유럽증권시장감독청ESMA ; European Securities and Markets Authority, 유럽은행감독청 EBA ; European Banking Association, 유럽중앙은행ECB ; European Central Bank, EU 회원국의 관계당국 및 중앙은행이 감독기관 협의체를 구성하여 정보를 공유하며, 의견제시 등을 통해 긴밀히 협력하도록 제도화하였다.

또한 회원국에서 지정한 관계당국은 자산준거토큰 발행자 및 암호자산서비스 업자에 대한 인가, 검사, 제재 등 감독업무를 수행하고, 아울러 ECB가 인가한 전자화폐토큰 발행자에 대한 검사, 제재 등 사후감독도 실시한다. 한편, 유틸리티 토큰에 대해서도 검사, 제재 등의 사후감독을 실시한다.

유럽증권시장감독청은 중요 자산준거토큰 발행자 및 중요 가상자산서비스업자에 대한 검사, 제재 등의 감독업무를 회원국의 관계당국에서 이관받아 수행한다.

유럽은행감독청는 중요 전자화폐토큰에 대하여 관계당국과 공동감독업무를 수행한다.

유럽중앙은행, EU 회원국 중앙은행은 전자화폐토큰 발행자에 대해 인가권을, 자산준거토큰 발행자에 대해 인가거부 및 통화정책, 금융안정, 지급결제시스템의 안전성 등에 부정적 영향이 초래될 것으로 판단하는 경우, 인가취소요구권을 행사할 수 있다.

▼ 암호자산에 관한 주요 감독당국의 역할

구분	EU 회원국 관계당국	유럽증권시장 감독청	ECB, EU 회원국 중앙은행	유럽은행 감독청
■ 토큰유형별				
전자화폐토큰	검사, 자료요구, 제재	모니터링	인가, 감독	모니터링
중요 전자화폐토큰	검사, 자료요구, 제재★	모니터링	인가, 감독	중요 여부 결정, 검사, 자료요구, 제재★
자산준거토큰	인가, 검사, 자료요구, 제재	모니터링	인가거부, 인가취소 요구, 감시	모니터링
중요 자산준거토큰	인가, 모니터링	중요 여부 결정, 검사, 자료요구, 제재★★	인가거부, 인가취소 요구, 감시	모니터링
유틸리티토큰	검사, 자료요구, 제재	모니터링	모니터링	모니터링

★ 중요 전자화폐토큰 분류 시 유럽은행감독청과 회원국의 관계당국이 공동감독
★★ 중요 자산준거토큰 또는 중요 암호자산서비스업 분류 시 감독권한이 회원국의 관계당국에서 유럽증권시장감독청으로 이관

■ 암호자산서비스별				
암호자산 서비스	인가, 검사, 자료요구, 제재	모니터링	모니터링	모니터링
중요 서비스, 국가 간 서비스	모니터링	중요 여부 결정, 검사, 자료요구, 제재★★	모니터링	모니터링

★★ 중요 자산준거토큰 또는 중요 암호자산서비스업 분류 시 감독권한이 회원국의 관계당국에서 유럽증권시장감독청
으로 이관

The Age of Digital Finance, Secrets to Invest and Manage Cryptocurrency

PART 3

가상자산 관련 자금세탁
방지제도

CHAPTER

1

가상자산 관련 의심거래보고

₿

SECTION 1

가상자산 의심거래 참고유형

1 일정 기간 거래가 없거나 미미한 고객의 지갑에 거액의 가상자산이 입고되는 거래

| 유형 | ❶ 회원가입 후 단기간 동안 외부에서 가상자산을 입고받아 매도하고 원화출금 후 거래를 중단하는 일회성 거래

개인 고객이 회원가입 후 일정 기간 아무런 거래가 없다가 단기간 동안 고액의 가상자산을 외부에서 입고받고 짧은 시간 안에 전량 매도 후 원화를 출금함. 일정 기간 같은 패턴의

거래를 반복 후 거래가 발생하지 않는 특징을 보임

| 사례 | ①

만 33세 무직자인 남자 甲이 ○○년 ○○월 ○○일에 A가상자산거래소에 가입하여 일주일 동안 아무런 거래가 없다가 총 20억 원가량의 가상자산을 해외 가상자산거래소 B에서 15일 동안 6회 입고받아 전량 매도 후 본인의 실명 계좌로 전액 원화출금하였으며 이후 아무런 거래가 발생하지 않은바, 거래목적과 다른 비일상적 거래로 의심되어 보고함

| 사례 | ②

1년 이상 접속하지 않아 휴면상태였던 60대 전업주부인 甲에게 ○○년 ○○월 ○○일 당사 고객인 乙로부터 1억 원 상당의 가상자산 MIR(가상자산 이름)가 입고됨. 乙은 40대 프리랜서로, 최근 3개월간 월평균 10만 건의 가상자산 MIR를 집중 매매하였으며, 이를 통해 얻은 수익 중 일부로 보이는 1억 원 상당의 MIR를 甲에게 이전한 것으로 추정됨. 가상자산 MIR를 입고받은 甲은 바로 당시 가격변동성이 적은 가상자산으로 여겨지는 USDT으로 교환하여 A거래소의 또 다른 丙에게 전량 이전함. 장기간 휴면고객인 甲에게 **고액 가상자산이 입고된 직후 가격변동성 적은 가상자산으로 전량 교환**한 점과 **교환 후 타 거래소 제3자에게 전량 이전한 점 등으로 보아, 제3자에 의한 자금세탁 경유 계좌 혹은 차명 의심거래**로 보아 보고함

| 유형 | ❷ 갑작스러운 고액거래 후 계정을 탈퇴한 경우

회원의 계정에 갑자기 고액의 가상자산이 입고되었다가 당 거래소 특정 고객에게 전액 출고된 뒤 며칠 후 계정을 탈퇴함. 평소 사용하지 않던 계정을 단발성으로 사용한 건으로, 불법자금의 전달 계정으로 사용되었을 수 있음

| 사례 |

대상자 甲은 ○○년 ○○월 ○○일 당 거래소 계정을 신규개설하였음. 계정개설 직후 거액의 가상자산을 해외 거래소로부터 입고받았으며, 몇 시간 지나지 않아 전액 국내 타 거래소로 출고 하는 거래를 일으킴. 이후 추가거래는 이루어지지 않다가 며칠 뒤 계정을 탈퇴한 것이 확인되는 바, **불법적인 자금전달을 위한 단발성 계정이용으로 의심스러워 보고함**

✍ **주의** 휴면계정에 대해 휴면해제 요청 후 제3자 등으로부터 입고된 고액의 가상자산을 출고 또는 출금하는 거래, 신규계정을 개설하여 단발성 거래를 행하고 탈퇴하는 거래, 평소 대비 과다한 금액의 거래가

이루어지는 거래 등은 불법자금의 경유계정으로 이용되는 패턴으로, 해킹, 보이스피싱 등 범죄와 관련된 거래일 가능성이 있음

2 입고받은 가상자산을 즉시 매도 후 거액의 원화출금

| 유형 | **고액의 가상자산을 지속적으로 입고받아 매도 후 원화로 반복적인 출금을 하는 거래**
개인 고객이 지속적으로 여러 해외 가상자산거래소에서 가상자산을 입고받아 매도 후 원화로 출금함. 누적 거래금액이 개인의 운용자금으로 보기 어려울 정도의 거액으로, 자금의 실제 소유자를 파악하기 어렵고 자금의 흐름을 은폐하는 거래로 의심됨

| 사례 |

만 38세 직장인 남자 甲은 A가상자산거래소에서 10개월 동안 한 달 평균 133억 원 총 1,331억 원가량의 가상자산을 해외 가상자산거래소 B와 C 그리고 가상자산거래소를 알 수 없는 지갑주소로 부터 총 354회 입고받아 **전량 매도 후 본인의 실명 은행계좌로 전액 원화출금**하였으며, 가상자산 매수거래는 발생하지 않음. 이는 정상적인 투자목적의 거래가 아닌 가상자산거래소를 현금화 창구로 사용하는 것으로 의심되며, 일반 직장인 급여소득자 소득 대비 거액의 자금을 운용하는 바, 거래자금 에 대한 실제 소유자가 의심되어 보고함

✐ **주의** 일반적으로 가상자산거래소를 사용하는 목적은 투자를 통한 수익창출이므로, 외부에서 입고받은 가상자산을 매도만 하여 현금으로 출금하는 것은 일반적인 거래유형으로 보기 어렵고, 자금세탁 관련성이 높은 거래로 의심할 수 있음
이런 유형의 거래는 주로 환치기, 차명거래, 자금세탁 layering 목적, 불법자금 출금책 등 다양한 전제범죄에 사용되는 거래패턴으로, 각별한 주의를 요함

3 사회초년생, 직업 등 대비 거액의 가상자산 거래

| 유형 | ❶ 나이나 직업 등으로 볼 때 자금의 실소유자가 아닌 것으로 의심되는 고객이 외부로 부터 출처가 불분명한 가상자산을 입고받아 반복적으로 원화로 출금하는 경우

무직자로 자금력이 의심되는 고객이 회원가입일 이후부터 가상자산을 매수하는 거래는 거의 하지 않고, 외부로부터 출처 불분명한 고액의 가상자산을 입고받아 이를 매도한 후 원화로 출금하는 거래만 반복함

| 사례 | ①

20대 초반의 무직자인 甲은 회원가입일 이후부터 1년 동안 615억 원 상당의 가상자산을 900회에 걸쳐 외부로부터 입고받아 매도 후 612억 원을 원화로 출금하였음. 동 기간 동안 가상자산을 매수하는 거래는 단 2회(2백만 원)뿐이었고, 원화입금 거래는 없었음. 고객확인의무 이행 시 거래목적을 가상자산 매매로 등록하였음에도 불구하고 가상자산을 매수하는 거래는 거의 발생시키지 않고, 외부로부터 환금성이 높은 특정 가상자산을 입고받아 짧은 시간 내에 매도한 후 원화로 출금하는 거래만 반복하는 정황이 가상자산거래소를 가상자산 현금화 창구로 이용하고 있는 것으로 보임. 경제능력이 미비한 고객이 거액의 가상자산을 거래하고 있어 실소유자가 본인이 아닌 것으로 추정되는 바, 계정대여 등이 의심되어 보고함

| 사례 | ②

○○년 ○○월 ○○일 甲의 지갑에 거래자 乙로부터 2억 원 상당의 가상자산 EOS(가상자산 이름)가 이전되었으며, 입고된 가상자산 EOS를 한 달간 매도 및 매수하는 거래가 반복됨. 동 매매 거래는 ○○년 ○○월 ○○일까지 총 1만 건 발생하였으며, 甲은 1천만 원 단위의 수익이 발생할 때마다 2~3일 간격으로 최초 가상자산을 입고해 준 乙에게 다시 출고하는 거래를 반복함. 특별한 소득이 없는 무직인 甲의 자금으로 보기엔 고액이며 매매로 얻은 수익을 본인 계좌가 아닌 乙에게 출고하는 것을 보아, 제3자의 명의를 이용한 불법적인 차명거래 혹은 매매대행 거래로 의심되어 보고함

| 사례 | ③

20대 초반의 학생인 甲은 ○○년 ○○월 ○○일 신규가입 직후 해외 거래소의 본인 지갑으로부터 10억 원의 가상자산 DOGE(가상자산 이름)를 입고받음. 甲은 이후 3일간 가상자산 DOGE를 전량 매도하여 가상자산 USDT를 매수하고 C거래소의 乙과 丙에게 각각 약 5억 원 상당의 USDT를 나눠서 이전함. 20대 나이에 비해 거래금액이 고액이며, 해외 거래소로부터 입고된 자금의 출처를 알 수 없는 점과 본인 계좌로 출금하지 않고 전량 제3자의 지갑으로 이전한 점에서, 시세차익을 위한 정상적인 거래가 아닌 제3자의 탈세행위 혹은 甲의 명의를 이용한 차명거래로 의심됨

✎ **주의** 나이나 직업 등에 비해 거래금액이 과다하거나, 해외 거래소의 제3자로부터 거액의 가상자산이

입고된 경우 등은 타인 명의를 이용한 차명거래행위로 볼 수 있으므로 유의하여야 함

| 유형 | ❷ 30대의 무직인 사람이 외국인으로부터 거액의 가상자산을 입고받아 가상자산을 거래

고객확인 내용상 무직으로 확인되는 30대의 사람이 약 80억 원 상당의 가상자산을 운용·거래하였으며, 가상자산을 전송한 송신자는 캐나다 국적의 외국인 친구로, 개인적으로 친구로부터 50억 원의 가상자산을 대출받은 것이라고 설명함

| 사례 |

○○년 ○○월 ○○일 약 21억 원 상당의 가상자산이 무직인 회원 甲에게 입고됨. 입고된 가상자산에 대해 출처확인 시 외국인 친구 B에게 대출받은 것이라며 LOAN AGREEMENT를 제출함. 계약서 내용상 대출금액이 약 50억 원으로 확인되었음. LOAN AGREEMENT 외 실제로 거래내용 확인을 위해 가상자산을 전송한 거래번호가 확인되는 화면을 제출요청하였으며, 해외 거래소의 외국인 B의 지갑에서 A의 지갑으로 전송된 점 확인함. 친구관계에서 이뤄지는 통상의 대출금액 수준이 아닌 점, 개인적인 거래라고 하지만 연령 및 직업 대비 거액을 대출받아 운용하고 있는 점 등 자금 취득의 경위 및 거래목적이 의심스러워 보고함

✍ 주의

- LOAN AGREEMENT는 개인 간의 사문서로서 당사자들이 임의로 작성이 가능하며, 가상자산은 변동성이 큼에도 불구하고 대출금을 가상자산으로 주고받는 것은 일반적인 거래로 보기 어려움
- 가상자산의 송신인이 외국인이며, 가상자산을 전송한 거래소가 해외 거래소인 점 등을 감안하여 해당 자금의 불법자금 해당 여부에 대해 확인해 볼 필요가 있음
- 외국인은 국내 가상자산거래소에서 원화 입출금 및 가상자산 매매거래가 어렵기 때문에 외국인의 자금을 받는 내국인 계정의 경우, 실제 계정의 이용자가 해당 내국인이 맞는지 확인하여 실제 소유자를 할 필요가 있음

▊4 고령자의 스마트폰 등을 이용한 가상자산 거래

| 유형 | ❶ 고령자 고객의 비정상적인 거래

고령임에도 불구하고 빈번한 거래가 발생되는 고객에게 유선통화로 본인확인 진행한 결과,

③미심쩍은 부분이 있어 내방을 요청하였으며, 내방결과 차명거래인 것으로 확인되어 의심거래로 보고함

| 사례 |

> 거래자 甲은 만 82세의 고령으로 확인되며, 거래내역 조회결과 약 40일 동안 10회의 가상자산 입출고 거래를 발견함. 스마트폰이나 인터넷 사용에 비교적 취약한 고령인 점에 비해 빈번하게 거래가 발생되었던 점으로 미루어 보아, 실제 거래 당사자가 본인이 아닐 가능성이 있어 유선통화를 시도함. 유선통화 시 사위가 이용하는 것으로 확인하고 사실관계 확인을 위한 서류를 지참하여 내방을 안내하였음. 거래자 甲의 딸과 사위가 함께 내방하여 확인한 결과, 사위가 이용하는 스마트폰에 甲 명의로 로그인된 지갑과 ○○거래소의 계정 및 당사 입출고 내역이 확인됨. 고령자 甲 계정을 이용한 사위의 차명거래로 확인되었으며, 즉시 거래종료 및 탈퇴를 요청하였고 혐의거래로 보고함

| 유형 | ❷ 고령자가 일반적인 개인투자성 거래가 아닌 고액의 선물거래를 일으키는 거래

일반적인 개인투자성 거래는 원화를 입금하여 가상자산 매매거래를 통해 이익을 내고 다시 원화로 출금하는 패턴을 보이나, 고령자임에도 불구하고 대부분의 거래가 선물거래소 지갑 주소와의 입출고 거래로 확인됨. 제3자가 고령자의 명의로 차명거래하는 것으로 추정됨

| 사례 |

> 대상자 甲은 만 86세의 고령자임. 대상자의 계정에서 선물거래소인 A사, B사의 지갑주소들과 거액 가상자산 입출고 거래가 이루어지는 것이 확인됨. 간헐적으로 당 거래소 회원인 乙과도 입출고가 이루어지며, 甲과 乙의 실명번호 뒷자리가 유사한 것으로 보아 부자관계로 추정됨. 甲과 乙의 계정에서 출고거래가 이루어질 때 IP 주소가 대부분 동일한 점, 초고령자들의 일반적인 투자성 거래와 상이한 점으로 볼 때, 甲의 계정을 乙이 차명거래하는 것으로 의심스러워 보고함

| 유형 | ❷ 고령의 고객이 해외 거래소에서 가상자산을 지속적으로 입고받은 후 단시간 내 전량 매도하여 현금화 및 출금하는 거래

고령의 고객이 가입 이후 가상자산 거래를 위한 현금입금 및 매수 내역이 존재하지 않고, 해외 거래소에서 지속적으로 입고된 가상자산을 당일 또는 수일 내 전량 매도하고 현금화하여 출금함. 일반적인 가상자산 투자목적이 아닌 출금 전용계정의 거래패턴과 유사하고, 고객

의 나이 대비 거래 규모와 빈도가 과도한 점이 의심되어 실사용자 확인 차 전화 연락하였으나 연결되지 않음

| 사례 |

해당 고객은 가입한 이후 모든 거래가 가상자산 입고 후 전액 매도하여 원화로 현금화하여 출금하는 형태로, 원화 입금 및 가상자산 매수 내역이 **단 한 차례도 존재하지 않음**. Bybit 등 해외 거래소에서 입고된 자금으로 추정되는 가상자산이 입고된 후 당일 또는 수일 내 즉시 전량 매도하여 원화로 출금하는 거래패턴을 보여, 가상자산 투자를 통한 일반적인 수익창출의 목적으로 이용하는 계정이 아닌 원화출금을 목적으로 이용되는 출금 전용계정의 거래패턴과 유사하며, 83세의 고령 고객인 점을 고려해 볼 때 통상적으로 고연령층에서 보이는 정상적인 거래패턴으로 보기 어려운 측면이 있어 계정대여 가능성이 의심되어 보고함

✎ **주의** 가상자산거래소의 경우, 모두 비대면으로 거래가 이루어지는 특성상 고령자가 쉽게 접근하기 어려운 측면이 있음. 이런 특성을 감안할 때 고령자의 고액 거래, 빈번한 거래, OPEN API를 이용한 거래 등의 경우, 접속기록(IP 등), 거래패턴, 고객확인 내역(동일하거나 유사한 연락처, 이메일, 전화번호 등) 등을 면밀히 파악하여 본인이 직접 거래하는 것인지 확인할 필요가 있음

5 동일 IP 주소에서 특정인 또는 다수 간에 가상자산 거래를 반복하는 경우

| 유형 | **다수의 고객이 서로 가상자산 입출고 거래를 하고 동일 해외 거래소에서 가상자산을 입고받아 매도 후 고액의 원화출금을 반복하는 집단거래**

관계를 특정하기 어려운 다수의 개인 고객이 가상자산거래소 내부에서 서로 가상자산 입출고 거래를 반복적으로 하며, 해외 가상자산거래소에서 고액의 가상자산을 입고받아 매도 후 원화출금 거래를 반복하는 동일한 패턴을 보임. 또한 다수의 고객이 같은 IP를 사용하는 등 집단적으로 가상자산거래소를 현금화 창구로 사용하는 것으로 의심됨

| 사례 | ①

○○년 ○○월 ○○일부터 90일간 혐의거래자 甲은 연령과 거주지 연관성이 없는 내부 관련인 A, B, C, D로부터 가상자산 약 128억 원을 입고받아 매도 후 원화 약 209억 원을 출금하였음.

같은 기간 입고받은 가상자산 중 일부인 약 77억 원 상당의 가상자산을 다시 A, B, C, D, E에게 나누어 내부출고하였는데, 합리적인 이유 없이 가상자산을 서로 주고받는 행위는 일반적인 거래 유형으로 보기 어려움. 또한, 甲이 사용하는 IP로 내부거래자 A, C, D가 접속한 기록이 있는 것으로 보아, 이들은 같은 단체 사람들일 가능성이 있음.

| 사례 | ②

만 39세 직장인 甲은 7개월 동안 해외 가상자산거래소 총 8곳과 가상자산거래소를 알 수 없는 지갑주소 4곳에서 총 942억 원가량의 가상자산을 339회 입고받아 1시간 안에 매도 후 본인의 실명계좌로 935억 원을 원화출금하였고, 이 기간 동안 가상자산거래소 고객인 乙, 丙, 丁 그리고 戊에게 6억 원 상당의 가상자산을 입고받았다가 출금함. 거래관련인 乙, 丙, 丁, 戊 4인은 甲과 같은 날 동일 해외 가상자산거래소로부터 가상자산을 입고받아 甲과 같은 패턴으로 거래함. ○○년 ○○월 ○○일에는 같은 시간대에 해외 IP 주소와 국내 IP 주소로 접속한 이력이 있으며, 복수의 사람이 같은 IP로 접속하기도 하여 거래관련인 4인은 甲의 거래와 관련이 있는 것으로 보임. 7개월간 거래관련인의 거래내역을 살펴보면 甲의 거래와 동일한 거래패턴을 보이며, 이 관련인들은 총 2,763 억 원 상당의 가상자산을 입고받아 매도 후 총 2,713억원을 원화로 출금함. 甲의 935억 원 원화출금 과 거래관련인 4인의 2,713억 원 원화출금 거래는 개인의 운용자금으로 보기에는 거래금액이 과다하 며, 타인의 자금을 대신 거래하거나 한 사람이 다수의 명의를 빌려 거래하는 것으로 의심되고, 가상자산거래소를 현금화 창구로 사용하는 것으로 보여 의심거래로 보고함.

✎ **주의** 합리적인 이유 없이 특정인 또는 다수의 고객 간에 가상자산 거래가 반복되는 행위는 일반적인 투자목적의 거래로 보기 어려움. 이러한 거래유형은 단시간에 거래량을 부풀려 Layering을 통해 자금흐름을 복잡하게 하는 것으로 의심되므로, 유의할 필요가 있음. 또한, 상기 거래패턴과 관련된 고객들에 대해서는 IP 등에 대한 분석을 통해 차명거래 가능성에 대해서도 유의할 필요가 있음

6 다수인이 특정인에게 가상자산을 출고하는 거래 등

| 유형 | **다수의 거래자가 특정인에게 가상자산을 출고하는 거래**

서로 다른 거래자 3인이 각각 동일한 날짜에 하나의 지갑주소로 가상자산 출고를 신청하였으며, 거래자들은 인접 동네에 거주 중인 것으로 확인됨. 가상자산 출고신청한 금액은 각각

상이하나 평균 57백만 원대로 거액의 가상자산을 특정 동일인에게 출고함

| 사례 |

○○년 ○○월 ○○일 거래자 甲, 乙, 丙은 각각 동일한 지갑주소로 가상자산을 출고신청함.
甲은 23백만 원, 乙은 76백만 원, 丙은 72백만 원을 출고신청하여 출고신청 금액은 거래자별로
상이했음. FDS(이상거래탐지시스템)에 출고 거래가 검출되어 가상자산 수신지갑에 대해 확인요청을
진행하였고, 국내 타 거래소 丁 소유의 지갑주소로 확인하였으며, 丁은 甲, 乙, 丙이 다니는
교회의 목사로 헌금의 목적으로 가상자산을 출고했다고 함. 교회 주소지 조회 시 간판 등 교회의
실재 여부 확인이 어려웠으며, 헌금은 교회의 공금으로 교회 명의 계좌를 통해 관리되어야 하나
목사가 개인 지갑주소로 헌금하라며 지갑주소를 공유한 점, 교회 방침이 아닌 일부 신도에게만
지갑주소가 공유된 점 등이 의심스러워 보고함

✍ **주의** 가상자산 거래흐름 파악 시 최종 또는 중간단계 수취인을 기준으로 다수인이 동일인에게 가상자산
을 출고하는지 여부를 일정 기간에 걸친 전체적인 거래흐름 속에서 파악할 필요가 있으며, 고객확인 과정
내용과의 연계, 의심거래 여부를 종합적으로 검토할 필요가 있음. 한편, 자금세탁방지부서의 의심거래
모니터링 시 자체 모니터링 Rule에 한정하여 분석할 경우에는 의심거래보고의 Loop-hole이 발생할 가능성
이 크므로, 테마 모니터링, 언론기사 검색, 자체 FDS 탐지 건 연계, 수사기관 등 영장접수 건 분석 등을
통해 의심거래를 식별할 수 있도록 유의할 필요가 있음

7 법인과 대표자·직원과의 가상자산 거래 등

| 유형 | ❶ 법인과 개인 계정(대표자·직원) 간 경제적 합리성 없는 잦은 가상자산 입출고
거래

법인의 자금과 대표자의 자금은 분리되어야 하나, 합리적인 이유 없이 법인과 대표자 개인
계정 간 잦은 입출고 거래가 발생하여 자금의 흐름을 파악하기 어려움. 법인과 직원 개인
계정 사이의 잦은 입출고 거래는 통상 일반적인 거래로 보기 어려우며, 법인자금 횡령 거래로
의심됨

| 사례 |

㈜A는 투자자문을 영위하는 법인으로서 甲은 대표자이고 乙, 丙, 丁은 해당 법인의 직원임. ㈜A는

6개월간 ㈜A 계정에서 대표자 甲 지갑으로 약 15회 약 78억 원 상당의 가상자산을 출고하였고, 甲 지갑에서 ㈜A 계정으로 약 590회 약 6,450억 원 상당의 가상자산을 입고함. 동 기간 ㈜A는 거래대리인인 乙 계정으로 약 188회 약 1,407억 원 상당의 가상자산을 출고했다가 다시 乙 계정에서 ㈜A 계정으로 약 4회 약 10억 원 상당의 가상자산을 입고받음. 동 기간 ㈜A는 丙 계정으로 약 137회 약 923억 원 상당의 가상자산을 출고하고, 丙 계정에서 ㈜A 계정으로 약 5회 약 60억 원 상당의 가상자산이 입고됨. 동 기간 ㈜A는 丁 계정으로 약 119회 약 832억 원 상당의 가상자산을 출고하고, 丁 계정에서 ㈜A 계정으로 약 5회 약 23억 원 상당의 가상자산을 입고함. 거액의 법인 가상자산이 합리적인 이유 없이 대표자 개인 및 직원 개인에게 이동되었음. 법인과 법인직원 개인 간 가상자산 거래는 일반적인 것이 아니므로 의심거래로 보고함

✎ **주의** 이하 모든 유형에서 법인과 개인 간의 자금이동은 일반적인 거래가 아니며, 특히 가상자산은 추적이 용이하지 않다는 점을 고려하여 법인자금의 횡령이나 조세포탈, 비자금 조성가능성에 대해 우선 확인하여야 함

| 유형 | ❷ 법인 계정에서 대표자 계정으로 거액의 가상자산이 입고된 후 단기간 내 매도하고 원화출금하는 거래를 반복

대표자 개인 계정은 고객확인의무 이행 후 모든 서비스를 이용 가능하기 때문에, 법인 계정에서 대표자 개인 계정으로 가상자산을 출고하여 우회적으로 가상자산을 현금화하여 원화출금하는 거래를 반복하는 것으로 보임

| 사례 |

㈜A는 무역업을 영위하는 법인으로, 甲은 이 법인의 대표자임. ㈜A는 3개월간 ㈜A의 계정으로 입고받은 약 38억 원 상당의 가상자산을 대표자 甲 계정으로 내부입고함. 甲은 ㈜A로부터 입고받은 가상자산을 당일 또는 익일 매도하여 즉시 원화출금하는 거래를 반복함. 합리적인 이유 없이 거액의 법인자금이 대표자 甲의 개인 계정으로 이동하여 현금으로 출금되는 거래가 반복적으로 발생함. 법인자금을 대표자가 유용하거나 추적이 용이하지 않은 가상자산을 활용하여 자금세탁 거래를 하는 것으로 의심되어 보고함

✎ **주의** 유형 1·2에서 살펴본 바와 같이 법인에서 개인으로 이동된 가상자산은 최종적으로 개인 계정에서 매도되어 개인의 실명확인 입출금계정으로 원화출금됨. 이는 법인 자금의 횡령, 조세포탈과 같은 범죄의 우려가 있음

유형 2의 경우, 자금세탁 위험평가 결과 고위험인 법인대표가 해당 법인과 거래하는 때에는 자금세탁 위험에 대해 더 주의를 기울여서 조사할 필요가 있음

| 유형 | ❸ 법인 계정에서 직원 계정으로 거액의 가상자산을 입고한 후 외부출고한 거래

법인 계정으로부터 법인의 거래대리인으로 등록되어 있는 개인의 계정으로 하루 만에 고액의 가상자산이 입고됨. 거래대리인은 법인 계정의 접속권한을 보유한 자로, 단 하루 만에 고액의 가상자산 이동은 법인 자금의 유용이 의심되고, 법인과 직원, 대표자 간의 내부거래는 비일상적인 거래로서 자금세탁이 의심되는 거래유형임

| 사례 |

> 甲은 ○○년 ○○월 ○○일 회원가입을 한 고객으로, 정보통신업을 영위하는 법인 ㈜A 계정으로부터 단 하루 동안 약 60억 원 상당의 가상자산을 입고받고 외부로 출고함. ㈜A의 고객확인의무 이행 정보를 통해 甲은 당사에서 해당 법인의 거래대리인으로 등록되어 있는 것을 확인함. 법인과 직원 간의 내부거래는 일상적인 거래가 아니며, 직원 개인 계정을 경유하여 법인의 자금흐름을 은폐하기 위한 수단으로 사용될 수 있다는 점을 고려할 때 의심거래로 보고함

✐ **주의** 법인과 직원 간의 거래는 탈세, 자금세탁 layering 목적의 전제범죄 이외에도 법인자금 횡령 등의 범죄도 해당될 수 있음에 주의하여야 함. 특히 거래대리인으로 등록된 자는 법인 계정의 접속권한을 보유하고 있기 때문에 법인 계정에서 직원 개인 계정으로 고액의 자금이 이동한 정황이 확인되고 그 사유가 불분명하다면, 의심스러운 거래로 볼 수 있는 여지가 큼

| 유형 | ❹ 가상자산으로 입고된 해외 법인자금을 원화로 바꿔 자회사의 은행계좌로 이체하는 거래

법인으로부터 거액의 가상자산이 직원에게 입고되었으며, 해당 직원은 국내 거래소의 본인 지갑주소로 입고된 가상자산을 매도하여 거래소 연동 본인의 은행계좌로 원화를 출금한 뒤 출금한 원화를 법인의 은행계좌로 송금하는 거래를 반복함

| 사례 |

> 甲이 재직 중인 A법인으로부터 거액의 가상자산이 甲에게 입고되었으며, 甲은 국내 거래소의 본인 지갑주소로 입고된 가상자산을 매도하여 거래소 연동 본인의 은행계좌로 원화를 입금받은 뒤 받은 원화를 법인의 은행계좌로 송금하는 거래를 반복함. 거래소에는 A법인에 재직 중인 것으로 확인되는

인원이 총 5인이며, 5인 모두 거래패턴이 동일함. 甲이 당해 거래소에 가입 시 등록한 이메일 주소의 도메인은 재직 중인 A법인의 모회사인 B법인의 이름이었음. B법인은 홍콩에 설립된 법인으로 확인되었고, A법인에 재직 중인 5인의 접속 IP 주소가 모두 동일한 점, 홍콩에서의 접속이력이 확인되는 점을 봤을 때 모회사 자금이 유입되었을 가능성이 높음. 甲이 A법인으로부터 입고받은 가상자산 (589억 원 상당)이지만, 검색조회 시 A법인의 연간 매출액은 13억 원으로 확인되어 법인 매출액 대비 과도한 가상자산 거래로 판단됨. 모회사인 해외 법인자금 유입이 의심되며, A법인은 가상자산으로 운용하는 금액 대비 확인되는 매출은 현저히 낮아 조세포탈 등이 의심되어 보고함

✎ **주의** 법인의 모회사가 해외 소재의 법인이면 해외 법인의 자금이 유입되었을 가능성이 있으며, 이런 경우 접속정보(IP 주소 등), 고객확인정보 등 활용 가능한 정보들을 최대한 확인해 보는 것이 좋음
특정 거래패턴이 여러 명에게 동시에 확인되는 경우, 각 거래자의 정보를 조합하여 거래자들의 연관성을 파악할 필요가 있음

8 고액의 가상자산을 반복적으로 가족 추정인에게 출고

| **유형** | 부모로 추정되는 고객이 현금을 입금하고 가상자산을 매수하여 자식으로 추정되는 고객에게 반복적으로 출고하여 불법증여하는 것으로 의심되는 거래

자영업자 고객이 본인 명의의 보통예금 계좌에 거액의 현금을 빈번히 입금하고, 이 자금으로 가상자산을 매수한 후 지속적으로 내부 관련인에게 입출고하였음. 내부 관련인들의 연령 및 거주지 주소를 확인한 결과 거주지가 동일한 것으로 확인되어 관련인들은 가족으로 추정됨. 이들은 모두 같은 PC IP 주소를 사용하고 있었으며, 서로 가상자산을 입출고하여 자금의 추적을 어렵게 하고 있었음

| **사례** | ①

혐의거래자 甲은 ○○년 ○○월 ○○일부터 90일간 약 24억 원 상당의 가상자산 BTC를 甲의 자녀로 추정하는 乙과 丙에게 출고하였음. 甲의 거주지 주소와 乙과 丙의 거주지 주소가 달라 이들의 IP를 확인해 보니, 이들 모두 같은 PC IP 주소를 사용하고 있었음. 추가로 丙의 거래패턴을 분석해 보니 甲과 유사한 거래패턴으로 원화 및 가상자산을 내외부에서 입금·입고받고 가상자산을

매수하여 내외부로 다시 출금하는 패턴임. 추가로 丙의 거래내역에서 새로운 내부거래자 丁이 확인되었는데, 甲과 거주지 주소가 같은 것으로 보아 甲의 배우자로 추정됨. 가족으로 추정되는 4명이 고액의 가상자산을 서로 입출고하며 조직적으로 자금흐름을 은폐하고 있어, 가족 간 불법증여 및 자금흐름 은폐 의심거래로 보고함

| 사례 | ②

당사 고객정보 확인 시 甲 홍길동(60년생), 乙 홍하나(90년생), 丙 홍두리(92년생)의 거주지가 같은 것으로 보아 가족관계로 추정됨. ○○년 ○○월 ○○일 甲의 계정에서 乙과 丙의 계정으로 가상자산을 분할하여 출고한 것으로 확인됨. 乙과 丙의 계정을 확인한 결과 해당 가상자산을 매도하고 전액 원화로 출금한 것으로 확인됨. 가상자산을 현금화하여 자금의 출처를 은폐하고 거래내용에 대한 추적을 회피할 목적의 거래로 의심되고, 가족으로 추정되는 개인들 간에 거액의 자금이동이 빈번한 것으로 보아 불법증여 목적인 의심거래로 보고함

| 사례 | ③

거래자 甲은 고객정보상 무직 또는 학생으로 확인되며, 비교적 경제력이 취약할 것으로 추정됨. 거래이력 검토결과, 최근 일정 기간 동안 약 187백만 원 상당의 가상자산이 4개의 지갑으로부터 분할입고되었으며, 전액 당사의 가상자산 예치 서비스 상품으로 운용되었음. 거래의 목적은 비교적 명확하나 거래자 연령과 직업정보 대비 거액의 가상자산이 운용되고 있음을 고려할 때, 명확하게 자력으로 형성한 자산이라 보기 어려움. 또한, 甲의 고객정보를 조회하다가 거래자 乙과 접속 IP와 거주지가 동일한 것을 알게 되었고 정황상 乙은 甲의 부친으로 추정되며, 乙과 甲의 거래기록을 대조해 본 결과 부친의 거액 자금을 자녀에게 증여한 것으로 추정됨. 이는 자금의 추적이 어려운 가상자산의 특성을 악용한 불법증여로 의심되어 보고함

✎ **주의** 가상자산의 경우 이동의 신속성과 출처의 기밀성이 유지되므로, 최근 가상자산을 매수하여 불법증여하거나 가족의 자산을 은닉하기 위한 가족 간 가상자산 거래가 늘어나고 있음. 가상자산거래소의 경우 모두 비대면으로 거래가 발생되어 파악할 수 있는 정보가 제한적이기 때문에, 최대한 고객정보를 활용(접속 IP, 주소, 직업 등)하여 의심스러운 거래의 합당한 사유를 찾아야 함

9 특정금융정보법상 각종 보고 기준금액 이하(100만 원 미만)로 가상자산 이전을 여러 번 하는 거래

| 유형 | **특정금융정보법상 각종 보고 기준금액 이하(100만 원 미만)의 가상자산을 수십 번의 거래를 통해 이전한 경우**

2022년 3월 25일부터 트래블룰이 시행됨에 따라 거래자가 특정금융정보법상 각종 보고 기준금액 이하(100만 원 미만)의 가상자산을 전송하는 경우에는, 송신인과 수신인의 정보가 두 거래소 간 공유된다는 사실을 사전에 인지하여 1일 동안 100만 원 미만의 금액을 수십 번의 거래를 통해 가상자산을 이전하였음.

| 사례 | ①

甲은 ○○년 ○○월 ○○일에 당사 거래소를 통해 가상자산을 거래하였는데, 정황상 트래블룰을 인식하고 의도적으로 가상자산별로 특정금융정보법상 각종 보고 기준금액 이하(100만 원 미만)의 규모로 수십 차례 거래하였음. 甲의 거래내역을 추가로 조사해 본 결과, 지난 2주 동안 비슷한 거래내역이 다수 있었음을 확인함. 그리고 의도적으로 100만 원 이상 금액을 회피하여 고객정보가 기록되지 않도록 주의를 기울였다는 정황을 비추어 봤을 때 탈세나 자금세탁이 의심되어 보고함

| 사례 | ②

50대 중반의 甲은 ○○년 ○○월 ○○일 기준 6억 원 상당의 가상자산을 보유하고 있었으나, 거래빈도와 거래금액이 적은 고객이었음. 甲은 ○○년 ○○월 ○○일부터 한 달간 타 거래소의 乙지갑으로 일평균 가상자산 일부(총 5억여 원 상당)를 수십 차례에 걸쳐 100만 원 미만 금액으로 분할출고함. 거래수수료가 출고 건당 붙는 경제적 손실에도 불구하고 100만 원 미만의 가상자산 출고를 단기간에 집중적으로 행한 점, 본인 지갑이 아닌 제3자 지갑으로 가상자산을 출고한 점을 고려하면 '트래블룰'을 회피한 탈세 혹은 자금세탁 layering을 하기 위한 행위로 의심되어 보고함

✎ **주의** 100만 원 상당 이상의 가상자산 이전 시 송·수신인에 대한 정보를 제공하는 '트래블룰' 적용을 회피하여, 100만 원 상당 미만의 가상자산을 여러 차례 반복하여 이전하는 거래는 송·수신인 등 관련인을 노출시키지 않고 자금세탁 거래를 하려는 목적이 있는 것으로 보아 각별히 유의하여야 함

▌1 ▌ 특정 가상자산 거래량 및 가격을 부풀리는 거래

| 유형 | ❶ 특별한 호재 없이 급등한 가상자산의 통정매매로 의심되는 거래

큰 시세변동 없이 거래량 하위권을 유지하던 가상자산이 특정 일자에 갑자기 상위 거래량에
오르며 110% 급등하였음. 급등 당일 상위 거래량을 차지한 회원을 테마 모니터링한 결과,
API(자동거래 프로그램)를 이용하여 시세가 급등하기 약 석 달 전부터 물량을 매집해 온
사실 및 급등 당일 매도한 사실이 확인되었음.

| 사례 |

대상자 甲과 관련인들은 ○○년 ○○월 ○○일부터 ○○년 ○○월 ○○일 사이 API 매매를 이용하
여 가상자산을 매집한 정황이 확인됨. 매집기간 동안 일평균 거래량의 약 30%의 거래를 발생시킴.
해당 가상자산의 급등이 있던 ○○월 ○○일 당시 거래량의 15% 이상을 甲과 관련인들이 발생시켰
으며, 오전 9시부터 오후 12시 사이 시세를 폭등시키고, 오후 12시부터 오후 8시 사이 보유 중이던
물량의 70% 이상을 분할거래로 매도하였음. API를 사용하여 가상자산을 매집하고 특정 일자에
보유 중인 물량의 대부분을 매도하는 등 甲과 관련인들이 담합하여 통정매매를 한 것으로 의심스러
워 보고함.

| 유형 | ❷ 단기간 내 동일 수량의 가상자산을 매수·매도하는 거래

| 사례 |

30대 중반의 프리랜서 甲은 같은 거래소 고객인 乙로부터 3억 원 상당의 가상자산 SAND 1백만
개를 이전받음. 乙은 40대 초반으로, 고객확인정보로 비춰 봤을 때 ○○년 ○○월 ○○일 기준
'고위험 고객'임. 입고 후 甲은 약 6개월간 시세차익 없이 분 단위로 동일 수량, 동일 가격의
가상자산 SAND를 시장에서 매매거래를 반복하다 ○○년 ○○월 ○○일 당사 고객인 丙에게 보유한
가상자산 SAND의 80%(약 5억 원)를 출고함. 가상자산을 입고받은 丙은 30대 중반의 직장인으

로, ○○년 ○○월 ○○일부터 1개월간 거래가 없었음. 甲에게 고위험 대상 고객인 乙로부터 고액의 가상자산이 이전된 점과 경제적 이득을 추정할 수 없는 동일 수량의 매매거래를 단기간에 반복하는 행위는 시세조종을 위한 자전거래로 의심되며, 보유한 가상자산의 80%를 본인의 계좌출금이 아닌 제3자에게 출고한바, 甲의 계정을 이용한 제3자의 매매대행 거래 또는 불법적인 차명거래로 판단되어 보고함

✍ **주의** 시세차익 없이 동일 수량, 동일 가격의 매수·매도를 반복하는 거래는 시세조종 세력에 의한 비정상적인 가격조정 행위 등으로 볼 수 있고, 이를 통해 일반 투자자를 유인하는 사기행위에 관련될 가능성이 있으므로 각별히 유의하여야 함. 또한 고위험 직업, 고위험 업종 고객 등 고위험으로 평가된 고객은 자금세탁 위험도가 상대적으로 높으므로 예의주시할 필요가 있으며, 고객의 거래패턴이나 최신 정보가 변경되었을 경우에는 이를 반영하여 고객위험도를 지속적으로 최신화하여야 함

| 유형 | ❸ 신규가입 직후 상장 전 고액 가상자산이 입고되어 동일 수량 매매거래를 반복하는 거래

| 사례 |

○○년 ○○월 ○○일 A거래소에 신규가입한 20대 초반 甲에게 B거래소에서 거래되는 가상자산 LIFE(가상자산 이름) 1백만 개가 입고됨. 동 가상자산 LIFE는 B거래소 乙의 지갑을 포함하여 5명 이상의 다수 지갑으로부터 수차례에 걸쳐 A거래소의 甲 지갑으로 입고된 것임. 이후 A거래소에도 가상자산 LIFE가 상장되고 나서 甲은 A거래소에서 가상자산 LIFE를 동일 수량으로 1개월간 매매를 반복하다가, ○○월 ○○일 갑자기 전량 매도하고 B거래소의 乙의 지갑으로 전량 출고함. 관계를 알 수 없는 타 거래소 이용자들로부터 상장 전의 가상자산을 입고받아 상장 후 동일 수량의 매도·매수를 반복하다가 급상승한 가격대에 일시에 매도하는 시세조종 또는 부정거래가 의심되어 보고함

✍ **주의** B거래소에서 거래되는 가상자산을 A거래소 상장 전 A거래소 본인 지갑에 수차례 이전하고, 상장 이후 반복적인 매매거래로 거래량을 부풀리고 가격이 급상승할 때 매도하는 거래는, 비정상적인 방식으로 시세차익을 취하려는 자금세탁 의심거래일 가능성이 높으므로 주의하여야 함.

2 내부자 정보를 이용한 거래로 의심되는 거래

| 유형 | 가상자산거래소 상장 및 공시 등 특정 가상자산의 사전정보를 이용하여 수익을 발생시킨 거래

블록체인 기업체에서 재직 중인 당 거래소 회원이 최근 3개월간 가상자산 A, B, C를 각각 매수하였음. A는 회원이 매수한 이튿날 대기업 파트너십 공시로 급등하였고, B와 C는 매수 일주일 뒤 국내 및 해외 대형 거래소에 상장되어 동 거래자는 각 가상자산별 최소 50%에서 150%의 수익을 발생시킴

| 사례 |

> 대상자 甲은 블록체인 기업체인 ㈜○○○에 근무 중인 근로소득자로, 인적사항 대비 과도한 거래를 하고 있는 것으로 보여짐. 최근 3개월간 가상자산 A, B, C를 각각 약 20백만 원씩 매수하였고 A는 공시 직후 전액 매도, B와 C는 국내 및 해외 대형 거래소의 상장 공지 당일 전액 매도하여 수익을 발생시키는 거래를 함. 다른 가상자산 대비 거래량이 적고 투자위험성이 클 것으로 예상되는 해당 가상자산들을 <u>**우연히 매수**</u>했다고 보기에는 신빙성이 낮다고 판단됨. 블록체인 기업체에 근무 중인 대상자가 내부자 정보를 이용하여 해당 가상자산들을 매수한 것으로 의심스러워 보고함

✍ **주의** 해당 가상자산의 가격이 합리적인 이유 없이 상승하는지 또는 고객이 해당 가상자산의 내부자 정보를 이용하고 있는지 여부를 종합적으로 판단하여 특정금융정보법에서 규정하는 의심거래에 해당하는 것으로 판단되면 동 사실을 회사의 보고책임자에게 보고해야 함.

가상자산 의심거래보고 작성

■1 의심거래보고STR의 이해

1. 개념

의심거래보고Suspicious Transaction Report, STR제도란 금융거래(카지노에서의 칩교환, 가상자산사업자 포함)등과 관련하여 수수한 재산이 불법재산이라고 의심되는 합당한 근거가 있거나, 금융거래의 상대방이 자금세탁행위를 하고 있다고 의심되는 합당한 근거가 있는 경우 또는 금융회사 등의 종사자가 관할 수사기관에 신고한 경우, 이를 금융정보분석원장에게 보고토록 한 제도를 말한다.

특정금융정보법상 의심거래보고

제4조(불법재산 등으로 의심되는 거래의 보고 등) ① 금융회사 등은 다음 각 호의 어느 하나에 해당하는 경우에는 대통령령으로 정하는 바에 따라 지체 없이 그 사실을 금융정보분석원장에게 보고하여야 한다.

1. 금융거래 등과 관련하여 수수(授受)한 재산이 불법재산이라고 의심되는 합당한 근거가 있는 경우
2. 금융거래 등의 상대방이 「금융실명거래 및 비밀보장에 관한 법률」 제3조 제3항을 위반하여 불법적인 금융거래 등을 하는 등 자금세탁행위나 공중협박자금조달행위를 하고 있다고 의심되는 합당한 근거가 있는 경우
3. 「범죄수익은닉의 규제 및 처벌 등에 관한 법률」 제5조 제1항 및 「공중 등 협박목적 및 대량살상무기확산을 위한 자금조달행위의 금지에 관한 법률」 제5조 제2항에 따라 금융회사 등의 종사자가 관할 수사기관에 신고한 경우

불법재산 또는 자금세탁행위를 하고 있다고 의심되는 합당한 근거의 판단주체는 금융회사 종사자이며, 그들의 주관적 판단에 의존하는 제도라는 특성이 있다.

2. 의심거래보고제도의 국제적 기준

의심거래보고제도의 국제적 기준은 FATF의 개정 40개 권고사항 중 제20조와 제21조에 다음과 같이 정의되어 있다.

의심거래의 보고(Reporting of suspicious transactions)

[권고 20. 의심거래보고] (前 권고 13. & 특별권고 IV)
금융회사는 (특정) 자금(funds)이 범죄수익이거나 테러자금조달과 연관이 있다고 의심되는 경우 또는 의심할 만한 합당한 정황(reasonable ground to suspect)이 있는 경우, 법률에 따라 그 의심내용을 금융정보분석원(FIU ; Financial Intelligence Unit)에 보고할 의무가 있다.

[권고 21. 정보누설과 비밀유지] (前 권고 14.)
금융회사와 금융회사의 이사, 임원(officers) 및 직원(employees)은 :
(a) 선의에 의하여(in good faith) FIU에 의심거래보고를 한 경우, 비록 그 전제된 범죄가 무엇인지 정확히 알지 못하고 불법행위가 실제 일어나지 않았더라도(regardless of whether illegal activity actually occurred), 계약서나 그 어떠한 법률, 규정 또는 행정적 조치(administrative provision)에 의하여 부과된 정보누설금지의무를 위배하더라도 형사 또는 민사상의 책임을 지지 않는다.
(b) 의심거래보고 또는 관련 정보가 FIU에 보고되었다는 사실을 공개[disclosing, 소위 "누설(tipping-off)"]하지 않도록 법으로 금지하여야 한다.

FATF는 의심거래보고STR제도를 도입하고 있다. 의심거래보고란 금융회사 종사자의 주관적 판단에 의해 어떤 금융거래가 불법자금과 관련이 있다는 의심이 가거나suspect 의심할 만한 합리적인 근거reasonable ground to suspect가 있는 경우, 그

의심내용을 금융정보기관FIU에 서면보고하도록 제도화한 것이다.

권고사항에서는 "의심suspicion"이라는 주관적인 판단기준 이외에 "의심할 만한 합리적인 근거reasonable ground to suspect"라는 객관적 정황에 의한 판단기준을 의심거래보고의 요건으로 추가한 특징이 있다.

3. 우리나라의 의심거래보고 기준

우리나라는 특정금융정보법에서 금융회사 등에 금액과 관계없이 의심거래에 대하여 지체 없이 그 사실을 금융정보분석원장에게 보고하도록 하고 있다(동법 제4조 제1항).

즉, 금융회사 등이 의심거래로서 금융정보분석원에 보고하지 않으면 안 되는 것은 ⅰ) 금융거래와 관련하여 수수한 재산이 불법재산이라고 의심되는 합당한 근거가 있거나, 금융거래의 상대방이 자금세탁행위나 공중협박자금조달행위를 하고 있다고 의심되는 합당한 근거가 있는 경우 ⅱ) 금융거래의 상대방이 의심거래를 회피할 목적으로 금융거래를 하고 있다고 의심되는 합당한 근거가 있는 경우 ⅲ)「범죄수익은닉규제법」및「테러자금조달금지법」에 따라 금융회사 등의 종사자가 범죄수익이거나 공중협박자금으로서 관할 수사기관에 신고한 경우이다.

다시 말해, 금융회사(카지노사업자, 가상자산사업자) 등은 불법재산 의심거래로서 ⅰ) 특정금융정보법 개정에 따라 금액에 관계없는 의심금융거래, ⅱ) 범죄수익 등으로 관할 수사기관에 신고한 경우에는 금융정보분석원에 의무적으로 보고하도록 되어 있다.

2 의심거래보고의 필요성

1. 범죄행위의 예방

금융회사 직원이 자신의 경험을 바탕으로 주관적인 판단하에 불법자금의 예치단계부터 의심거래를 보고하게 되면 범죄를 예방할 수 있다.

이는 범죄로부터 발생하는 사회적 비용을 축소하여 건전하고 투명한 사회를 건설할 수 있는 계기가 될 수 있다.

2. 의심거래 미보고 시 처벌

금융회사 직원이 의심거래보고의무를 위반할 경우, 당해 금융회사에 과태료가 부과되고(건당 3천만 원 이하의 과태료 또는 영업정지, 특정금융정보법 제20조, 제15조) 임직원에 대한 징계가 내려질 수 있기 때문에 의심거래보고가 필요하다(특정금융정보법 제15조).

3 의심거래보고의 판단기준 및 시기

1. "의심되는 합당한 근거"의 판단기준

의심스러운 거래 보고대상 여부를 판단하기 위해서는 금융회사 등 직원의 업무지식, 경험 등을 바탕으로 다음의 사항을 고려하여 종합적으로 판단해야 한다.

① 고객정보 : 직업, 나이, 직장, 미성년자 여부, 고령자 여부, 신용불량자 여부, 주소지, 국적, 업종, 설립목적 등

• 계좌정보 : 거래상품·서비스의 종류, 신규일, 존속기간 등

• 거래정보 : 거래수단, 거래금액 규모, 자금의 출처, 거래의 전후(거래패턴),

분할거래 여부, 거래상대방 및 관계, 거래시간, 거래빈도, 입출금 시간차, 기타 평소 거래상황 등

② 혐의거래 참고유형(금융정보분석원 발행)의 보고유형에 해당하는 거래는 거래의 합리성이 확인되지 않는다면 보고대상 거래로 판단해야 한다.

가상자산 관련 보고의 필요성 주요 예시[1]

- 가상자산의 재단 관련자가 가상자산을 구매하여 가격을 조정하는 경우
- 경찰청 제공 불법거래자(마약상, 랜섬웨어 개발자 등)가 가상자산을 구매하는 경우
- 가상자산이 특별한 호재가 없는데도 불구하고 펌핑되는 경우
- 에어드롭을 통해 코인을 분배받은 자가 갑자기 거액을 들여 가상자산을 구매하는 경우
- 거래소 유통 가상자산이 아닌 출처가 불명확한 가상자산을 입고하는 경우
- 백서 일정과 다르게 가상자산을 분배하는 경우
- 외국거래소(바이낸스 등) 등에서 합리적인 이유 없이 거액의 코인이 입고되는 경우
- 외국거래소(바이낸스 등) 등으로 합리적인 이유 없이 거액의 코인이 이동하는 경우
- 출처가 의심되는 거액 자금이 가상자산을 구매하는 경우
- 구매자 간 통정매매를 통한 코인거래로 판단되는 경우

---

③ 특정금융정보법상 보고대상인 불법재산 수수, 자금세탁행위나 공중협박 자금조달행위는 수사기관 등에서 조사가 완료될 때까지는 범죄 관련 여부를 판단하기 어려우므로, 영업점에서는 당해 거래가 불법재산 수수, 자금세탁행위 등으로 의심되는 합당한 근거가 있으면 보고책임자에게 보고하여야 한다.

④ 의심되는 합당한 근거는 막연한 추측보다 고객확인의무 이행을 통해 확보

---

[1] 동 예시는 저자가 가상자산 관련 범죄를 분석하면서 제시한 주요 사례이며, 이는 금융정보분석원의 공식 참고유형이 아님

된 당해 고객의 정보 및 거래내용에 대한 객관적 사실을 토대로 판단해야 한다.

⑤ 분할거래 여부는 거래상대방 수, 거래횟수, 거래기간, 거래점포 수 등을 종합적으로 고려하여 당해 거래가 보고대상 거래인지를 판단하여야 한다.

⑥ 실제 발생한 거래뿐만 아니라, 발생하지 않은 거래(예 창구상담 결과 거래는 발생하지 않았으나 거래상대방의 신분확인이 가능한 경우)도 의심스러운 거래로 보고할 수 있다.

의심스러운 거래 판단 예시

- 직업 및 사업내용 등이 명확히 파악되지 않는 고객이 다수의 타인 명의의 계좌를 소지하고, 거액의 거래를 하는 경우
- 미성년자 명의로 개설된 계좌에서 거액의 거래가 발생하는 경우
- 평소 평이한 금융거래 형태를 유지하고 있는 급여생활자, 개인사업자, 중소기업 등의 계좌에서 거액의 거래가 발생하고, 자금의 실제 당사자 여부를 확인하는 과정에서 의심되는 경우

---

2. "의심거래보고" 시기

자금세탁행위 및 공중협박 의심거래로 판단된 때부터 지체 없이 보고해야 한다.

① 보고담당자는 보고대상 거래인 경우, 금융회사 내부의 보고방법에 따라 지체 없이 보고책임자에게 보고해야 한다.

② 신고대상 거래인 경우, 지체 없이 관할 수사기관에 신고하고 신고서 사본을 첨부하여 보고책임자에게 보고하여야 한다.

③ 내부보고를 받은 보고책임자는 내부보고 사항을 검토하여 보고가 필요하다고 판단되는 사안에 대하여는 지체 없이 금융정보분석원장에게 보고해야 한다.

4 의심거래보고의 구성

1. 표제부

문서번호, 보고일자 등을 표시(해당 금융회사별로 연도별)
- 일련번호(예 2021-001)

2. 본문

① 보고기관에 대한 정보 : 보고기관명, 보고책임자명, 보고담당자명, 담당자 전화번호

② 의심스러운 거래자에 관한 정보 : 성명(법인의 경우 법인명), 실명번호(법인의 경우 사업자등록번호, 외국인의 경우 여권번호), 주소, 전화번호, 직업(금융회사가 파악한 직업, 실제와 다른 경우라도 작성), 법인의 경우 대표자 성명 및 실명번호도 함께 기재

③ 의심스러운 거래내역에 관한 정보 : 거래일시, 거래채널(창구, 인터넷, 전화 등), 거래영업점, 거래수단(현금, 수표, 외환 등), 거래종류(입금, 출금, 매수, 매도, 대체입고, 대체출고 등), 거래목적, 거래대리인(대리인의 성명, 실명번호)

④ 의심스러운 거래 관련 계좌 정보 : 계좌주 성명 및 실명번호, 계좌번호, 계좌개설 일자, 계좌개설 영업점, 계좌개설 목적, 계좌개설 대리인 정보

⑤ 송금인/수취인 정보

• 거래상대방이 동일 금융회사인 경우 : 거래상대방의 성명, 실명번호, 상대 금융회사명, 계좌번호

• 거래상대방이 타 금융회사(국외포함)인 경우 : 거래상대방의 성명, 상대 금융회사명, 계좌번호

⑥ 의심스러운 유형 및 의심스러운 거래에 관한 정보

• 긴급조사가 요구되는 사건인지 확인, 거래자의 태도 및 특징(비밀요구, 불안한

태도 등), 계좌정보(타인 명의 계좌 이용, 다수 계좌 이용 등), 거래유형(무기명 CD, 거래패턴 변화, 분할 거래 등)

- 의심스러운 정도는 매우 의심을 5점으로 하는 척도로 측정(지점 및 본점용)

3. 종합의견

해당 거래의 의심스러운 근거를 6하 원칙(누가, 언제, 어디서, 무엇을, 어떻게, 왜)에 따라 기술
- 창구거래 현황, 의심의 포커스 등 분석관에게 도움이 되는 정보를 추가
- 거래내역(3개월), 외국인의 경우 해외 거래소와의 거래내역 1년 정도 첨부

5 의심거래보고의 작성기준 및 원칙

1. 작성기준

① 가상자산사업자는 자체적으로 위험도 평가 및 고객유형을 분석하여 자체 STR 작성기준을 마련해야 한다.

② STR 종합의견은 5W1H 원칙으로 작성하되, 분석자가 의심정황을 이해할 수 있도록 창구상황, 거래자의 태도 및 직업 등을 상세히 기술해야 한다.

③ STR 작성·보고체계를 작성자(모니터링 요원), 검토자, 결재자의 3단계로 구성해야 한다.

④ 의심스러운 정도는 검토자와 결재자가 작성자의 작성내용을 평가하여 실질적으로 표시해야 한다.

⑤ STR 작성자는 「STR 작성 매뉴얼」을 숙지하고, 「STR 보고서 작성 교육과정」 등을 반드시 이수해야 한다.

2. 종합의견 작성원칙

(1) 보고이유가 명확해야 한다.

① 의심거래보고서를 작성한다면 단순히 의심스러워서 보고해서는 안 된다.

② 해당 거래가 어떻게 이루어졌는지 분석이 되었다면, 그것을 토대로 의심스러운 이유를 명확하게 표현해 주어야 한다.

③ 그냥 '자금세탁이 의심됨'이 아니라 '이러이러한 거래내용상 어떤 유형으로 의심스러워 보고함'이라는 표현이 필요하다.

(2) 창구정황이 포함되어야 한다.

① 거래내역의 경우, 사후적으로 분석을 통하여 얼마든지 찾아낼 수 있다.

② 하지만 창구에서 일어난 일들은 해당 거래직원이 아니라면 그 누구도 찾아낼 수 없다.

③ 거래한 창구직원으로부터 확인된 고객의 옷차림이나 거래 중 행동 하나라도 더 기술한다면, 충실도가 높은 의심거래보고가 이루어질 것이다.

(3) 명확한 고객정보가 제공되어야 한다.

① 의심거래보고(STR)를 작성할 경우, 고객정보가 종합의견 작성란에 누락되는 경우가 많다.

② 금융회사의 입장에서는 고객종합정보 조회를 통하여 언제든 확인할 수 있지만, 보고내용을 분석하는 금융정보분석원은 금융회사보다 자유롭지 못하기 때문에 사소해 보이는 고객 실명번호, 주소지 등도 표현해 준다면, 단순한 거래만 일어난 경우에는 충분히 훌륭한 의심거래보고서가 될 수 있다.

③ 다만, 보고되는 내용 중 개설 시 입력한 오래된 정보가 보고되는 경우가 많은데, 현재 변경된 정보 확인이 필요하다. 또한, 의심스러운 거래라고 창구에서 인지하였다면 고객확인의무를 활용하면 큰 도움이 될 수 있다.

(4) 관련인이 있다면 함께 보고해야 한다.

① 흔히 의심거래보고를 하면서 Alert가 발생한 당사자만을 보고하는 경우가 많다.

② 그러나 의심거래보고 대상 거래를 분석해 보면 제3자와 연계된 경우가 대다수를 차지하고 있다. 당 금융회사 고객이라면 거래당사자의 고객정보 수준으로 자세하게 기술되어야 할 것이며, 타 금융회사 고객이라도 확인 가능한 정보는 최대한 함께 보고해야 한다.

③ 이외에도 실제 창구에 내점한 사람의 정보를 파악해야 한다. 법인인 경우 '직원 ○○○' 또는 '대표이사 ○○○'이 왔다든가, 개인의 대리인인 경우 '부친 ○○○' 또는 '지인 ○○○'이 왔다는 형태의 파악된 기술이 필요하다.

(5) 변동된 차이점을 찾아라.

① 기존 금융회사의 전산상 정보와 실제 창구를 통하여 알게 되는 정보에는 차이가 발생하는 경우가 다수 있다.

② 고객의 직업정보 변동, 주소지 변동 등 차이점을 찾아내게 된다면, 해당 내용을 가감 없이 모두 기술해야 좋은 의심거래보고가 될 수 있다.

(6) 자금출처를 밝히고 찾아라.

① 자금의 원천을 찾는 것은 의심거래보고의 기본이라 할 수 있다.

② 현재 의심거래로 Alert가 발생된 자금은 반드시 어딘가에서 왔을 것이다.

③ 현금거래라면 고객과의 다양한 대화를 통하여 가급적 고객의 기분이 상하지 않는 방법으로 취득경로를 파악해야 할 것이며, 고객이 흘리는 단순한 한마디라도 놓치지 않아야 할 것이다.

(7) 특이점을 찾아라.

① 의심도가 높은 거래라면 일반적인 거래와는 다른 특이점이 자주 보이게 된다(물론, 일반적인 거래패턴을 보이는 경우도 있다).

② 예를 들면, 비정상적인 반복송금이나, 현금에 집착하는 거래, 법인과 임직

원 사이의 거래 같은 경우, 의심스러운 시각으로 판단해야 한다.

(8) 의심되는 전신송금의 경우, 송금자 정보를 적극적으로 확인하라.

전신송금을 통해 의심되는 자금(예 개별 계좌에서 분할송금된 경우)이 입금될 경우, 수취 금융회사는 송금 금융회사에 송금자 인적정보 등을 요구하여 의심거래보고를 작성해야 한다(특정금융정보법 개정사항).

2016년 금융정보분석원이 제시한 의심거래보고 작성 시 유의사항

- **5W1H 원칙에 따른 기술**

  의심거래보고의 가장 기본적인 작성방법은 6하 원칙에 따라 거래내역 및 거래자의 태도 등 의심스러운 창구상황을 구체적으로 기술하는 것이라고 할 것이다. 그러나 실제 심사분석 과정에서는 6하 원칙에 따른 창구상황의 구체적 기술도 중요하나, 이와 같은 창구에서의 주관적인 의심상황만으로는 거래내역을 분석하여 전제범죄와의 연관성을 찾기에는 많은 어려움이 있다.

- **분석에 유용한 정보(평소 거래패턴 등)를 포함하여 기술**

  따라서 평소와 달리 고액의 현금거래를 하였다든지, 입금된 자금의 출처 또는 출금한 자원의 용도 등에 대하여 합당한 답변을 하지 못했다든지 하는 식의 창구에서의 주관적인 의심상황보다는 ⅰ) 거래자의 직업, ⅱ) 거래자의 송금자에 관한 정보, ⅲ) 거래자와 송금자의 관계, ⅳ) 거래자의 평소 거래유형 분석, ⅴ) 거래상대방(동일 금융회사에 계좌가 개설되어 있는 경우)의 평소 거래유형 분석 등 거래자, 송금자 및 각각의 거래내역에 대한 객관적인 자료확인 및 분석이 심사분석에 보다 도움이 될 것이다.

- **가상자산거래소 창구에서의 구체적인 대화내용 기술**

  또한, 입금된 자금의 출처 또는 출금한 자원의 용도에 대하여 합당한 답변을 하지 못했다고 보고하는 경우에도, 구체적으로 창구직원의 어떤 질문에 거래자가 어떤 답변을 하여 그 답변이 합당하지 않다는 것인지를 기술하는 등 창구상황에 대한 최종적 판단이 아닌 구체적인 대화내용을 기재함이 심사분석에 보다 도움이 될 것이다.

▌6 가상자산사업자 의심거래보고 작성사례 및 평가

1. FATF 취약국가인 고위험 국가와 관련한 가상자산 거래

○ 의심거래보고 내용

〈제목 : 차명거래 또는 다수인이 사용하는 계정으로 의심되는 거래/고위험 국가에서 발생한 출금거래〉

1. 거래자 정보, 거래정황 등

    보고대상자 이○○(**1994년생**)(주민번호 기재 필요)은 경기 ○○시 ○○로 ○○동 ○○호에 거주하며, 직업은 무직, 자금의 원천 및 거래목적은 **기타**(자금출처 확인 필요)로 확인됨

2. 거래내용, 거래빈도 등

    - 보고대상자는 2021년 5월 15일에 가상자산거래소 ○○○에 계정을 개설한 이래 원화를 입금하여 원화마켓에서 가상자산(**구체적 종류 기재 필요**)을 매매하고 이를 원화로 출금하고 있으며, 3개월간 매매(**각각 기재 필요**)금액은 원화 환산기준 약 ○○원임

    - IP 확인결과 2021년 10월 5일 14:38 **한국 IP**(주소 기재 필요)로 원화출금을 요청했으나, 당일 15:39 및 익일인 6일 17:41, 17:49 **캄보디아로 확인되는 IP**(주소 기재 필요)로 **원화출금을 3회**(금액 기재 필요) 요청하고, 약 4시간 후인 22:00 **한국 IP**(주소 기재 필요)로 **원화출금**(횟수, 금액 기재 필요)을 요청함

3. 의심판단 및 보고사유

    - 보고대상자는 자금의 원천과 거래목적이 불분명하며, 2021년 10월 5일에서 6일 사이 원화출금 시 확인되는 IP가 한국과 캄보디아로, 한 사람이 양국에서 거래를 하였다고 보기에는 어려울 만큼 짧은 시간 내 변경된 바,

    - 해당 계정은 차명으로 이용되고 있거나 다수의 개인들이 공동으로 사용하는 계정으로 의심되고, 캄보디아가 FATF 취약국가인 고위험 국가인 만큼 자금세탁 위험이 높다고 판단하여 혐의거래 보고함

○ 평가

- **(IP 관련)** 가상자산 거래 시 IP는 상세기재 필요
  - 가상자산거래자, 거래상대방, 관련자의 해당 IP 주소를 반드시 기재할 것
  - 해당 IP를 사용하는 타 사용자가 있는지 파악할 수 있도록 가능하면 MAC주소도 함께 보고할 것
- **(자금출처 관련)** 가상자산 거래 시 의심거래로 판단되면 반드시 고객과의 연락 등을 통해 자금출처를 확인할 것
- **(패턴 및 거래추적 관련)** 가상자산 거래 시 의심거래로 판단되면 거래패턴, 유형별로 입출금, 입출고로 구별하여 횟수 및 금액을 정확히 기재하고,
  - chain analysis 등을 통해 거래를 추적하여 그 결과를 상세하게 "처음 - 중간 - 끝"을 중심으로 작성하여 제출할 것
  - 해당 특이패턴이 1회성으로 발생했는지 반복해서 발생했는지, 반복적으로 발생했다면 얼마의 기간 동안 몇회, 얼마의 금액이 관련되었는지 상세히 기재할 것

2. 가족을 이용한 차명거래와 타인의 자금을 가상자산으로 세탁하는 거래

○ 의심거래보고 내용

〈제목 : 차명거래와 불법환전상으로 의심되는 거래〉

1. 거래자 정보, 거래정황 등
   - 보고대상자 윤○○[730000-0000000]는 경기 수원시 영통구 효원로에 거주하며, ○○전자에 근무하는 급여소득자로, 자금원천 및 출처는 근로소득으로 확인됨
   - 보고대상자 조○○[8000000-0000000]은 경기 수원시 영통구 효원로에 거주하며, 주부로 확인됨
   * 보고대상자들의 거주지가 같고 연령을 고려할 때 부부로 추정됨

2. 거래내용, 거래빈도 등
   - 보고대상자는 **2017년 10월 26일 업비트에 계정을 개설**함(개설정보는 STR보고서에 포함되는

사항이므로 언급 불필요)
- **3개월간 원화를 약 58억 원 입금**(자금출처에 대한 확인 필요)하고, 가상자산을 입고하여 원화마켓(BTC, ETH, XRP, EOS, LINK, NEO 등)에서 매수-매도 거래가 빈번하며, 이를 원화로 약 총 158억 원 출금한 것으로 확인됨
  * 코인종류 BTC(비트코인), ETH(이더리움), XRP(리플), EOS(이오스), LINK(체인링크), NEO(네오)

3. 의심판단 및 보고사유
- 보고대상자 윤○○은 급여소득자로, 해당 계정에 현금을 입금하거나 조○○로부터 가상자산을 입고하여 대부분의 자금을 원화로 출금하고, 일부 자금은 조○○의 계정으로 가상자산을 출고한 것으로 확인됨
- 조○○의 당행 계정에서도 3개월간 원화로 약 152억 원을 출금한 것으로 확인되며, 지속적으로 해당 거래패턴이 확인됨
- 당사의 인적사항 대비 거래량과 금액이 과도하고, 부부의 계정에서 빈번하게 가상자산을 현금화하여 자금의 출처를 은폐하고 거래내용에 대한 추적을 회피할 목적이 아닌지 의심되고,
- 윤○○의 원화한도(1일 출금한도 2억 원으로)로 인해 **배우자의 계정을 이용하여 분할 원화출금하는 것은 아닌지 의심되어 혐의거래 보고함**(제목과 상이하게 불법환전에 대한 합당한 근거가 부족)

○ 평가

- **(자금출처 관련)** 가상자산 거래 시 차명거래 및 불법환전(자금세탁)으로 판단된다면 반드시 고객과 연락 등을 통해 자금의 출처를 확인할 필요가 있으며, 특히 근로소득자일 경우 고객확인제도(CDD) 수행을 통해 직급, 연봉 등의 정보를 상세하게 작성할 필요가 있음
- **(중요정보 위주의 서술 필요)** 종합의견란은 기초분석 및 상세분석에서 활용되므로, 분석관들이 정보를 효율적으로 활용할 수 있도록 중요정보 위주로 작성하고 개설일자, 거래상대방 등의 정보는 STR보고서에 정확하게 작성할 필요가 있음.

3. 자금의 원천이 의심스러운 거래

○ 의심거래보고 내용

〈제목 : 자금의 원천이 의심스러운 거래〉

1. 거래자 정보, 거래정황 등

   보고대상자 이○○(1990년생)은 부산 ○○구 ○○로 20 103동 ○○호에 거주하고 직업은 **무직(CDD 수행을 통해 직업정보 확인 필요)**이며, 자금원천 및 출처는 **투자소득(고객과 연락을 통해 자금출처 반드시 확인 필요)**임

2. 거래내용, 거래빈도 등

   - 보고대상자는 2017년 10월 24일 계정을 생성하여 주로 원화입금 후 가상자산을 원화마켓에서 매매하여 원화로 출금하는 거래를 하고 있음

   - 최근 일주일간 81건(입출고 각각 기재 필요)의 가상자산 입출고 거래가 발생하였으며, 원화로 환산하여 입고(횟수 기재 필요) 약 116억 원, 출고(횟수 기재 필요) 약 140억 원으로 총 256억 원의 가상자산이 입출고됨

   - 보고대상자는 2021년 7월 한달간 1~4일 간격으로 **5,000만 원씩 64회 원화를 출금**(총금액 기재 필요)하였고, 2021년 8월 11일부터 2021년 9월 6일까지 1~7일 간격으로 **1억 원씩 원화가 59회 입금**(총금액 기재 필요)되었으며, 2021년 9월 8일부터 현재까지 1~7일 간격으로 다시 **5,000만 원씩 원화가 72회 출금**(총금액 기재 필요)되어 지난 3개월간 **총 127억 원의 원화가 195회 입출금**(입출금 구분하여 거래횟수, 금액 등을 상세히 기재 필요)되었음

   - 또한, 지난 3개월간 해당 계정에서 35종류의 가상자산을 거래하였는데, 그중 일부인 AXS, BTC, ETH, DOGE, XRP는 **입고**(거래횟수, 금액 기재 필요)받아서 즉시 원화로 매도(거래횟수, 금액 기재 필요)하였으며, 원화로 가상자산을 **매수**(거래횟수, 금액 기재 필요)하여 동일한 1~4개의 **지갑주소**(주소번호 기재 필요)로 반복적으로 출고하는 거래가 발생하였음

   - 3개월간 AXS는 6억 7천만 원, BTC는 43억 원, ETH는 22억 원, DOGE는 52억 원, XRP는 312억 원 출고되었고, 거래상대방 지갑주소는 개인 계정으로 유추되는 **지갑주소**(주소번호 기재 필요)와 자금세탁 위험도가 높은 거래소 **바이낸스**(거래횟수, 금액 기재 필요)로 확인됨

3. 의심판단 및 보고사유
   - 보고대상자가 32세라는 젊은 나이이며 직업이 무직인 점을 고려하였을 때, 해당 계좌에서 최근 3개월간 발생한 127억 원의 원화 입출금 및 최근 1주일간 256억 원의 가상자산 입출고 거래금액은 보고대상자의 자금력 대비 과다하다고 생각되며, 자금의 원천 및 출처가 의심됨.
   - 동일한 1~4개의 개인 지갑주소로 유추되는 지갑주소와 자금세탁방지에 취약한 거래소인 바이낸스로 고액의 가상자산이 반복적으로 출고된 점 역시 의심스러워, 차명거래를 통한 자금세탁 위험이 높다고 판단하여 혐의거래 보고함.

○ 평가

- **(거래내역 상세기재 필요)** 거래내역은 가상자산 종류별로 입출금, 입출고를 각각 구분하여 거래횟수, 금액 등을 상세하게 작성할 필요가 있음
- **(지속적인 CDD 수행을 통한 자금출처 등 보고대상자 정보확인 필요)** 가상자산 거래는 금융거래와 달리 보고대상자의 정보가 심사분석에서 중요한 정보로 작용함에 따라, 가상자산사업자는 CDD 수행을 통해 보고대상자의 정보를 정확하고 면밀하게 파악하는 것이 무엇보다도 중요함

4. 빈번한 원화출금을 통해 자금세탁이 의심되는 거래

○ 의심거래보고 내용

〈제목 : 차명거래와 빈번한 원화출금이 의심되는 거래〉

1. 거래자 정보, 거래정황 등
   - 보고대상자 이○○(1974년생)은 경기 ○○시 ○○로에 거주하며, 일반기업체(**직장명, 주소 기재 필요**)에 근무하는 급여소득자로, 자금원천 및 출처는 근로소득으로 확인됨
   - 관련인 김○○(1946년생)은 경기 ○○시 ○○로에 거주하며, 일반기업체(**직장명, 주소 기재 필요**)에 근무하는 급여소득자로, 자금원천 및 출처는 근로소득으로 확인됨

2. 거래내용, 거래빈도 등
- 이○○는 2021년 3월 31일 가상자산거래소 ○○○에 계정을 개설한 이래로, 원화를 입금하거나 가상자산을 입고하여 원화마켓에서 빈번히 매매하며 현재까지 원화로 약 13,000,000,000원을 **출금**(거래횟수 기재 필요)하고, 일부 **자금**(금액 기재 필요)은 김○○의 계정으로 가상자산을 출고하였고,
- 김○○는 2021년 9월 28일 가상자산거래소 ○○○에 계정을 개설한 이래로 대부분 이○○로부터 가상자산을 **입고**(거래횟수, 금액 기재 필요)받아 원화마켓에서 **매매**(거래규모, 거래횟수, 수익률 등 언급 필요) 후 현재까지 원화로 약 2,640,000,000원을 출금함

3. 의심판단 및 보고사유
- 보고대상자 이○○와 김○○는 모자관계로, 김○○의 계정 닉네임이 이○○2로 보아 이○○가 김○○의 계정을 사용하는 것으로 추정됨. 이○○의 계정확인 시 원화를 **입금**(거래횟수, 금액 기재 필요)하거나 가상자산을 **입고**(거래횟수 기재 필요)하여 동 자금의 대부분을 원화로 출금하거나 김○○의 계정으로 가상자산을 출고하고, 김○○는 이○○로부터 가상자산을 입고하여 동 자금을 원화마켓에서 매도 후 대부분 원화로 출금한 것으로 확인됨
- 당사의 인적사항 대비 거래량과 금액이 과도한 점으로 보아 단순 투자목적의 거래로 보기 어려우며, 이○○는 원화한도(상세 설명 필요)로 인해 모친의 김○○의 계정을 신규로 개설하고 가상자산을 입고하여 분할 원화출금하는 것으로 의심되고, 가상자산을 현금화하여 자금의 출처를 은폐하고 거래내용에 대한 추적을 회피할 목적이 아닌지 의심되어 혐의거래 보고함

○ 평가

(거래내역에 대한 상세설명 및 입증 필요) 혐의자의 모자 간 거래규모 및 거래횟수 등에 대한 상세한 설명이 필요하고, 특히 엄격한 CDD 수행 등을 통해 본인의 자금이 아니라는 합당한 근거를 제시하여야 함

5. 자금력이 의심되는 원격지 거래

○ 의심거래보고 내용

〈제목 : 자금력이 의심되는 원격지 거래〉

1. 거래자 정보, 거래정황 등

보고대상자 이○○(1992년생)은 ○○시 ○○구 ○○로에 거주하며, 직업은 무직, 자금의 원천 및 출처는 금융소득으로 확인됨

2. 거래내용, 거래빈도 등

보고대상자 이○○는 2018년 3월 24일에 가상자산거래소 ○○○ 계정을 개설 후 거래가 없다가 2018년 10월 8일에 가상자산을 **입고(가상자산을 입고한 주체 확인 필요)**받은 것을 시작으로 현재까지 가상자산 매매 입출고 및 원화 입출금 거래를 하고 있음. 주로 **여러 종류(가상자산 종류 기재 필요)**의 가상자산을 입출고 및 매매하는 거래가 반복되며, 최근 3개월간 월평균 **가상자산 매매(가상자산 매도/매수 구분하여 거래횟수, 거래금액 기재 필요)**금액은 약 156억 원, 일평균 28.6건임

3. 의심판단 및 보고사유

보고대상자 이○○는 최근 3개월간 다음의 1), 2)와 같은 유형의 거래를 반복함

1) **가상자산 입고 후 매매거래를 거치지 않고 최대 1시간 내에 그대로 출고(해당 거래횟수, 금액, 시간대, 수익 등 상세기재 필요)**

2) 가상자산을 입고**(가상자산 종류 기재 필요)**하여 원화마켓에서 매도·매수 후 다른 종류**(가상자산 종류 기재 필요)**의 가상자산으로 출고하거나 원화로 출금

 - 특히, 가상자산 입출고의 경우 WAXP**(간략한 설명 필요)** 입출금 건수만 192건으로, 특정 지갑주소**(지갑주소 기재 필요)**와의 입출고 거래가 빈번히 발생**(입출고 거래횟수, 거래금액 기재 필요)**하는 점과, 원화 입출금 건수는 3개월 누적 54건**(입출금 구분 기재 필요)**이지만 금액으로는 1일 기준 최소 1억 원에서 최대 2억 원까지의 고액인 점, 현재 원화 잔고금액이 약 4억 원이라는 점**(가상자산 잔고금액도 기재 필요)**이 보고대상자의 나이(1992년생)와 직업(무직), 자금출처(금융소득) 등을 고려했을 때 과도하다 판단됨

- 또한 가상자산 출고 및 원화 출금 내역 확인 시 IP 주소(**주소 기재 필요**) 대다수가 ○○시로 확인되지만, 보고대상자의 거주지는 ○○시로 원격지 거래인 점 역시 의심스러운 바, 보고대상자의 자금여력에 맞지 않는 원격지 거래로 판단하여 혐의거래 보고함

○ 평가

- **(원격지 거래의 특이점 언급 필요)** 거래패턴 및 자금의 출처를 상세하게 분석하여 원격지인 ○○시에 거주하는 혐의자의 자금이 아닐 것 같다는 내용의 상세분석이 필요함
- **(거래내역 및 IP 언급 주의 필요)** 거래내역을 기재할 경우에는 입출고, 입출금의 언급이 필요하며, 금액을 기재하여야 분석 시 의미 있는 자료를 추출 가능하고, IP를 언급할 경우에는 주소를 명시할 필요가 있음

SECTION 3

가상자산 의심거래보고 관련 주요 위법·부당행위 사례 및 유의점

■1 의심거래 모니터링 기준 미흡

| 사례 |

가상자산사업자 C는 고객의 거래가 의심스러운 거래에 해당하는지 여부를 모니터링하기 위해 자체 의심거래 추출기준을 마련·운영 중이나, 일부 추출기준의 경우 수개월 동안 의심거래 추출(Alert)이 0건이었음에도 해당 추출기준의 유효성을 검증하지 아니함

1. 근거규정

가상자산사업자는 금융거래 등과 관련하여 수수한 재산이 불법재산이라고 의심되는 합당한 근거가 있는 경우, 그 사실을 지체 없이 금융정보분석원에 보고해야 한다(특정금융정보법 제4조).

또한, 사업자는 고객의 거래 등을 지속적으로 모니터링하고, 비정상적 거래에 특별한 주의를 기울여야 한다(자금세탁방지 업무규정 제76조, 제77조).

2. 위반 시 제재

고객의 의심거래를 3영업일 이내에 보고하지 않은 경우 3천만 원 이하의 과태료가 부과되며, 거짓으로 보고하는 경우에는 1년 이하의 징역 또는 1천만 원 이하의 벌금에 처할 수 있다(특정금융정보법 제17조, 제20조).

3. 유의점

사업자는 의심거래 모니터링 시스템이 유효한지 주기적으로 점검하고, 정상 작동하지 않을 경우 의심거래 추출기준의 변경 등을 통해 효과적인 모니터링을 이행해야 한다.

예 고객이 가상자산을 출고하여 10분간 5억 원으로 현금화하는 경우를 자금세탁 의심거래로 판단하고 있으나, 사실상 10분간 5억 원 이상의 거래 자체가 없어 의심거래 추출(Alert)이 0건임
→ 거래패턴 등을 분석하여 10분간 1억 원 이상을 인출하는 고객으로 기준 조정할 필요

가상자산사업자가 의심거래 모니터링을 하고 금융정보분석원에 보고하는 업무는 자금세탁방지를 위한 가장 중요한 요소에 해당한다.

❷ 의심거래 대상자에 대한 지속적인 모니터링 미흡

| 사례 |

가상자산사업자 D는 자금세탁 의심거래가 있는 고객 丙을 금융정보분석원에 1회 보고하였으나, 이후 丙의 추가 의심거래행위에 대해서는 금융정보분석원에 1회 보고하였다는 이유로 검토·보고하지 아니함

1. 근거규정

가상자산사업자는 금융정보분석원에 의심되는 거래를 보고한 이후에도 당해 보고와 관련된 금융거래 등의 상대방이 의심되는 거래를 하고 있다고 의심되는 경우, 금융정보분석원에 보고해야 한다(특정금융정보법 감독규정 제4조).

2. 위반 시 제재

의심거래를 보고하지 않은 경우 3천만 원 이하의 과태료가 부과되며, 고객확인 의무를 해태할 경우에는 3천만 원(고위험 고객의 경우 1억 원) 이하의 과태료가 부과될 수 있다(특정금융정보법 제20조).

3. 유의점

금융정보분석원에 의심거래로 보고한 자는 자금세탁행위 등의 우려가 매우 높은 자이므로 사업자는 해당 고객의 거래행위를 보다 면밀히 모니터링하고, 필요시 해당 고객의 자금출처, 거래목적 등에 대한 추가 증빙자료를 징구하여 고객정보를 확인할 필요가 있음

CHAPTER

2

가상자산 관련 고객확인의무

₿

고객확인의무^{CDD}의 개념 및 필요성

1 개념

1. 고객확인의무Customer Due Diligence, CDD의 개념

고객확인의무란 금융회사 등이 제공하는 금융거래 또는 서비스가 자금세탁 등의 불법행위에 이용되지 않도록 금융회사 등이 스스로 고객의 신원과 실제 당사자 여부에 대해 고객확인 및 검증을 하고, 거래관계의 목적 확인 및 실소유자 확인 등 고객에 대하여 합당한 주의를 기울이는 제도를 말하며, 결과적으로 금융서비스의 질을 높이기 위한 제도이다.

고객확인의무는 자금세탁방지업무에서 금융회사가 초기 단계에 취해야 할 가장 기본적인 의무사항을 집약한 것이며, 경영학적 관점에서 보면 고객에 대한 충분한 사전정보를 입수함으로써 불의의 금융사고로 인해 위태로워지는 일이 없도록 예방 차원에

CDD 개념에 대한 국민 홍보 포스터

서 대비하기 위한 기업의 위험관리능력Corporate Resiliency의 한 구성요소로 볼 수 있다.

Resiliency의 의미

Resiliency는 원래 공학 분야에서 사용하는 용어로, 충격을 받은 후에 다시 원래의 상태로 돌아오는 성질이다. 예컨대 고무공을 땅에 튕길 때 다시 올라오는 탄성과 같은 의미로 이해하면 된다. 어떠한 충격에 의해 잠시 후퇴하거나 영향을 받더라도 조속히 본래의 상태로 회복 또는 복귀하는 성질을 설명하는 '탄력성', '복원력', '회복성', '유연성' 등 다양한 용어로 번역된다. 기업경영의 측면에서는 부정행위가 발생한 후에 원래의 상태로 돌아온다는 것은 중요한 경영원칙을 지속적으로 유지할 수 있는 위기관리능력을 갖추고 있음을 의미한다. 기업부패위험관리(Corporate Resiliency)란 바로 이러한 뜻에서 파생한 개념으로, 부정과 부패의 발생 · 대응 · 조치에 이르는 전 과정에 대한 면밀한 검토를 토대로 부정과 부패의 위험을 평가 · 예방 · 적발 · 대응하는 일련의 재발방지 프로세스를 개선하는 능력으로 정의된다.

2. 고객확인의무의 유래

고객확인의무라는 개념이 탄생한 지는 25년 이상 되었지만, 이것이 자금세탁방지를 위한 중요업무로 자리 잡게 된 것은 1989년 FATF가 출범하고 1990년 40개 권고사항을 채택하면서부터이다. 당시 고객확인의무는 자금세탁방지와 아무런 관련 없이 탄생하였는데, 고객확인의무에 관한 규정이 처음으로 도입된 것은 감독기관의 건전성 감독과 금융회사의 자체적인 위험관리를 위해서였다.

이러한 규정을 도입한 것은, 고객주의를 실행함으로써 고객의 사업을 잘 이해하여 적절한 주의를 기울이는 것이 누적된 위험에 금융회사를 노출시키는 것을 최소화할 수 있는 가장 효과적인 방법이라는 전제에 입각하고 있는 것이며, 이는 곧 전통적인 건전경영 원칙이기도 하다.

1970년대 스위스의 한 은행의 금융 스캔들에 자극을 받아 스위스 은행협회와 은행들이 1977년에 맺은 신사협정인 「스위스은행원 행동준칙the Swiss Bankers Code of Conduct」에 처음으로 고객확인의무 등을 규정으로 등장시켰다.

이 준칙의 주요 내용이 이후에 1990년대 FATF 권고사항 등에 반영되었다. 이러한 고객확인의무는 결국 금융회사가 자신의 고객을 얼마나 잘 알고 있는가에 대한 중요성을 인지하는 척도이며, 미국에서는 고객알기정책Know Your Customer, KYC 이라는 명칭으로 잘 알려져 있다.

3. 업무지침(매뉴얼) 작성 및 이행

금융회사 등은 고객확인의무를 효과적으로 운영하기 위해 다음과 같은 내용을 포함한 자체 업무지침(매뉴얼)을 작성하여 이행하여야 한다.

① 고객확인의무 적용대상 및 이행시기

② 위험 기반의 고객확인 및 검증 절차

③ 고객확인 및 검증 거절 시 절차

④ 고객공지의무 등

자금세탁방지 업무규정

제21조(업무지침의 작성 및 운용) 금융회사 등은 법 제5조의2에 따라 고객확인을 효과적으로 이행하기 위해 작성·운용하는 업무지침에 다음 각 호의 사항을 포함하여야 한다. 다만, 법 제5조의2에 따른 업무지침은 법 제5조 제2호에 따른 업무지침에 포함하여 작성·운용할 수 있다.

1. 고객확인의 적용대상 및 이행시기

2. 자금세탁 등의 위험도에 따른 고객의 신원확인 및 검증 절차와 방법

3. 고객의 신원확인 및 검증 거절 시의 처리 절차와 방법

4. 주요 고위험 고객군에 대한 고객확인 이행

5. 지속적인 고객확인 이행

6. 자금세탁 등의 위험도에 따른 거래 모니터링 체계 구축 및 운용 등

---

2 필요성

금융회사의 고객확인의무는 금융회사가 고객의 수요에 맞는 금융서비스를 제공하면서도, 정확한 고객심사를 통해 부실대출의 가능성을 최소화하고 금융회

사의 평판위험을 줄일 수 있는 장치로
인식되고 있다.

아울러, 자금세탁방지 측면에서
는 금융회사가 평소 고객에 대한 정보
를 파악·축적함으로써 고객의 혐의
거래 여부를 파악하는 토대가 되는 것
으로, 자금세탁방지제도의 필수요건
이라 할 수 있다.

1. 금융회사 등의 건전성 제고

고객확인의무제도 도입을 통해
자금세탁 위험, 평판·운영·법률 위

CDD 필요성에 대한 국민 홍보 포스터

험을 효과적으로 관리함으로써 금융회사 등의 건전성을 제고할 수 있다. 고객확인
의무는 단순히 거래개시 때의 고객확인과 기록보관뿐만 아니라, 거래고객으로
받아들일지 여부에 대한 심사체계, 고위험 계좌에 대한 보다 광범위한 고객실사작
업을 포함한 다단계 고객식별 프로그램, 그리고 의심되는 거래활동에 대한 선제적
인 계좌 모니터링 등을 포괄한다.

이러한 고객확인의무는 자금세탁방지뿐만 아니라 금융회사의 건전성과 안전
성의 유지를 위해서도 필수적이다. 적절한 고객실사가 이루어지지 않을 경우 평판
위험, 운영위험, 법률위험 및 고객편중 위험에 처하게 되고, 상당한 재무적 비용을
유발할 수도 있다.

금융회사들의 국제업무 및 프라이빗 뱅킹 업무가 활성화되면 수익성이 제고
될 수 있는 반면에 자금세탁, 대형 금융사고 등으로 인하여 해당 금융회사의 건전
성과 안전성이 크게 훼손될 가능성도 있다. 따라서 금융회사는 '고객을 정확하게

인지할 수 있는 고객확인의무 전략'을 강화하여 운영할 필요가 있다.

금융회사들이 고객확인의무를 소홀히 한 경우에 입는 피해는 BCCI 은행의 자금세탁 연루에 따른 공신력 실추 사태 등에서 잘 나타나고 있다.

'BCCI 은행' 청산

▲뉴욕 = BCCI 뉴욕대리점의 영업을 정지시켰는데, BCCI는 지난 1988년 마약밀매 자금 중개혐의로 미국에서 기소되어 1990년 1천 5백만 달러의 벌금을 납부했으며, 1990년 2월 미국 연방준비제도이사회는 BCCI가 미국의 퍼스트 아메리칸 뱅크 오브 워싱턴을 비밀리에 소유한 것을 발견, BCCI와 동생 간의 모든 자금거래를 중지

자료 | 연합뉴스, 1991.7.11. 기사

따라서 금융거래의 건전성과 투명성 및 금융시스템의 안정성을 제고하고, 금융회사뿐만 아니라 국민 및 기업의 대외 금융거래에 대한 신뢰도를 향상하기 위해서는 불법자금 등의 세탁행위를 사전에 예방하는 것이 필수요소이다. 엄격한 고객확인의무의 필요성은 비단 금융회사에서만 국한되는 것은 아니다. 환전업자 등 비금융회사와 금융서비스를 제공하는 변호사 및 회계사 등 전문직종 종사자들도 유사한 지침을 개발할 필요가 있다.

2. 의심되는 거래보고의 효용성 제고

금융회사는 고객 및 금융거래의 정확한 정보확보를 통해 의심거래보고제도 STR를 보완하는 등 동 제도의 효용성을 제고할 수 있다. 왜냐하면 금융회사는 평소 고객에 대한 정보를 광범위하고 정확하게 파악함으로써 의심되는 거래를 효과적으로 파악하고 보고할 수 있기 때문이다. 이러한 효용성과 더불어 고객확인의무는 국제적으로도 의심거래보고제도의 기초를 이루는 것으로 인식되고 있다.

3. 자금세탁방지 환경변화에 능동적 대응 및 새로운 금융서비스와 이익 창출

국제기준의 변화, 전자금융의 발전 등 외부환경 변화에 맞게 자금세탁 위험을 감소시키기 위해 금융회사 등이 스스로 고객의 자금세탁 위험에 따라 차별화된 고객확인의무를 수행할 필요가 있다.

고객확인의무는 금융회사가 자신이 서비스를 제공하는 고객에 대해 충분히 알고자 하는 데에 그 취지가 있으며, 이러한 고객확인의무의 목적은 고객의 자금세탁 등 불법행위의 방지이다. 그 고객이 자금세탁을 위해 금융회사를 이용하고 있다면 금융회사는 본의와 다르게 고객의 불법행위의 하수인으로 전락하는 결과가 될 수 있기 때문이다.

따라서 금융회사가 자신의 비즈니스를 불법행위로부터 보호하기 위해서는 고객의 잠재적인 자금세탁 가능성에 대하여 충분한 경각심을 가질 필요가 있다.

사실 '고객에 대한 충분한 정보'는 금융회사가 영업을 수행하기 위한 가장 기초적인 자산이다. 따라서 고객확인의무의 시행은 금융회사에 부담인 동시에 도움이 될 수도 있다. 동 의무는 금융회사의 고객데이터베이스를 충실히 하는 것과 연관된다. 흔히 고객데이터베이스를 풍부하게 하여 자신의 영업에 충실히 이용하는 것을 고객관계관리Customer Relationship Management, CRM라고 한다.

이는 동일한 데이터베이스를 고객영업이라는 관점에서 사용하는 개념이다. 고객데이터베이스의 충실화라는 측면에서 고객확인의무와 고객관계관리는 동일해 보일 수 있지만 초점은 약간 다르다. 고객확인의무는 계좌의 실소유주를 파악하거나 거래의 의도와 목적을 파악하는 것이 중요하다. 고객 자금의 원천 또는 거래의 목적이 불법적인지 아닌지를 파악하는 것이 중요하다는 뜻이다. 물론 고객확인의무를 시행하는 과정에서 고객관계관리에 필요한 결정적인 정보를 얻을 수도 있다.

고객확인의무의 기본원칙과 새로운 접근법

1 고객확인의무의 기본원칙

법률규정이 아니라 자발적으로 고객확인의무를 도입한 민간은행의 방침을 보면 고객확인의무의 기본원칙을 한눈에 알 수 있다.

아메리칸 익스프레스 은행은 3가지 원칙, 즉 "고객수용정책", "고객신분확인", "지속적인 모니터링과 위험관리"를 채택하고 있는데, 다른 선진은행들도 유사한 내용의 원칙을 운영하고 있다.

고객수용정책은 합법적인 거래를 하고 합법적인 출처로부터 수익과 부를 축적한 신망 있는 고객만을 대상으로 거래한다는 방침이며, 고객신분확인은 모든 고객의 신분, 배경, 업무를 확인·기록하고, 모든 거래관계에서 실소유주의 신분을 확인하며, 고객이 은행의 금융상품과 서비스를 통해 달성하려는 거래목적을 파악해야 한다는 규정이다.

그리고 '지속적인 모니터링과 위험관리'는 축적된 정보를 토대로 예상되는 고객의 거래유형 및 거래수준을 합리적으로 파악하고, 비정상적인 활동이나 의심이 가는 거래를 포착하기 위한 거래내역 파악 및 정기적인 모니터링을 실시하며, 의문이 제기되거나 일관성이 없는 사항이 포착될 경우에는 적절한 조치를 취하는 것을 의미한다.

2 고객확인의무의 새로운 접근법

1. 규정 중심 접근방식

고객확인의무의 개념과 실행내용은 점점 세련되고 발전되어 왔다. 1990년 FATF가 자금세탁방지업무에 이를 도입할 당시 고객확인의무는 금융회사가 준수해야 할 규정 중심으로rule based approach 정의되었다. FATF는 1990년과 1996년에 40개 권고에서 자금세탁방지를 위하여 금융회사가 지켜야 할 고객확인의무를 다음 5가지 사항으로 규정하였다.

① 고객(모든 계속거래고객과 일정 금액 이상의 일시거래고객)의 신분을 확인하고 공식 문서에 의하여 검증한다. 만약 금융거래가 당해 고객을 위한 것이 아닐 경우에는 실소유주의 신분을 확인한다.

② 복잡하거나 비정상적으로 거액인 거래 또는 합리적 목적이 없는 비정상적 거래패턴 등에 대해서는 강화된 고객확인의무를 적용한다.

③ 정보는 기록해야 하며 최소 5년간 보관한다.

④ 자금세탁의 의심이 있는 경우에는 관계당국(FIU 등)에 보고한다.

⑤ 임직원에 대한 교육을 실시하고, 내부의 준법감시 개념을 발전시키며, 내부체제를 점검하기 위한 감사기능을 도입한다.

금융감독당국은 자금세탁을 방지함으로써 금융시스템에 대한 공공의 신뢰를 지킬 목적으로, 금융회사가 직면할 각종 위험과 이를 방지하기 위하여 취해야 할 조치를 규정하였다.

금융회사는 그 규정을 지키지 않으면 제재를 받게 되고, 규정을 지킨 경우에는 책임을 다한 것으로 간주되었다. 이러한 방식의 고객확인의무 운영은 금융회사에게 불필요한 많은 부담을 주고 복잡한 절차를 요구하는 반면, 개별 계좌의 특수한 리스크에 대해서는 별도의 조치를 요구하지 않았으므로 경우에 따라서는 자금세탁방지라는 효과 측면에서 부적절한 경우가 많았다.

2. 새로운 접근방식의 등장

규정 중심 접근방식의 대안으로 새로운 접근방식이 등장하였는바, 바로 위험기반 접근방식risk based approach이다. 이러한 접근방식의 전환에 결정적으로 기여한 것은 세계적인 10개 민간은행의 협의체인 "볼프스베르그 그룹"과 국제결제은행 BIS 산하의 "은행감독에 관한 바젤위원회"이다.

이러한 접근방식의 전환은 비용과 효과를 우선 고려하는 민간 금융회사의 적극적인 참여에 의해 이루어졌다. 위험 중심 접근방식에서는 고객수용절차 customer-acceptance procedure와 지속적인 모니터링ongoing monitoring을 강조한다.

고객의 공식적인 신분을 확인하는 것에서부터, 더 나아가 정상적인 거래패턴을 이해하고 비정상적인 거래를 찾아낼 수 있도록 고객의 사업을 이해하기 위한 정보획득에 중점을 둔다. 획득한 정보는 고객파일customer profile로 관리하며, 모니터링 결과를 반영하여 정기적으로 정보를 갱신한다.

▼ 규정 중심 접근방식과 위험 기반 접근방식의 비교

규정 중심 접근방식 (1990년~2000년)	위험 기반 접근방식 (2000년 10월 이후)
• 계좌개설 등 첫 거래 당시의 신분확인에 중점	• 고객의 거래성격 및 거래목적 파악에 중점
• 공식적인 자료에 의하여 명목상의 계좌 소유주의 신분을 확인하는 데 중점	• 계좌 실소유주(beneficial owner)의 신분확인과 검증을 강조 • 기업과 신탁의 통제구조 및 수익자 확인이 중요
• 확인한 고객정보는 자료로 남기는 것이 중요	• 거래패턴 파악을 위한 "고객파일(customer profile)" 관리가 중요
• 고객 · 상품 등의 위험도에 대한 구분이 없는 일률적 접근	• 고객 · 상품 등의 위험도에 따라 차등접근

• 규정준수 중심	• 성과 중심
• 1회 확인에 중점	• 지속적인 모니터링에 중점
• 독자적 '고객수용정책' 없음	• 독자적 '고객수용정책' 운용
• 감독기관이 주도적 역할	• 민간 금융회사가 주도적 역할
• 절차가 복잡하고 많은 비용 소요	• 절차가 간단하고 비용 저렴

3. 위험 기반 접근방식

위험 기반 접근방식에서 무엇보다 중요한 점은 고객의 업종과 금융상품 및 지역 등에 따라 위험도를 분류하고, 위험도가 큰 고객이나 금융상품 및 특정 지역 대상 거래 등에 대해서는 특별한 주의의무를 기울임으로써 자금세탁이나 불법거래를 효과적으로 방지한다는 것이다.

이러한 접근방식은 모든 계좌와 금융거래에 동일한 기준과 원칙을 적용시켜야 했던 규정 중심 접근방식에 비해 상대적으로 훨씬 단순하고 금융회사의 부담을 경감시켜 줄 뿐만 아니라 비용도 저렴한 반면, 성과는 오히려 더 높다는 점이 특징이다. 또한, 전자는 금융감독당국의 요구와 강제에 의하여 이행되었다고 한다면, 후자는 금융회사의 자발적인 참여로 이루어졌다는 점에서 차이가 있다.

위험 기반 접근방식의 주요 내용을 항목별로 분류하여 살펴보면, 고객확인의무 실행항목은 고객수용정책, 고객신분의 확인·검증, 실소유주의 확인·검증, 고객의 목적 및 진정한 의도 파악 등 9가지로 구분할 수 있다.

(1) 고객수용정책 Customer Acceptance Policy

각 금융회사가 자신의 금융거래가 자금세탁 등 불법행위에 이용되지 않도록 하기 위하여 어떤 고객을 자신의 고객으로 수용할 것인가에 관한 기본방침이다. 예를 들면, 합법적으로 재산을 형성하고 합법적인 거래를 하는 고객을 신망 있는 고객으로 분류하고 이러한 고객들과 주로 거래할 것을 천명하는 한편, 위험이 있는 것으로 분류되는 고객은 업무부서장의 승인을 받아 거래를 개시하도록 하는 등 고객수용의 기준을 마련하는 것이다.

(2) 고객신분의 확인 · 검증

고객의 신분에 관하여 충분히 신뢰할 수 있는 정보를 획득하고 검증하기 위한 절차와 방침을 갖는 것이다.

(3) 계좌 실소유주의 신분 확인 · 검증

거래고객이 계좌에 관한 통제권이 없거나 실소유주가 아니라고 판단될 경우, 계좌의 실소유주에 관하여 충분히 신뢰할 수 있는 정보를 얻고 이를 검증하기 위한 합리적인 조치를 취한다.

(4) 고객의 거래관계 개설의 목적과 진정한 의도를 파악

고객이 왜 계좌를 개설하며, 금융회사가 제공하는 상품과 서비스를 통하여 달성하려는 목적이 무엇인가를 파악하는 절차를 도입하는 것이다. 계좌개설 또는 거래개시 당시에는 그 의도를 파악할 수 없더라도, 지속적인 모니터링과 조사를 통하여 거래패턴을 파악하고 정보를 축적하면 이에 관한 정보를 획득할 수 있다.

(5) 고객파일customer profile의 작성 · 관리

고객에 관한 정보는 계좌개설 시에만 수집 · 축적되는 것이 아니라, 거래에 대한 모니터링과 사후검토를 통해서도 수집되고 갱신된다. 수집된 정보는 고객파일에 최종적으로 수집 · 관리되는데, 고객파일은 ⅰ) 고객과 고객의 거래를 총체적으로 파악할 수 있게 하고, ⅱ) 고객의 거래목적과 의도를 파악할 수 있게 해주며, ⅲ) 의심되는 거래를 발견하였을 때 불법성 여부를 판정하는 데 도움을 주는 역할을 한다.

(6) 지속적인 모니터링과 정보갱신

고객의 거래를 지속적으로 모니터링하여 일관성이 없는 거래, 정상패턴을 벗어난 거래, 의심되는 거래 등을 분리해 내고, 분리된 거래에 대해 주의를 기울임으로써 자금세탁 등의 불법거래 위험을 효과적으로 통제·감소시킬 수 있는 정보를 취득하는 과정이다. 모니터링을 통하여 새로운 정보가 취득된 경우에는 고객파일을 갱신하게 되는데, 이것이 정보갱신이다.

(7) 고위험 거래(고객)에 대한 강화된 고객확인의무

프라이빗 뱅킹 등 자금세탁 위험이 높은 상품이나 불법거래 위험이 있는 고객에 대해서는 강화된 고객확인의무를 실행하는 것을 말한다. 자금세탁뿐만 아니라 테러자금조달 차단에 초점을 맞춘 미국의 애국법Patriot Act의 경우, 고위험 상품 또는 거래에 대한 강화된 고객확인의무를 특히 강조하고 있다.

(8) 기록의 보관·관리

고객확인의무와 관련한 모든 서류와 기록은 최소한 5년 이상 보관하도록 하는 것이다.

(9) 임직원에 대한 교육훈련

금융기법과 금융상품이 다양화됨에 따라 자금세탁의 유형과 기법도 다양화되므로, 고객확인의무와 관련하여 금융회사 임직원에 대한 정기적인 교육이 필요한 바, 이에 대한 기준과 절차를 마련하는 것이다.

중요한 것은 이러한 9가지 항목을 규정으로 반영하여 실행하고 있느냐가 아니라, 실질적인 성과를 거둘 수 있도록 고객확인의무 실행의 진정한 의지를 가지고 제도를 운영하고 있느냐 하는 것일 것이다.

고객확인의무에 대한 국제기준과 주요국 사례

① 고객확인의무에 대한 국제기준

고객확인의무는 2001년 10월 BIS의 은행감독을 위한 바젤위원회Basel Committee on Banking Supervision가 "Customer due diligence for bank"라는 보고서를 발표하면서 본격적으로 논의되기 시작하였다.

이러한 논의를 이어받아 FATF는 1990년대 초반 자금세탁방지를 위해 발표한 '40개 권고사항'에 고객확인의무를 대폭 추가하여 2003년 6월 '새로운 40개 권고사항'을 발표하였다.

세계적으로 유명한 금융회사들도 2000년 10월과 2002년 11월 '프라이빗 뱅킹 관련 고객확인의무' 등에 대한 표준을 자발적으로 발표한 바 있다. 요컨대 고객확인의무는 사실상 금융회사가 준수해야 할 국제적 표준global standard이 되었다.

1. BIS의 고객확인의무

(1) 고객확인의무의 정의

바젤위원회의 CDD지침Customer Due Diligence for Banks 제19항에서는 "모든 금융회사는 높은 윤리기준과 직업기준을 추구하고 금융회사가 범죄행위에 이용되는 것을 방지하기 위한 정책, 실행방안, 절차를 마련해야 한다. 고객확인의무 기준은 핵심사항을 반드시 포함하여야 하는 바, 그것은 금융회사의 리스크 관리 및 내부통제절차를 기본으로 하여 ⅰ) 고객수용정책, ⅱ) 고객신분확인, ⅲ) 고위험high risk 계좌에 대한 상시 모니터링, ⅳ) 위험관리risk management 등 네 가지 사항을 포함해야 한다."고 설명하고 있다.

이어서 CDD지침은 "은행은 취급한 금융거래가 고객의 정상 거래형태와 다른 비정상 거래인지 여부를 점검하기 위하여 고객의 신분을 확인해야 할 뿐만 아니라 거래를 모니터링 해야 한다. 고객확인의무는 은행의 위험관리 및 통제절차에 있어 핵심요소가 되어야 하며, 일반적인 준법감시업무와 내부감사업무에 의해 보완되어야 한다. 상기 핵심사항보다 강화된 고객확인의무 프로그램의 시행 여부는 은행의 위험 정도에 따라 결정되어야 한다."라고 규정한다.

(2) 건전성 확보수단으로서의 고객확인의무

바젤위원회는 고객확인의무가 금융회사의 건전성을 확보하기 위한 필수적인 요소임을 강조하여 규정하고 있다. 건전한 고객확인의무절차는 금융회사의 안전성 및 건전성 측면과 긴밀하게 관련되어 있는데, 금융회사가 금융범죄의 표적이 되거나 수단으로 이용되어 평판을 훼손하게 될 가능성을 감소시킴으로써 금융시스템의 정합성integrity과 평판을 보호하며, 건전한 위험관리를 위한 핵심요소를 구성한다고 한다.

고객확인의무 정책이 없거나 부적절할 경우, 금융회사는 심각한 고객리스크, 특히 평판위험, 운영위험, 법률위험, 편중위험 등에 직면할 수 있는데, 동 위험들은 서로 연관성이 있지만 이 중 어느 한 가지의 위험만으로도 금융회사에게 막대한 재정적 비용을 발생시킬 수 있으며, 야기되는 문제들에 대응하기 위해 엄청난 시간과 에너지가 낭비될 수 있다는 것이다.

특히 관리위임자산이나 수탁자산 등을 처리할 때 평판위험에 노출되기 쉬워진다. 그리고 은행의 각종 프로그램 이행의 취약성, 비효과적인 통제시스템, 잘못된 고객확인업무 처리 등이 운영 위험의 발생원인이 된다. 이러한 사실에 기반하여 금융회사가 효과적으로 운영 위험을 관리하지 못한다고 일반인들이 인식하게 될 경우, 해당 금융회사의 업무에 불리한 영향을 끼칠 것이다. 따라서 금융회사는 효과적인 고객확인의무 프로그램을 통하여 이를 지속적으로 경계함으로써 자기

자신을 보호할 필요성이 있다.

　동 지침은 금융회사가 반드시 지켜야 할 고객확인의무 기준을 위반하거나 고객확인의무절차를 제대로 이행하지 아니하여 소송을 당할 수 있다는 점을 강조하고 있다. 또한 감독기관은 금융회사가 편중여신을 파악하는 시스템을 갖춰야 할 뿐만 아니라, 1인 차입자 또는 차입자 그룹에의 과도한 리스크 노출을 제한하기 위한 합리적인 한도를 설정할 것을 요구하고 있다. 즉, 차입자에 대한 정확한 정보 및 다른 차입자와의 관계를 먼저 파악하지 않는 한 금융회사의 편중여신 위험을 측정하기가 어렵다. 특히 이러한 위험은 관련 차입자 또는 연계대출 등과 관련이 깊다.

2. FATF 권고사항

(1) 개요

FATF 권고사항은 위험 기반 접근방식에 따른 고객확인의무를 요구한다.

(2) 위험 기반 접근방식의 고객확인의무

　고객확인의무의 내용은 국제표준으로 정리되었다고 할 수 있는 FATF의 개정 40개 권고사항 제10조에 가장 잘 나타나 있다. 그 주요 내용을 옮겨 보면 다음과 같다.

[권고 10. 고객확인의무] (前 권고 5)

금융회사의 익명 또는 가명계좌 개설은 금지되어야 한다.

금융회사는 다음과 같은 경우, 고객확인을 이행할 의무가 있다:
(ａ) 거래관계(business relation)를 수립하는 경우
(ｂ) 다음과 같은 일회성 거래행위(occasional transactions)를 행하는 경우: ⅰ) 기준금액

(USD/EUR 15,000) 이상의 거래, ⅱ) 권고사항 14.의 주석서(Interpretative Note)에 의해 규제되는 전자자금 이체(electronic funds transfers)

（ｃ) 자금세탁 또는 테러자금조달이 의심되는 경우

（ｄ) 기존에 확보된 고객확인정보의 진위나 타당성이 의심되는 경우

금융회사가 고객확인을 이행하여야 한다는 원칙은 법률로 규정되어야 한다. 각국은 법률 또는 기타 강제력이 있는 수단(other enforceable means)을 통해 개별 고객확인의무를 어떻게 부과할지 결정할 수 있다.

고객확인 조치는 다음과 같이 행해져야 한다:

（ａ) 신뢰성 있고 독립적인 문서·데이터 또는 정보를 이용하여 고객의 신원을 확인하고 검증할 것

（ｂ) 실소유자의 신원을 확인하고, 실소유자의 신원을 검증하기 위한 합리적인 조치를 취하여 금융회사가 그 계좌의 실소유자가 누구인지 파악할 수 있어야 함. 법인 및 법률관계의 경우, 금융회사는 법인 등의 소유권과 지배구조를 파악하여야 함

（ｃ) 거래관계의 목적 및 성격에 대한 정보를 이해하고, 필요시 확보할 것

（ｄ) 거래관계에 대한 지속적인 고객확인절차 이행(ongoing due diligence) 및 거래관계 수립 이후 실시된 거래에 대한 면밀한 조사를 수행하여 고객, 고객의 사업 및 리스크 프로필, 그리고 필요한 경우 자금출처에 대해 금융회사가 파악하고 있는 바가 실제 거래내용과 일치하도록 할 것

금융회사는 (a)~(d) 조항의 모든 고객확인 조치를 이행할 의무가 있으며, 이때 본 권고사항에 대한 주석서와 권고사항 1.(위험 기반 접근법)에 대한 주석서에 부합하도록 해당 조치의 범위를 결정하여야 한다.

금융회사는 고객 및 실소유자의 신원검증을 거래관계 수립 이전 또는 거래관계를 유지하는 동안 또는 일회성 거래행위의 수행 이전에 이행할 의무가 있다. 다만, 자금세탁 및 테러자금조달 위험이 효과적으로 관리되고 있고 정상적인 거래를 위하여 불가피한 경우, 각국은 금융회사가 거래관계 수립 후 합리적으로 수행 가능한 최단기간 내에 검증절차를 수행할 수 있도록 할 수 있다.

금융회사가 위의 (a)~(c)의 조항에 해당하는 의무사항을 이행할 수 없을 경우에(위험 기반 접근법에 따라 적용범위가 적절하게 조절 가능) 계좌개설, 거래관계 수립 또는 거래이행을 하지 말아야 하고, 이미 수립된 거래관계는 종결지어야 하며, 해당 고객에 대한 의심거래보고(suspicious transactions report) 여부를 고려하여야 한다.

본 권고사항은 모든 신규고객에게 적용되어야 하고, 금융회사는 중요성과 위험성에 비례하여 기존고객에게도 본 권고사항을 적용하여야 하며, 적정한 시기에 기존 거래관계에 대한 고객확인을 이행하여야 한다.

■2 주요국의 고객확인의무 현황

1. 미국

미국은 자금세탁방지업무 원조국임에도 고객확인의무를 전면적으로 법률로 도입한 것은 9.11 테러로 인해 애국법을 입법한 이후이므로 매우 늦은 셈이다.

그러나 선진체제를 갖춘 미국의 금융회사들은 자체적인 위험관리와 대외적 평판보호를 위해 이미 오래 전부터 자율적으로 도입하여 시행해 오고 있었다. 이러한 자율적 시행 분위기 조성에는 금융감독기구인 FRB^{Federal Reserve Board}(미국 중앙은행) 검사감독에서 금융회사의 건전성 제고를 위한 고객확인의무 도입 필요성을 꾸준하게 지도하고, 검사 매뉴얼에 동 내용을 포함시켜 금융회사의 시행을 유도한 것이 매우 큰 역할을 하였다.

미국의 은행감독기구인 FRB, FDIC^{Federal Deposit Insurance Corporation}(미국 연방예금보험공사), OCC^{Office of Comptroller of Currency}(미국 재무부 산하 은행감독기구) 등은 자신의 감독영역에 있는 은행들이 자금세탁방지를 위한 각종 프로그램을 실행할 것을 강력히 권고하였다.

하지만 은행들은 이러한 프로그램 운영에는 혜택보다는 비용이 월등히 크다고 생각하여 그다지 적극적이지 않았다. 이에 대하여 미국의 은행감독기구들은 은행들이 자금세탁에 연루되었을 경우, 강력한 제재조치를 취함으로써 자금세탁방지 프로그램의 적극적인 도입을 유도하였다.

한편, 1990년대 중반 프라이빗 뱅킹이 확산되면서 FRB는 은행이 자신의 고객을 알아야만 올바른 자금세탁방지가 가능하다는 것을 깨닫고, 고객에 대한 정보를 수집하고 축적할 것을 은행들에 권고하기 시작하였다. 이러한 권고 및 지도를 '고객알기정책Know Your Customer Policy'이라고 부르게 되었다.

동 정책은 1997년 은행비밀법Bank Secrecy Act의 검사 매뉴얼에 포함됨으로써 사실상 은행이 의무적으로 실행해야 할 프로그램이 되었다. 1998년 말 FRB는 동 정책을 자신의 연방규칙Federal Regulation에 포함시키려고 하였다. 그러나 국민들과 은행들의 강한 저항에 부딪혀 이러한 시도를 포기하고 말았다.

이러한 분위기는 9.11 테러를 기점으로 반전되었다. 국가안보를 위해 자금세탁방지가 꼭 필요하며, 이를 위해 약간의 프라이버시를 희생해도 좋다는 사회적 분위기가 형성된 것이다. 이러한 분위기는 애국법the USA Patriot Act으로 나타났다. 동법은 은행감독기관이 추구하여 왔던 고객알기정책이 증권, 보험 등 기타 금융 분야로 확산되는 계기가 되었다.

9.11 테러 이전의 자금세탁방지는 주로 마약거래를 대상으로 하는 소매금융에 초점이 맞추어져 있었기 때문에 '실소유주beneficial owners'나 고객 계좌의 소유주를 철저하게 확인하도록 하고 있었다.

결론적으로, 미국의 고객확인의무의 특징은 민간의 자율규제self-regulation가 매우 발달한 반면, 법 규정은 금융회사가 지켜야 할 최소한의 사항만 규정하고 있다는 점이다.

2. 스위스

은행산업이 경제의 주요 부분을 차지하고 있고, 비밀주의가 강한 것으로 알려져 있는 스위스가 금융회사의 평판보호에 관심을 기울이게 된 계기는 1970년대 프라이빗 뱅킹 부문의 비밀주의로부터 연유한 금융 스캔들이다.

'금융의 중심'이라는 세계적인 명성을 보호해야 할 강력한 필요성을 느낀 스위스 은행들과 은행협회 및 중앙은행이 1977년 신사협정을 맺고 「스위스 은행원 행동준칙the Swiss Bankers Code of Conduct」을 발표함으로써 고객확인의무의 도입이 시작되었다. 스위스의 고객확인의무 규정은 사실상 실소유주의 신분을 효과적으로 확인하는 등 고객확인의무 실행을 위한 국제표준 형성에 선도적 역할을 수행한 것으로 알려져 있는데, 이러한 사실은 FATF의 평가에서도 잘 나타나 있다.

"스위스의 자금세탁방지체제는 은행의 일상적인 업무에 굳건히 뿌리를 내리고 있는 강력한 고객확인절차에 의존한다. 이러한 은행의 업무처리는 강력한 고객비밀보호원칙에 입각하면서도 고객확인의무를 철저하게 시행하는 것이 그 특징이다. 과거 경험으로부터 터득하기도 했지만 (특히, 프라이빗 뱅킹 부문에서) 법률적 측면에서도 업무를 주요하게 취급하는 국제적 금융센터의 하나라는 사실을 깨닫게 된다. … 끝으로 스위스 자금세탁방지체제의 일차적 목표는 계좌개설 단계에서부터 위험요소를 원천적으로 차단하는 데 있다."

스위스 은행들이 부정 및 테러자금 차단을 위해 2004년 7월 1일부터 익명으로 번호만을 등록하는 은행계좌서비스를 제공하지 않는다고 스위스 당국은 밝힌 바 있다. 이 같은 조치는 스위스 은행들의 익명계좌가 탈세, 테러자금, 자금세탁 등의 통로가 되는 것을 막기 위해 스위스 정부가 제정한 자금세탁방지법이 발효됨에 따라 취해진 것이다.

이 법은 2003년에 입법되어 2004년 6월 30일로 1년의 유예기간이 종료됐다. 이에 따라 고객들은 신분을 밝히지 않은 채 계좌를 개설할 수 없다. 다만, 스위스

내 은행에서 일정 수준으로 사생활을 보호하는 계좌를 개설할 수는 있는데, 고객은 은행에 성명 등 신원을 반드시 밝혀야 한다. 예를 들어, 성명 대신 번호로 계좌를 개설할 수는 있지만, 이 경우에도 은행은 고객 개개인의 신원을 파악해야 한다. 때문에 이 계좌를 통한 송금 등 모든 거래는 추적이 가능하게 된다.

3. 영국

영국은 일찍부터 자금세탁방지제도를 도입하여 의심거래보고 등 자료축적을 매우 훌륭하게 수행하였다. 하지만 실제로 범죄행위를 기소한 사례는 매우 적으며 (총 8만 건의 의심거래보고 중 3건이 기소됨), 이것은 영국의 자금세탁방지제도의 심각한 문제점으로 지적되고 있다.

많은 전문가들은 그 원인을 고객확인의무를 시행하지 않았기 때문이라고 지적한다. 실제로 영국은 고객확인의무를 2003년 7월에 은행협회에서 전면적인 시행사항으로 채택하였다. 그러나 새롭게 채택한 자율규칙에 진정한 실소유주 확인 관련 규정이 명확하지 않아, 일부에서는 영국 금융계가 고객확인의무를 진정으로 실행할 의지를 가졌는지에 대하여 의문을 제기하고 있다.

4. 싱가포르

싱가포르는 동남아시아의 금융허브로 성공적으로 자리를 잡았지만, 1999년 FATF 평가에서 자금세탁방지제도를 갖추지 못하고 있는 문제국가라는 혹독한 비판을 받았다.

이에 자극받아 1999년부터 2년간에 걸쳐 강력한 자금세탁방지법제도를 구축했고, 고객확인의무는 2001년에 싱가포르 통화청이 은행협회와 공동으로 지침서에 이를 포함시킴으로써 본격 도입되었다. 동 지침서에 따르면 실소유관계 확인을 포함하는 고객확인의무 규정을 따르지 않을 경우, 영업인가가 취소될 수 있다.

이러한 정책을 취하게 된 것은 국제규범을 따르지 않고서는 결코 국제적 중심 금융시장으로 발전을 지속해 갈 수 없다는 사실을 깨달았기 때문이다. 이는 FATF 의 평가에서도 잘 나타나 있다.

"감독당국은 금융시장의 관리된 자유화를 허용하는 한편, 자금세탁방지 관련 법과 규정을 한층 강화했다. 당국은 감독 중점을 지금까지의 규제regulation 위주에 서 리스크 중심 방식을 채용한 사후감독 위주로 바꿔 가고 있다. 그들의 최우선 목표는 싱가포르 은행산업의 명성을 보호하는 데 있다. 이러한 룰이 잘 작동하고 있는가에 대해서는 증거가 부족하다. 여전히 금융정보를 공유하기를 매우 꺼리고 있는 등 심각한 의문이 제기되고 있기 때문이다. 비밀주의문화the culture of secrecy도 아직 극복하지 못한 것 같다."

AML/CFT 위험관리체계와 위험평가

■1 위험관리체계

1. 위험 기반 접근법의 개요
위험 기반 접근법이란 금융질서 유지를 위한 가용자원이 우선순위에 따라 배분되어야 한다는 원칙으로, 간단하게 말하면 큰 위험에 많은 주의를 기울여야 한다는 것이다.

예를 들어, 자금세탁의 위험도에 따라 금융회사의 고객확인의무Customer Due

Diligence, CDD 중 일부를 면제하고 간소화된 고객확인의무Simplified Due Diligence, SDD를 적용하거나, 강화된 고객확인의무Enhanced Due Diligence, EDD를 적용한다.

이러한 위험 기반 접근법은 필연적으로 위험관리절차Risk Management Process의 도입을 내포한다.**2** 이는 자금세탁방지를 위한 전통적 접근법의 막대한 비용 및 저효율성 등에 대한 문제점을 고찰함에서 비롯되었다.

2. 전통적 접근법과 위험 기반 접근법의 차이점

예를 들어, 70대의 연금수령자가 가지는 자금세탁 리스크와 고가의 귀금속을 수입하며 주요 거래국이 고위험 국가인 40대 남성 사업가의 리스크는 동일할까?

최초에 자금세탁방지제도를 도입하는 시기에는 전통적 접근법이 도입되어 모든 고객에게 동일한 고객확인의무를 이행하였다. 그러나 이러한 전통적 접근법은 많은 시간과 비용을 들였음에도 불구하고 사실상의 실효를 거두기 어려웠고, 많은 금융회사에 업무의 복잡화를 야기하였다.

이런 점을 고려하여 도입된 접근법이 바로 위험 기반 접근법이다. 즉, 고객확인의무를 이행하는 과정에서 저위험인 고객에 대해서는 간소화된 고객확인의무를 이행하고, 고위험인 고객에 대해서는 강화된 고객확인의무를 이행한다는 취지의 내용을 담고 있다.

다음의 경우를 살펴보자.

- 오늘 여러분의 금융회사에 두 명의 고객이 내점하여 보험상품을 가입하고자 한다. 한 명은 여러분이 속한 금융회사의 주요 거래처로서 막대한 금융자산을 보유하고 있는 PB고객인 A씨이고, 다른 한 명은 여러분이 속한 금융회사의 계좌를 통하여 급여를 지급받는 급여생활자 B씨이다.

---

2 위험관리절차란 현존하는 위험을 인식하여 평가하고, 인식된 위험을 관리 또는 감소시킬 수 있는 전략을 개발하는 절차라고 할 수 있다.

- A씨는 배우자가 식약청의 고위공직자라고 알려져 있지만, B씨의 배우자 정보에 대해서는 구체적으로 잘 알지 못한다. A씨는 오늘 10억 원의 자기앞수표를 소지하고 내점하여 5년 만기 변액보험을 가입하여 줄 것을 요청하였고, B씨는 매달 25만 원씩 적립하는 소득공제를 위한 연금보험 가입을 요청하였다.

위 두 고객에 대해 고객확인을 하여야 한다면 여러분은 어떻게 처리하겠는가? 둘의 자금세탁 리스크가 동일하다고 생각하는가? 아마도 여러분 대부분은 A의 리스크가 높다고 생각할 것이다.

그 이유는, A는 대부분의 금융회사에서 고위험으로 평가하는 프라이빗 고객이며, 정치적 주요 인물과도 관련성이 있기 때문이다. 이런 구분도 고객확인의무의 위험관리체계의 하나에 해당한다.

자금세탁방지 업무규정

제20조(정의) ② 간소화된 고객확인이란 자금세탁 등의 위험이 낮은 것으로 평가된 고객 또는 상품 및 서비스에 대하여 제1항에 따른 고객확인을 위한 절차와 방법 중 일부(제38조에 따른 고객신원확인 제외)를 적용하지 않을 수 있음을 말한다. 다만, 다음 각 호의 경우에는 간소화된 고객확인절차와 방법 등을 적용할 수 없다.
1. 외국인인 고객이 자금세탁방지 국제기구(이하 'FATF'라 한다) 권고사항을 도입하여 효과적으로 이행하고 있는 국가의 국민(법인 포함)이 아닌 경우
2. 자금세탁 등이 의심되거나 위험이 높은 것으로 평가되는 경우
③ 강화된 고객확인의무란 자금세탁 등의 위험이 높은 것으로 평가된 고객 또는 상품 및 서비스에 대하여 제38조부터 제40조에 따른 신원확인 및 검증 이외에 제41조부터 제42조 및 제4장에 따른 추가적인 정보를 확인하는 것을 말한다.

그렇다면, 이와 같은 위험 기반 접근법을 통하여 금융회사는 고객의 리스크를 어떻게 통제하는지, 즉 위험관리체계를 어떻게 마련하는지 살펴보자.

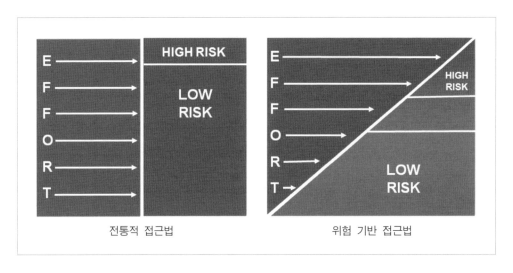

	HIGH RISK
E F F O R T	LOW RISK

전통적 접근법

E F F O R T	HIGH RISK
	LOW RISK

위험 기반 접근법

전통적 접근법과 위험 기반 접근법 대비표

3. 위험관리체계의 개요

위험관리체계는 금융회사가 자금세탁과 관련된 위험을 식별하고 평가하는 과정을 의미한다.

(1) 위험의 식별 및 평가

① 금융회사는 자금세탁 등과 관련된 위험을 식별하고 평가하여 고객확인에 활용하여야 한다.

주요 위험요소를 크게 국가위험, 고객위험, 상품 및 서비스 위험 등으로 분류하는 것이 일반적이지만, 각 금융회사는 각각의 영업환경 등을 고려하여 거래채널, 사업위험, 거래위험 등에 대해서도 식별하여 평가할 수 있다.

② 금융회사는 각 고객의 자금세탁 등의 위험도가 적정하게 반영되도록 위험평가요소와 중요도를 정하여 자금세탁 등의 위험을 평가하여야 한다.

이를 위하여 대부분의 금융회사는 자동화된 시스템을 토대로 한 위험평가모델을 구축하고 있다.

위험관리체계 관련 JMLSG 기준

4. 6 금융회사는 비즈니스, 고객층, 지리적인 업무환경 등을 고려하여 종합적인 방법으로 위험요소를 평가하거나 비교적 간단한 방법으로 평가할 수 있다.

4.10 각 금융회사의 자금세탁 · 테러자금공여 위험에 가장 적절한 접근법은 고객의 성향을 파악하고, 어떤 일에 종사하고 있는지, 범죄활동과 관련될 가능성이 있는지를 식별할 수 있어야 한다. 이러한 고객정보는 긴 시간에 걸쳐 축적될 것이며, 향후 혐의거래 또는 그 동향을 식별하는 근거자료가 될 것이다.

4.12 위험평가절차는 일반적으로 위험요소를 유형별(예를 들면, 고 · 중 · 저)로 분류한다. 이러한 기준은 고객과 상품을 각각의 해당되는 위험유형에 배치할 수 있도록 하여 그 복잡성을 최소화하며, 각 유형에 따른 신원확인 · 검증, 추가적인 고객정보와 모니터링을 차별화된 방법으로 수행할 수 있도록 한다.

자료 | 전치활, 김대현, 이민섭, 『알기 쉬운 자금세탁방지제도』, 153p

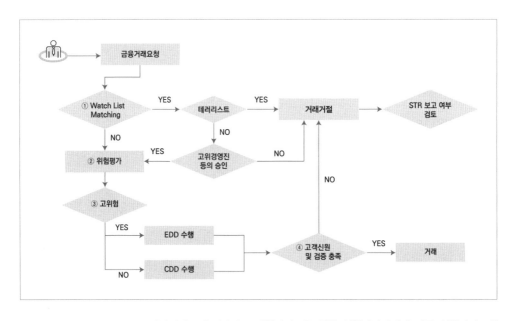

 # 일반적인 금융회사의 고객확인의무를 위한 위험관리체계에 따른 위험평가모델

(2) 위험요소별 내용

① **국가위험** : 자금세탁방지 업무규정에서는 각 금융회사가 국가위험을 평가할 경우, FATF에서 발표하는 국가평가 관련 내용, UN 등 국제기구 등에서 발표하는 제재내용, 국제투명성기구 등이 발표하는 부패 관련 국가리스크 등을 고려할 것을 요구하고 있다.

자금세탁방지 업무규정

제29조(국가위험) ① 금융회사 등은 특정 국가의 자금세탁방지제도와 금융거래 환경이 취약하여 발생할 수 있는 자금세탁 등의 위험(이하 '국가위험'이라 한다)을 평가하여야 한다.
② 금융회사 등이 제1항에 따라 국가위험을 평가하는 때에는 다음 각 호와 같은 공신력 있는 기관의 자료를 활용하여야 한다.
1. FATF가 발표하는 비협조 국가리스트
2. FATF Statement에서 FATF 권고사항 이행 취약국가로 발표한 국가리스트
3. UN 또는 타 국제기구(World bank, OECD, IMF 등)에서 발표하는 제재, 봉쇄 또는 기타 이와 유사한 조치와 관련된 국가리스트
4. 국제투명성기구 등이 발표하는 부패 관련 국가리스트 등

---

② **고객위험** : 고객위험이란 금융거래를 하는 고객의 특성에 따라 다양하게 발생하는 자금세탁 위험을 말하며, 직업(업종), 거래유형, 거래빈도 등을 활용하여 평가할 수 있다.

자금세탁방지 업무규정

제30조(고객위험) ① 금융회사 등은 고객의 특성에 따라 다양하게 발생하는 자금세탁 등의 위험(이하 '고객위험'이라 한다)을 평가하여야 한다. 이 경우 고객의 직업(업종) · 거래유형

및 거래빈도 등을 활용할 수 있다.

② 금융회사 등은 다음 각 호의 고객을 자금세탁 등의 위험이 낮은 고객으로 고려할 수 있다.

1. 국가기관, 지방자치단체, 공공단체(영 제8조의5에 따른 공공단체)
2. 법 제2조 및 제11조에 따른 감독·검사의 대상인 금융회사 등(카지노사업자 제외)
3. 주권상장법인 및 코스닥 상장법인 공시규정에 따라 공시의무를 부담하는 상장회사

③ 금융회사 등은 다음 각 호의 고객을 자금세탁 등과 관련하여 추가정보 확인이 필요한 고객으로 고려하여야 한다.

1. 금융회사 등으로부터 종합자산관리서비스를 받는 고객 중 금융회사 등이 추가정보 확인이 필요하다고 판단한 고객
2. 외국의 정치적 주요인물
3. 비거주자
4. 대량의 현금(또는 현금등가물)거래가 수반되는 카지노사업자, 대부업자, 환전상 등
5. 고가의 귀금속 판매상
6. 금융위원회가 공중협박자금조달과 관련하여 고시하는 금융거래제한대상자
7. UN에서 발표하는 테러리스트에 포함된 자
8. 개인자산을 신탁받아 보유할 목적으로 설립 또는 운영되는 법인 또는 단체
9. 명의주주가 있거나 무기명주식을 발행한 회사

- 평가요소에 대한 예시
  - 정부, 감독기관 또는 기타 공신력 있는 기관에서 고위험으로 판단하는 사업
  - 대량의 현금(현금등가물)거래가 수반되는 사업 등
- 고객성향이 제기하는 위험요소
  - 합리적인 이유 없이 실소유자를 감추기 위한 복잡한 소유구조
  - 고객이 PEPs 정의에 포함되는 경우
  - 고객이 고위험 지역 또는 부정부패, 조직범죄, 마약제조 및 유통지역으

로 알려진 곳에 기반을 두고 있거나 사업을 영위하는 경우

- 상당한 규모의 현찰거래가 필요하거나 부정부패와 관련 있는 (무기거래와 같은) 산업에 종사하는 경우

• 위험요소를 내재한 고객의 거래행위

- 아무런 상업적 근거 없이 특정 상품을 사들이는 행위

- 명백한 경제적 또는 법적 혜택이 없음에도 불구하고 복잡하고 큰 규모의 거래를 요청하는 행위

- 거래에 대해 지나친 비밀유지를 요청하는 행위

- 자산의 근거나 자금의 출처를 쉽게 검증할 수 없거나, 거래기록이 고의적으로 훼손되었거나, 불필요한 과정을 통해 감춰진 경우

- 실질적 소유자 또는 통제권한을 가진 개인의 실명을 밝히기를 꺼리는 경우

③ **상품 및 서비스 위험** : 상품 및 서비스 위험은 금융회사 등이 고객에게 제공하는 상품 및 서비스가 자금세탁에 이용될 위험을 말하며, 상품 및 서비스 종류, 거래채널 등을 활용하여 평가할 수 있다.

자금세탁방지 업무규정

제31조(상품 및 서비스 위험) ① 금융회사 등은 고객에게 제공하는 상품 및 서비스에 따라 다양하게 발생하는 자금세탁 등의 위험(이하 '상품위험'이라 한다)을 평가하여야 한다. 이 경우 상품 및 서비스의 종류, 거래채널 등을 활용하여 평가할 수 있다.

② 금융회사 등은 다음 각 호를 자금세탁 등의 위험이 낮은 상품 및 서비스로 고려할 수 있다.

1. 연간보험료가 300만 원 이하이거나 일시보험료가 500만 원 이하인 보험

2. 보험해약 조항이 없고 저당용으로 사용될 수 없는 연금보험

3. 연금, 퇴직수당 및 기타 고용인에게 퇴직 후 혜택을 제공하기 위하여 급여에서 공제되어 조성된 기금으로서 그 권리를 타인에게 양도할 수 없는 것 등

③ 금융회사 등은 다음 각 호의 상품 및 서비스를 자금세탁 등의 위험이 높은 상품 및 서비스로 고려하여야 한다.

1. 양도성 예금증서(증서식 무기명)

2. 환거래 서비스

3. 비대면 거래

4. 기타 정부 또는 감독기관에서 고위험으로 판단하는 상품 및 서비스 등

- 평가요소에 대한 예시
  - 상품 및 서비스 기간 : 기간이 단기일수록 자금세탁 위험이 높다.
  - 조기상환 제한 여부 : 조기상환이 가능한 상품 및 서비스의 자금세탁 위험이 높다.
  - 투자규모 : 투자금액의 제한이 없는 상품 및 서비스의 자금세탁 위험이 높다.

2 위험평가

1. 위험평가 개요

(1) FATF 권고사항

새로운 국제자금세탁방지기구FATF 권고사항(R1)은 국가, 검사기관, 금융회사 등에 대해 자금세탁 및 테러자금조달 위험을 식별·평가하는 절차를 마련하도록 요구하고 있다.

각국은 자국의 자금세탁 및 테러자금조달 위험을 확인, 평가 및 이해하고 있어야 하며, 위험을 효과적으로 경감시킬 수 있도록 위험평가를 총괄coordinate하는 당국을 지정하는 등의 조치action를 취하고, 이를 수행하기 위한 자원을 투입해야 한다.

위험평가 결과에 따라 확인된 위험을 완화하기 위한 조치를 취해야 하며, 위험이 높은 곳에 자원을 우선적으로 투입하는 등의 위험 기반 접근법을 적용해야 한다. 위험평가 결과는 자금세탁방지 및 테러자금조달 금지체제 전반에 걸쳐 자원을 효율적으로 배분하고, 위험수준에 따라 국제자금세탁방지기구FATF 권고사항을 강화하거나 완화하기 위한 기초자료로 활용해야 한다.

높은 위험으로 확인된 경우에는 자금세탁방지 및 테러자금조달 금지체제가 위험에 적절하게 대응할 수 있도록 대책을 마련하여야 하며, 낮은 위험으로 확인된 경우에는 제한된 특정 조건하에서 일부 FATF 권고사항에 대해 간소화된 조치를 이행할 수 있다. 즉, 국가나 검사기관, 금융회사 등은 위험 기반 접근법에 따라 각자 아래 표의 주요 내용을 이행해야 한다.

▼ FATF 권고사항(R1)에 따른 이행 주요 내용

구분	주요 내용
국가	① **국가 위험평가 수행** • 자금세탁 및 테러자금조달 위험 확인 및 평가 • 국가 위험평가를 위한 체계 마련 • 지속적인 위험평가 수행 ② **국가 위험평가 결과 공유** • 국가 위험평가 결과 공유체계 구축 • "관련 당국, 자율 규제기관, 비금융전문직 종사자, 금융회사" 간 위험평가 결과 공유 ③ **국가 위험평가 절차 마련, 관련 조직 구성** • 위험 기반 정책결정 절차 마련(자원배분, 우선순위 선정 등) • 정책결과 모니터링 및 성과지표 마련 • 정보공유 절차 마련

국가	• 위험평가 결과 피드백 • 위험평가 결과에 따른 면제기관 조정
검사 기관	**위험 기반 검사감독 절차 수립** • 검사·감독 시 금융회사 등의 위험평가 결과 검토 • 검사·감독 계획수립 시 금융회사 등의 위험평가 결과 반영

금융
회사
	① **전사적 위험평가 수행**
	  • 고객, 국가, 지역, 상품, 서비스, 거래, 채널 등에 대한 자금세탁 및 테러자금조달 위험
	    확인 및 평가
	  • 위험평가 결과 문서화
	  • 지속적인 위험평가
	  • 관할당국과 검사기관에 위험평가 결과 제공
	② **국가가 확인한 위험을 관리하기 위한 정책 및 통제절차 마련**
	  • 정책 및 통제절차 이행·모니터링
	  • 정책 및 통제절차에 대한 고위직 승인
	  • 관할당국, 검사기관의 지침 및 요구사항 충족

아울러 국가 위험, 업권별 위험, 금융회사 위험은 일관된 지침과 기준에 따라 자금세탁 및 테러자금조달 위험을 평가해야 하며, 금융회사 등의 위험평가는 국가

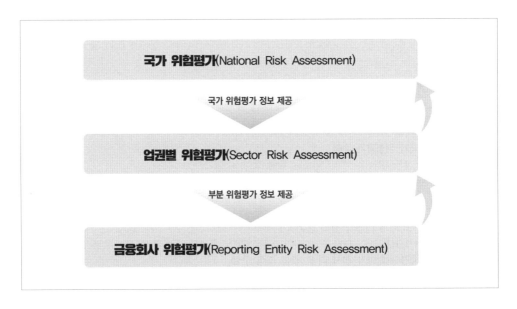

 # 위험평가 구조도

나 업권별 위험평가 결과를 반영해서 지속적으로 개선하고 위험을 경감하는 조치를 수행해야 한다.

(2) 금융회사 위험평가 개요

금융회사는 자금세탁·테러자금조달에 대한 위험을 식별·분석·평가하기 위한 적절한 절차를 마련하고 관련 위험을 항상 이해하고 있어야 한다. 아울러, 식별한 위험을 효율적으로 완화하기 위한 통제절차와 대응조치를 마련해야 한다.

금융회사는 전체 자금세탁·테러자금조달 위험에서 내부통제의 효과성을 차감하여 관리해야 할 잔여위험을 측정해야 한다. 잔여위험이란 자금세탁·테러자금조달 위험에서 금융회사에서 수행하는 내부통제활동을 차감해도 남아 있는 위험을 말한다.

아울러, 잔여위험에 대해 손실액 등 회사에 미치는 영향을 고려해서 최종적인 자금세탁·테러자금조달 위험등급을 산정해야 한다. 잔여위험이 높고 영향도가 큰 관리대상에 대해서는 자원을 집중투입하고, 잔여위험이 낮고 영향도가 낮은 관리대상에 대해서는 간소화된 대응조치를 마련해야 한다.

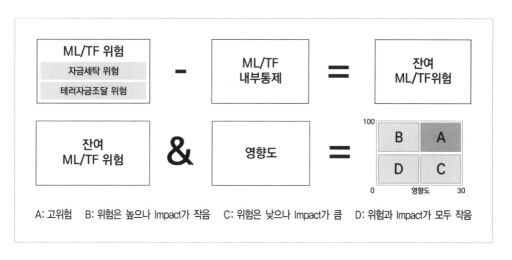

 # 금융회사 위험평가 구조도

(3) 자금세탁 · 테러자금조달(AML/CFT) 위험의 특징

위험식별 시 금융회사의 업무특성 및 환경을 고려해야만 자금세탁 위험과 테러자금조달 위험을 통합하거나 분리해서 개별로 위험을 평가할 수 있다.

금융회사는 고객, 상품, 서비스, 거래규모, 거래방법, 영업지역, 판매채널, 주요 경쟁자 등의 차이가 있어 각 회사의 고유 특성을 고려하여 위험을 식별·확인해야 한다. 즉, 위험식별 시 각 금융회사마다 상품 및 서비스, 고객 특성 등의 차이가 있을 수 있다. 테러자금조달 위험에 해당하는 경우에는 소액의 현금거래 등 자금세탁 위험과는 다른 특성을 가지고 있어, 위험식별 시 자금세탁 위험과는 다른 접근이 필요하다.

▼ 금융회사 자금세탁 위험과 테러자금조달 위험의 비교

구분	자금세탁(ML ; Money Laundering)	테러자금조달(TF ; Terror Financing)
금융거래 요청	• 범죄활동 예방·적발 목적	• 미래의 테러리스트 활동 예방목적
특징	• TF에 비해 고액거래 • 자금세탁행위는 단기간에 걸쳐 진행 • 반복적인 금융거래를 통해 불법자금 축적 • 자금세탁에 차명계좌 등 다수의 관련자 존재	• 소액 현금거래 • 장기간에 걸쳐 진행 • 전신송금 등 자금이체를 통해 테러자금 축적
국내현황	• IMF에서 추산한 1991년~2007년 우리나라의 지하경제 규모는 국내총생산(GDP)의 평균 26.8% 수준 • 같은 기간 선진국은 국내총생산(GDP)의 평균 10% 내외로 추산	Global Terrorism Index에서 2011년에 발표한 한국의 테러지수는 10점 만점에 0점으로 159개국 중 116위로, 테러위험이 아주 낮은 것으로 평가됨

2. 자금세탁 · 테러자금조달 위험

(1) 위험분류

자금세탁 · 테러자금조달 위험은 여러 방법으로 분류할 수 있으나, 일반적으로 FATF 기준에 따라, 국가 · 지역 위험, 고객위험, 상품위험, 사업(서비스)위험 등으로 분류할 수 있다.[3]

① **국가 · 지역 위험** : 특정 국가에서 자금세탁방지 및 테러자금조달금지 제도와 금융거래 환경이 취약해서 발생할 수 있는 위험이다. 국가위험은 다른 위험요인과 연결하여 자금세탁 · 테러자금조달 위험을 식별하는 데 있어 유용한 정보로 활용된다. 아울러 금융회사는 FATF에서 요구하는 고위험 국가에 대해서는 거래나 사업관계 개설 시 강화된 고객신원확인EDD을 적용해야 한다.

② **고객위험** : 고객 또는 고객유형별로 잠재적인 자금세탁 · 테러자금조달 위험을 분석하는 것은 모든 금융회사가 자금세탁 · 테러자금조달 위험를 평가하는 데 매우 중요하다.

또한 외국의 정치적 중요인물 등과 같이 위험이 높은 고객에 대해서는 추가적인 고객신원확인EDD 및 검증을 수행해야 한다. 금융회사는 자금세탁 · 테러자금조달 평가에 따라 고위험인 경우에는 위험을 완화할 수 있는 적절한 통제절차를 마련해야 한다.

③ **상품위험** : 금융회사 등은 자금세탁 · 테러자금조달 위험평가 시 회사에서 취급하는 모든 상품을 대상으로 위험을 평가하여야 한다. FATF 권고사항 15는 금융회사가 신상품 개발 시 포함된 새로운 유통구조 · 판매채널, 신기술 사용 등에

---

3 • FATF 은행 부문 위험평가 가이드라인 : 금융회사 ML/TF 위험평가를 위하여 위험을 국가/지역, 고객, 상품, 사업(서비스) 등 4가지로 구분하여 평가
 • 미국 연방금융회사 검사협의회 검사매뉴얼(FFIEC BSA/AML Examination Manual) : 금융회사 ML/TF 위험평가를 위하여 위험을 지역, 고객, 상품, 사업(서비스), 판매채널 등 5가지로 구분하여 평가

대한 세부적인 자금세탁·테러자금조달 위험을 평가하도록 요구하고 있다. 이러한 평가는 신상품이 고객에게 제공되기 전에 이루어져야 하며, 고위험으로 확인될 경우에는 추가적인 완화대책을 마련해야 한다.

FATF 권고사항 10은 명확히 경제적이거나 법적인 목적 없이 복잡한 거래, 정상 이상으로 규모가 큰 거래 등 모든 비정상적인 거래유형에 대해 강화된 고객신원확인EDD을 수행해야 한다.

④ 사업(서비스)위험 : 금융회사는 전사 사업영역에서 발생할 수 있는 자금세탁·테러자금조달 관련 위험을 평가해야 한다. FATF 권고사항 15는 금융회사가 신규사업 수행, 신규 판매채널 도입, 신규기술 적용 시 세부적인 자금세탁·테러자금조달 위험을 평가하도록 요구하고 있다.

FATF 권고사항 13은 국경을 넘는 환거래 은행과 다른 유사한 관계(증권거래나 펀드 자금이전을 위해 설립된 관계)처럼 고위험 활동에 대해 추가적인 고객신원확인을 요구(EDD 및 검증)하고 있다. 금융회사는 사업절차나 서비스 영역별로 자금세탁 위험을 평가하고, 위험이 높을 경우 완화할 수 있는 대책을 마련하여야 한다.

(2) 위험식별

① 업무절차 위험 : 금융회사는 전사 사업영역에 걸쳐 업무수행절차Process상의 자금세탁·테러자금조달 위험을 식별(위협·취약점)해야 한다.

② 조직 및 업무환경 위험 : 금융회사는 자금세탁방지 및 테러자금조달금지 의무를 이행하는 데 부정적인 조직 및 업무환경 위험을 식별해야 한다. 즉, 조직 내 의사소통 부족, 역할 불명확화, 문화 및 관행과 연관된 자금세탁 위험, 경영층의 지원 및 인식 부족 등을 식별해야 한다.

③ 직원위험 : 금융회사는 업무수행 시 발생될 수 있는 자금세탁 및 테러자금조달과 관련된 내외부 직원 위험을 식별해야 한다.

직원알기제도를 통해 직원의 신원배경과 위험노출 정도를 지속적으로 확인해야 한다. 자금세탁·테러자금조달 위험에 대한 인식수준도 파악해야 한다. 즉, 업무처리기준과 이메일 및 메신저, 개인용 PC의 문서 등에 대해서도 위험에 대해 주의를 기울여야 한다.

아울러 제3자 및 아웃소싱 직원, 외주직원에 대해서도 자금세탁 위험을 식별해야 한다. 계약서상 자금세탁·테러자금조달 위험 점검요소를 제대로 반영했는지 확인하고, 자금세탁·테러자금조달 위험 책임과 의무, 법규준수 및 책임범위, 내부감사 접근동의, 해외 부정거래 금지 등의 사항이 계약서에 반영되어 있는지를 확인해야 한다.

즉, 제3자 및 아웃소싱 직원(모집인, 대리점 등), 외주직원 등에 대한 자금세탁·테러자금조달 위험에 대한 내부통제의 실질적 확인 여부를 통해 위험을 식별해야 한다.

④ **정보시스템 위험** : 해당 업무를 처리하기 위한 정보시스템의 자금세탁방지 및 테러자금조달금지 이행과 관련된 위협 및 취약점을 식별해야 한다,

3. 내부통제

자금세탁·테러자금조달 내부통제란 자금세탁방지 관련 법규 및 규정 준수 등 조직목표를 효과적·효율적으로 달성하기 위해, 금융회사가 자체적으로 수립한 절차에 따라 금융회사의 모든 구성원들이 따르도록 하는 통제활동을 의미한다.

이러한 통제활동에는 자금세탁방지를 위한 업무처리지침, 고객확인절차, 교육 및 연수, 독립적인 감사 등 금융회사 조직 및 업무절차 전반에 대한 통제를 모두 포함한다.[4]

4　호주 금융회사 자금세탁·테러자금조달 위험평가 가이드라인 : 내부통제는 금융회사가 자금세탁방지 및 테러자금조달 금지법률이나 관련 규정에서 요구하는 의무사항을 충족하지 못할 위험으로, 부적절한 고객검증, 직원교육 미흡, 자금세탁방지 프로그램 미준수, 의심스러운 거래보고 실패, 자금세탁방지 준수

4. 잔여위험

잔여위험이란 식별된 전체 자금세탁·테러자금조달 위험에서 내부통제를 통해 금융회사에서 관리되는 위험을 제외한 순 자금세탁·테러자금조달 위험을 말한다. 잔여위험의 신뢰성을 높이기 위해서는 현재의 내부통제 수준에 대한 신뢰성 있는 분석과 평가가 무엇보다 중요하다.

5. 위험평가절차

금융회사의 위험평가절차는 위험인식, 위험분석, 위험평가의 단계를 거쳐야 한다. 위험평가 결과에 따라 위험을 방지하거나 경감하기 위한 조치의 우선순위를 정하는 전략을 수립해야 한다. 또한 금융회사는 성과관리, 내부통제 강화, 지점점검 및 감사 등을 통해 평가결과에 대한 개선 여부를 지속적으로 관리해야 한다.

(1) 위험인식

금융회사에서 자금세탁 및 테러자금조달 방지활동과 관련된 잠재적인 위험(위협·취약점)과 원인에 대한 초기 목록을 만드는 단계이다. 가장 이상적인 것은 자금세탁 및 테러자금조달 방지활동에서 발생할 수 있는 모든 위험(위험·취약점)을 인식단계에서 모두 포함하여 포괄적으로 다루는 것이 무엇보다 중요하다.

자금세탁 또는 테러자금조달 사례를 조사하여 각 금융회사에서 발생할 수 있는 위협요인에 대한 전체 목록을 작성한다. 아울러, 금융회사 업무처리 시 발생할 수 있는 취약점을 파악하여 취약점 목록을 작성한다.

(2) 위험분석

자금세탁·테러자금조달 위험분석은 위험평가에서 가장 중요한 단계로, 인식단계에서 파악된 위험과 위험요인의 본질(특성), 원천, 발생가능성 및 결과를 이해

보고서 미작성, 준법감시인 미지정 등으로 구분하여 평가

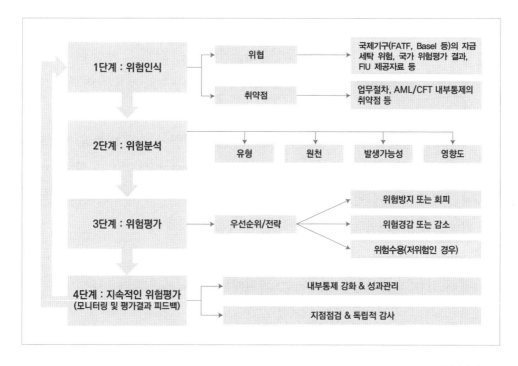

위험평가절차도

하는 단계이다. 즉, 광범위한 환경과 조직의 여러 요인 등을 고려하여 자금세탁·테러자금조달 위험들의 심각성과 크기를 결정한다. 자금세탁·테러자금조달 위험(위협·취약점)을 점검하여 위험요인의 본질, 원천, 발생가능성과 위험의 크기를 분석한다.

아울러 자금세탁 및 테러자금조달 위협요인과 취약요인 각각에 대해 내용, 동기, 원천, 발생가능성, 손실의 크기를 분석한다. 위험별로 빈도 수, 손실의 크기를 추정하기 위해 자금세탁·테러자금조달 위험에 대해 종합적이고 체계적으로 이해하는 단계이다. 회사의 비용손실, 평판손실, 사업영향, 직접적인 피해자손실, 불법행위 확대 등을 종합분석한다.

(3) 위험평가

위험분석 결과에 따라 조치의 우선순위를 결정하는 단계로, 사전에 예방조치해야 할 것과 긴급계획contingency plan을 수립해야 할 것 등으로 분류하여 위험 대응전략을 수립한다.

아울러, 예상손실액을 산정하여 심각성이 높은 위험에 대해 대책의 우선순위를 높게 결정해야 한다. 즉, 사전예방 효과가 크고 회사의 손실이 큰 위험요인에 대해서는 긴급히 개선될 수 있도록 위험 우선순위를 높게 결정하여야 한다.

위험을 경감시키기 위한 개선계획은 "통제활동, 정책 및 규정 제정, 업무절차 개선, 시스템 개선 등"을 모두 포함하여 수립해야 한다. 대책 우선순위에 따라 제한된 자원을 효율적으로 배분하는 자원배분계획도 수립해야 한다.

6. 위험평가주기

금융회사는 자금세탁·테러자금조달 위험을 인식하고 평가하는 적절한 절차를 통해 위험을 항상 이해하고 있어야 한다. 아울러, 금융회사는 초기 전사 위험평가를 수행한 후에도 "ⅰ) 신규사업 실행, ⅱ) 신규상품 개발, ⅲ) 신규채널 개발, ⅳ) 신기술 및 상품 개발, ⅴ) 지속적인 위험관리를 통해서도 위험이 완화되지 않는 경우, ⅵ) 영업환경에 따라 위험이 증가할 경우"에는 위험평가를 추가로 수행해야 한다(FATF 권고안 15).

금융회사 등은 자금세탁·테러자금조달 위험평가 지표를 개발하여 1년에 1회이상 업무조직별로 위험을 평가해야 한다. 아울러, 전사 위험평가를 위해 자금세탁·테러자금조달 위험평가 지표를 개발하여 지속적으로 위험을 평가해야 한다. 위험을 등급화 또는 순위로 평가하고 관련 부서에 피드백하여 미흡한 부분에 대해서는 조치계획을 작성하도록 요구하고 개선 여부를 관리해야 한다. 또한 여러 부서가 함께 대응 및 완화 조치를 마련할 경우에는 전담부서를 지정하여 관리해야 한다.

7. 위험관리조직 구성

자금세탁·테러자금조달 위험을 평가하기 위해 자금세탁방지 부서, 지점 및 영업점 등 현업 부서, 리스크 관리팀, IT팀 등을 포함하여 위험평가조직을 구성해야 한다. 업무부서가 자금세탁·테러자금조달 위험을 식별·분석·평가하는 리스크 관리문화를 제도화하기 위해 자금세탁방지 부서는 조정자 역할을 수행해야 한다. 자금세탁 및 테러자금조달 위험평가 결과를 업무조직별로 피드백하고 리스크 관리팀과 함께 평가결과를 공유·관리해야 한다.

8. 자금세탁 위험과 운영위험[5]의 관계

금융회사의 건전성 기준인 신 바젤협약(바젤Ⅱ) 등은 회사의 내외부 위험을 운영위험으로 관리하도록 요구하고 있다. 금융회사 등은 자금세탁·테러자금조달 위험을 포함하여 신용·시장·평판·전략 위험 등 회사의 중요한 운영위험을 인식하고 관리해야 한다.

FATF의 신 국제기준은 금융회사 등의 자금세탁 및 테러자금조달 관련 위험을 전사 운영위험과 함께 통합하여 관리하도록 요구하고 있다. FATF 권고사항 1에서 자금세탁·테러자금조달 위험을 금융회사의 운영위험에 포함시키도록 명시하고 있다. 즉, 금융회사는 모든 사업활동 시 내재되어 있는 위험을 측정할 때 자금세탁·테러자금조달 위험과 관련된 손실액을 포함하도록 요구하고 있다.

---

5 운영위험(Operational Risk) : 부적절하거나 잘못된 내부의 절차, 인력, 시스템 및 외부사건으로 인해 발생하는 손실위험(The risk of loss resulting from inadequate or failed internal processes, people and systems or from external events)

9. 위험평가 시 고려사항

위험 기반 접근법Risk Base Approach을 이해하고, 리스크 관리문화를 제도화하기 위해, 위험평가 원칙에 대한 훈련과 일관된 적용이 필요하다. 또한 금융회사는 자금세탁·테러자금조달 위험을 인식하고 평가하기 위한 적절한 절차를 마련하여 회사의 위험을 항상 이해하고 있어야 한다. 아울러 금융회사는 자금세탁·테러자금 조달 위험평가를 일회성 활동이 아니라 신상품 도입, 신규채널 도입, 신규사업 수행, 부서신설 등 영업환경의 변화를 고려하여 지속적으로 수행해야 한다.

금융회사는 자금세탁 및 테러자금조달 정책 및 절차 수립 시 금융정보분석원 등 관련 기관에서 요구하는 기준을 반영하여야 한다. 아울러 금융회사는 자금세탁·테러자금조달 위험평가 및 관리절차에 대해 경영진의 승인을 얻어야 한다. 금융 회사가 금융그룹에 속하는 경우에는 금융그룹의 자금세탁 및 테러자금조달방지 정책 및 절차를 준수하여야 한다. 즉, 금융그룹은 그룹 내 금융회사에 적용할 공동의 자금세탁 및 테러자금조달 방지정책 및 절차를 개발해야 한다. 이러한 정책 및 절차는 그룹 내에서 일관되게 적용되고 관리되어야 하며, 그룹 내 내재되어 있는 자금세탁·테러자금조달 위험을 식별, 모니터링 및 완화시킬 수 있도록 포괄적으로 설계해야 한다.

상황에 따른 고객확인의무 응대요령

■1 신규계좌 개설 및 일회성 금융거래 시 응대요령

| 상황 | ❶ ──

신규고객이 고객정보제공 요청을 거절한 경우

> 신입사원으로 판단되는 고객이 급여계좌를 만들고자 금융회사를 방문하여 인터넷뱅킹과 체크카드까지 개설해 줄 것을 요청하였다. 금융회사 직원은 기존 은행거래가 없는 신규고객으로서 고객확인의무 대상으로 판단하고 『고객확인의무신청서』 작성을 요구하자 월급통장 만드는 데 무슨 확인을 하냐며 불쾌한 의사를 표시하고 작성을 거부하였다.

응대를 위한 관련 규정 이해

- "계좌 신규개설"이라 함은 고객이 금융회사에 예금계좌를 신규로 개설하는 경우를 포함하여, 금융회사와 계속적 금융거래를 개시할 목적으로 계약을 체결하는 것을 말한다. 예금계좌 · 위탁매매계좌 등의 신규개설, 보험 · 공제계약 · 대출 · 보증 · 팩토링 계약의 체결, 양도성 예금증서 · 표지어음 등의 발행, 펀드 신규가입, 대여금고약정과 보관어음 수탁 등이 이에 해당된다.

- 금융회사가 확인하여야 하는 개인고객의 신원정보는 다음과 같다.
  - 성명   - 생년월일 및 성별   - 실명번호
  - 국적(외국인의 경우)   - 주소 및 연락처

- "계좌 신규개설"의 경우, 거래금액과 상관없이 고객확인의무를 수행하여야 한다.

- 금융회사는 신규고객이 신원확인 정보 등의 제공을 거부하는 등 고객확인을 할 수 없는 때에는 당해 고객과의 거래를 거절할 수 있다. 이 경우 금융회사는 의심거래보고(Suspicious Transaction Report, STR)를 검토하여야 한다.

- 계좌 신규개설은 일회성 금융거래와 달리 고객과 금융회사가 향후 지속적인 거래관계를 수립하는 일련의 절차이므로, 금융회사는 동 계좌를 이용한 자금세탁 위험을 방지하기

위하여 보다 많은 노력을 기울여야 한다.

응대요령

1단계 ▸ 고객에게 금융거래 또는 서비스가 자금세탁 및 공중협박자금 조달 등의 불법행위에 이용되지 않도록 고객확인 및 검증, 거래관계의 목적 확인 및 실소유자 확인 등 고객에 대하여 합당한 주의를 기울이는 것은, 특정금융정보법에 따른 은행의 의무사항이라는 점을 설명한다.

2단계 ▸ 고객이 계속 정보제공을 거부할 경우, 금융회사 등은 고객확인 및 검증이 충분히 수행되지 않았다고 판단하고 동 고객에 대한 금융거래를 거절하거나 의심거래보고(STR) 여부를 검토한다.

| 상황 | ❷
고객이 일회성 금융거래를 하는 경우

신혼부부로 보이는 고객이 전세자금이라며 1억 원 상당의 타행 자기앞수표를 무통장 입금하려고 금융회사를 방문하였다. 고객확인의무 대상이라는 사실을 안내하자 기존 거래고객이고 이체업무만 하면 되는데 무슨 소리냐며 황당하다는 반응을 나타냈다.

응대를 위한 관련 규정 이해

- "일회성 금융거래[6]"라 함은 금융회사 등에 개설된 계좌에 의하지 아니한 금융거래를 말한다.
- 특정금융정보법에 따른 기준금액 이상의 단일 금융거래와 7일 동안 동일인 명의로 이루어지는 일회성 금융거래의 합계액이 특정금융정보법 시행령에 의한 기준금액 이상인 금융거래를 포함한다.
- 기준금액이라 함은 외국통화인 경우, 미화 1만 달러(USD $10,000) 또는 그에 상당하는 다른 통화로 표시된 금액을 말하며, 이외의 경우에는 일회성 금융거래 기준에 해당된다.
- "일회성 금융거래"에는 무통장 입금, 외화송금·환전, 자기앞수표 발행 및 지급, 보호예수, 선불카드 매매 등이 포함된다.
- 연결된 거래에 대한 산정기간은 금융회사 등의 영업환경 및 위험 등을 고려하여 자율적으

---

6 ⅰ) 전신송금 100만 원 또는 그에 상당하는 외화, ⅱ) 카지노 300만 원 또는 그에 상당하는 외화, ⅲ) 외화표시 외국환거래 1만 달러, ⅳ) 기타 1천 500만 원

로 정한다.

- 1천만 원(외화인 경우, 미화 환산 1만 달러 상당액) 이상의 일회성 금융거래일 경우, 고객확인의무 대상이 된다.

응대요령

1단계 ▸ 고객확인의무에 대해 설명한다.

2단계 ▸ 고객에게 일회성 금융거래로서 고객확인의무 대상 거래임을 안내한다.

2 대리인 및 외국인 거래

| 상황 | ❶
대리인 거래

> ○ 가정주부(어머니)로 보이는 고객이 초등학교에 입학한 자녀의 적금통장 계좌를 만들기 위해 본인신분증과 주민등록등본을 지참하고 금융회사를 방문하였다. 자녀는 기존에 거래가 없는 신규고객이다.
> ○ 회사(법인)에서 경리업무를 담당하는 직원이 금융회사를 방문하여 회사 명의로 현금 3천만 원을 타인 계좌에 무통장 입금하였다. 법인과 대리인 모두 고객확인의무 대상이다.

응대를 위한 관련 규정 이해

- 금융회사는 개인 및 법인 또는 그 밖의 단체를 대신하여 금융거래를 하는 자에 대해서는 그 권한이 있는지를 확인하고, 해당 대리인에 대해서도 고객확인을 하여야 한다.
- 금융회사는 고객을 대리하여 거래관계를 체결하는 대리인에 대해서도 개인 또는 법인에 대한 고객확인 및 검증절차에 준하여 수행하여야 하며, 관련 기록을 전산 또는 문서적 방법 등으로 5년간 보관하여야 한다.
- 금융회사 등은 제3자를 활용한 고객확인의무 수행 시 자금세탁에 노출될 위험이 높으므로 주의의무가 필요하다.
- 금융회사 등은 제3자를 활용한 고객확인의무 수행 시 자금세탁 위험을 예방하고 관리할 수 있도록 필요한 절차와 통제방안을 수립하여야 한다.

<u>응대요령</u> ▲

1단계 ▸ 미성년자의 가족관계확인서류(주민등록등본, 가족관계증명서 등)를 징구·확인하여 대리인에게 법적 권한이 있는지를 확인하고, 고객확인의무를 이행·등록한다.

2단계 ▸ 금융회사를 방문한 친권자 대리인에 대해서도 고객확인의무를 이행·등록한다.

<u>응대요령</u> ▼

1단계 ▸ 위임내용이 포함된 위임장 및 법인 관련 서류(사업자등록증, 법인인감증명서 등), 대리인의 실명확인증표를 징구해야 함을 안내하고, 서류를 통해 정당한 대리인임을 확인한 후 고객확인의무를 이행·등록한다.

2014년 7월 1일부터 은행, 증권, 보험회사에서 대리인으로서 다음과 같은 거래를 하려는 경우, 추가적인 대리인의 권한확인이 필요하다.

대리인 권한확인 대상 거래
2천만 원 이상의 무통장 송금 등 일회성 금융거래 **(외국환거래의 경우, 미화 1만 달러 상당 이상)**

※ '일회성 금융거래'란 금융회사 등에 개설된 계좌(매체)에 의하지 아니한 금융거래를 말함
  1. 무통장 입금(송금), 외화송금 및 환전
  2. 자기앞수표의 발행 및 지급
  3. 보호예수
  4. 선불카드 매매
  5. 기타 금융회사 등에 개설된 계좌에 의하지 아니한 금융거래

대리인 권한확인방법(예시)	
개인의 대리인	• 개인의 대리인 지정 위임장(인감증명서 또는 전화녹취) • 가족관계 확인서류 • 기타 금융회사가 정한 방법
법인의 대리인	• 법인의 대리인 지정 공문 또는 위임장 • 재직증명서 • 기타 금융회사가 정한 방법

2단계 ▸ 금융회사를 방문한 대리인에 대해서도 고객확인의무를 이행·등록한다.

고객이 외국인일 경우

> 국내 영어학원에 취업한 미국인이 여권을 가지고 금융회사를 방문하여 통장 신규개설을 요청하였다. 하지만 아직 외국인등록증이 발급되지 않은 상황이다.

응대를 위한 관련 규정 이해

- 외국인의 고객확인의무는 외국인등록증, 외국국적동포 국내거소신고증, 재외국민 국내거소신고증 등 정부가 발행한 서류로서 이름, 실명확인번호, 주소, 국적, 국내의 거소 또는 사무소의 소재지 등이 기재된 서류로 확인 가능하다.
- 신원확인검증서류로서 여권만을 제시하는 경우에는 소속 국가 정부가 발행한 문서 등에 의해 검증하는 등의 추가적인 조치를 취하는 것이 원칙이지만, 특히 외국인인 경우에는 금융권의 업무관행을 고려하여 일부 금융회사에서는 여권만을 징구하여 검증하는 방법을 취하기도 한다.

응대요령

1단계 ▸ 외국인등록증을 소지한 외국인일 경우, 외국인등록증의 진위여부를 확인하고 고객거래확인의무를 이행·등록한다.

2단계 ▸ 외국인등록증이 없는 경우, 고객이 소지한 여권을 신원확인증표로 하여 여권번호 또는 여권조합번호로 고객확인의무를 이행·등록한다. 추가적으로 소속 국가 정부에서 발행한 신분증, 운전면허증 등으로 신원검증을 실시한다.

3 단체신규 및 법인거래

| 상황 | ❶

단체신규

> 1개월 전 부대에서 단체로 신규통장을 개설했던 군인이 금융회사를 방문하여 계좌에서 출금을 하고자 하는데 고객확인의무 이행 대상으로 확인되었다. 군인이 체크카드 발급거래를 하고자 하는데 일괄적으로 계좌개설하면서 고객확인의무를 이행하지 않고 거래를 실행한 사실이 확인되었다. 고객

확인의무 대상이라 거래가 불가한 상황이며. 확인결과 1개월 전 부대에서 일괄적으로 단체신규 개설하면서 고객확인의무를 미등록한 것으로 밝혀졌다.

응대를 위한 관련 규정 이해

종업원·학생 등에 대한 일괄적인 계좌개설의 경우, 거래당사자의 계좌개설 후 금융회사 창구를 이용한 최초 금융거래 시 고객확인의무를 이행하여야 한다.

응대요령

1단계 ▸ 창구거래 전 고객에게 일괄적인 계좌개설은 금융거래 이후 고객확인의무 수행이 가능한 경우로, 창구에서 최초 금융거래 시 고객확인의무를 이행해야 하는 대상이라는 사실을 군인에게 안내한다.

2단계 ▸ 군인 고객이 고객확인의무를 거절할 경우, 거래를 중단한다.

│상황│❷

법인거래

신설 생산 법인업체의 대표자가 사업자 통장 개설을 위해 사업자등록증, 법인인감증명서, 법인인감, 본인 신분증을 지참하고 금융회사를 방문하여 사업자 통장과 인터넷뱅킹 신규개설을 요청하였다. 대표자 본인의 고객확인의무도 이행되지 않은 상태이다.

응대를 위한 관련 규정 이해

- 금융회사 등이 확인하여야 하는 법인고객의 신원확인정보는 다음과 같으며, 그 설립사실을 증명할 수 있는 법인등기부등본 등의 문서 등을 통하여 법인 또는 법률관계가 실제로 존재하는지 여부를 확인하여야 한다.
- 신원확인 정보
  - 법인명, 실명번호, 본점·사업장 주소 및 소재지, 대표자 정보, 업종, 회사 연락처, 설립목적 등이 있다.
  - 다만 국가, 지방자치단체 및 공공단체 또는 상장회사의 경우에는 검증을 생략한다.
  - 금융회사 등은 실명확인증표(사업자등록증, 고유번호증, 사업자등록증명원 등 1차 문서) 등을 통해 고객의 신원정보를 확인하고, 문서적 방법(법인등기부등본, 납세번호증, 영업허가서, 정관, 외국인투자기업등록증 등 2차 문서) 또는 비문서적 방법(전자공

시, 사업자 휴·폐업조회, 상용 기업정보 제공 데이터베이스를 통한 확인 등)으로 신원 정보를 검증하여야 한다.

- 실소유자 확인
  - 법인고객의 실소유자는 일정 지분 이상을 소유한 주주나 주요 임원으로 정의한다.
  - 금융회사·대기업 : 10% 이상의 지분을 소유한 주주
  - 중소기업 : 25% 이상의 지분을 소유한 주주
  - 주요 임원 : 일정 지분을 가지고 실질 지배력이 있는 자
- 거래목적 및 용도 파악 : 금융회사가 고객 및 실소유자 정보 이외에 금융거래 목적 및 용도를 파악하기 위해 확인해야 할 정보의 범위는 고객, 상품·서비스 등의 자금세탁 위험도에 따라 자율적으로 차등화할 수 있다.

응대요령

1단계 ▸ 법인의 경우, 고객확인의무와 신원검증을 모두 이행해야 한다.

법인업체의 실명증표를 통해 고객확인의무를 이행하고 신원검증은 사업자등록증, 고유번호 증, 법인등기부등본, 납세번호증, 영업허가서, 정관 등 문서적 방법으로 확인하거나 전자공 시, 상용 기업정보 제공 데이터베이스 등의 비문서적 방법으로 갈음하여 고객확인의무를 시행한다. 또한 대표자의 신원정보를 개인고객의 신원확인사항에 준하여 확인한다.

2단계 ▸ 국가, 지방자치단체 및 공공단체 또는 상장회사의 경우에는 검증을 생략한다.

■4 강화된 고객확인의무Enhanced Due Diligence, EDD 대상

| 상황 | ❶

외국의 정치적 주요인물(Politically Exposed Person, PEPs)

중국인이 금융회사를 방문하여 신규계좌 개설을 의뢰하였다. 거래 도중 '요주의 인물' 리스트에 등재되어 있다는 것을 인지하고 확인한 결과 중국 상하이 시장과 성명이 동일하다는 것을 알게 되었다.

응대를 위한 관련 규정 이해

- '외국의 정치적 주요인물'이란 현재 또는 과거(일반적으로 사임 후 1년 이내)에 외국에서

정치·사회적으로 영향력을 가진 자, 그들의 가족 또는 밀접한 관계가 있는 사람들을 말한다.

- 정치적 주요인물은 부패, 뇌물 등과 관련하여 자금세탁의 위험성이 높기 때문에 금융회사 등의 주의의무가 필요하다.
- '정치·사회적으로 영향력을 가진 사람들'이란 다음과 같은 사람들을 말한다.
  - 외국 정부의 행정, 사법, 국방, 기타 정부기관의 고위관리자
  - 주요 외국 정당의 고위관리자
  - 외국 국영기업의 경영자
  - 왕족 및 귀족들
  - 종교계 지도자들
  - 외국의 상기 정치적 주요인물과 관련되어 있는 회사나 사업체
- '가족 또는 밀접한 관계가 있는 자들'이란 다음과 같은 사람들을 말한다.
  - "가족"은 일반적으로 정치적 주요인물의 부모, 형제, 배우자, 자녀, 혈연 또는 결혼에 의한 친인척 등을 의미한다.
  - "밀접한 관계가 있는 인물"은 외국의 정치적 주요인물과 공식적으로 특별한 금전거래를 수행하는 사람 등을 의미한다.
- 정치적 주요인물은 부패, 뇌물 등과 관련하여 자금세탁의 위험성이 높기 때문에 고객확인 및 검증이 필요하다.

응대요령

1단계 ▸ 해당 고객이 정치적 주요인물과 동일인인지 여부를 확인한다.

- 대상과 동일인인 경우에는 거래를 거절하거나,
- 거래관계를 수립하기 위해서는 요주의 리스트 필터링을 거쳐 거래고객과 성명 등 매칭 정보가 일치하는 경우, 고객확인 및 검증의무 이외에 고객으로부터 다음과 같은 추가정보 확인을 통해 동일인 여부를 확인하고 고위경영진의 승인을 얻은 후 거래한다. 또한, 불일 치하는 경우, 동일인이 아님을 확인한 방법과 그 사유를 전산등록 또는 기록하여야 한다.

2단계 ▸ 고객이 외국의 정치적 주요인물로 확인된 때에는 강화된 고객확인의무를 이행하고, 다음의 정보를 추가로 확인해야 한다.

- 계좌의 거래권한을 가지고 있는 가족 또는 밀접한 관계가 있는 인물에 대한 신원정보
- 정치적 주요인물이 관여되어 있는 법인에 대한 신원정보

| 상황 | ❷

고액자산가

> 유명 연예인이 본인 신분증과 주민등록등본을 가지고 금융회사를 방문하여 가족 명의로 된 통장을 여러 개 만들어서 각각 거액을 예치하려고 한다.

응대를 위한 관련 규정 이해

- 종합자산관리서비스를 받는 고객 중 '추가정보 확인이 필요한 고객'이란 금융회사 등으로부터 투자자문을 비롯한 법률, 세무설계 등 종합적인 자산관리서비스를 제공받는 고객 중 금융회사 등이 추가정보 확인이 필요하다고 판단한 고객을 말한다.
- 종합자산관리서비스를 받는 고객이 자금세탁에 연루될 수 있는 이유는 다음과 같다.
  - 주요 고객층이 신분노출을 원하지 않는 고액자산가, 정치적 주요인물 등으로 구성
  - 고객에 대한 비밀보장 문화 형성
  - 고객에 대한 과도한 보호의식으로 내부통제체계 미흡
  - 고객과의 밀접한 유대관계 형성과 고객의 이익을 중요시하는 전담직원의 의식 부족

응대요령

1단계 ▸ 가족 간 대리인에 의한 금융거래의 경우와 같이 업무처리하고, 고객의 기본적인 신원확인과 검증 이외에 강화된 고객확인을 이행하여 자금의 원천, 금융거래 목적, 추정자산 규모 등을 확인한다.

2단계 ▸ 증여세, 상속세 등의 절세를 위한 미성년자에 대한 증여 또는 가족 명의 분산거래는 조세탈루 혐의로 판단될 위험이 있음을 인지하고, 만약 자금세탁 위험이 높다고 판단되면 의심거래보고(STR)를 적극 검토해야 한다.

| 상황 | ❸

카지노사업자

> 신규 카지노 업체 대표가 금융회사를 방문하여 사업자 통장 계좌개설을 요청하였다.

응대를 위한 관련 규정 이해

카지노의 성격상 일반 금융회사에 비해 자금세탁에 이용될 가능성이 높고, 카지노를 이용한 대규모 자금세탁이 이루어진 것으로 의심되는 사례가 언론에 보도되면서 카지노 사업자에 대해서는 강화된 고객확인의 필요성이 제기되었다.

응대요령

특별한 주의를 기울여 정당하게 설립된 법인인지 확인할 수 있는 서류를 징구하고, 해당 업체가 정부로부터 인가받은 업체인지, 범죄자나 그 관련자가 상당량의 지분을 보유하거나 실소유자인지, 또한 카지노를 운영하거나 경영권을 가지고 있는지 여부를 확인한다.

| 상황 | ❹

고위험 비영리단체(Non-Profit Organization, NPO)

> 선교단체가 금융회사를 방문하여 계좌에 입금된 거액의 현금을 조세회피처 국가와 일본에 있는 해외지사로 해외송금 요청하였다. 소속 교단이 불분명하고 지속적으로 은행 거래한 단체가 아니라는 사실을 확인하였다.

응대를 위한 관련 규정 이해

• 비영리단체란 법적 형태에 관계없이 학술, 종교, 자선, 문화, 교육, 사회사업 등의 목적으로 "기금 등"을 모집 또는 사용하는 단체를 말한다.

• 영리법인에 비해 비교적 설립이 간편하고, 설립목적의 공공성 등에 의해 상대적으로 완화된 감독기준이 적용되므로, 국제적 조직체계를 갖춘 비영리단체의 경우 국내외 활동 및 금융거래 시 직간접적 테러자금조달에 이용될 위험이 높다.

• 간소화된 고객확인의무절차를 수행하는 비영리단체
  – 「비영리민간단체지원법」에 따라 등록한 비영리단체
  – UN 산하의 국제자선단체
  – 정부, 지방자치단체 등 국가기관에 의해 인/허가를 받거나 신고수리된 비영리단체
  – 중앙의 본부와 지회 등을 갖추고 체계적으로 조직화되어 있는 종교단체
  – 기타 위험이 낮다고 판단되는 비영리단체

• 고위험 비영리단체의 경우, 추가 확인사항 및 상위책임자의 승인을 얻어야 한다.
  – 비영리단체 설립목적   – 주요 활동지역
  – 조직체계(구조)   – 다른 비영리기관과의 제휴현황
  – 기부 관련 정보
  – 주요 기부자 정보, 주요 수혜자 정보, 모금·운영·집행자금 정보

1단계 ▸ 고객확인의무를 이행하되 추가적으로 설립목적, 자금의 출처 등의 정보를 파악하고 필요시 책임자의 승인을 득하여 거래를 실행한다.

2단계 ▸ 자금세탁 위험이 높다고 판단되면 지속적으로 모니터링하고, 의심거래보고(STR)를 검토한다.

3단계 ▸ 자금세탁 위험을 예방하고 완화시킬 수 있도록 지속적으로 모니터링을 해야 하며, 간소화된 고객확인의무절차를 적용한 비영리법인이라 할지라도, 지속적인 모니터링을 통해 위험이 높다고 확인된 경우에는 강화된 고객확인의무를 수행하여야 한다.

5 강화자산 관련 고객확인의무 대상

| 상황 | ❶ ────────────────────────────────

가상자산사업자 본인의 특수관계인이 발행한 가상자산의 매매·교환을 중개·알선하거나 대행하는 행위

> ○○가상자산거래소의 자회사인 ˝△△˝가 발행한 가상자산을 동 ○○가상자산거래소에서 매매·교환을 중개·알선하거나 대행하려고 하는 경우

응대를 위한 관련 규정 이해

• 특정금융정보법 시행령 제10조의20(가상자산사업자조치) 1.~4. (생략)

  5. 자금세탁행위와 공중협박자금조달행위를 효율적으로 방지하기 위해 다음 각 목의 행위에 대한 거래를 제한하는 기준을 마련하여 시행할 것

    가. 가상자산사업자나 가상자산사업자 본인의 특수관계인(「상법 시행령」 제34조 제4항 각 호에 따른 특수관계인을 말한다)이 발행한 가상자산의 매매·교환을 중개·알선하거나 대행하는 행위

    나. 가상자산사업자의 임직원이 해당 가상자산사업자를 통해 가상자산을 매매하거나 교환하는 행위

    다. 가상자산사업자가 가상자산의 매매·교환을 중개·알선하거나 대행하면서 실질적

으로 그 중개·알선이나 대행의 상대방으로 거래하는 행위

- 특정금융정보법에서는 가상자산사업자 특수관계인이 발행한 가상자산의 거래를 제한하고 있음
- 상법 제542조의8 제2항 제5호에서 "대통령령으로 정하는 특수한 관계에 있는 자"란 다음 각 호의 어느 하나에 해당하는 자(이하 "특수관계인"이라 한다)를 말한다.

  1. 본인이 개인인 경우에는 다음 각 목의 어느 하나에 해당하는 사람

     가. 배우자(사실상의 혼인관계에 있는 사람을 포함한다)

     나. 6촌 이내의 혈족

     다. 4촌 이내의 인척

     라. 본인이 단독으로 또는 본인과 가목부터 다목까지의 관계에 있는 사람과 합하여 100분의 30 이상을 출자하거나 그 밖에 이사·집행임원·감사의 임면 등 법인 또는 단체의 주요 경영사항에 대하여 사실상 영향력을 행사하고 있는 경우에는 해당 법인 또는 단체와 그 이사·집행임원·감사

     마. 본인이 단독으로 또는 본인과 가목부터 라목까지의 관계에 있는 자와 합하여 100분의 30 이상을 출자하거나 그 밖에 이사·집행임원·감사의 임면 등 법인 또는 단체의 주요 경영사항에 대하여 사실상 영향력을 행사하고 있는 경우에는 해당 법인 또는 단체와 그 이사·집행임원·감사

  2. 본인이 법인 또는 단체인 경우에는 다음 각 목의 어느 하나에 해당하는 자

     가. 이사·집행임원·감사

     나. 계열회사 및 그 이사·집행임원·감사

     다. 단독으로 또는 제1호 각 목의 관계에 있는 자와 합하여 본인에게 100분의 30 이상을 출자하거나 그 밖에 이사·집행임원·감사의 임면 등 본인의 주요 경영사항에 대하여 사실상 영향력을 행사하고 있는 개인 및 그와 제1호 각 목의 관계에 있는 자 또는 단체(계열회사는 제외한다. 이하 이 호에서 같다)와 그 이사·집행임원·감사

     라. 본인이 단독으로 또는 본인과 가목부터 다목까지의 관계에 있는 자와 합하여 100분의 30 이상을 출자하거나 그 밖에 이사·집행임원·감사의 임면 등 단체의 주요 경영사항에 대하여 사실상 영향력을 행사하고 있는 경우, 해당 단체와 그 이사·집행임원·감사

응대요령

1단계 ▸ ○○가상자산거래소와 자회사인 "△△"가 상법 제34조 제4항의 특수관계인에 해당되는지를 확인하고, "△△"가 법인이므로 법인의 특수관계인 여부를 구체적으로 확인한다.

2단계 ▸ ○○가상자산거래소와 자회사인 "△△"가 상법 제34조 제4항의 특수관계인에 해당되면, 즉시 자금세탁방지 보고책임자에게 보고하여 거래중지 여부를 결정한다.

| 상황 | ❷

가상자산사업자 및 임직원이 해당 가상자산사업자를 통해 가상자산을 거래하는 경우

○○가상자산거래소의 임직원이 가족 명의의 차명을 이용해 해당 ○○가상자산거래소에서 거래하는 경우

응대를 위한 관련 규정 이해

- 특정금융정보법 시행령 제10조의20(가상자산사업자조치) 1.~4. (생략)

  5. 자금세탁행위와 공중협박자금조달행위를 효율적으로 방지하기 위해 다음 각 목의 행위에 대한 거래를 제한하는 기준을 마련하여 시행할 것

    가. 가상자산사업자나 가상자산사업자 본인의 특수관계인(「상법 시행령」 제34조 제4항 각 호에 따른 특수관계인을 말한다)이 발행한 가상자산의 매매·교환을 중개·알선하거나 대행하는 행위

    나. 가상자산사업자의 임직원이 해당 가상자산사업자를 통해 가상자산을 매매하거나 교환하는 행위

    다. 가상자산사업자가 가상자산의 매매·교환을 중개·알선하거나 대행하면서 실질적으로 그 중개·알선이나 대행의 상대방으로 거래하는 행위

- 통상적으로 금융자산의 실소유자와 해당 거래의 명의자가 서로 다른 경우의 금융계좌를 말한다. 상대방의 허락을 얻어 개설한 합의차명계좌와 다른 사람의 이름을 훔쳐 만드는 도명계좌로 나뉜다. 가상의 이름을 사용하여 만드는 가명(假名)계좌와는 구분된다.

- 차명계좌는 주로 기업의 비자금 관리, 불법적인 금융거래나 로비활동, 탈세, 범죄수익 운용 등 불법적인 돈을 관리하기 위해 만든다. 1993년 8월 12일 금융실명제가 도입된 이후 모든 금융거래에는 실명을 사용하도록 하여 차명계좌를 개설하는 것은 불법이다.

불법재산 은닉이나 자금세탁, 탈세 등을 목적으로 다른 사람 명의로 된 계좌를 개설할 경우, 5년 이하의 징역이나 5,000만 원 이하의 벌금이 부과된다. 또한 불법목적의 차명거래를 할 경우, 명의를 빌린 사람과 함께 불법임을 알고 명의를 빌려준 사람도 공범으로 처벌을 받게 된다.

• 다만, 계나 부녀회·동창회 등 친목모임 회비를 관리하기 위해 대표자 명의로 계좌를 개설하는 경우, 문중이나 교회 등 임의단체의 금융자산을 관리하기 위해 대표자 명의 계좌를 개설하는 경우에는 차명거래가 예외적으로 허용된다.

응대요령

1단계 ▶ ○○가상자산거래소의 임직원인지 여부와 가족 차명인지 여부를 확인하고, 가상자산거래소의 임직원으로 채용될 경우, 직원알기제도(KYE)를 통해 가족정보(이름 등)를 반드시 포함하여 등재한다.

2단계 ▶ ○○가상자산거래소의 임직원이 가족 명의의 차명을 이용해 거래한 것으로 확인되면, 즉시 자금세탁방지 보고책임자에게 보고하여 거래중지 여부를 결정한다.

SECTION 6

고객확인의무 업무처리 관련 Q&A

> 이하 Q&A는 금융정보분석원에서 발간한 『강화된 고객확인의무 Q&A』를 참고하여 작성함

Q 01 본인 명의 계좌에서의 출금 후 본인 명의로 송금하는 경우

A명의 계좌에서 대체출금하여 A명의로 C에게 송금보낼 경우, 고객확인의무 대상은?

A 01 기존고객으로 고객확인의무가 이행된 고객일 경우, 고객확인의무가 필요 없다.

Q 02 타인 명의 계좌에서 출금 후 본인 명의로 송금하는 경우

A명의 통장을 대리인 B가 지참하고 와서 대체출금하여 B명의(또는 제3자인 D명의)로 C에게 송금보낼 경우, 고객확인의무 대상은?

A 02 송금의뢰인 B만 고객확인의무 대상이다. 다만, 현금출금 시 2014년부터 A가 B에게 출금권한을 위임했는지 여부에 대해서 금융회사별로 확인방법을 정하여 처리하도록 FIU가 지침을 통보한 바 있다.

Q 03 타인 명의 계좌에서 출금 후 타인 명의로 송금하는 경우

A명의 계좌를 대리인 B가 지참하고 와서 현금출금하여 A명의로 C에게 송금보낼 경우, 고객확인의무 대상은?

A 03 송금의뢰인인 A와 대리인 B가 고객확인의무 대상이다. 특히, 출금과 송금 모두에 있어서 2014년부터 A가 B에게 권한을 위임했는지 여부에 대해서 금융회사별로 확인방법을 정하여 처리하도록 FIU가 지침을 통보한 바 있다.

Q 04 고객확인의무 대상

고객확인의무는 현금거래만 대상인가?

A 04 ① 계좌 신규거래를 할 경우에는 대체거래를 포함한다.

② 일회성 금융거래의 경우, 대체거래에서는 기존 계좌에서 대체로 출금하여 계좌주가 직접 본인 명의로 일회성 거래를 하는 경우만 제외된다.

③ 고객이 자금세탁 등을 하고 있다고 의심되는 경우에는 기존 고객일지라도 고객확인의무를 이행해야 한다.

Q 05 기旣 고객확인의무 이행자의 경우

동일 금융회사에 고객확인된 계좌를 근거로 연결된 신규계좌 개설의 경우,

고객확인의무 생략이 가능한가?

A 05 고객확인의무 생략이 가능합니다. 그러나 리스크 평가를 통해 고위험인 경우에는 거래목적 등 추가정보를 확인해야 한다.

Q 06 일부 고객확인의무 대상의 경우

고객이 본인 통장을 지참하여 25백만 원을 대체지급하고, 본인이 직접 지참한 현금 15백만 원으로 총 40백만 원을 동시에 본인 명의로 송금하는 경우, 고객확인의무 대상인가?

A 06 위에서 고객 본인 통장에서 대체지급하여 송금한 25백만 원은 고객확인의무 대상이 아니고, 본인이 직접 지참하여 타행 송금한 15백만 원은 일회성 금융거래이지만 20백만 원 미만이므로 고객확인의무 대상이 아니다.

따라서 위와 같이 고객확인의무 일부 금액은 대상이 아니고 또 다른 일부 금액은 대상인 경우, 각각 판단하면 된다.

Q 07 신규계좌 개설의 경우 금액기준 적용 여부

신규계좌 개설인 경우에도 원화 2천만 원(미화 1만 달러 상당액) 이상의 조건이 성립되어야 하는가?

A 07 신규계좌 개설인 경우에는 금액에 관계없이 고객확인의무 이행을 하여야 한다.

Q 08 일회성 금융거래의 의미

2천만 원 이상의 일회성 금융거래는 고객확인의무 적용대상인데, 이때 일회성 금융거래의 정확한 의미가 무엇인가요?

A 08 "일회성 금융거래"라 함은 금융회사 등에 개설된 계좌에 의하지 아니한

금융거래를 말하며, 무통장 입금(송금), 외화송금·환전, 자기앞수표 발행 및 지급, 보호예수, 선불카드 매매, 주식납입금 수납 등을 예로 들 수 있다(연결거래 포함).

Q 09 고객확인의무 이행시기

고객확인의무는 반드시 금융거래 전에 이루어져야 하는가?

A 09 고객확인의무 이행시기는 특정금융거래정보 보고 및 감독규정 제23조에서 정한 경우 이외에는, 금융거래가 이루어지기 전에 이루어져야 한다.

Q 10 비대면 채널을 통한 신규계좌 개설의 경우

비대면 채널로 신규계좌를 개설할 수 있는 상품이 출시되고 있는데, 고객확인의무 이행을 어떻게 해야 하는가?

A 10 고객확인의무 이행은 대면에 의한 확인이 원칙이다.

다만, 이미 고객확인의무를 수행한 고객(저위험)에 한하여 고객확인의무 생략이 가능하나, 고위험 고객의 경우 전화·인터넷을 통해 추가정보 확인 등은 가능하다.

예외적으로 전화를 통한 소액보장성 보험가입 등 특수한 경우에 대해서는 본인 음성녹취 등의 방법을 통한 고객확인의무 이행 및 검증을 인정할 수 있다.

Q 11 고객확인의무 재확인주기

고객확인의무 재이행이 이루어지는 시기는?

A 11 금융회사 등이 위험도에 따라 고객을 저위험, 중위험, 고위험 등으로 분류하여 각각 다른 재확인주기를 설정하여 운영하면 된다.

가상자산 고객확인의무 관련 주요 위법·부당행위 사례 및 유의점

▮**1** 개인고객 정보확인 부적정

| 사례 |

가상자산사업자 A의 고객정보 관리시스템에 다수 고객의 연락처, 주소 등이 누락되고, 고객의 거래목적, 자금출처 등을 기입하는 란에 특수부호, 이름 등 알 수 없는 정보가 기재되어 사실상 고객정보를 확인할 수 없으며, 자금세탁 위험평가도 올바르게 할 수 없음

1. 근거규정

가상자산사업자는 고객의 실지명의, 주소, 연락처 등 신원사항을 확인해야 한다 (특정금융정보법 제5조의2).

특히 자금세탁행위 등 우려가 높은 고객(고위험 고객)에 대해서는 거래목적, 자금출처 등도 추가로 확인해야 한다.

2. 위반 시 제재

고객 신원정보를 미확인하거나 고객정보 관리시스템에 신원정보가 누락되는 등의 경우, 3천만 원(고위험 고객의 경우, 1억 원) 이하의 과태료가 부과될 수 있다(특정금융정보법 제20조).

3. 유의점

사업자는 고객 신원정보가 시스템에 올바르게 입력되어 있는지 확인하고,

필요시 고객에게 보완요청을 해야 한다.

단순히 고객의 실명확인증표(주민등록증 등) 사본을 보유하고 있는 것만으로는 고객정보 확인을 충분히 이행한 것으로 볼 수 없다.

또한 자금세탁행위 등의 우려가 높다고 판단되는 고위험 고객에 대해서는 고객의 자금출처, 거래목적 등을 가능한 한 직접 확인하고, 해당 고객의 거래행위를 면밀히 모니터링하여 의심스러운 거래로 판단될 경우, 지체 없이 금융정보분석원에 보고해야 한다.

■2 법인고객 실제 소유자 확인 부적정

| 사례 |

가상자산사업자 B는 법인 고객의 실제 소유자를 확인함에 있어 최대 주주(60% 지분)인 甲이 아닌 2대 주주(40% 지분)인 대표자 乙을 실제 소유자로 잘못 정하여, 실제 소유자인 甲이 자금세탁 관련 요주의 인물인지 여부를 확인하지 못함

1. 근거규정

가상자산사업자는 법인 고객의 실제 소유자를 확인[7]하고, 실제 소유자의 이름, 생년월일, 국적 등 신원정보를 확인해야 한다(특정금융정보법 제5조의2, 시행령 제10조의5).

아울러, 실제 소유자가 요주의 인물[8]인지 여부도 확인해야 한다(자금세탁방지

---

7 1단계 25% 이상 지분소유자★ → 2단계 최대주주★ → 3단계 대표자
    ★ 복수의 자연인이 있을 경우 최대주주로 하되, 필요시 전부에 대해서도 확인 가능
8 ⅰ) 금융거래 제한대상자, ⅱ) UN 지정 제재대상자, ⅲ) 국제자금세탁방지기구(FATF) 지정 위험국가 국적자, ⅳ) 외국의 정치적 주요인물 등

업무규정 제43조).

2. 위반 시 제재

법인 고객의 실제 소유자 확인을 잘못하여 실제 소유자의 신원정보를 올바르게 확인하지 않은 경우, 3천만 원(고위험 고객의 경우 1억 원) 이하의 과태료가 부과될 수 있다(특정금융정보법 제20조).

3. 유의점

사업자는 법령에서 정한 실제 소유자 확인절차에 따라 실제 소유자를 세밀하게 가려내고, 실제 소유자의 신원정보와 요주의 인물 해당 여부를 확인해야 한다.

만약, 실제 소유자 확인과정에서 복수의 자연인이 확인될 경우, 최대주주를 대상으로 실제 소유자 신원확인을 진행하고, 필요시 복수의 자연인 전부에 대해 확인할 수 있다.

고액현금거래보고 검증 및 확인

₿

고액현금거래보고CTR의 이해

1 의의

고액현금거래보고제도는 객관적 기준에 의해 일정 금액 이상의 현금거래를 보고토록 하여 불법자금의 유출입 또는 자금세탁 혐의가 있는 비정상적 금융거래를 효율적으로 차단하려는 데 목적이 있다.

고액현금거래를 보고토록 한 것은 출처를 은닉·위장하려는 대부분의 자금세탁거래가 고액의 현금거래를 수반하기 때문이며, 또한 금융회사 직원의 주관적 판단에 의존하는 의심거래보고제도 운영만으로는 금융회사의 보고가 없는 경우에 불법자금을 적발하기가 사실상 불가능하다는 문제점을 해결하기 위한 것이다. 우리나라는 금융거래에서 현금거래 비중이 높은 점 때문에 자금세탁방지의 중요한 장치로서 도입필요성이 강하게 제기되어 왔다.

우리나라에서는 자금세탁을 방지하기 위하여 법적 규제로서, 2001년 금융회사 등의 '의심거래보고' 및 자금세탁행위(범죄수익의 은닉·가장)에 대한 형사처벌을 주된 내용으로 하는 특정금융정보법 및 범죄수익은닉규제법이 제정되었다.

2004년 2월 18일 대통령 주재 반부패관계기관 협의회에서 재정경제부는 국가차원의 부패방지대책의 일환으로 불법자금거래 차단을 위하여 고액현금거래보고제도와 고객주의의무의 도입을 핵심내용으로 하는 특정금융정보법 개정안을 보고하였고, 금융정보분석원은 이튿날부터 3월 9일까지 법률개정안을 입법예고하였다. 그 후 금융회사 등의 의견수렴을 거쳐 6월 정부안을 확정하여 국회에 제출하기에 이르렀다.[9] 2005년 1월 개정된 특정금융정보법[10]은 '고객알기제도'와 더불어 '고액현금거래보고제도'를 도입하였다.

이러한 제도의 도입은 불법자금거래를 효과적으로 방지하고 국제기준에 부합하는 자금세탁방지제도를 도입하기 위한 것이었다. 이 제도들은 1년간의 유예기간을 거쳐 2006년 1월 18일부터 시행되었다.

'고액현금거래보고제도CTR'는 금융회사가 고객과 일정한 금액 이상의 현금거래가 있는 경우, 그 내용을 일률적으로 금융정보분석원FIU에 보고하도록 하고 있다.

---

9 종전에도 고액현금거래보고제도 도입을 위한 움직임은 존재하였다. 즉, 2002년 참여연대와 대선유권자연대는 고액현금거래보고제도 도입을 청원입법하였으며, 대통령선거 당시 민주당은 「자금세탁방지법」의 강화를 핵심공약으로 설정하였고, 동년 11월에는 고액현금거래보고제도(Currency Transaction Report, CTR) 도입을 위한 의원입법안을 제출하였다. 2003년 들어서는 고액현금거래보고제도 도입문제가 국세청과 청와대 등에서 공식제기되었으며, 동년 9월 금융정보분석원은 자금세탁방지제도 개선 기본방안을 발표하여 고액현금거래보고제도 등을 도입하기 위한 법률개정의 추진을 밝힌 바 있다.
10 법률 7336호, 2005년 1월 17일 일부개정

고객확인의무와 마찬가지로 FATF·APG^Asia Pacific Group 등 자금세탁방지 관련 국제기구가 각국에 도입을 권고하는 사항이며, 미국·호주·캐나다·대만·태국 등 여러 나라에서 도입·시행되고 있다. 고액현금거래보고제도는 의심거래보고제도의 한계, 즉 금융회사의 주관적 판단과 자발적 보고에 전적으로 의존하는 한계를 보완하고, 고액현금의 지급·영수를 통한 불법자금의 유통을 사전에 차단하는 한편, 의심거래보고 자료의 전략적 심사분석 등에 활용하기 위하여 도입된 것이다.

■2 주요국 CTR 운영 현황

1. 미국

미국은 현금거래의 보고 및 기록보존제도를 엄격하게 운영하고 있다. 은행비밀법^Bank Secrecy Act, 자금세탁방지법^Money Laundering Control Act 및 내국세법^IRC의 규정을 통하여 모든 금융회사는 동일인이 1일 1만 달러를 초과하는 미화 또는 외국통화를 은행에 입출금하는 경우, 또는 은행을 통하여 송금 또는 환전하는 경우에 은행은 그 사실을 미국 국세청에 보고하도록 규정하고 있다.

동일한 고객이 하루에 수차례에 걸쳐 입출금, 송금·환전한 금액이 1만 달러를 초과하는 경우에도 보고대상이 된다. 보고시기는 보고대상 거래가 발생한 후 15일 이내에 미국 국세청에 Form 4789^Currency Transaction Report를 작성하여 보고해야 하며, 보고서 기재사항으로는 거래자의 주소·성명 및 납세자번호, 현금거래액, 거래일 및 거래의 성격, 기타 필요한 사항 등이 있다.

보고의무를 위반한 자에 대하여는 거래액(1만 달러 한도)과 2만 5천 달러 중 큰 금액 이하의 가산세를 과징하며[US Code Chapter 31 §5321(a)(1)], 고의로 보고의무를 위반한 경우에는 25만 달러 이하의 벌금 또는 5년 이하의 징역에 처하거나,

위의 벌금과 징역을 병과[US Code Chapter 31 §5322(a)]한다.

금융회사는 31 CFR. §10322 및 31 USC. §5313(a)의 현금거래 보고규정에 따라 국내 금융회사에 의한 또는 국내 금융회사를 통한 1만 달러 이상의 예금·출금·환전·지불·송금 등의 거래를 보고해야 할 의무가 있다. 동일인이 영업일 하루 동안에 여러 차례의 거래를 통해 합계가 1만 달러를 넘는 거래를 했을 경우도 이에 해당한다.

이러한 의무사항은 카지노에도 적용되어, 연소득 100만 달러 이상의 카지노는 1만 달러 이상의 현금거래에 대해 카지노현금거래보고Currency Transaction Report by Casino, CTRC의 의무가 있다. 다만, 미국 재무부장관이 지정한 예외절차에 따라 은행은 특정 고객의 CTR보고의무를 면제받을 수 있다.

한편, 대량의 현금이동을 범죄로 하는 규정이 설치되어 미국 내 또는 미국 외의 수송기관에 의해, 또는 수화물이나 상품의 형태로 1만 달러 이상을 이동시키는 것을 범죄로 하는 규정Bulk Cash Smuggling 및 이동한 현금의 몰수 규정이 설치되어 있다(31 USC. §5332).

2. 호주

호주의 금융거래보고법에서는 주로 캐쉬·딜러로 불리는 개인 또는 조직·기업에 보고를 의무화하고 있다. 캐쉬·딜러에는 금융회사, 보험회사, 보험취급업자, 증권 및 금융 파생상품거래 중개업자, 유닛·트러스트의 수탁자나 관리자, 도박기관 등이 있다.

동법에 근거하는 주요 의무의 하나로서 캐쉬·딜러는 일정한 거래에 대해서 오스트레일리아 거래보고·분석센터AUSTRAC에 보고할 의무가 있다. 일정한 거래에는 의심스러운 거래와 고액현금거래가 포함된다.

즉, ⅰ) 의심스러운 거래(캐쉬·딜러가 탈세나 세법 혹은 다른 법률위반에 관련한 거래,

또는 범죄에 의한 수익이 관련된 거래라고 의심함에 충분한 합리적 근거를 가지는 경우), ⅱ) 1만 호주달러 이상(또는 1만 호주달러 상당의 외화)의 현금거래를 보고하지 않으면 안 된다.

현재는 자금세탁방지 및 테러자금대책법Anti-Money Laundering and Counter-Terrorism Financing Act 2006에 근거하여 관련 거래가 보고되었을 경우, 금융거래보고법FTA에 근거하여 보고할 필요는 없다.

즉, 금융거래보고법FTA에 근거하여 의무준수가 계속 요구되고 있는 자는 주로, 자금세탁방지 및 테러자금대책법에 근거하여 보고의무가 없는 캐쉬·딜러에 한정되어 있다. 자금세탁방지 및 테러자금대책법은 특정한 금융회사, 도박기관 또는 귀금속상에 대하여 ⅰ) 특정한 업무를 제공하기 전에 이용객의 신원을 확인할 것, ⅱ) 특정한 종류의 거래에 대해서는 통보할 것을 의무로 하고 있다.

호주 정부는 자금세탁방지 및 테러자금대책법을 도입함으로써 국제적인 기준을 만족시키는 AML/CTF 시스템을 갖추어 호주 기업이 자금세탁 또는 테러에의 자금공여에 이용되는 리스크를 줄이고, 발생할 수 있는 범죄활동 및 테러에 대한 조사대상 정보를 필요로 하는 조사기관의 요구에 응할 수 있도록 하였다.

■3 보고의무의 주체

고액현금거래의 보고의무자는 특정금융정보법 제2조 제1호에서 정하는 금융회사 등으로, 의심거래보고와 동일하다.

즉, 보고의무를 부담하는 자는 금융회사 등의 종사자 개인이 아니라, 법인으로서 금융회사 등이다.[11] 금융회사 종사자를 보고 주체로 하게 되면 직원 개개인의

---

11 이와 비교하여, 범죄수익은닉규제법상 "금융거래의 상대방이 제3조의 죄에 해당하는 행위를 하고 있다는

업무 관련 지식이나 경험의 차이로 말미암아 보고기준에 일관성이 없게 되고, 보고불이행에 대한 책임을 면하기 위하여 약간의 의심이 있는 거래까지도 보고할 것이 우려되기 때문이다.

　　은행, 증권회사, 보험회사 등 금융회사가 보고의무자이나 「관광진흥법」에 따른 허가를 받은 카지노업자도 고액현금거래의 보고의무자이다. 자금세탁은 규제가 약한 곳으로 이동하기 마련이므로, 원칙적으로 금융거래를 수행하는 모든 금융회사를 적용대상으로 하고 있다.

특정금융거래법상 고액현금거래 보고의무자

- 「한국산업은행법」에 따른 한국산업은행
- 「한국수출입은행법」에 따른 한국수출입은행
- 「중소기업은행법」에 따른 중소기업은행
- 「은행법」에 따른 은행
- 「자본시장과 금융투자업에 관한 법률」에 따른 투자매매업자, 투자중개업자, 집합투자업자, 신탁업자, 증권금융회사, 종합금융회사 및 명의개서대행회사
- 「상호저축은행법」에 따른 상호저축은행과 상호저축은행중앙회
- 「농업협동조합법」에 따른 조합과 농협은행
- 「수산업협동조합법」에 따른 조합과 중앙회
- 「신용협동조합법」에 따른 조합과 중앙회
- 「새마을금고법」에 따른 금고와 중앙회
- 「보험업법」에 따른 보험회사
- 「우체국예금·보험에 관한 법률」에 따른 체신관서
- 「관광진흥법」에 따라 허가를 받아 카지노업을 하는 카지노사업자(이하 "카지노사업자")

사실을 알게 된 때" 관할수사기관에 신고할 의무이행의 주체는 금융회사 등에 종사하는 자 개인이다(동법 제5조 제1항 참조).

- 제2호에 따른 금융거래를 하는 자로서 대통령령으로 정하는 자

    또한 특정금융정보법 시행령 제2조에서는 고액현금거래 보고의무자로서 신용보증기금, 투자일임업자, 금융지주회사, 환전업자 등을 규정하고 있다.

특정금융거래법 시행령상 고액현금거래 보고의무자

- 「신용보증기금법」에 의한 신용보증기금
- 「기술신용보증기금법」에 의한 기술신용보증기금
- 「자본시장과 금융투자업에 관한 법률」에 따른 투자일임업자
- 「여신전문금융업법」에 의한 여신전문금융회사와 신기술사업투자조합
- 「산림조합법」에 의한 조합과 중앙회
- 「금융지주회사법」에 의한 금융지주회사
- 「중소기업창업 지원법」에 의한 중소기업창업투자회사와 중소기업창업투자조합
- 「산업발전법」(법률 제9584호 산업발전법 전부개정법률로 개정되기 전의 것) 제15조에 따라 등록된 기업구조조정조합 및 그 조합의 업무집행조합원인 기업구조조정전문회사
- 「외국환거래법」 제8조 제4항의 규정에 의한 환전영업자

---

4 고액현금거래보고의 보고대상

1. 보고대상 기준금액

    고액현금거래 보고대상은 동일 금융회사에서 동일인 명의로 이루어지는 1거래일간 현금(외국통화를 제외)이나, 시행령이 정하는 현금과 유사한 기능의 지급수단(이하 현금 등)으로서 하는 금융거래의 합산액이 일정 금액 이상인 경우이다. 금융거

래 중에서도 현금과 유사한 기능의 지급수단거래에 한정하여 고액현금거래보고가 이루어진다는 특징이 있다.

제도도입 시에는 이 금액이 5천만 원이었으나, 이후 단계적으로 하향 조정되어 2008년부터는 3천만 원, 현재에는 1천만 원으로 되어 있다(특정금융정보법 시행령 제8조의2 제1항).**12** 이는 2006년 고액현금거래보고제도 출범 당시 특정금융정보법 시행령 부칙에 인하될 기준금액 및 인하시기를 명시한 것에 따른 것이다.**13** 고액현금거래보고는 의심거래보고와 달리 보고기관인 금융회사의 주관적인 판단에 의하여 보고되는 것이 아니라, 객관적·일률적으로 거래금액요건이 충족되면 각 보고기관은 일정한 전송방식 중 한 가지를 선택하여 금융정보분석원에 보고하지 않으면 안 된다.

(1) 현금거래

여기에서 '현금거래'라 함은 금융회사와 고객 사이에 이루어지는 현금(한국은행권 및 주화)**14**의 물리적 이동Physical Transfer of Currency을 의미한다. 다시 말해서, 현금의 "지급"이라 함은 출금, 지출 등 그 명목을 불문하고, 금융거래에 수반하여 보고기관으로부터 거래자에게로 현금이 물리적으로 이동하는 것이고, 현금의 "영수"라 함은 입금, 수납 등 그 명목을 불문하고, 금융거래에 수반하여 거래자로부터 보고기관에게로 현금이 물리적으로 이동하는 것을 말한다.

따라서 금융회사 창구에서 이루어지는 현금거래뿐만 아니라 현금 자동입출금기상에서의 현금 입출금, 야간 금고에서의 현금입금 등은 보고대상에 해당된다.

---

12 고액현금거래의 보고기준 금액은 자금세탁 등 불법자금 유통을 효과적으로 차단할 수 있는 범위 내에서 현금거래 성향, 수준 등을 고려하여 각국이 결정하므로 국가에 따라 다르나, 미국, 호주, 캐나다 등 주요국에서는 1만 달러(자국화폐 기준)를 기준금액으로 하고 있다.

13 금융위원회 금융정보분석원, 『자금세탁방지 2019년도 연차보고서』

14 외국통화의 경우에는 외국환거래법상 일정한 금액 이상의 외국환거래에 대해서 일률적으로 국세청, 관세청 등에 통보하는 제도를 두고 있으므로(외국환거래법 제21조, 동법 시행령 제34조), 고액현금거래보고제도의 대상에서 제외하고 있다.

그러나 계좌이체·인터넷뱅킹 등 회계상의 가치이전만 이루어지는 거래는 그 대상에 해당되지 않는다.

▼ 현금의 지급·영수의 예시

거래유형	거래내역 예시	보고의무
계좌거래	금융회사를 방문하거나 현금 자동입출금기를 이용하여 자기 계좌에서 현금을 출금하거나 입금	각각 현금의 지급·영수
비계좌거래	금융회사를 방문하여 다른 사람에게 무통장 입금 방식으로 송금	현금의 영수
환전거래	외화를 한국은행권으로 환전하거나 그 반대의 경우	각각 현금의 지급·영수
유가증권거래	수표·어음·CD 등 유가증권을 제시하고 현금으로 교환	현금의 지급
계좌+비계좌 거래	자기 명의 계좌에서 현금출금 후 창구에서 바로 다른 사람에게 무통장 입금 방식으로 송금	현금출금은 현금지급, 송금은 현금영수
	자기 명의의 예금을 해지하여 현금을 지급받은 후 창구에서 그 현금을 재원으로 자기앞수표 발행을 의뢰하는 경우	예금해지 시 현금지급, 자기앞수표 발행의뢰 시 현금영수

※ 고액현금거래보고(CTR)를 회피할 목적으로 금액을 분할하여 금융거래를 하고 있다고 의심되는 경우, 의심스러운 거래로 보고(STR)하여야 함

(2) 현금과 유사한 기능의 지급수단

"현금과 유사한 기능의 지급수단"으로서 하는 금융거래라고 함은 카지노사업자가 지급 또는 영수하는 수표 중 권면액이 100만 원을 초과하는 수표를 말한다. 다만, 카지노사업자가 그 수표를 지급하거나 영수하면서 실지명의를 확인한 후 실지명의 및 수표번호를 기록·관리하는 때에는 그러하지 아니하다(특정금융거래법 시행령 제8조의3).

2. 기준금액 산정방법

보고 금융회사 등에서 고액현금거래보고^{CTR}를 위해서 기준금액을 산정함에 있어서는, 동일인이 1거래일 동안 지급하거나 영수한 금액을 별도 합산하여 산정하지 않으면 안 된다(특정금융정보법 시행령 제8조의2 제2항 본문). 다만, 카지노사업자가 카지노사업자의 영업장에서 이용되는 카지노칩 등과 현금 또는 수표를 교환하는 거래를 하는 경우에는, 거래 1건당 지급하거나 영수하는 금액을 기준으로 산정한다(동조 단서).

"동일인"이라 함은 금융실명법 제2조 제4호의 실지명의(개인 : 성명, 주민등록번호, 법인 : 명칭, 사업자등록번호 등)가 동일한 경우를 말한다. "외국인"의 경우에는 여권, 외국인등록증, 국내거소신고증 등 각 실명증표별로 구분 합산하여 기준금액을 산정한다.

"1거래일" 동안 여러 건의 금융거래에 따라 지급한 금액을 합산하거나 영수한 금액을 합산한다. 이와 같은 보고 기준금액 합산의 취지는, 고액현금거래보고제도를 회피하기 위하여 이루어질 가능성이 있는 분할거래에 대하여 1거래일을 기준으로 합산함으로써 이를 규제하기 위한 것이다.

더 나아가 1거래일을 넘어 분할거래가 이루어지는 경우에도, 금융회사 등은 고액현금거래보고를 회피할 목적으로 분할하여 금융거래를 하고 있다고 의심되는 합당한 근거가 있는 때에는, 그 사실을 금융정보분석원장에게 보고하여야 한다(특정금융정보법 제4조의2 제2항).

고액현금거래보고의 기준금액을 산정함에 있어서 다음과 같은 금융거래는 제외된다. ⅰ) 100만 원 이하의 원화 송금(무통장 입금을 포함)금액, ⅱ) 100만 원 이하에 상당하는 외국통화의 매입·매각금액, ⅲ) 금융정보분석원장이 정하는 공과금 등을 수납하거나 지출한 금액이 그것이다(특정금융정보법 시행령 제8조의2 제4항 각 호). 금융정보분석원장이 정하는 공과금 등을 수납하거나 지출한 금액이란 ⅰ)

금융실명법 제3조 제2항 제1호, 동법 시행령 제4조 제1항 제2호에서 정하는 공과금 등을 수납한 금액, ⅱ) 법원공탁금, 정부·법원보관금, ⅲ) 송달료를 지출한 금액, ⅳ) 은행지로장표에 의하여 수납한 금액, ⅴ) 100만 원 이하의 선불카드 거래금액을 말한다(특정 금융거래정보 보고 및 감독규정 제9조 각 호).

▼ 기준금액 산정에 대한 예시

거래사례	보고 여부	비고
甲은행에서 A가 본인 명의의 2개의 계좌를 이용, 오전에 a계좌에서 현금 5백만 원, 오후에 b계좌에서 현금 5백만 원을 각각 인출한 경우	해당됨	지급액 1천만 원
甲은행에서 A가 1개의 계좌를 이용, 오전에 현금 1천만 원을 입금, 오후에 현금 1천만 원을 출금한 경우	영수만 해당됨	지급액 1천만 원 영수액 1천만 원
甲은행에서 A가 오전에 본인 계좌에 현금 5백만 원을 입금, 오후에 같은 은행에서 현금 5백만 원을 무통장 입금으로 乙은행의 B계좌에 송금한 경우	해당됨	영수액 1천만 원
甲은행에서 A가 오전에 본인 계좌에 현금 900만 원을 입금, 오후에는 B에게 현금 1백만 원을 송금한 경우	해당 안 됨	영수액 900만 원 (100만 원 송금은 제외)
乙은행에서 B가 1개의 계좌를 이용하여 오전에 현금 900만원을 입금, 오후에 현금 1백만 원을 입금하는 경우	해당됨	영수액 1천만 원

금융회사 등의 고액현금거래보고에 관한 업무지침(2014.4.18. 시행)

■1 제정목적

일부 금융회사 등이 고액현금거래보고에 대해 잘못 이해하고 오류보고를 한 사례 등이 발견됨에 따라 이에 대한 체계적 지침을 제정하였다.

■2 주요 내용

1. 보고 대상의 한정

지침 제4조에서 "금융거래의 상대방에게 현금을 지급하거나 그로부터 영수한 경우"를 금융회사 등과 금융거래의 상대방 사이에 물리적인 현금의 이동이 이루어진 경우로 한정하였다.

2. 보고 제외대상의 명확화

지침 제5조에서 혼란이 있는 고액현금보고 제외대상을 다음과 같이 명확히 하였다.

금융회사 등의 고액현금거래보고에 관한 업무지침

제5조(보고 제외대상) ① 금융회사 등은 법 제4조의2 제1항 각 호 및 영 제8조의4, 제8조의5에서 정한 바와 같이 다음 각 호의 어느 하나에 해당하는 상대방과 금융거래를 하는 경우에는

고액현금거래보고 대상에서 제외한다.

1. 다른 금융회사 등과의 현금의 지급 또는 영수
2. 국가, 지방자치단체 및 대통령령으로 정하는 공공단체와의 현금의 지급 또는 영수

② 제1항 제1호에서의 다른 금융회사 등에는 영 제8조의4에 따라 카지노사업자(「공공기관의 운영에 관한 법률」의 적용을 받는 카지노사업자는 제외한다)는 제외한다.

③ 제1항 제2호에서 대통령령으로 정하는 공공단체는 영 제8조의5에서 규정하는 "대통령령으로 정하는 공공단체"를 말한다.

3. 금융회사 보고의무 체계화

① 원칙 : 보고대상 금융거래가 발생한 금융회사 등에서 보고

② 예외 : 보고대상 금융거래가 발생한 금융회사 등이 금융거래의 상대방에 대한 실명증표를 확인할 수 없는 경우에는, 예외적으로 금융거래의 상대방이 계좌를 개설한 금융회사 등이 보고

- 다른 금융회사 등의 자동화기기를 이용한 현금의 지급 또는 영수
- 전자금융서비스(CD/ATM 등) 업체의 자동화기기를 이용한 현금의 지급 또는 영수
- 금융회사 등 간에 지급 또는 영수 위탁계약에 따라 다른 금융회사 등을 이용한 현금의 지급 또는 영수

③ 수표 현금지급 관련 보고 : 다른 금융회사 등에 지급제시한 정액 자기앞수표의 현금지급은 자기앞수표 발행 금융회사 등이 보고하되, 2015년 1월 1일부터는 지급 금융회사 등이 정액 자기앞수표의 현금지급과 관련한 고액현금거래보고를 하여야 함

4. 보고시기

법 제4조의2 제1항에 따라 발생일로부터 30일 이내에 금융정보분석원장에게

보고하여야 한다.

5. 오보고에 대한 취소절차 마련

금융회사 등이 금융정보분석원장에게 보고한 고액현금거래에서 오류가 발견된 경우, 다음 각 호의 절차에 따라 해당 고액현금거래보고(이하 '오보고'라 한다)를 취소하여야 한다.

① 금융회사 등에서 오류를 발견한 경우 : 그 사실을 제13조 제1항의 내부보고체제를 거쳐 금융정보분석원에 신속하게 보고하고, 보고책임자의 책임하에 해당 오보고를 신속하게 취소하여야 한다.

② 금융정보분석원에서 오류를 발견한 경우 : 그 사실을 해당 금융회사 등에 신속하게 통보하고, 금융회사 등은 보고책임자의 책임하에 해당 오보고를 신속하게 취소하여야 한다.

6. 시행시기

전산시스템 교체 등을 감안하여 2014년 4월 18일부터 시행되었다.

7. 수표 현금지급 관련 보고유예

2014년 12월 31일까지 효력을 가지며, 동년 동월 동일 이후에는 지급 금융회사 등이 정액 자기앞수표의 현금지급과 관련한 고액현금거래보고를 하여야 한다.

금융회사 등의 고액현금거래보고에 관한 업무지침

제1장 총 칙

제1조(목적) 이 지침은 고액현금거래보고와 관련하여 특정금융거래정보의 보고 및 이용 등에 관한 법률(이하 '법'이라 한다) 제4조의2, 동법 시행령(이하 '영'이라 한다) 제8조의2, 제8조의3, 제8조의4, 제8조의5, 제8조의6, 제8조의7 및 특정금융거래정보 보고 및 감독규정(이하 '감독규정'이라 한다) 제9조, 제10조, 제11조, 제12조 등에서 정한 사항의 시행에 필요한 세부적 사항을 규정함을 목적으로 한다.

제2조(정의) 이 지침에서 사용하는 용어의 정의는 특별히 정한 경우 외에는 법·영 및 테러자금금지법 등 관련법령에서 정하는 바에 따른다.

제3조(적용 대상) 이 지침은 법 제2조 제1호에 따른 금융회사 등(단, 법 제2조 제1호 파목의 "카지노사업자"는 제외)에 적용된다.

제2장 금융회사 등의 고액현금거래보고

제4조(보고 대상) ① 법 제4조의2 제1항에 따라 금융회사 등은 영 제8조의2 제1항에서 정하는 금액(2천만 원) 이상의 현금(외국통화는 제외)을 금융거래의 상대방에게 지급하거나 그로부터 영수(領收)한 경우에는 그 사실을 금융정보분석원장에게 보고하여야 한다.
② 제1항에서 "금융거래의 상대방에게 현금을 지급하거나 그로부터 영수한 경우"란 금융회사 등과 금융거래의 상대방 사이에 물리적인 현금의 이동이 이루어진 경우를 말한다.
③ 제2항에 따라, 금융회사 등은 물리적인 현금의 이동이 없는 금융거래임에도 불구하고, 금융거래 상대방의 일방적 요구에 의해 현금으로 처리한 거래는 보고하지 아니한다.

제5조(보고 제외대상) ① 금융회사 등은 법 제4조의2 제1항 각 호 및 영 제8조의4, 제8조의5에서 정한 바와 같이 다음 각 호의 어느 하나에 해당하는 상대방과 금융거래를 하는 경우에는 고액현금거래보고 대상에서 제외한다.

1. 다른 금융회사 등과의 현금의 지급 또는 영수

2. 국가, 지방자치단체 및 대통령령으로 정하는 공공단체와의 현금의 지급 또는 영수

② 제1항 제1호에서의 다른 금융회사 등에는 영 제8조의4에 따라 카지노사업자(「공공기관의 운영에 관한 법률」의 적용을 받는 카지노사업자는 제외한다)는 제외한다.

③ 제1항 제2호에서 대통령령으로 정하는 공공단체는 영 제8조의5에서 규정하는 "대통령령으로 정하는 공공단체"를 말한다.

제6조(보고 기준금액 산정방법) ① 금융회사 등이 제4조 제1항의 보고 기준금액을 산정할 때에는 동일인 명의로 이루어지는 1거래일 동안의 금융거래에 따라 지급하거나 영수한 금액을 각각 합산한다.

② 제1항에서의 "금융거래"는 금융회사 등의 창구를 통한 거래 외에 자동화기기를 이용한 거래에도 동일하게 적용된다.

③ 제1항에서 "동일인 명의"라 함은 「금융실명거래 및 비밀보장에 관한 법률(이하 '금융실명법'이라 한다) 제2조 제4호」 및 동법 시행령 제3조의 실지명의가 동일한 것을 말한다.

④ 제3항과 관련하여 "외국인 및 재외국민 · 외국국적 동포"의 경우에는 금융실명법 제2조 제4호 및 동법 시행령 제3조의 여권, 외국인등록증, 재외국민(외국국적 동포)국내거소신고증 등의 각 실명증표별로 구분하여 각각 별도로 합산한다.

⑤ 제1항의 규정에 따라 보고 기준금액을 합산함에 있어서 영 제8조의2 제4항 및 감독규정 제9조에 따라 다음 각 호의 금액은 제외한다.

1. 100만 원 이하의 원화 송금(무통장 입금 포함)금액

2. 100만 원 이하에 상당하는 외국통화의 매입 · 매각금액

3. 100만 원 이하의 선불카드 거래금액

4. 금융실명법 제3조 제2항 제1호, 동법 시행령 제4조 제1항 제2호에서 정하는 공과금 등을 수납한 금액

5. 법원공탁금, 정부 · 법원보관금, 송달료를 지출한 금액

6. 은행지로장표에 의하여 수납한 금액

제7조(보고의무 금융회사 등) ① 법 제4조의2 제1항에 따라 고액현금거래보고의무를 가지는 금융회사 등은 원칙적으로 제4조 제1항의 보고 대상 금융거래가 발생한 금융회사 등으로

정한다.

② 고액현금거래보고 대상 금융거래가 발생한 금융회사 등이 금융거래의 상대방에 대한 실명증표를 확인할 수 없는 다음 각 호의 경우에는 예외적으로 금융거래의 상대방이 계좌를 개설한 금융회사 등이 보고한다.

1. 다른 금융회사 등의 자동화기기를 이용한 현금의 지급 또는 영수

2. 전자금융서비스(CD/ATM 등) 업체의 자동화기기를 이용한 현금의 지급 또는 영수

3. 금융회사 등 간에 지급 또는 영수 위탁계약에 따라 다른 금융회사 등을 이용한 현금의 지급 또는 영수

③ 다른 금융회사 등에 지급제시한 정액 자기앞수표의 현금지급은 자기앞수표 발행 금융회사 등이 보고한다.

제8조(보고시기) 금융회사 등은 제4조 제1항에 해당하는 금융거래가 발생한 경우 법 제4조의2 제1항에 따라 발생일로부터 30일 이내에 금융정보분석원장에게 보고하여야 한다.

제9조(보고방법) ① 법 제4조의2 제1항에 따라 보고를 하는 금융회사 등은 금융정보분석원장이 정하는 서식에 따라 다음 각 호의 사항을 온라인·문서·전자기록매체 그 밖에 금융정보분석원장이 정하는 방법으로 보고해야 한다.

1. 보고하는 금융회사 등의 명칭 및 소재지

2. 현금의 지급 또는 영수가 이루어진 일자 및 장소

3. 현금의 지급 또는 영수의 상대방

4. 현금의 지급 또는 영수의 내용

5. 그 밖에 현금의 지급 또는 영수의 사실을 분석하기 위하여 필요한 사항으로 금융정보분석원장이 정하는 사항

② 제1항에서 "금융정보분석원장이 정하는 서식"이라 함은 감독규정 별지 제2호 서식의 고액현금거래보고서를 말한다.

③ 제1항 제5호에서 "그 밖에 현금의 지급 또는 영수를 분석하기 위하여 필요한 사항으로서 금융정보분석원장이 정하는 사항"이라 함은 무통장 입금에 의한 송금 시 수취인 계좌에 관한 정보를 말한다.

제9조의2(긴급한 경우의 보고방법) ① 금융회사 등은 제9조에 의한 방법으로 보고할 경우 자금세탁방지 목적을 달성할 수 없는 때에는 전화 또는 모사전송에 의한 방법으로 고액현금 거래보고를 할 수 있다.

② 금융회사 등은 제1항의 규정에 의한 방법으로 보고를 하고자 하는 경우에는 보고를 받으려고 하는 자가 금융정보분석원의 소속 공무원인지를 확인하여야 하며, 보고를 받는 공무원의 성명·보고일자 및 보고내용 등을 기록·보존하여야 한다.

③ 금융회사 등은 제1항의 규정에 의한 방법으로 보고를 한 때에는 보고사항을 감독규정 제6조·제11조의 규정에 의한 보고서식에 의하여 문서, 전자기록매체 또는 온라인으로 다시 보고하여야 한다.

제10조(중계기관의 지정 등) ① 금융정보분석원장은 법 제4조의2 제3항에 따른 중계기관(이하 "중계기관"이라 한다)을 지정한 때에는 이를 고시하여야 한다.

② 금융회사 등은 중계기관을 거쳐 고액현금거래를 금융정보분석원장에게 보고할 수 있다.

③ 금융정보분석원장은 중계기관의 업무처리기준을 정할 수 있으며, 중계기관으로 하여금 그 세부운영기준을 정하게 할 수 있다.

④ 중계기관의 장은 제3항에 따라 세부운영기준을 정한 경우에는 그 내용을 지체 없이 금융정보분석원장에게 알려야 한다.

제11조(오보고 취소절차) 금융회사 등이 금융정보분석원장에게 보고한 고액현금거래에서 오류가 발견된 경우, 다음 각 호의 절차에 따라 해당 고액현금거래보고(이하 '오보고'라 한다)를 취소한다.

1. 금융회사 등에서 오류를 발견한 경우, 그 사실을 제13조 제1항의 내부보고체제를 거쳐 금융정보분석원에 신속하게 보고하고, 보고책임자의 책임하에 해당 오보고를 신속하게 취소한다.

2. 금융정보분석원에서 오류를 발견한 경우, 그 사실을 해당 금융회사 등에 신속하게 통보하고, 금융회사 등은 보고책임자의 책임하에 해당 오보고를 신속하게 취소한다.

제12조(의심되는 거래보고) ① 금융회사 등은 법 제4조의2 제2항에 따라 금융거래의 상대방이 고액현금거래보고를 회피할 목적으로 금액을 분할하여 금융거래를 하고 있다고 의심되

는 합당한 근거가 있는 경우에는 그 사실을 금융정보분석원장에게 보고하여야 한다.

② 금융회사 등은 제4조 제3항의 경우에는 법 제4조에 따른 의심되는 거래보고를 검토하여야 한다.

③ 영 제7조 제1항 및 제2항의 규정은 법 제4조의2 제2항의 규정에 의한 보고에 관하여 이를 준용한다.

제3장   내부통제체제 구축·운영

제13조(보고체제 수립) ① 자금세탁방지 및 공중협박자금조달금지에 관한 업무규정 제81조에 따라 금융회사 등은 법 제4조의2에 따른 고액현금거래보고를 위해 자신의 지점 등 내부에서 보고책임자에게 보고하는 내부보고체제와 이를 보고책임자의 책임하에 금융정보분석원에 보고하는 외부보고체제를 수립하여야 한다.

② 금융회사 등은 보고대상의 오류, 금융회사 직원의 업무편의(전산환경 등) 및 전산 오조작 등으로 발생한 거래가 고액현금거래보고되지 않도록 보고책임자의 책임하에 자체 점검체계를 갖추어야 한다.

제14조(자료보존) 법 제4조의2에 따라 고액현금거래보고의무를 가지는 금융회사 등은 다음 각 호의 자료를 5년 이상 보존하여야 한다.

1. 금융거래의 상대방을 확인하기 위해 확보한 자료 또는 내부승인 관련 자료
2. 금융거래기록과 관련된 자료
3. 고액현금거래보고를 위해 작성한 내·외부 보고서 및 관련 자료
4. 고액현금거래보고 제외 등과 관련하여 자체 검토하였던 기록 및 기타 자료
5. 월별 고액현금거래보고 건수 및 금액

부   칙

제1조 이 지침은 2014년 4월 18일부터 시행하며, 지침시행 후 최초로 지급하거나 영수하는 금융거래부터 적용한다.

제2조 제7조제3항은 2014년 12월 31일까지 효력을 가지며, 동년 동월 동일 이후에는 지급 금융회사 등이 정액 자기앞수표의 현금 지급과 관련한 고액현금거래보고를 하여야 한다.

사례별 고액현금거래보고 처리방법

■ 대고객 금융거래 중 영수(입금) 전산화면의 일부 대체입력 가능 여부 점검

| 사례 |

고객이 현금 2천만 원, 타행발행 자기앞수표 1천만 원과 계좌출금 3천만 원을 출금하여 정기예금 가입요청하는 경우

처리방법

- 대고객 관련 금융거래 중 거래금액이 발생하는 전산화면에서 현금거래와 대체거래 또는 자기앞수표 입금거래가 동시에 발생하는 거래가 가능한지를 점검하여 일부 현금 및 대체거래(자기앞수표 거래 포함)가 가능하도록 전산시스템 정비가 필요

예시화면

- 금융회사에서는 고객이 금융거래요청 시 현금과 자기앞수표 또는 계좌에서 출금하여 영수거래를 요청하는 혼합거래가 발생하는 경우가 많아 금융수단(현금, 대체거래, 자기앞수표 등)별로 금융거래를 하지 않은 경우에는, 고액현금거래보고 대상

거래 추출 시 보고 대상거래가 왜곡되어 고액현금거래보고를 하지 아니한 경우, 특정금융정보법 제17조에 따른 과태료 부과 대상으로 분류

◼2 대고객 금융거래 중 영수지급(출금) 전산화면의 일부 대체입력 가능 여부 점검

| 사례 |

> 고객이 계좌에서 3천만 원을 출금하여 이 중 1천만 원은 현금으로 지급, 2천만 원은 정기예금 가입요청하는 경우

처리방법

대고객 관련 금융거래 중 지급(출금) 전산화면에서 일부는 현금으로 지급하고 일부는 정기예금 등(타행환입금 또는 다른 계좌 입금요청) 가입요청하는 경우, 지급화면에서 일부 현금 및 대체지급이 가능한지를 점검하여 일부 현금 및 대체거래가 가능하도록 전산시스템 정비가 필요

예시화면

◼3 고액현금거래보고 대상 합산 대상 금융거래의 판단

| 사례 | ①

> 당일자취소, 정정, 환입, 환출, 취소 등의 경우 보고 대상 여부

처리방법

- 원칙적으로 취소, 정정 등이 발생하더라도 금융회사와 거래자 사이에 현금의 물리적 이동이 발생하였다면 CTR로 보고하는 것이 바람직하나, 입출금 거래 후 당일자 취소된

경우, 금융거래가 발생하지 않은 것으로 보아 보고 대상에서 제외 가능[15]
- 정정, 환입, 환출, 당일 이외의 취소는 보고 대상이며, 동 거래발생 당일이 보고기준일이 되고, 해당 거래 또는 합산한 금액이 보고 대상금액 이상일 경우, CTR로 보고하여야 함
  📘 정상거래 시에는 보고 대상이 아니었으나 환입, 환출, 정정 거래로 인하여 보고 대상에 해당되면 환입, 환출, 정정 거래일이 보고 및 합산기준일이 됨

| 사례 | ②

전일자 거래, 마감 후 거래의 합산기준일

처리방법

전일자 거래와 마감 후 거래의 계리일자는 서로 상이하나, CTR 보고를 위한 거래 합산기준일은 전일자 거래와 마감 후 거래가 발생한 당일로 함

| 사례 | ③

공휴일 거래의 합산 여부

처리방법

법령상 영업일의 개념이 없으므로 공휴일 거래도 평일과 동일하게 1일 거래금액을 기준으로 합계금액이 보고 대상금액 이상인 경우에 보고

| 사례 | ④

금융회사에서 판매를 대행하고 있는 상품권, 복권, 공연입장권, 교통카드 충전, 수입인지(증지) 등의 판매금액 합산 여부

처리방법

상품권, 복권, 공연입장권, 교통카드 충전, 수입인지(증지) 등의 판매는 특정금융정보법 제2

---

15 주 사실행위의 측면에서는 금융회사와 거래자 사이에 현금의 물리적 이동이 발생하였으나, 당일자 취소는 금융회사 직원의 오조작에 의한 것이 대부분이므로 이것을 고객의 요청에 의한 취소와 구분할 실익이 없음. 단, 후자의 경우 의심스러운 것으로 판단되면 STR로 보고할 수 있음

조 제2호에서 정한 금융거래에 해당되지 않으며, 판매회사는 특정금융정보법의 적용대상 금융회사가 아니므로 합산 제외

| 사례 | ⑤

현금자동입출금기 등을 이용한 1백만 원 이하 송금의 합산 여부

처리방법

- 특정금융정보법 제8조의2 제4항 제1호에 의거 1백만 원 이하의 원화 송금(무통장 입금 포함)금액은 합산 제외
- 1백만 원 이하 송금의 경우, 금융실명법 제3조 제2항 제1호 및 동법 시행령 제4조 제1항 제2호에 의거 실명확인 생략대상 금융거래이므로 합산 제외

| 사례 | ⑥

1백만 원 초과의 송금거래이나, 현금이 1백만 원 이하인 경우의 합산 여부

처리방법

CTR제도는 금융회사와 거래자 간 현금의 물리적 이동을 의미하므로 현금금액만 합산

📟 150만 원 송금신청 시 현금 50만 원, 자기앞수표 1백만 원의 경우, 50만 원만 합산

| 사례 | ⑦

CTR보고 시 합산 대상 이자와 보증료의 범위

처리방법

- 금융거래의 성격을 가지는 대출이자, 보증료 등 기간에 대한 이자(interest)는 포함하며, 중도해지수수료, 중도상환수수료, 제증명서 발급수수료 등 금융거래에 의해 부수적으로 발생하는 순수한 수수료(fee)는 합산 제외

합산 대상 이자와 보증료

원화 및 외화 대출이자

- 지급보증료
- 지급보증대지급금이자

- 매입어음이자
- 외환수입이자(매입외환할인료, 수입어음결제이자)
- 외환지급이자(수출환어음 관련 지급이자, 수입어음 관련 지급이자)
- 카드론이자
- 현금서비스수수료(단, 취급수수료 제외)
- 신용판매대금수수료 중 할부수수료(단, 특정금융정보법 제4조의2 제1호와 제2호 및 동법 시행령 제8조의3에서 정한 경우 제외)

— 특정금융정보법 시행령 제8조의2 제4항 제3호 및 동법 시행규칙 제9조(고액현금거래보고의 기준금액 합산 시 제외되는 공과금 등)에 의한 아래 공과금은 합산 제외

1. 금융실명법 제3조 제2항 제1호 및 동법 시행령 제4조 제1항 제2호에서 정하는 각종 공과금 등을 수납한 금액[금융실명거래업무해설서(22P) 실명확인을 생략할 수 있는 공과금 참조, 전국은행연합회 수신전문위원회 발간 2004.11.]
2. 법원공탁금, 정부·법원보관금, 송달료를 지출한 금액
3. 은행지로장표에 의하여 수납한 금액

은행지로장표에 의한 수납거래의 종류
○ 보험료   : 의료보험, 각종 금융보험 및 노무법인, 상공회의소 등
○ 물품대금   : 각종 물품대금, 학교 급식비
○ 도시가스   : LPG
○ 사용료   : 유치원비 기장료, 학원비, 통신수수료, 기기사용료, 보수유지비, 건물관리비
○ 회비   : 동창회비, 기부금, 선교비, 발전기금, 후원금, 헌금
○ 학자금   : 수업료
○ 신문구독료 : 신문대금
○ 기타   : 이외의 대금

예 은행과 건설회사의 계약에 의해 지로장표를 이용하지 않은 건설회사 납부고지서에 의한 아파트 중도금의 수납 등

| 사례 | ⑧ ———●

무기명 양도성예금증서(CD) 발행 및 만기상환 시 금융거래금액 합산의 명의자

처리방법

무기명 양도성예금증서(CD) 발행 시 발행의뢰인의 실명확인 후 증서상 무기명으로 발행하므로 발행의뢰인 명의로 합산하며, 만기상환 시에는 최종소지인(해지의뢰인) 명의로 금융거래금액 합산

| 사례 | ⑨ ────────────────────────────────

가수금, 가지급금, 별단예금 등 비온라인 거래의 합산 여부

처리방법

- 온라인, 비온라인 여부를 불문하고 금융회사가 고객과의 금융거래 시 현금의 영수와 지급이 수반되어 현금의 물리적 이동이 일어나면 합산하여야 함
- 출납과잉금은 금융회사와 거래자 간 현금의 물리적 이동이 아니므로 합산 제외

| 사례 | ⑩ ────────────────────────────────

고객이 5천만 원의 원화를 들고 내점하여 외화예금통장에 입금한 경우, 보고 대상 여부와 계좌·비계좌거래 중 어디에 해당되며, 합산 여부

처리방법

원화를 대가로 외화통장에 입금할 경우, 금융회사는 고객으로부터 원화를 영수한 후 원화에 상당하는 외화로 환산하여 외화예금계좌에 입금하므로, 계좌거래에 의한 현금영수에 해당되며 합산 대상임

| 사례 | ⑪ ────────────────────────────────

고객이 외화예금통장에서 외화를 인출하는 경우와 외화를 대가로 원화로 환전하여 인출하는 경우 보고 대상 여부

처리방법

고객이 외화예금통장에서 외화로 인출하는 경우는 CTR 보고 대상이 아니나, 인출한 외화를 대가로 원화로 환전하여 인출하는 경우는 계좌거래에 의한 현금지급에 해당하므로 합산 대상임

| 사례 | ⑫

100만 원 이하의 원화 송금(무통장 입금 포함)금액의 합산 제외범위

처리방법

금융실명법 제4조 제1항 제3호에 의거 1백만 원 이하의 원화 송금(무통장 입금 포함)거래는 보고 기준금액 산정 시 합산 제외되나, 통장, 카드, 모바일칩 등을 이용한 1백만 원 이하 입금거래는 합산 대상임. 단, 지급의 경우에는 통장이나 카드, 모바일칩 등의 사용 여부에 관계없이 모두 합산하여야 함

| 사례 | ⑬

공동명의 예금의 경우, 합산명의

처리방법

공동명의 예금 신규 시 전산에 등록된 주된 고객 명의로 합산하여야 하며, 향후 공동명의 예금 신규 시 고객에게 동 내용을 반드시 설명하여야 할 필요성이 있음

| 사례 | ⑭

고액현금거래보고 시 기준금액을 산정함에 있어 동일인이 1거래일 동안 지급하거나 영수한 금액을 별도 합산하여 산정하여야 하나, 동일인의 산정방법

처리방법

"동일인"이라 함은 금융실명법 제2조 제4호의 실지명의(개인 : 성명, 주민등록번호, 법인 : 명칭, 사업자등록번호 등)가 동일한 경우를 말함. "외국인"의 경우에는 여권, 외국인등록증, 국내거소신고증 등 각 실명증표별로 구분합산하여 기준금액을 산정

| 사례 | ⑮

대출금 상환 시 CTR 합산 여부

처리방법

대출금 상환을 현금으로 하는 경우에는 CTR 합산 대상이며, 차주명의로 합산(단, 대위변제

의 경우, 거래상대방은 대위변제자로 하여야 함)

고액현금거래보고 제외대상 기관의 점검 및 확인

■1 보고 제외대상

① 다른 금융회사 등(대통령령으로 정하는 자 제외)과의 현금 등의 지급 또는 영수

② 국가, 지방자치단체, 그 밖에 대통령령으로 정하는 공공단체와의 현금 등의 지급 또는 영수

③ 자금세탁의 위험성이 없는 일상적인 현금 등의 지급 또는 영수로서 대통령령이 정하는 것

■2 보고 제외대상 검증 및 확인방법

(1) 금융회사 확인

① 표준산업분류코드 이용 ☞ 표준산업분류코드가 K641로 시작하는 경우

② 사업자명에서 분류하는 경우 ☞ 사업장명에 다음 글자가 포함되는 경우 (신탁, 은행, 상호저축, 증권, 농협, 수협, 금고 등)

(2) 국가 · 지방자치단체 확인

국가, 지방자치단체, 지방자치단체조합 ☞ 금융정보분석원 고시 또는 실명번

호 10자리 중 4~5번째가 83인 경우(금융실명제 예금주별 거래 및 과세 구분 참조)

(3) 공공단체 확인

① 「공공기관의 운영에 관한 법률」에 따른 공공기관 확인 ☞ ALIO(공공기관 경영정보 공개시스템)에서 검색[16]

② 「지방공기업법」에 따른 지방공기업 확인 ☞ Clean-Eye(지방공기업 경영 정보 공개시스템)에서 검색[17]

SECTION 5

고액현금거래보고 업무처리 관련 Q&A

Q 01 고객이 현금처리를 요청할 경우

고객이 현금으로 업무처리를 요청할 때는 어떻게 해야 하는가?

A 01 고객이 현금으로 업무처리를 요청하는 경우는 다음의 2가지가 있다.

① 무통장 입금 시 수취인, 본인 명의 다른 계좌에 입금요청하고 입금된 자금을 바로 현금화(전자금융, 현금출금 등)하여 사용하는 경우로, 이런 경우 손님이 대체현금의 정확한 의미를 알지 못해 무조건 현금으로 업무처리를 요청하는 것이므로, 대체거래가 가능하다.

② 자금출처를 은폐하고 거래내용에 대한 추적을 피할 목적으로 요청하는

---

16 http://www.alio.go.kr/alio/public/p_about_01.jsp
17 http://www.cleaneye.go.kr/programs/user/portal/guide/cleaneye.asp

경우로, 특히 고액현금거래에 대해서는 고객과의 상담 등을 통해 고객의 경제활동 내용과 거래상황 등을 보다 자세하게 파악할 필요가 있다. 따라서 이러한 경우 의심거래보고서 작성·제출 여부를 검토해야 한다.

Q 02 제2금융권 회사의 보고제외

기존 거래처인 제2금융권 회사의 경우에도 CDD/CTR 대상인가?

**A 02 CTR 보고 제외대상일 경우 CTR 보고 대상에서 제외처리한다. 다만, CTR 보고 제외대상인 경우에도 불구하고 고객확인의무(CDD) 이행 대상이다.

Q 03 CTR 보고금액 산정기준

예금 등의 이자 등을 포함하여 현금으로 인출하는 경우, CTR 산정금액은 세전인지, 세후인지?

**A 03 CTR 산정금액은 현금기준이므로 세후 금액을 대상으로 한다[금융거래의 성격을 가지는 대출이자, 보증료 등 기간에 대한 이자(interest)는 포함].

Q 04 전산 오조작 처리

전산 오조작으로 대체를 현금으로 처리한 경우에는 어떻게 하는가?

**A 04 발견 시에는 반드시 거래를 취소한 후 즉시 정당거래로 변경하여야 한다.

Q 05 고객이 CTR을 회피하기 위해 분할거래를 하는 경우

고객이 고액현금거래보고를 회피하기 위하여 거래금액을 분할거래하는 경우, 어떻게 해야 하는가?

**A 05 고객이 고액현금거래보고를 회피할 목적으로 기준금액보다 낮게 금액을 분할하여 거래하고 있다고 의심되는 경우, 의심거래보고를 해야 한다.

Q 06 CTR 고객통지 관련

모든 고액현금거래보고CTR가 법집행기관에 제공되고, 고객에게도 통지가 되는가?

A 06 특정금융정보법 제7조의2 제1항에 따라 금융정보분석원이 국세청 또는 관세청에 해당 정보를 제공한 경우, 금융정보분석원이 고객에게 정보제공 사실을 통지하도록 하고 있다.

Q 07 공과금 CTR 제외 관련

공과금이 CTR 리스트에 떴는데, 어떻게 해야 하는가?

A 07 반드시 수정보고 해야 한다. 공과금은 CTR 대상에서 제외되는 금융거래이므로, CTR 보고사항이 아님에도 보고가 되었다면 해당 고객에게 불이익을 줄 수 있다.

Q 08 고객이 지속적으로 현금출금을 요청하는 경우

지속적으로 고액의 현금출금을 요청하는 경우, 거래거절이 가능한가?

A 08 거래목적, 자금원천, 실소유자 여부의 파악 등 고객확인업무 수행을 고객이 거절하는 경우 거래를 거절할 수 있으나, 그렇지 않은 경우 거절은 불가하다. 다만, 고객에게 고액현금거래보고 통지의 가능성 등을 주지시켜 주어야 한다.

Q 09 CTR 보고 관련

하루 2천만 원 이상 현금거래는 무조건 CTR 보고해야 하는가?

A 09 하루 중 일어난 현금거래를 입금(영수), 출금(지급)으로 나누어 각각 합산한 금액이 2천만 원 이상이면 고액현금거래CTR 보고 대상이다. 하지만 고객의

요청에 의해 전산(계정)처리만 현금으로 한 경우, 즉 현금의 물리적인 이동이 없는 경우는 합산에서 제외하여야 한다. 다만, 고객의 요청에 의해 현금처리를 한 경우, 해당 거래가 의심스럽다고 판단되면 의심거래보고STR를 하여야 한다.

PART 4

가상자산법 주요 내용 및
향후 정책방향

제4편의 내용은 금융당국의 공식적인 정책방향이 아닌 저자의 개인적인 견해임을 밝혀 둔다.

1

가상자산이용자 보호 등에 관한 법률
주요 내용

₿

가상자산이용자 보호 등에 관한 법률(이하 '가상자산법') 제정이유

최근 우리나라 가상자산이용자 수는 500만 명을 넘어섰으며, 일일 거래액이 코스피 시장에 2배에 달하는 등 가상자산시장이 급격히 성장하고 있다.

한편, 최근 3년간 가상화폐 관련 유사수신이나 다단계와 같은 사기범죄가 연평균 220%가 증가하고, 거래소를 사칭하거나 거래소 홈페이지를 갑자기 폐쇄해 잠적하는 일명 '먹튀' 거래소가 발생하는 등 이용자들의 피해가 속출하여 사회

·경제적 파장이 커지고 있으나, 가상자산에 대한 명확한 개념조차 정립하지 못하고 있는 실정이다.

이에 이용자 보호와 공정거래의 장을 마련하자는 여론이 높아지고 있는 가운데, 미국이나 일본 등 해외 각국은 가상자산 관련 법과 제도를 정비하는 등 가상자산거래업과 가상자산이용자에 대한 규제와 보호에 나서고 있으나, 우리나라는 아직 이러한 법과 제도의 정비가 미흡하다는 지적이 제기되고 있다.

이에 가상자산 및 가상자산거래업의 정의규정을 마련하고, 가상자산거래업자의 인가 등에 대한 규정을 신설함과 동시에, 가상자산거래업자의 이용자 보호를 위한 의무와 금지행위 등을 규정함으로써 가상자산이용자를 보호하여 가상자산거래업을 건전하게 육성하여야 한다.

가상자산법 제정경과

그간 정부는 2021년 3월 특금법 개정을 통해 가상자산사업자에 대한 신고제를 도입하고 자금세탁방지의무와 투자자 보호를 위한 각종 규제장치를 마련함으로써 무분별한 가상자산의 발행으로 인한 피해자 발생을 최소화하고자 하였다. 그러나 현행 자금세탁방지 중심의 규제체계로는 각종 불공정거래행위에 대해 적극적으로 대응하기가 어렵고, 이용자의 피해발생을 사전에 방지하거나 가상자산사업자에 대한 감독·처벌 및 이용자 피해를 구제하는 등에 한계가 있다는 지적이 계속되었다.

이에 따라, 정부는 「디지털자산 인프라 및 규율체계 구축」을 국정과제로 선정하였고, 이용자가 안심할 수 있는 가상자산시장 여건을 조성하기 위해 국회를 중심으로 한 가상자산법 제정논의를 적극 지원하였다.

우선, 연구용역(2022.6.)을 통해 국회에 계류되어 있던 가상자산 관련 법안들과 해외 입법동향 등을 비교·분석하였으며, 美 규제당국(재무부, SEC, 법무부, 연준 등), IMF 등 주요국 정부 및 국제기구와 가상자산 규제동향·정책방향 등에 대한 협의를 진행하였다. 또한 관계부처, 민간전문가, 업계 등과의 실무협의를 토대로 범정부 차원의 제도화 방안을 정립하기 위한 「디지털자산 민·관합동 TF」를 구성·운영(2022.8.~)하여 가상자산 규율체계 구축방향[1]을 수립하였다.

지난 4월 25일, 정무위 법안소위에서는 이용자 보호의 시급성을 고려하여 장시간 소요되는 국제기준의 정립을 기다리기보다, 필요 최소한의 규제체계를 우선 마련하고 이를 보완해 나가는 점진적·단계적 입법을 추진하는 것으로 합의가 이루어졌고, 이후 심도 있는 논의를 통해 국회에 계류 중이던 가상자산 관련 법률안 19건을 통합·조정한 대안을 마련하였으며, 추가적인 쟁점 논의·수정을 거쳐 6월 29일 국회 법제사법위원회, 6월 30일 국회 본회의에서 통과되었다.

---

1 • 점진적·단계적 추진 반드시 필요한 사항 중심으로 규율하고 상황변화에 따라 보완·정비하여 탄력성 제고
 • 동일기능·동일위험·동일규제 원칙 동일기능·동일위험·동일규제 원칙에 기반하여 기능과 위험의 수준에 따라 규율
 • 글로벌 정합성 미국·EU 등 주요국과 국제기구 등의 국제 논의동향을 반영하여 글로벌 규제 정합성 및 공조체계 확보

가상자산법 주요 내용

■1 가상자산 정의

우선, 특정금융정보법에 있던 정의 조항이 가상자산법에 그대로 옮겨와서 제2조에서 "가상자산이란 경제적 가치를 지닌 것으로서 전자적으로 거래 또는 이전될 수 있는 전자적 증표를 말하되, 한국은행이 발행하는 전자적 화폐 및 그와 관련된 서비스 등은 가상자산의 범위에서 제외하는 등" 가상자산 및 가상자산사업자, 이용자 등을 정의하고 있다.

■2 법의 효력

제3조 및 제4조에서는 "국외에서 이루어진 행위라도 국내에 영향을 미치는 행위는 이 법의 적용을 받도록 하고, 가상자산 및 가상자산사업자에 관하여 다른 법률에서 특별히 정한 경우를 제외하고는 이 법에서 정하는 바에 따르도록" 규정하고 있다.

■3 자문위원회 설치근거

제5조에서는 "금융위원회가 가상자산시장 및 가상자산사업자에 대한 정책·제도에 관한 사항의 자문을 위하여 가상자산 관련 위원회를 설치·운영"할 수 있도록 하고 있다.

■4 가상자산이용자의 자산 보호

제6조부터 제9조에서는 "가상자산이용자 자산의 보호를 위하여 예치금의 보호, 가상자산의 보관, 보험의 가입, 가상자산 거래기록의 생성·보존 등에 관한 사항"을 규정하고 있다.

동 조항은 이용자 자산 보호를 위하여 가상자산사업자가 준수해야 하는 제도적 장치를 마련한 것이다. ⅰ) 가상자산사업자는 가상자산 매매·중개 등과 관련하여 이용자로부터 예치받은 예치금을 고유재산과 분리하여 예치 또는 신탁하여 관리하여야 하며, ⅱ) 이용자의 가상자산을 자기소유 가상자산과 분리하여 보관하여야 한다. ⅲ) 이용자가 위탁한 동일한 종류·수량의 가상자산을 실질적으로 보유하되, 대통령령으로 정하는 비율 이상은 인터넷과 분리하여(콜드월렛) 보관하여야 하며, ⅳ) 해킹·전산장애 등 사고에 따른 책임을 이행하기 위하여 보험 또는 공제에 가입하거나 준비금 적립을 하여야 한다. 아울러, ⅴ) 가상자산 거래내용을 추적·확인할 수 있도록 거래기록을 15년간 보존하여야 한다.

■5 불공정거래행위 규제 관련

제10조에서 제17조까지는 미공개중요정보이용행위, 시세조종행위, 부정거래행위 등을 가상자산 거래의 불공정거래행위로 규정하고, 이를 위반한 경우 손해배상책임을 부담하게 하는 한편, 일부 불공정거래행위에 대해서는 과징금을 부과할 수 있도록 하고 있다.

제11조에서 제12조까지는 이용자의 가상자산에 관한 임의적 입출금 차단을 금지하고, 가상자산사업자로 하여금 이상거래를 상시 감시하여 적절한 조치를 취하고 금융위원회 등에 이를 통보하도록 하고 있다

불공정거래행위 규제와 관련하여서는, 자본시장과 유사하게 ⅰ) 미공개중요

정보이용행위, ii) 시세조종행위, iii) 사기적 부정거래행위(중요사항 거짓기재·누락 등)를 금지하고, 불공정거래 위험성이 높은 iv) 자기발행 가상자산 거래를 제한하였다. 아울러, v) 가상자산사업자가 정당한 사유 없이 임의적으로 입출금을 차단할 수 없도록 하였다. 또한, vi) 가상자산사업자는 가격·거래량이 비정상적으로 변동하는 거래 등 이상거래를 상시 감시하고 이용자 보호를 위한 적절한 조치를 취해야 하며, vii) 불공정거래행위 의심사항 발견 시 지체 없이 금융당국과 수사기관에 보고하여야 한다.

■6 금융당국의 감독·감사 및 조치 권한

제13조부터 제15조까지는 가상자산사업자에 대한 금융위원회의 감독·검사에 관한 사항과 불공정거래행위 등에 대한 조사·조치 권한을 규정하고 있다.

제19조부터 제21조까지는 불공정거래행위를 한 자에 대한 처벌과 가중처벌에 관한 사항을 규정하고, 징역에 처하는 경우에는 자격정지와 벌금을 병과할 수 있도록 하며, 몰수·추징에 관한 사항과 양벌규정을 규정하고 있다.

가상자산사업자에 대한 금융당국의 감독·검사 및 조치 권한을 명확히 하여 법집행의 실효성을 제고하였다. 특히, 불공정거래행위에 대해서는 i) 1년 이상 징역(단, 자기발행 가상자산 거래제한 위반의 경우에는 10년 이하 징역) 또는 부당이득의 3배 이상 5배 이하에 상당하는 벌금이 부과된다. ii) 불공정거래행위를 통해 취득한 재산은 몰수하며, 몰수할 수 없는 경우에는 그 가액을 추징한다.

■ 7 통화정책당국(한국은행)의 자료요구권

제16조에서는 통화신용정책의 수행, 금융안정 및 지급결제제도의 원활한 운영을 위해 필요한 경우, 한국은행이 가상자산사업자에게 자료제출을 요구할 수 있도록 하고 있다.

이는 중앙은행이 중앙은행 디지털화폐Central Bank Digital Currency, CBCD를 발행할 때 가상자산을 참고할 수 있도록 법적 근거를 마련한 것으로 판단된다.

2

가상자산법 향후 개정방향

₿

앞서 언급한 바와 같이 가상자산법이 제정됨으로써 투자자 보호 측면에서는 어느 정도 효과가 있을 것으로 판단된다. 하지만 가상자산산업 육성 및 자금세탁 측면에서는 아직 부족한 면이 다수 있어 필자의 의견을 제시하고자 한다.

자율적 규제 생태계 구축

가상자산 등 디지털자산은 변동성 및 추상성 등이 존재하므로, 금융당국이 아닌 업권 자율적으로 규제하는 체계를 마련해야 한다.

다만, 금융당국은 이를 뒷받침하기 위해 업권법에서 자율규제기구SRO의 법적 근거, 제재의 기속성 등을 규정해야 한다. 또한, 자율규제기구가 제대로 작동하지 않을 경우에는 금융당국이 개입하여 시스템을 정비할 수 있도록 해야 한다.

최근 가상자산 상장폐지 등으로 투자자에게 큰 손실이 발생한 사례를 통해 자율적 규제 생태계 구축의 필요성을 알아보자.

업비트와 피카의 상장 관련 소송 주요 내용

- 주요 쟁점 : 거래소의 상장 수수료, 프로젝트(재단)의 무분별한 코인 발행
- 사건 개요 : 업비트는 피카 프로젝트가 상장심사 당시 계획된 물량의 2.7배에 달하는 가상자산을 유통하고, 프로젝트 관련 인사가 대량 입금을 시도함에 따라 투자자 보호를 위해 거래지원(상장폐지)을 결정
- 시사점
  - 거래소의 상장심사 투명성 문제
  - 자율공시 및 특수관계인의 시세조정 문제

이는 상장 및 상장폐지 심사의 투명성에 대해 문제를 제기한 사건으로 볼 수 있다. 이러한 상장심사의 투명성을 확보하기 위해서는 블록체인협회 내 자율규제위원회SRO를 구성하여 동 위원회에서 상장요건을 기술의 필요성, 발전가능성, 운용조직 등으로 하여 일률적으로 심사하고, 상장폐지도 동 위원회에서 폐지요건을 기술 충족 여부, 투명한 관리 등으로 하여 일률적으로 심사하여야 한다.

가상자산거래소 및 코인 인증제도 도입

투자자가 안정된 투자를 할 수 있도록 정부기관이나 공공기관에서 가상자산거래소와 코인 등의 등급 등을 인증하여 투자자에게 제공해야 한다.

특히, 인증 시에는 가상자산거래소와 코인의 혁신성 등에 초점을 맞추어 평가하되, 매년 초에는 가상자산거래소의 등급을 공개하고 코인은 상장심사 시 등급을 평가하여 인증하고 이를 공개해야 한다.

제도적으로 가상자산거래소와 코인의 등급을 정부기관이나 공공기관에서 혁신성 등에 중점을 두어 평가하게 되면, 미래 먹거리를 개발하고 투자자의 위험투자 등을 줄일 수 있는 제어판이 될 것으로 판단된다.

정부기관이나 공공기관은 주기적으로 민간위원을 교체하고 추첨방식으로 전문가를 선발하는 등 다양한 방법 등을 통해 인증의 투명성을 확보하기 위해 노력해야 한다.

FIU의 가상자산거래소 서버 추적원 도입

가상자산은 인터넷상에서 거래가 투명하게 공개되는 반면, 거래소에서는 거래내용이 공개되지 않아 자금세탁에 악용될 가능성이 매우 높아 이를 막을 수 있는 제도를 도입하여야 한다. 현재 미국 IRS는 불법행위가 드러나면 즉시 가상자산거래소 서버에 접속하여 동 사항을 조사·확인하고 있다.

- 가상자산이 거래소에 입고되면 지갑에 보관하고, 거래소 내부거래는 자체 서버에서 로그 기록으로 남겨둠
- 거래소 거래기록은 수정이 불가능하다고 하나, 자체 서버에 있는 내용이므로 수정도 가능할 것으로 판단됨
- 또한 범죄집단 등이 제3자의 인물을 통해 입고하고 제3의 인물을 통해 출고하게 되면, 가상자산 지갑을 대포통장처럼 활용할 가능성이 있음

이를 통해 금융당국은 가상자산거래소에 대한 자금세탁방지 검사 시 반드시 가상자산 서버기록의 수정 여부를 확인하고, 상장된 코인이 불법적으로 사용되게 되면 거래소에서 FIU에게 내부 거래기록을 제공하고, FIU에서 서버에 접속하여 직접 거래기록 등을 추적할 수 있는 근거를 마련해야 한다.

SECTION 4

디지털자산(가상자산 등) 감독 및 육성기관 설립

디지털자산인 가상자산 등은 과학기술ICT과 금융이 결합된 성격을 갖고 있어서 금융을 담당하는 금융위원회에서 감독 및 육성을 담당하는 데는 한계가 있다.

이를 보완하기 위해 첫 번째로, 별도의 연구 및 육성을 담당하는 기관을 금융위원회(금융정보분석원)의 산하기관으로 설립하는 방안이 있다. 가상자산의 거래 등을 감독하고 관련 산업을 육성하는 "디지털자산 진흥센터"를 설립하는 것이다.

디지털자산 진흥센터에서는 가상자산, 블록체인, NFT 등 새로운 디지털자산

을 연구하여 민간과 협력하는 것이다. 또한, 디지털자산의 특성 등을 연구하여 감독당국에 정보를 제공하는 것이다.

두 번째로는 디지털자산의 감독 및 육성을 담당하는 정부기관을 설립하는 방안이다. 디지털자산은 기존의 과학기술이나 금융과는 차원이 다르므로, 별도의 법을 제정하고 이를 관장하는 기관을 두는 방식이다.

하지만, 법제정 시에는 영미법의 형식을 취하여 담당범위 등을 개방적·추상적으로 규율하여 새로운 기술 등에 즉시 대응할 수 있도록 하여야 한다. 미국의 경우, 과거 가상자산이 출현했을 때 선물위원회와 증권위원회가 성격 등을 검토하고 이를 규제할 것인지 등을 바로 검토할 수 있었다.

SECTION 5

디지털자산 보호기금 마련

블록체인협회 내 자율규제위원회SRO에서는 가상자산거래소, 정부, 가상자산 이용자가 각각 일정 분담금을 부담하여 "디지털자산 보호기금"을 마련해야 한다.

가상자산은 변동성과 위험성이 매우 높기 때문에 시장이 안정화되기까지 신뢰성을 확보하기 위해, 가상자산에 대해서는 디지털자산 보호기금을 마련하여 투자자의 투자손실을 30% 내에서 보전하는 방안 등을 검토해 볼 필요가 있다.

동 기금은 블록체인협회 내 자율규제위원회SRO에서 맡아, 루나사태·FTX사태 등 불가항력적이며 제도의 미비로 인한 투자자의 피해를 보호할 수 있도록 운영하여야 한다.

The Age of Digital Finance, Secrets to Invest and Manage Cryptocurrency

PART 5

가상자산 투자 및 유의사항

제5편의 내용은 가상자산 투자에 대한 저자의 개인적인 견해임을 밝혀 둔다.

1

투자대상으로서 가상자산

₿

가상자산의 투자대상과 가치

　투자대상投資代償, investment vehicle이란 수익이나 이익을 얻기 위해 금전을 투입하는 대상를 말한다. 투자대상에는 유체물, 무체물 모두가 포함된다. 유체물인 부동산은 무체물인 예금, 증권과 더불어 3대 투자대상의 하나이다.

　이들 투자대상 간에는 대체관계가 성립한다. 즉 투자자는 수익이나 이익이 많이 난다고 판단하는 자산에 금전을 투입하는 선택권이 있다. 부동산 투자자가 마음이 변해 증권을 사면 증권은 부동산의 대체재가 된다. 따라서 투자대상 간에는 대체관계가 있다.

투자가치는 투자대상이 갖고 있는 가치를 말한다. 투자가치는 그 투자대상이 장래에 창출해 내는 소득을 투자자의 기대수익율로 자본환원한 현재가치의 총합계로 정의할 수 있다. 예를 들면, 채권의 투자가치는 장래의 수취이자(할인발행 시에는 상환 시까지의 차익도 가산)를 기대수익률로 할인함으로써 구할 수 있다. 이 경우 투자기간이나 이자율이 발행조건으로 확정되기 때문에 투자가치의 계산이 비교적 쉽다. 반면, 주식에 있어서는 장래에 예상되는 배당금이 매우 유동적이고 기업의 경영성과 역시 변동적이기 때문에 주식의 투자가치를 계산하기 매우 어려운 측면이 있다.

가상자산은 태생 초기에는 투자대상보다는 사이버상 화폐의 성격으로 만들어졌으나, 많은 논란을 겪은 후 FATF 등에서 "가상자산"으로 정의하고 투자대상으로 보기 시작했다. 하지만 기존의 부동산, 증권 등과 같이 투자대상의 실체가 없으므로 우리나라 등에서는 투자대상으로 규율하는 법령 등을 마련하지 못했다. 2021.3.23. 최초로 특정금융정보법 개정을 통해 제2조 제3호에서 "가상자산"을 "경제적 가치를 지니고 이전될 수 있는 전자적 증표"로 규정하였다. 이를 근거로 투자대상으로 이해되기 시작했다.

그러나 법령에서는 투자대상으로 인정되었지만, 실질적인 투자가치가 있는지에 대해서는 여전히 논란이 있었다. 하지만 비트코인 현물 등이 미국에서 ETF로 투자할 수 있는 대상으로 인정되면서 투자가치가 있는 것으로 받아들여지고 있다.

가격변동성이 큰 가상자산과 투자원칙

가상자산이 투자가치가 있는 투자대상이 되었다. 하지만, 다른 투자대상에 비해 가상자산은 여전히 가격변동성이 매우 큰 자산이다.

비트코인 BTC

145,137,000원 ▼582,000 -0.4% 한국 프리미엄 +2.61%

02.21. 10:27 ⓘ

| **1일** | 1주 | 1개월 | 3개월 | 1년 |

최고 145,948,000

최저 145,080,000

	시가	고가	저가
	145,719,000	145,948,000	145,080,000
	전일	52주 최고	52주 최저
	145,719,000	**163,325,000**	**70,000,000**
	거래량	거래대금	
	942.494BTC	**1,364억**	

ⓘ 투자정보

 # 비트코인 최근 1년간 시세

비트코인과 이더리움 같은 가상자산의 시세는 매우 불안정하며 변동성이 크다. 변동성이 큰 이유는 ⅰ) 수요와 공급, ⅱ) 각국 정부의 정책, ⅲ) 거액 투자자의 투자경향 등의 변화에 따라 가상자산시장이 영향을 받기 때문이다.

따라서 이러한 변동성을 분석하기 위해 시장트렌드, 각국 정부의 가상자산 규제정책, 거액 투자자(일론 머스크 등)의 투자경향 등을 주의 깊게 살펴보아야 한다.

우선, 시장에서의 가격변동성은 예측이 어렵고 불안정하기 때문에 신중한 분석이 필요하다. 변동성을 예측하기 위해서는 과거 데이터를 분석하고 통계적 지표를 활용하는 것이 일반적이다.

변동성 분석을 통해 시장의 안정성을 판단하고 투자전략을 세울 수 있다.

두 번째로는 각국 정부의 가상자산에 대한 규제정책을 분석하는 것이다. 본 저에서 언급된 FATF, 한국, 미국, 일본, 유럽의 가상자산 규제정책이 어떻게 바뀌는지를 인터넷 등을 통해서 기사를 확인하고, 원문 등을 직접 읽고 분석할 필요가 있다.

세 번째, 시장에 영향을 주는 거액 투자자 및 정치적 인물의 의견에 주의를 기울여야 한다. 새로운 미국 대통령인 트럼프의 발언, 테슬라 CEO 일론 머스크의 페이스북 등을 체크할 필요가 있다.

마지막으로 가상자산은 디지털자산이므로 해킹이나 피싱에 노출될 위험이 있다. 특히, 개인지갑 또는 거래소 계정이 해킹될 경우 거의 복구가 불가능하다. 이를 방지하기 위해서는 가상자산을 콜드월렛(하드웨어 월렛)에 보관하거나 거래소를 고를 때 2단계 인증2FA 및 강력한 비밀번호를 설정하는 곳을 선택해야 한다.

가상자산의 투자전략

앞에서 언급한 바와 같이 가상자산이 투자대상으로서 가치가 있고, 시장변동성을 확인한 후 그에 맞게 실질적으로 투자를 하는 것이 필요하다. 그러기 위해서는 가상자산에 대한 투자전략이 중요하다.

PT 5 가상자산 투자 및 유의사항

320

첫째, 투자하기 전에 투자하고자 하는 가상자산에 대해 충분한 조사를 해야 한다. 각 가상자산의 백서white paper, 개발팀과 재단 운영진, 커뮤니티, 활용사례, 사업성 등을 자세하게 확인해야 한다. 특히, 백서에서는 언급한 타켓층과 활용전략 등을 꼼꼼히 따져 볼 필요가 있다.

둘째, 가상자산도 주식과 동일하게 분산투자를 해야 한다. '계란은 한 바구니에 담지 마라'는 깨지기 쉬우니 나눠 담아야 한다는 뜻이다. 즉, 집중투자를 하지 말고 분산투자를 해야 안정적이라는 의미이다. 가상자산의 경우에는 정액분할투자DCA ; Dollar-Cost Averaging를 통해 가격변동성을 최소화하는 방법이 있다. 하나의 가상자산에 투자하기보다 여러 가상자산에 투자하면 그만큼 리스크를 줄일 수 있다는 것이다. 특히, 가격변동성이 큰 가상자산은 이렇게 투자함으로써 리스크를 완화할 수 있다.

셋째, 자신의 투자여력에 맞는 투자를 해야 한다. 빚을 내거나 전 재산을 투자하지 말고 여유자금을 활용해 시장상황에 맞춰 추가매수를 하거나 매도를 결정해야 한다.

넷째, 가상자산의 가격변동성은 크지만, 성장가능성이 크다고 판단되면 장기 투자를 해야 한다. 그러기 위해서는 백서white paper에서 재단(프로젝트)의 비전과 로드맵, 타켓층, 프로젝트 업데이트 상황 등을 지속적으로 점검해야 한다.

가상자산 백서의 주요 내용 및 투자 시 체크포인트

- 가상자산 백서(white paper)의 주요 내용
  - 개념 : 가상자산 투자를 마음먹었더라도 낯선 용어와 개념 탓에 망설여 본 경험이 있을 것이다. 더군다나 주식 종목처럼 기업을 고려할 수도 없고, 공시·회계정보도 찾아보기 힘들다. 하지만 가상자산도 참고할 만한 일종의 안내서가 있다. 가상자산의 발행주체와 관련 기능, 목적, 유통량 등을 설명해 주는 백서이다.

- <u>백서의 공개 현황</u> : 국내 거래소 업비트에 따르면, 국문 백서를 공개하고 있는 가상자산은 상장된 205개 중 총 101종목이다. 대부분의 백서가 외국어로 작성된 상황에서 업비트는 2022년부터 국문 번역본 제작을 시작해 이용자에게 공개하기 시작했다. 다른 거래소인 빗썸과 코인원도 국문 번역본을 제공 중이다.

- <u>백서의 주요 내용</u> : 일반적으로 백서는 독자에게 특정 주제나 문제에 대해 정보를 제공하는 보고서나 안내서를 일컫는 말이다. 블록체인 영역에서 백서는 가상자산이나 블록체인 프로젝트의 주요 기능과 기술사양을 설명한다. 개발목표 또는 발행이유 등을 담은 것인데 쉽게 말해 누가, 왜 만들었는지를 설명해 주는 사업계획서인 셈이다.

- <u>주요 예시</u> : 예를 들어 대표적인 가상자산인 비트코인의 백서에 따르면, 비트코인은 개인 간 전자화폐 시스템 구축을 목표로 한다. 백서의 초록에는 "순수한 P2P(peer-to-peer network) 버전의 전자화폐로 금융기관의 개입 없이 한 쪽에서 다른 한쪽으로 주고받을 수 있게끔 한다"고 담겨 있다. 2009년 첫 출시 전인 2008년 10월 논문의 형태로 작성됐다. 해당 백서에는 거래방식, 작업증명(채굴), 네트워크 실행 단계, 보상 등에 관해서도 설명해 준다(부록 3 참조).

  시가총액 2위인 이더리움 백서에는 "이더리움의 목적은 탈중앙화된 애플리케이션의 토대가 되는 대안적인 프로토콜(protocol)을 만드는 것이다"고 적혀 있다. 비트코인이 탈중앙화(decentralization)된 디지털자산의 첫 사례라면 이더리움은 더 나아가 실질적인 '계약'에 사용할 수 있도록 만들어졌다. 기존 컴퓨터 시스템(서버)을 이용하지 않더라도, 이더리움으로 정보를 저장하고 전송할 수 있다(부록 4 참조).

- <u>법적 근거</u> : 한편 2024년 7월 19일 시행된 가상자산이용자보호법은 백서 등 주요 정보를 확인할 수 없는 가상자산은 거래지원이 되지 않는다고 규정했다. 투자대상 중 하나인 가상자산의 정보제공을 의무화한 것이다.

• **가상자산 투자 시 백서 체크포인트**
  - 발행목적 : 기술발전 목적인지 여부

  가상자산의 발행목적이 무엇인지를 반드시 확인해야 한다. 코인을 기술발전의 수단으로 사용하는 게 아니라, 단순히 사업의 한 수단으로서 활용(유사수신행위)하는지를 체크해야 한다. 통상적으로 스캠코인의 경우, 기술발전 목적보다는 사업수단(유사수신행위)으로 사용하는 경우가 많다.

- <u>기술적 특성 및 주요 서비스</u> : 특별한 기술의 유무, 특징적인 서비스 유무

  가상자산이 어떠한 기술적 특성을 갖고 있고, 주된 서비스는 무엇이며, 이를 통해 발행목적을 구현할 수 있는지 체크해야 한다.

- <u>거래방식 및 통제체계</u> : 블록체인 기술 사용 유무, 발행량 조절 메커니즘

  가상자산이 어떤 블록체인 기술을 통해 거래되고 발행량 등은 어떻게 체계적으로 조절되는지를 면밀히 체크해야 한다.

가상자산산업의 시장현황

₿

이하 가상자산산업의 시장현황 분석은 금융정보분석원에서 발표한 보도자료를 근간으로 하겠다. 가상자산법 제13조 내지 제15조에 따라, 금융위원회(금융정보분석원)가 가상자산사업자에 대한 감독·검사사항과 불공정거래행위 등에 대한 조사·조치권한을 보유하고 있어 해당 시장을 객관적이고 정확하게 분석할 수 있기 때문이다.

가상자산거래업자(거래소) 영업현황

　이하는 가상자산 신고 거래업자 총 27개사 중 9개사는 영업이 종료되었고, 4개사는 미제출되어 2024년 6월 말 기준 총 14개사의 영업현황을 분석한 것이다.

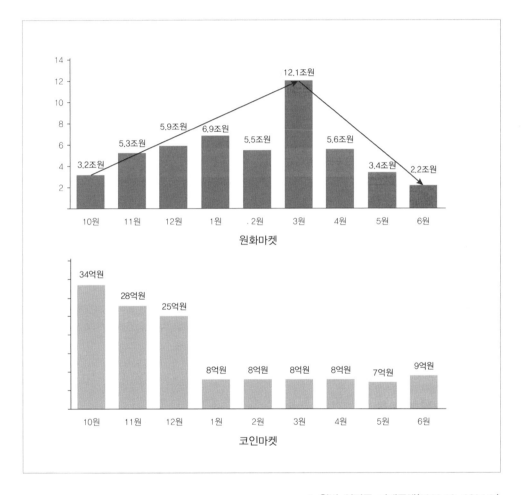

월별 일평균 거래금액(2023.10.~2024.6.)

▌1 일평균 거래금액

14개 거래업자의 일평균 거래금액은 6조 원으로 2023년 하반기(3.6조 원) 대비 67% 증가하였다.

원화마켓은 6조 원으로 2023년 하반기(3.6조 원) 대비 68% 증가하였으며, 코인마켓은 8억 원으로 2023년 하반기(41억 원원) 대비 80% 감소하였다. 이는 현금화를 바로 할 수 있는 원화마켓은 거래금액이 증가하고 있으나, 현금화가 불가능한 코인마켓은 거래금액이 감소하는 것을 확인할 수 있다.

일평균 거래금액의 월별 추이를 분석해 보면, 원화마켓 월별 일평균 거래금액은 3월까지 증가 이후 4월부터 감소 전환한 반면에, 코인마켓은 대체로 보합세를 유지한 것으로 보여진다.

▌2 평균 수수료율

가상자산거래업자의 매매평균 수수료율은 0.15%로 2023년 하반기와 동일하다. 다만, 원화마켓 평균 수수료율 0.17%(0.05%~0.25%), 코인마켓 평균 수수료율 0.13%(0.01%~0.25%)이다. 이는 원화마켓이 코인마켓에 비해 현금화가 가능하므로 수수료를 높게 책정한 것으로 보여진다.

▌3 영업현황

가상자산거래업자의 매출액은 1조 518억 원으로 2023년 하반기(5,800억 원) 대비 4,718억 원 증가(△81%)한 것으로 나타났다. 가상자산거래업자 전체 매출 중 거래 수수료 매출의 비중은 원화마켓 99%, 코인마켓 100%인 것으로 나타났다.

가상자산거래업자의 영업손익은 5,900억 원으로 2023년 하반기(2,870억 원) 대비 3,030억 원 증가(△106%)했다. 원화마켓은 6,000억 원으로 2023년 하반기 (3,150억 원) 대비 90% 증가하였고, 코인마켓은 100억 원으로 2023년 하반기(△280 억 원) 대비 64% 증가하였다.

가상자산거래업자 중 '완전자본잠식(자본총계가 마이너스)'인 사업자는 9개이며, 2023년 12월 말 자본잠식 16개사 중 2024년 상반기에 영업을 종료한 사업자는 4개사이다.

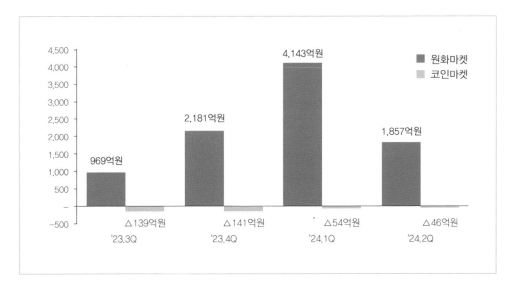

분기별 영업손익 추이(2023.下~2024.上)

4 원화예치금

가상자산거래업자가 보유하고 있는 대기성 거래자금인 이용자 원화예치금은 5조 원으로 2023년 말 대비 0.1조 원(△3%) 증가하였다. 이를 통해 향후 가상자산 에 투자예정인 자금을 추정할 수 있다.

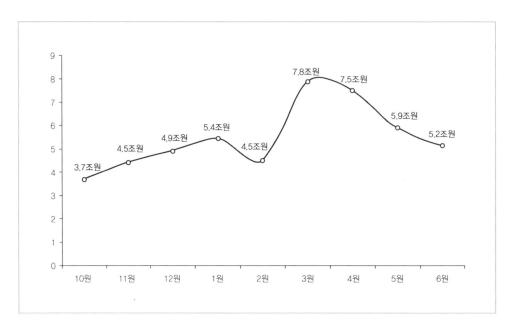

■4 **인력현황**

　　가상자산거래업자에서 근무하는 직원은 총 1,582명으로 2023년 말 대비 83명(△5%) 감소하였고, 평균 인원은 원화마켓 거래소 인원이 286명으로 2023년 말 대비 15명 증가하였으며, 코인마켓 거래소는 17명으로 2023년 말 대비 1명 감소하였다.

가상자산시장 동향

■1 유통 가상자산 현황

2024년 6월말 국내에서 거래되는 가상자산은 1,207개(중복 포함)로 2023년 말(1,333개) 대비 126개 감소(△9%)하였다. 원화마켓 거래업자는 유통되는 가상자산이 평균 195개(2023년 말 대비 +10개)이며, 코인마켓 거래업자는 유통되는 가상자산이 평균 26개(2023년 말 대비 +2개)이다. 특히 사업자 간 중복상장을 제외한 국내 유통 가상자산 종목 수는 554종으로 2023년 말(600종) 대비 46종 감소(△8%)하였다.

■2 가상자산 시가총액

우리나라에서 거래되는 가상자산 시가총액은 55.3조 원으로 2023년 말(43.6조원) 대비 27% 증가하였다. 시장별 비중으로는 원화마켓 55.1조 원(99.7%), 코인마켓 0.15조 원(0.3%)이다. 우리나라에서 거래되는 시가총액 상위자산에서 시가총액 국내 상위 10대 가상자산 중 글로벌 상위 10대 가상자산에 포함된 것은 6개[1](2023년 말과 동일)이다.

---

1 비트코인(BTC), 이더리움(ETH), 리플(XRP), 도지코인(DOGE), 솔라나(SOL), 에이다(ADA)

구분	글로벌 상위 10개 종목[2]			국내 상위 10개 종목[3]		
	종목명	시가총액	비중	종목명	시가총액	비중
1	BTC	1,717	54.4%	BTC	20.55	37.2%
2	ETH	573	18.2%	ETH	6.16	11.1%
3	USDT	157	5.0%	XRP	5.88	10.6%
4	BNB	119	3.8%	DOGE	1.53	2.8%
5	SOL	94	3.0%	ETC	1.47	2.7%
6	USDC	45	1.4%	SOL	1.25	2.3%
7	XRP	37	1.2%	SHIB	0.93	1.7%
8	TON	26	0.8%	BCH	0.74	1.3%
9	DOGE	25	0.8%	ADA	0.60	1.1%
10	ADA	19	0.6%	STX	0.38	0.7%

　　상기 6개 종목을 포함한 글로벌 상위 10대 가상자산의 시가총액 비중이 66%에 달하는 등 글로벌 상위종목에 대한 선호기조가 지속되고 있다.

■3 단독상장 가상자산

　　국내 유통 가상자산 중 단독상장 가상자산은 285종으로 2023년 말(332종) 대비 47종 감소하였다. 단독상장 가상자산 중 한국인이 발행한 가상자산 또는

2　2024.6.30. 코인마켓캡 기준(글로벌 총시가총액 3,125조 원 추정)
3　2024.6.30. 사업자 실태조사 결과 기준(국내 총시가총액 55.3조 원)

국내 사업자에서 주로 거래(80% 이상)되는 가상자산은 102종(36%)으로 추정되며 2023년 말 대비 31종 감소하였다.

단독상장 가상자산의 국내 시가총액은 1.6조 원(2023년 말 1.9조 원 대비 15% 감소)으로, 전체 시가총액(55.3조 원)의 3%를 차지하고 있다. 특히, 단독상장 가상자산 중 국내산 가상자산 시장가치는 0.46조 원(△39%)으로 감소하였다. 다만, 코인마켓 시가총액(0.15조 원) 중 단독상장 가상자산(0.08조 원) 비중은 53%로 여전히 높은 것이 특징이다.

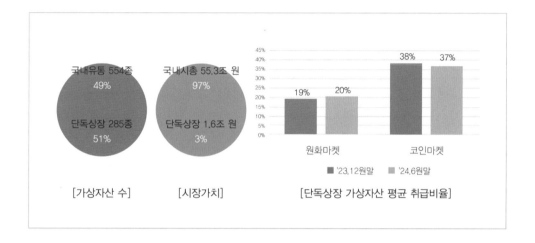

특히, 단독상장 가상자산 중 30%(87종)는 시가총액 1억 원 이하 소규모 이하로서 급격한 가격변동, 유동성 부족 등 시장위험에 유의할 필요가 있다.

4 가상자산 상장(거래지원) 및 상장폐지(거래중단)

우리나라 가상자산거래소에 신규상장된 가상자산은 157건(중복 포함)으로 2023년 하반기(169건) 대비 7% 감소하였다. 시장별로는 원화마켓 신규 거래지원은

155건(2023.下와 동일), 코인마켓은 2건(△86%)이며, 원화마켓 비중이 대부분(99%)을 차지하고 있다.

우리나라 가상자산거래소에서 상장폐지(거래중단)된 가상자산은 67건(중복 포함)으로 2023년 하반기(138건) 대비 51% 감소하였다. 시장별로는 원화마켓 거래중단은 46건으로 2023년 하반기 대비 7% 증가하였고, 코인마켓은 21건으로 2023년 하반기 대비 78% 감소하였다.

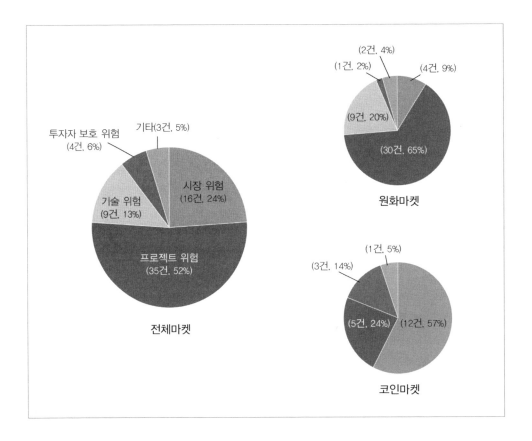

상장폐지 사유로는 프로젝트 위험(52%), 시장위험(24%), 기술위험(13%), 투자자 보호 위험(6%), 기타(5%) 순이다. 프로젝트 위험이란 사업지속성, 발행재단

관련 등의 사유이고 , 시장위험이란 유동성 부족, 가격급락 등이다. 그리고 기술위험 문제로는 보안문제 등이 있고, 투자자 보호 위험으로는 법규위반, 정보불충분 등이 있으며, 기타 사유로는 거래소 영업중단 등이 있다.

5 가격변동성MDD

가격변동성MDD ; Max Draw Down은 최고점 대비 가격하락률[(최고가 - 최저가) / 최고가]을 의미하며, 평균 MDD는 종목별 MDD를 단순평균하여 산출하는 것을 의미한다.

가상자산 가격변동폭은 70%로 2023년 하반기(62%) 대비 8%p 증가하였고, 시장별로는 원화마켓 평균 가격변동폭은 70%이고, 코인마켓 평균 가격변동폭은 59%이다.

동 기간 중 주식시장(장중가 기준으로, 코스피 지수 MDD 14%, 코스닥 지수 MDD 15%) 대비 가격변동폭이 크다.

3

가상자산시장 가격변동성 확대에 따른 유의사항

₿

가상자산시장의 가격변동성 확대

　　최근 국내 가상자산시장에서 비트코인을 비롯한 다수의 가상자산 가격변동성
이 큰 폭으로 확대[4]되면서 예치금 유입금액이 증가(2024년 10월 말 대비 △2.4조 원)하
고, 이에 따른 거래금액이 급증(2024.10. 말 대비 2배 이상 지속)하는 등 과열 우려가
나타나고 있다. 비트코인 외에도 일부 밈코인을 중심으로 거래량이 급증하며 해외
대비 시세가 높은 '김치프리미엄' 종목 확대 등의 징후도 보이고 있다.

---

[4]　2024.10.31.~11.15. 10시 비트코인 가격 +27.8%, 알트코인 지수 +26.7%(대형 원화거래소 기준)

유의사항

우선, 가상자산거래소에서 '거래주의 종목'(단기급등 등) 및 '거래유의 종목'(거래지원 종료 이전 단계)으로 지정된 가상자산 매매 시 각별한 주의가 필요하다.

단기 이상급등·과열종목에 대한 매매 시 각별한 주의가 필요하다. 특히 국내 거래소와 해외 거래소 간 가격차이가 크게 발생하는 가상자산의 경우, 시세차익을 노린 가상자산 입출고 등으로 인해 가격변동성이 급격히 확대될 수 있다. 거래소 간 가격차이 등과 관련하여 가상자산거래소는 시장경보제(주의종목 지정)를 운영하고 있으며, 지표상 기준값을 넘는 종목에 대해서는 거래창에서 '주의종목'으로 표기[5]하고, 주의종목 지정사유에 대해 이용자들에게 안내하고 있으니 참고해야 한다.

또한 가상자산거래소는 이용자 보호 차원에서 '거래유의 종목'을 지정[6]하고 있다. 유의종목 지정 사유가 해소되지 않으면 해당 가상자산의 거래지원이 종료되어 가상자산거래소를 통한 매매가 제한될 수 있으니, 이용자들은 각별한 주의를 기울여 한다.

두 번째로는 SNS 등을 이용한 가상자산 관련 풍문, 허위정보에 유의할 필요가 있다. 최근 과열된 시장상황을 이용한 SNS 등을 이용한 풍문, 허위정보 유포 및 관련 선행매매 등이 발생하고 있다.

아울러, 시장과열을 틈타 가상자산 커뮤니티, SNS 등을 통해 불법계정 대여, 구매대행과 같은 피해가 발생할 우려도 커지고 있다.

5 　예 ○○코인 / 지정사유 : 입금량 급등, 글로벌 시세차이
6 　예 ○○토큰

세 번째로, 검증되지 않은 해외 거래소를 이용하여 가상자산을 거래할 경우, 출금이 이뤄지지 않거나 해킹 등의 사고에 노출될 우려가 있으니 유의할 필요가 있다. 금융당국에 규제를 받고 있는 가상자산거래소는 보안사고 등에 철저하게 대비하고 있으니 타 거래소보다는 안전한 편이다. 하지만 우리나라에 진출해 있는 해외 거래소는 주로 규제가 약한 국가에 본점을 두어 규제를 회피하는 경향이 있다.

CHAPTER

4

가상자산 투자 시 유의사항(투자원칙)

₿

[1] 상장되지 않은 가상자산은 적정가격 판단이 어려우므로 저렴한 가격에 판매한다
는 말에 절대 현혹되지 말아야 한다.

프로젝트(재단)에서 '프라이빗 세일'이라며 상장되지 않은 가상자산을 '저렴한
가격, 특별가격'으로 구매할 수 있다고 홍보하는 경우 일단 의심하고 투자에 유의
해야 한다. 가상자산거래소에 상장되기 전까지 가상자산 현금화가 어려우므로 투
자금 회수가 곤란할 수 있음을 명심해야 한다. 국내 거래소에 상장절차(거래지원)가
진행 중이라며, 확인되지 않은 정보로 투자를 권유하는 것에 속지 말아야 한다.

☞ 이러한 사례는 「가상자산이용자보호법」에 따라 미공개 중요정보를 이용하여 거래한 자에게 벌칙(1년
    이상 유기징역) 및 징벌적 손해배상책임을 부과한다.

CH 4 가상자산 투자 시 유의사항(투자원칙)

337

[2] 저가매수를 권유하며 가상자산에 거래제한조건(락업)을 부가한 경우, 가격하락 시 매도를 하지 못해 더 큰 손실을 볼 수 있음을 명심해야 한다.

가상자산에 거래제한조건(락업)을 설정하여 일정 기간 가상자산 매도를 금지하는 경우, 가격변동에 대응하지 못하여 예기치 못한 손실을 야기할 수 있다. 특히, 발행재단(프로젝트) 등에서 락업기간을 일방적으로 계속 연장하는 경우, 투자금 전부를 손실할 수도 있으므로 유의해야 한다.

[3] 유통거래량이 적은 가상자산의 경우, 소수의 거래만으로 가격이 크게 변동할 수 있어 가격이 급락할 수 있음에 유의해야 한다.

거래량이 적은 가상자산은 소수의 거래만으로도 쉽게 시세가 바뀔 수 있어 현재 시장가격을 적정한 가격으로 판단하기가 어렵다. 이른바 '마켓메이킹ᴹᴹ' 업체가 유동성을 공급한다는 명목으로 계속 거래하여 마치 거래가 성황인 것처럼 보일 수 있으므로 유의할 필요가 있다.

☞ 이러한 사례는 「가상자산이용자보호법」에 따라 매매를 유인할 목적으로 시세를 변동시킨 자에게 벌칙(1년 이상 유기징역) 및 징벌적 손해배상책임을 부과한다.

[4] 가상자산사업자 직원을 사칭하거나 공문을 제시하며 투자를 권유하거나 입금을 요구하는 경우 사기일 가능성이 높으니 주의해야 한다.

국내 가상자산사업자는 개별적으로 특정 가상자산 투자를 권유하거나, 가상자산 인출을 목적으로 자금 등을 요구하지 않는다. 가상자산사업자 명함 등을 위조하여 직원을 사칭하는 것이 의심되는 경우, 해당 가상사업자 고객센터로 직접 전화하여 확인할 필요가 있다.

☞ "가상자산사업자 신고현황"은 금융정보분석원 홈페이지(kofiu.go.kr) 공지사항에서 확인 가능하다.

[5] 자체개발한 <u>전자지갑 설치</u>를 <u>유도</u>하거나 불특정 다수인에게 보낸 <u>메일</u>로 <u>전자지</u><u>갑</u>을 연결하라고 하는 경우, <u>해킹에 노출될 위험</u>이 높음을 유의해야 한다.

사기업체들은 허위의 전자지갑 앱을 활용하여 가상자산이 입금된 것처럼 조작하는 등 지능화된 수법을 사용하고 있으므로 주의할 필요가 있다. 특히, 가상자산 무상지급이라는 명목으로 전자지갑을 연결시킨 후 해킹하여 재산을 탈취하는 사례가 발생하고 있으므로 조심하여야 한다.

[6] <u>유명인</u> 또는 <u>유명업체</u>와 관련 있는 가상자산으로 투자 시 고수익을 얻을 수 있다는 말은 <u>불법 유사수신</u>이므로 <u>현혹되지 말아야 한다.</u>

유명인을 내세워 원금보장과 함께 단기간에 고수익 보장을 약속하며 투자를 유도하는 경우, 불법 유사수신일 가능성이 매우 높으므로 투자를 하지 말아야 한다. 유명인의 명성보다는 자신이 투자하려는 가상자산에 관한 정보를 본인이 직접 꼼꼼히 확인 후 신중하게 투자를 결정할 필요가 있다.

[7] 가상자산에 <u>적용된 블록체인 기술</u>과 가상자산 <u>운영진의 신뢰성 여부</u>를 반드시 체크하여야 한다.

투자자는 가상자산으로 추진하는 사업과 함께 블록체인 기술이 어떻게 적용되는지를 반드시 체크하고, 가상자산 사업을 운영하는 재단의 운영진 중에 사기 등 범죄전과가 있는지 여부 등을 확인할 필요가 있다.

CHAPTER

5

가상자산 투자사기 유형

₿

SECTION 1

가상자산 투자사기 유형 및 신고방법

가상자산 투자사기는 고수익 등을 보장한다고 하면서 투자자를 현혹하는데, 다음과 같은 대표적인 유형이 있다.

대표적인 가상자산 투자사기 유형

유형 ❶ 불법 유사투자자문업자의 가상자산 프라이빗 세일 투자권유로 가상자산을 구매한
투자자가 락업기간 동안 가상자산을 매도하지 못하게 하여 가상자산 가격하락으로

투자손실을 유발하는 유형

유형 ❷ 다단계로 투자자를 모집한 후 가상자산을 상장하여 트레이딩 봇 등을 이용해 시세를 부풀리고, 재단 관련자들의 대량매도로 가격이 폭락하여 투자자의 투자손실을 유발하는 유형

유형 ❸ 가상자산 발행재단의 **직원이라고 하며** 해당 가상자산이 거래소에 곧 상장될 예정이므로 낮은 가격에 매수할 것을 권유한 후 **상장 일정이 계속 연기되었다고** 하면서 **이후 자금을 편취**하는 유형

유형 ❹ 불법 리딩방에서 발생한 손실보전 목적으로 국내 거래소에 거래되고 있는 가상자산으로 무상지급하겠다며 유인한 후 **보증금 명목으로 받은 자금을 편취**하거나, **취득한 개인정보로 피해자 명의를 도용**하는 유형

유형 ❺ 이메일 등을 통해 국내 유명업체(항공사, 커피전문점 등)에서 발행한 **NFT(대체 불가능 토큰)를 무상지급(프리민팅·에어드랍)**한다고 유인한 후 지갑이 연결되면 해킹으로 지갑 내 보유 **가상자산을 전부 탈취**하는 유형

유형 ❻ 가상자산 또는 재단 명칭을 마치 **국내외 유명업체명과 유사하게 만들어** 해당 업체와 관련 있는 가상자산인 것처럼 허위광고한 후 유명 업체와 무관하다는 사실이 밝혀지면서 동 **가상자산 가격이 폭락하여 대규모 투자손실을 유발**하는 유형

동 투자사기 사례는 「금융감독원 가상자산 연계 투자사기 신고센터」 개설 (2023.6.1.) 이후 홈페이지 등을 통해 가상자산을 이용한 다양한 형태의 투자사기 신고가 접수된 사례를 유형화한 것이다. 동일한 유형의 투자사기를 당했다면 아래의 방법으로 즉시 신고해야 한다.

가상자산 연계 투자사기 신고센터 이용방법

• **인터넷 접수** : 금융감독원 홈페이지(www.fss.or.kr) 「가상자산 연계 투자사기 신고」★ 란에 투자사기 사건을 신고

★ 홈페이지 「민원 · 신고」 → 「불법금융신고센터」 → 「가상자산 연계 투자사기 신고」

• 유선 상담 : '가상자산 연계 투자사기 신고' 전용 상담회선(☎1332-⑨-②)★으로 연결

★ 9번 : 불법 리딩방 및 가상자산 연계 투자사기 제보 · 신고, 2번 : 가상자산 연계 투자사기 제보 · 신고

SECTION 2

가상자산 투자사기 사례

▌1▐ 불법 유사투자자문업자의 프라이빗 세일 투자권유

➡ 불법 유사투자자문업자[7]가 특정 가상자산을 '프라이빗 세일[8]'로 저가에 매수할 수 있다며 개별적으로 투자를 권유

➡ 가상자산 매수 후 가격안정 등을 위해 일정 기간 동안 가상자산 거래를 제한(락업)시켜야 한다고 하며 매도 및 출금 정지

➡ 정해진 락업 해제일이 다가오면 락업연장을 유도하거나 락업해제를 위해 추가입금을 요구하여 투자금 회수를 하지 못함

➡ 락업기간 동안 가상자산을 매도하지 못한 투자자는 가상자산 가격 하락으로 투자손실 발생

A씨는 B업체의 투자 설명회에서 업체가 미리 확보해 둔 가상자산을 할인가격으로 판매한다는 설명을 듣고 C코인에 3천만 원을 투자하였다. 업체는 코인 가격안정 및 투자자 보호를 위해 재단에서 3개월간

---

7 유사투자자문업자가 특정인에게 금융투자상품을 자문하는 경우, 자본시장법 위반
8 거래소 등을 통하지 않고 개별적으로 가상자산을 매매하는 것

코인거래를 제한하는 대신, 제한기간이 지나면 크게 오른 가격에 매도할 수 있다고 설명하였다. 하지만 거래제한 해제일이 다가오자 재단 측 사정이라며 추가로 2개월간 거래를 추가제한하는 등 매도가 미뤄지면서 그 사이 코인가격은 1/10로 급락하였다.

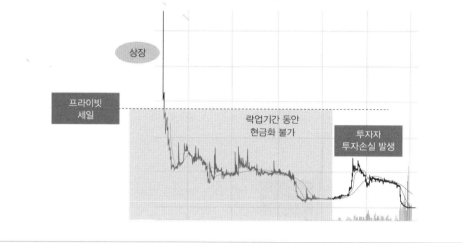

 # 프라이빗 세일 물량 매수 후 투자손실 발생 사례

2 다단계로 투자자 모집 후 가상자산 시세조종

➡ 가상자산을 발행하는 재단(프로젝트)이 상장 전 가상자산 스테이킹[9] 업체를 통해 다단계 형태[10]로 가상자산 투자자 모집

➡ 동 재단(프로젝트)은 가상자산 상장 후 '마켓 메이킹' 업체를 통해 차명지갑 및 트레이딩 봇을 이용하여 매매가 활발한 것처럼 시세를 조종

➡ 시세조종으로 가격이 상승하자 재단 관련자들이 보유하고 있던 가상자산을 고가에 매도

---

9 가상자산을 일정 기간 예치하면 이자를 가상자산으로 지급
10 가상자산 매수 후 일정 기간 예치하면 이자를 지급한다고 하면서 추천인 수에 따라 회원등급을 구분하여 이자를 차등지급

➡ 재단 관련자들의 대량매도로 가격이 폭락하여 투자손실 발생

D씨는 E업체로부터 우량코인을 예치하면, 가상자산거래소에 상장한 F코인으로 100일 동안 총투자금의 100%에 달하는 이자를 지급하겠다는 제안을 받고 투자하였다. 하지만 30원에 상장되어 5,000원까지 급등했던 F코인은 D씨가 이자로 지급받자마자 1주일만에 500원으로 급락하였고, 원금상환조차 받지 못했다.

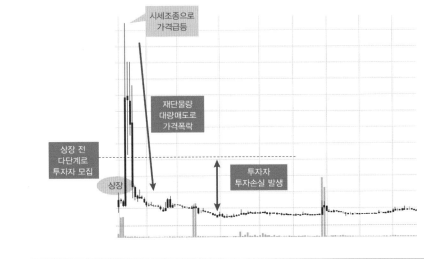

 # 시세조종 후 재단 물량 매도로 투자손실 발생 사례

■3 가상자산 재단 등 관련 직원을 사칭하며 비상장 가상자산 매수권유

➡ 본인을 가상자산 발행재단의 직원이라고 하며, 해당 가상자산이 거래소에 곧 상장될 예정이므로 낮은 가격에 매수할 것을 권유[11]

➡ 동 가상자산이 투자금의 3배가 되지 않을 경우, 재단에서 책임을 지겠다는

---

11 국내 가상자산거래소와의 상장계약서를 위조하여 투자자에게 제시

지급보증서를 작성하여 투자자를 현혹

➡ 가상자산 매수를 위해 현금을 입금하면 투자자 명의의 허위 전자지갑 가상
자산 보유현황을 보여 주며 투자자를 안심시킴

➡ 상장일정이 계속 연기되었다고 하면서 이후 자금을 편취

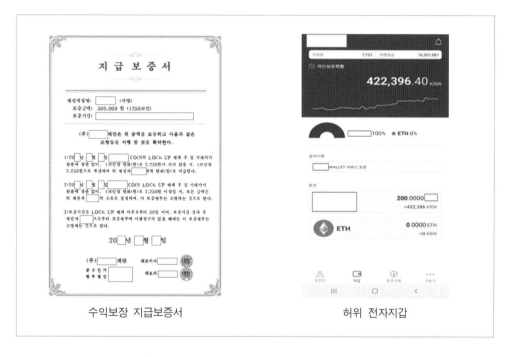

| 수익보장 지급보증서 | 허위 전자지갑 |

 # 수익보장 지급보증서와 허위 전자지갑으로 투자자 유인

4 불법 리딩방 손실을 가상자산으로 지급한다고 유인

➡ 불법 리딩방에서 발생한 손실보전 목적으로 국내 거래소에서 거래되고
있는 가상자산으로 무상지급하겠다[12]며 유인

---

12 자체제작한 허위 전자지갑에 가상자산이 입금된 것처럼 꾸미는 것

➡ 국내 가상자산거래소 직원을 사칭하여 가상자산을 현금화하기 위해서는 개인정보 및 보증금이 필요하다며 입금요구

➡ 보증금 명목으로 받은 자금을 편취하거나, 취득한 개인정보로 피해자 명의를 도용하여 금융기관 대출을 받아 추가피해 발생

5 유명업체 사칭 NFT 피싱사기

➡ 이메일 등을 통해 국내 유명업체(항공사, 커피전문점 등)에서 발행한 NFT(대체 불가능 토큰)를 무상지급(프리민팅·에어드랍)한다고 유인

➡ NFT를 받기 위해서 이메일로 송부한 URL 주소를 클릭하여 가상자산 전자지갑 주소를 연결하라고 함

➡ 지갑이 연결되면 해킹으로 지갑 내 보유 가상자산을 전부 탈취

6 국내외 유명업체의 명칭을 교묘하게 사용하여 허위광고

➡ 가상자산 또는 재단 명칭을 마치 국내외 유명업체명과 유사하게 만들어 해당 업체와 관련 있는 가상자산인 것처럼 허위광고

➡ 유튜브, 페이스북 등 SNS, 투자설명회, 가상자산 투자 리딩방 등을 통해 고수익을 얻을 수 있다며 해당 가상자산에 투자권유

➡ 해당 가상자산을 사전매집한 업체는 본인 물량을 투자자에게 직접 넘기거나 시장에 고가로 매도하여 수익실현

➡ 해당 가상자산이 유명업체와 무관하다는 사실이 밝혀지면 가격이 폭락하여 대규모 투자손실 발생

참고

1 디지털자산을 이용한 자금세탁 사례

2 가상자산사업자 신고 매뉴얼

3 가상자산 주요 용어 정리

디지털자산을 이용한 자금세탁 사례

| 사례 | ①

전자화폐계좌를 통한 자금세탁 사례

대리인으로 활동하는 한 젊은 사람이 해외에 있는 동료로부터 인터넷뱅킹 절도(internet banking thefts)로 번 돈을 받기 위해서 전자화폐계좌를 개설하였다. 그리고 그는 전자화폐계좌에 들어 있는 가치를 현금화하기 위해 전자화폐교환자에게 자신에게 우편환을 제공해 달라고 요청하였다. 자신의 신분을 숨기기 위해서 그는 현금딜러에게 자신이 여권을 잃어버렸고, 교환자가 자금서비스 사업자에게 전화를 걸어서 그의 description에 부합되는 사람이 특정 시간에 전신환을 받을 수 있도록 해 줄 것을 요구하였다. 그는 돈을 해외로 보내지 않고 자신이 보관하려고 했던 것으로 보인다. 그는 체포 및 기소되었다.

출처 | 국제자금세탁방지기구(FATF)

| 사례 | ②

전자지갑을 통한 자금세탁(테러자금조달) 사례

FIU는 SNS(예 Vkontakte)를 모니터링하던 중 한 게시물에서 테러자금조달 위험을 감지하였다. 이 게시물은 테러리스트 가족 재정지원, 이슬람 투쟁, 테러리스트 훈련을 위한 자금조달 목적으로 기부를 요청하고 있었다. 몇몇 전자지갑 번호들이 이 게시물에 표기되었고, 해당 전자지갑을 소유한 개인들은 각각 다른 국가에 있는 여러 명의 개인으로부터 자금이체를 받았다. 이러한 온라인계좌에 있는 자금들은 그 후 분쟁지역에서 사용되고 있는 핸드폰과 연결된 은행계좌로 송금되었다.

출처 | 러시아

| 사례 | ③

크라우드펀딩을 통한 자금세탁(테러자금조달) 사례

기존에는 NPO(비영리재단)를 사칭하거나 악용해 테러자금을 모았으나, 최근에는 크라우드펀드 같은 최첨단 금융기법이 각광받고 있다. 크라우딩펀드는 인터넷을 통해 다수의 사람들로부터 투자 혹은 기부의 형식으로 손쉽게 자금을 모으는 것이 가능하기 때문이다. 실제로 캐나다에서는 테러를 목적으로 나라를 떠나려 했던 테러범들이 사전에 온라인을 통해 크라우딩펀드를 운영하고 있던 것이 확인됐다.

출처 | 머니투데이, 2015.12.7. 기사

| 사례 | ④

비트코인을 활용한 자금세탁(테러자금조달) 사례

인도네시아 금융거래분석센터(PPATK)에 따르면 "수니파 무장단체 이슬람국가(IS)가 비트코인과 페이팔을 통해 인도네시아 내 추종세력에 테러자금을 밀반입하고 있다"고 밝혔다. 인도네시아 금융거래분석센터(PPATK)는 "비트코인은 실물화폐인 지폐나 동전과 달리 암호화된 코드 형태로 이뤄져 있는 데다 은행을 거치지 않고 거래자들끼리 직접 돈을 주고받을 수 있어 당국의 추적이 어렵다"고 설명했다. 비트코인은 주민등록번호나 실명 등 개인식별정보 없이 이용할 수 있고 국가나 단체의 관리를 받지 않는 통화수단이다. 인도네시아 당국은 지난해 1월 자카르타 도심 테러에 비트코인과 페이팔이 이용된 것으로 파악했다. "2015년 시리아로 건너간 인도네시아 출신 IS 지도자 바룬 나임이 당시 비트코인 등 가상결제수단을 이용해 인도네시아 내 IS 추종세력에 자금을 전달했다"고 지적했다. 바룬 나임은 지난해 12월 초 인도네시아 대통령궁 자폭테러를 모의하다 붙잡힌 무슬림 여성의 배후로 지목된 인물이다. 성탄절과 신년을 겨냥한 폭탄테러를 준비하다가 최근 자카르타 근교에서 사살된 IS 추종자들의 배후에도 그가 있는 것으로 알려졌다.

출처 | 세계일보, 2017.1.10. 기사

| 사례 | ⑤

인터넷 대금지불 서비스를 통한 자금세탁 사례

은행에 의해서 보고된 이 사건에 연루된 변호사는 별다른 경제적 합리성 없이 자신 소유의 개인은행 계좌 세 개를 통해서 많은 인터넷 대금지불을 받아 실행하고, 국제전신송금을 주문하거나, 수표를 받거나, 현금예금을 하는 등의 행위를 하였다. 인터넷 대금지불 서비스 제공업체와 그의 계좌 사이에 금융거래를 하는 데 쓰인 메시지(총 X에 대한 지불, 권총 Y에 대한 지불)와 전신송금에 대한 조사로부터 그의 온라인 활동이 무기 및 무기 관련 요소 판매에 관한 것으로 밝혀졌다.

금융정보분석기구(FIU)는 조사를 통해 다음과 같은 사실을 밝혀냈다.

○ 4년에 걸쳐 그는 1,600건이 넘는 판매행위를 하였고, 이러한 온라인행위의 잦은 빈도는 무기
  상업 웹사이트의 사용과 연관이 있었다.

○ 그는 정기적으로 무기밀매에 취약한 국가인 중부유럽과 동유럽을 여행하였고 자주 그곳에서
  1주일 이상 머물렀으므로, 그는 무기를 밀수입했을 가능성이 있었다.

출처 | FATF

가상자산사업자 신고 매뉴얼

1 개요

이하 매뉴얼은 「특정금융정보법 시행령」 입법예고안을 기준으로 작성하였으며, 향후 동 시행령 등 하위규정
확정 시 변경 가능함

1. 가상자산사업자의 정의

① 특정금융정보법(이하 '법') 제2조에서는 가상자산사업자를 '가상자산의 매
도·매수, 교환, 이전, 보관·관리, 중개·알선 등의 영업을 하는 자'로 규정

② 시행령에는 별도의 행위를 추가하지 않고, 법 적용범위를 가상자산사업자
로 제한

- 「특정 금융거래정보의 보고 및 이용 등에 관한 법률」 → 법
- 「특정 금융거래정보의 보고 및 이용 등에 관한 법률 시행령」 → 영
- 「특정 금융거래정보 보고 및 감독규정」 → 감독규정
- 「자금세탁방지 및 공중협박자금조달금지에 관한 업무규정」 → 업무규정

주요 가상자산사업자 예

FATF 국제기준상 가상자산사업자의 주요 요소는 ⅰ) 영업으로, ⅱ) 고객을 대신하여, ⅲ) 가상자산 관련 활동을 적극적으로 촉진하는 것임

※ 본인을 위한 가상자산 거래행위(P2P 등), 일회성 행위, 수수료 없이 플랫폼만 제공하는 행위 등은 제외

❶ 가상자산의 매도·매수, ❷ 다른 가상자산과의 교환, ❸ 가상자산 이전, ❹ 보관·관리, ❺ ❶ 및 ❷ 행위의 중개·알선

주요 가상자산사업자의 예는 다음과 같음[1]

- **가상자산거래업자**
  - 일반적으로 가상자산 매매·교환 등을 중개·알선하기 위하여 플랫폼을 개설하고 운영하는 사업자로서 가상자산 취급업, 교환업, 거래소 등으로 통용됨
  - 일반적으로 ❺ 가상자산의 매도·매수(예 현금과의 교환) 및 가상자산 간 교환을 중개, 알선하거나 대행, ❸ 가상자산을 이전하는 행위 등의 기능을 함께 수행하는 것으로 판단
  - 다만, 다음과 같은 경우는 제외될 수 있음
    - ▶ 단순히 매수·매도 제안을 게시할 수 있는 장(場)만을 제공하는 경우
      - 예 단순히 이용이 가능한 가상자산이 있다는 사실이 게재만 되어 있는 게시판을 운영할 뿐, 당사자들 간 거래는 개인별 지갑이나 그 게시판 관련 회사의 지갑이 아닌 별도 지갑을 통해 이뤄지는 경우
    - ▶ 단순히 가상자산의 거래에 대한 조언이나 기술을 제공하는 경우

---

1 다만, 개별적인 사업형태에 따라 가상자산사업자 해당 여부는 달라질 수 있으며, 아래 예 외에도 사업자의 행위유형에 따라 가상자산사업자에 해당될 수 있다.

- **가상자산보관관리업자**
  - 타인을 위하여 가상자산을 보관·관리하는 행위를 영업으로 하는 자로서 가상자산 커스터디, 수탁사업 등으로 통용됨
  - 법상 ❹ 가상자산을 보관·관리하는 행위를 주요 업무로 수행
  - 다만, 다음과 같은 경우 제외될 수 있음
    사업자가 개인 암호키 등을 보관·저장하는 프로그램만 제공할 뿐, 개인 암호키에 대한 독립적인 통제권을 가지지 않아 가상자산의 이전·보관·교환 등에 관여하지 않는 경우

- **가상자산지갑서비스업자**
  - 다양한 사업형태가 있을 수 있으나, 일반적으로 가상자산의 보관·관리 및 이전 서비스 등을 제공하는 사업자로서 중앙화 지갑서비스, 수탁형 지갑서비스, 월렛 서비스 등으로 통용됨
  - 법상 ❸ 가상자산의 이전, ❹ 가상자산의 보관·관리 행위를 주요 업무로 수행
  - 가상자산지갑서비스의 경우에도 ⅰ) 가상자산거래업자, ⅱ) 가상자산보관관리업자와 동일하게 다음과 같은 경우 제외될 수 있음
    - ▸ 단순히 매수·매도 제안을 게시할 수 있는 장(場)만을 제공하는 경우
    - ▸ 단순히 가상자산의 거래에 대한 조언이나 기술서비스를 제공하는 경우
    - ▸ 사업자가 개인 암호키 등을 보관·저장하는 프로그램만 제공할 뿐 독립적인 통제권을 가지지 않아 매도·매수·교환 등에 관여하지 않는 경우
    - ▸ 콜드월렛★ 등 하드웨어 지갑서비스 제조자 등
      - ★ 가상자산 개인 암호키를 종이, 플라스틱, 금속 등 오프라인으로 출력하여 보관

2. 가상자산사업자 신고업무 개요

가상자산사업자는 금융정보분석원ᶠᴵᵁ에 신고서(FIU 고시) 및 첨부서류(<표 1> '구비서류 체크리스트' 참조)를 구비하여 신고해야 한다(법 제7조).

① 대상 : 법 시행 전 영업 중인 가상자산사업자 또는 법 시행 후 가상자산사업을 영위하고자 하는 사업자

② 주요 심사항목 : 가상자산사업자 신고 시 정보보호 관리체계 인증, 실명확인 입출금계정, 대표자 및 임원(등기임원)의 자격요건 등 일정 요건을 갖추어야 한다.

2 신고업무[2]절차

▼ 가상자산사업자 신고업무절차

신고서 접수(FIU)

▼

신고 심사 의뢰(FIU ▶ 금감원)

▼

신고요건 심사(금감원)

 ⅰ) 신고서류 검토, ⅱ) 불수리사유 해당 여부 심사

▼

심사 결과 통보(금감원 ▶ FIU)

▼

신고수리 여부 통지[3] · 공고 등(FIU)

---

2 신규 · 변경 · 갱신 신고 모두 동일하게 운영
3 FIU는 신고서 접수일로부터 <u>3개월(변경 신고의 경우에는 45일)</u> 이내에 <u>신고수리 여부를 통지</u>, 단 신고요건을 충족하는지 확인하기 위해 신고서 및 첨부서류의 보완을 요청한 경우, <u>보완에 필요한 기간은 제외</u>

1. 신고서 접수(FIU)

① 신고서 제출(법 제7조 제1항) : 신고서 필수 기재사항, 첨부서류 등 준수(영 제12조)

② FIU의 신고서 접수

2. 신고 심사 의뢰(FIU → 금감원)

① 신고 심사 업무는 금감원장에게 위탁(영 제12조의7)되어 있으므로, FIU는 접수된 신고서의 신고요건 심사를 의뢰하기 위해 금감원에 공문 발송

② 금감원은 심사의뢰 공문 접수 후 신고요건 심사 업무 착수

3. 신고요건 심사(금감원)

① [1단계] 신고서류 검토 : 법규상 필수 서류의 제출 여부 등을 확인한 후 필요시 보완요청

② [2단계] 법 제7조 제3항에 따른 불수리사유 해당 여부 검토

• 정보보호 관리체계 인증 : 정보보호 관리체계 인증(한국인터넷진흥원)을 증명하는 서류를 통해 확인

• 실명확인 입출금계정[4] : 실명확인이 가능한 입출금계정을 발급한 금융회사 등이 작성한 확인서를 통해 확인

• 사업자 요건 : 사업자(법인의 경우, 대표자·임원 포함)의 금융 관련 법률위반은 유관기관 등의 신원조회 결과 및 신고인 제출 확인서를 통해 확인

③ 신고수리 이후라도 확인서 및 신원조회 결과에 포함되지 않은 금융 관련

---

4 동일 금융회사 등에 개설된 가상자산사업자의 계좌와 그 가상자산사업자의 고객계좌 사이에서만 금융거래 등을 허용하는 계정

법률위반 사항 등이 제보 등의 방법으로 확인되는 경우, 직권말소 등 사후조치

▼ 가상자산사업자 신고불수리 사유별 해당 여부 확인방법

대상	신고불수리 요건	세부내용	확인방법
사업자	정보보호 관리체계 인증 (법 §7 ③ 1.)	한국인터넷진흥원으로부터 정보보호 관리체계 인증	제출서류 등 검토
사업자	실명확인 입출금계정 발급 (법 §7 ③ 2.)	은행으로부터 발급받은 실명확인 입출금계정을 통해 금융거래	제출서류 등 검토
사업자 (법인의 경우, 대표자· 임원 포함)	금융 관련 법률위반(법 §7 ③ 3.) ※ 2021.3.25. 이후 최초로 법률 위반행위를 한 경우부터 적용 (법 부칙 §4)	금융 관련 법률위반 결격요건 (법 §7 ③ 3. 및 영 §12조의2 ③)	• 확인서(붙임 3) • 제출서류 등 검토
사업자	신고·변경신고 말소 경력 (법 §7 ③ 4.)	신고·변경신고 말소되고 5년이 지나지 아니한 자	• 사실조회 결과 • 확인서(붙임 3)

★ 붙임 3의 신고인, 대표자 및 임원 확인서를 우선 확인하고, 필요시 검찰청·경찰청 등 유관기관의 신원조회 결과로 해당 여부 확인

★ 심사항목별 세부내역은 〈Ⅲ. 신고요건 심사 세부내역〉 참조

4. 심사 결과 통보(금감원 → FIU)

신고 심사 결과보고서 작성 및 FIU에 통보

5. 신고수리 여부 통지·공고 등(FIU)

① FIU는 신고 심사 보고서를 토대로 최종 신고수리 여부 결정

② 신고수리 여부를 신고인에게 통지[5]하고, 관보 및 인터넷 홈페이지[FIU]에 공고

---

5 신고를 수리하지 아니하는 경우에도 그 사실을 신고인에게 통지

■3 신고요건 심사 세부내역

> **심사 세부내역 활용 시 주의사항**
>
> 이하 내용은 가상자산사업자 신고인의 서류작성 등 준비과정에서 참고할 수 있도록 제시된 포괄적인 기준으로, 구체적인 적용방법에 대하여는 신고 이전에 금융감독원 심사 담당자에게 확인하면서 진행하는 것이 바람직함

1단계 : 신고서류 검토

① 구비서류 제출 여부 확인 : 신고서 내용이 모두 기재되어 있는지 확인하고, 첨부서류 구비 여부를 확인

▼ **구비서류 체크리스트**

구분	필수 구비서류 목록	확인방법
신고서 내용	• 신고인 • 본점, 주사무소 및 영업소의 소재지와 연락처 • 전자우편 주소, 인터넷도메인 이름, 호스트서버의 소재지 • 대표자 및 임원의 실지명의와 국적 • 가상자산사업자가 수행할 행위의 유형 • 실명확인이 가능한 입출금계정에 관한 정보 **[외국 가상자산사업자 추가사항]** • 국내 사업장의 주소 및 연락처 • 국내에 거주하면서 외국 가상자산사업자를 대표할 수 있는 자의 실지명의와 국적	◦ 신고서상 또는 첨부서류 형태로 해당 내용을 모두 기재했는지 확인 ◦ 신고서(대리인) 서명 확인
가상자산사업자 현황 관련	• 정관 • 사업자등록증, 법인등기부등본 등 본점의 위치와 명칭을 기재한 서류	◦ 공증받은 정관 ◦ 사업자등록증 · 법인등기부등본상 사업장 소재지, 임원명단 등 확인

〃	• 설립 · 신고의 의사결정을 증명하는 서류	◦ 신고결정 관련 발기인총회, 창립주주총회 또는 관련 이사회의 공증을 받은 의사록
대표자 및 임원 관련	• 대표자 및 임원의 확인서	◦ 확인서(붙임 3)
기타	• 가상자산사업자의 업무방법을 기재한 서류(가상자산 취급목록 등) • 정보보호 관리체계 인증서(사본) • 실명확인 입출금계정 발급 확인서 • 대리인이 신고하는 경우, 위임장 • 그 밖에 필요서류	◦ 서류점검

★ 외국어로 작성된 서류는 국문으로 번역된 요약본을 첨부하여야 하며, <u>현지의 공증을 받아야 함</u>

② 서류접수 시 주요 점검사항 : 법령상 요구되는 신고방법 · 절차준수 여부 및 제출서류 미비사항 등을 확인하여 필요시 보완요청

구분	요건	확인방법
신고서 확인	• 신고서 필수사항 기재 및 구비서류 제출	◦ 대표자 및 임원의 실지명의와 국적 ◦ 본점, 주사무소 및 영업소의 소재지와 연락처 ◦ 전자우편 주소, 인터넷도메인 이름, 호스트서버의 소재지 ◦ 가상자산사업자가 수행할 행위의 유형 ◦ 실명확인이 가능한 입출금계정에 관한 정보 ◦ 신고 유효기간 도과 여부(만료 45일 전 신고해야 함)
정보보호 관리체계	• 정보보호 관리체계 인증	◦ 한국인터넷진흥원의 정보보호 관리체계 인증서 내역 사실확인 ◦ 정보보호 관리체계 인증 유효기간 확인
실명확인 입출금계정	• 실명확인 입출금계정 발급	◦ 은행법 등에 따른 은행으로부터 실명확인 입출금계정을 발급받았는지 확인 　- 신고완료 후 조건부 발급 여부 확인 ◦ 발급 확인서상 발급요건 심사 결과 충족 여부 확인 　- AML/CFT 위험평가 결과 　- 예치금을 고유재산과 구분 · 관리 　- 정보보호 관리체계 인증 획득 　- 금융관계법률 위반 및 신고 말소 5년 미경과 여부

			확인 – 고객별 거래내역 분리·관리 ◦ 필요시 실명확인 입출금계정 불필요 업종 여부 확인
금융 관련 법률위반	• 금융 관련 법률위반 사실		◦ 동법 등 금융 관련 법률에 따라 벌금 이상의 형을 선고 받고 그 집행이 끝나거나 집행이 면제된 날부터 5년 경과 여부(법인의 경우, 대표자·임원 포함)
직권말소 경력	• 신고·변경신고 말소 5년 경과		◦ 신고·변경신고가 말소되고 5년 경과 여부 확인

★ 필수 첨부서류 및 그 밖에 필요한 서류 작성·제출 시 유의사항
- 모든 첨부서류는 사본인 경우 원본대조필 하여야 하며, 필수적으로 포함되어야 하는 서류 및 기재내용이 누락되어서는 안 됨
- 외국어로 작성된 서류는 국문으로 번역된 요약본을 첨부하여야 하며, 현지의 공증을 받아야 함

③ 신고인(가상자산사업자 또는 이를 운영하려는 자) 관련

- 정관 : 회사가 현재 사용하고 있는 공증받은 정관

- 사업자등록증 : 사본(원본대조필)

- 법인의 경우

  – 법인등기부등본 : 말소사항을 포함한 법인등기부등본(원본)

  – 발기인총회, 창립주주총회, 이사회의사록 등 : 설립 또는 신고의 의사결정을 증명할 수 있어야 하며, 공증받은 서류

  – 본점의 명칭 및 소재지를 기재한 서류 1부

  – 대리인이 신고하는 경우, 위임장(위임관계 서류)

④ 대표자 및 임원 현황 관련 : 대표자 및 임원(등기임원) 여부를 확인할 수 있는 서류

⑤ 가상자산사업자의 업무방법 관련

- 가상자산사업자의 업무방법을 기재한 서류 1부

- 가상자산 취급목록(붙임 2)

⑥ 실명확인 입출금계정 관련 : 실명확인 입출금계정 발급 확인서(원본), 은행의 보고책임자 이상의 발급확인 필요

⑦ 정보보호 관리체계 인증 관련 : 정보보호 관리체계 인증서(사본)

⑧ 기타 : 신고인·대표자·임원 확인서(붙임 3)

⑦ 신고서 양식(붙임 1 참조) 작성 및 첨부 필요

2단계 : 신고 불수리사유 해당 여부 심사

① 정보보호 관리체계 인증

- 가상자산사업자가 한국인터넷진흥원 등으로부터 정보보호 관리체계 인증을 취득할 것
- 정보보호 관리체계 인증서를 통해 인증 취득내용, 유효기간[6] 등을 확인
- 한국인터넷진흥원 홈페이지를 통해 정보보호 관리체계 인증사실 검증

② 실명확인 입출금계정 발급

- 가상자산사업자가 은행법상 은행 등으로부터 실명확인 입출금계정을 발급[7] 받을 것
- 실명확인 입출금계정 발급 증명서를 통해 발급내용, 유효기간[8] 등을 확인

심사항목(법 §7 ③ 2., 영 §12조의8)
① 은행법 등에 따른 은행으로부터 실명확인 입출금계정을 발급받았는지 확인 → 신고완료 후 조건부 발급 여부 확인

---

6 신고 유효기간 만료 전 정보보호 관리체계 인증 유효기간이 만료되는 등 변경사항이 발생할 경우, 갱신 후 변경된 사항을 변경신고하여야 함
7 발급확인자는 보고책임자 이상, 담당자는 발급은행의 부서장급 이상 기재
8 신고 유효기간 만료 전 실명확인 입출금계정 계약이 만료되는 등 변경사항이 발생할 경우, 갱신 후 변경된 사항을 변경신고하여야 함

② 필요시 실명확인 입출금계정 불필요 업종 여부 확인 → 가상자산사업자가 제공하는 서비스가 가상자산과 법화(法貨) 간의 교환이 없어 예치금 등이 없는 경우, 발급제외(추후 법규 개정상황에 따라 달라질 수 있음)

③ 사업자(대표자 · 임원) 요건

- 사업자[법인의 경우, 대표자 · 임원(등기임원) 포함]가 법 제7조 제3항 제3호에서 정하는 금융 관련 법률위반 요건에 해당하지 아니하여야 함
- 유관기관 등의 신원조회 결과 및 신고인 제출 확인서를 통해 확인
- 신고수리 이후라도 신원조회 결과에 포함되지 않은 금융 관련 법률위반 사항 등이 제보 등으로 확인되는 경우, 직권말소 등 사후조치

심사항목[법 §7 ③ 3., 영 §12조의2 ③(지배구조법 §2 7.)]

① 벌금 이상의 형을 선고받고 그 집행이 끝나거나(집행이 끝난 것으로 보는 경우를 포함) 집행이 면제된 날부터 5년이 지나지 아니한 자(법인의 경우, 대표자 · 임원 포함)

심사항목 관련 법률
- 「특정 금융거래정보의 보고 및 이용 등에 관한 법률」 제7조 제3항 제3호 :
  동 법, 「범죄수익은닉의 규제 및 처벌 등에 관한 법률」, 「공중 등 협박목적 및 대량살상무기확산을 위한 자금조달행위의 금지에 관한 법률」, 「외국환거래법」 및 「자본시장과 금융투자업에 관한 법률」
- 「특정 금융거래정보의 보고 및 이용 등에 관한 법률 시행령」 제12조의2 제3항 :
  「금융회사의 지배구조에 관한 법률」 제2조 제7호에 따른 금융관계법령
- 「금융회사의 지배구조에 관한 법률」 제2조 제7호(동법 시행령 제5조) :
  「공인회계사법」, 「근로자퇴직급여 보장법」, 「금융산업의 구조개선에 관한 법률」, 「금융실명거래 및 비밀보장에 관한 법률」, 「금융위원회의 설치 등에 관한 법률」, 「금융지주회사법」, 「금융혁신지원 특별법」, 「금융회사부실자산 등의 효율적 처리 및 한국자산관리공사의 설립에 관한 법률」, 「기술보증기금법」, 「농림수산식품투자조합 결성 및 운용에 관한 법률」, 「농업협동조합법」, 「담보부사채신탁법」, 「대부업 등의 등록 및 금융이용자 보호에 관한 법률」, 「문화산업진흥 기본법」, 「벤처기업육성에 관한 특별조치법」, 「보험업법」, 「감정평가 및 감정평가사에 관한 법률」, 「부동산투자회사법」, 「사회기반시설에 대한 민간투자법」, 「산업발전법」, 「상호저축은행법」, 「새마을금고법」, 「선박투자회사법」, 「소재 · 부품 · 장비산업 경쟁력강화를 위한 특별조치법」, 「수산업협동조합법」, 「신용보증기금법」, 「신용정보의 이용 및 보호에 관한 법률」, 「신용협동조합법」, 「여신전문금융업법」, 「예금자보호법」, 「온라인투자연계금융업 및 이용자 보호에 관한 법률」, 「외국인투자촉진법」, 「외국환거래법」, 「유사수신행위의 규제에 관한 법률」, 「은행법」, 「자본시장과 금융투자업에 관한 법률」, 「자산유동화에 관한 법률」, 「전자금융거래법」, 「주식 · 사채 등의 전자등록에 관한 법률」, 「주식회사 등의 외부감사에 관한 법률」, 「주택법」, 「중소기업은행법」, 「중소기업창업 지원법」, 「채권의 공정한 추심에

관한 법률」, 「특정 금융거래정보의 보고 및 이용 등에 관한 법률」, 「한국산업은행법」, 「한국수출입은행법」, 「한국은행법」, 「한국주택금융공사법」, 「한국투자공사법」, 「해외자원개발 사업법」

④ 직권말소 경력

- 신고 또는 변경신고가 말소되고 5년이 지나지 아니한 자(법 제7조 제3항 제4호)
- 대내 사실조회 결과 및 신고인 제출 확인서를 통해 확인

4 신고유지 요건

가상자산사업자는 신고 이후에도 직권말소 사유[9]에 해당하지 않도록 유의하여야 한다(법 제7조 제4항).

① 변경신고의무 : 신고사항이 변경되는 경우, 변경사항이 발생한 날로부터 30일 이내에 신고하여야 한다.

② 갱신신고의무 : 가상자산사업자 신고 유효기간 경과 이후에도 신고사항을 유지하려는 경우, 유효기간이 만료하기 45일 전까지 갱신신고를 하여야 한다.

---

9 법 제7조 제4항 각 호에 해당할 경우, 직권말소 가능

1. 국내 가상자산사업자 신고서

<table>
<tr><td colspan="5" style="text-align:center">가상자산사업자 신고서 (□신규 / □변경 / □갱신)</td></tr>
<tr><td rowspan="8">① 신 고 인</td><td>명칭(상호)</td><td></td><td>사업자등록번호</td><td></td></tr>
<tr><td>대표자 성명</td><td colspan="3"></td></tr>
<tr><td>소재지(본점)</td><td colspan="3"></td></tr>
<tr><td>전화번호</td><td colspan="3"></td></tr>
<tr><td>전자우편주소</td><td colspan="3"></td></tr>
<tr><td>인터넷 도메인 이름</td><td colspan="3"></td></tr>
<tr><td>호스트 서버의 소재지</td><td colspan="3"></td></tr>
</table>

<table>
<tr>
<td rowspan="20" style="writing-mode:vertical-rl">신 고 사 항</td>
<td colspan="4">② 대표자 및 임원(등기 임원) 현황

임원 수:　　명</td>
</tr>
<tr>
<td style="text-align:center">직위</td>
<td style="text-align:center">성명</td>
<td style="text-align:center">실명번호
(주민등록번호 등)</td>
<td style="text-align:center">국적</td>
</tr>
<tr><td></td><td></td><td></td><td></td></tr>
<tr><td></td><td></td><td></td><td></td></tr>
<tr><td></td><td></td><td></td><td></td></tr>
<tr><td></td><td></td><td></td><td></td></tr>
</table>

③ 가상자산사업자가 수행할 행위의 유형

항목	선택(○)
1) 가상자산을 매도, 매수하는 행위	
2) 가상자산을 다른 가상자산과 교환하는 행위	
3) 가상자산을 이전하는 행위 중 대통령령으로 정하는 행위	
4) 가상자산을 보관 또는 관리하는 행위	
5) 1) 및 2)의 행위를 중개, 알선하거나 대행하는 행위	
6) 그 밖에 가상자산과 관련하여 자금세탁행위와 공중협박자금조달행위에 이용될 가능성이 높은 것으로서 대통령령으로 정하는 행위	

* 법 제2조 제1호 하목 중 선택하되 복수기재 가능

④ 실명확인 입출금계정에 관한 정보

구분	내용
발급처	
발급확인자*	은행명 :　　　　　　　　직위 :　　　　성명 :　　　　연락처 :
발급담당자*	은행명 :　　　부서명 :　　　직위 :　　　성명 :　　　연락처 :
계약기간	

주요 계약조건 (인원수 등)	1. 2. 3.

<table>
<tr><td rowspan="10" style="writing-mode: vertical">신
고
사
항</td><td colspan="2">* 발급확인자는 은행의 보고책임자 이상으로 하고 발급담당자는 부서장급 이상으로 기재</td></tr>
<tr><td colspan="2">⑤ 정보보호 관리체계 인증에 관한 정보</td></tr>
<tr><td>구분</td><td>내용</td></tr>
<tr><td>발급처</td><td></td></tr>
<tr><td>유효기간</td><td></td></tr>
<tr><td>인증번호</td><td></td></tr>
</table>

「특정 금융거래정보의 보고 및 이용 등에 관한 법률」제7조 제1항, 제2항 및 「특정 금융거래정보의 보고 및 이용 등에 관한 법률 시행령」제12조에 따라 위와 같이 가상자산사업자 신고서를 제출합니다.

년   월   일

신고인(또는 대리인)   서명   또는   인
(전화번호:)

금융정보분석원장 귀하

첨
부
서
류
	1. 신고인 관련
	  가. 정관(이에 준하는 것을 포함한다) 1부
	  나. 사업자등록증 1부
	  다. (법인의 경우) 법인등기부등본 및 발기인총회, 창립주주총회 또는 이사회의 의사록 등 설립 또는 신고의 의
	      사결정을 증명하는 서류 각 1부
	  라. 본점의 명칭 및 소재지를 기재한 서류 1부
	  마. 대리인이 신고하는 경우, 위임장(위임관계 서류)
	2. 대표자 및 임원 현황 관련
	  가. 대표자 및 임원 여부를 확인할 수 있는 서류
	3. 가상자산사업자의 업무방법 관련
	  가. 가상자산사업자의 업무방법을 기재한 서류 1부
	  나. 가상자산 취급목록(붙임 2) 1부
	4. 실명확인 입출금계정 관련
	  가. 실명확인 입출금계정 발급 확인서 1부
	5. 정보보호 관리체계 인증 관련
	  나. 정보보호 관리체계 인증서 1부
	6. 기타
	  가. 신고인·대표자·임원 확인서(붙임 3)

※ **변경신고 시 신고서 작성방법**
  1. 신고서 항목(①~④) 중 변경사항이 있는 항목만 작성(⑤의 변경 시에는 증빙만 제출)
  2. 첨부서류
     – 이사회의 의사록 등 변경신고의 의사결정을 증명하는 서류 1부
     – 대리인이 신고하는 경우, 위임장(위임관계 서류)
     – 변경신고 관련 증빙

2. 외국 가상자산사업자[10] 신고서

<div align="center">**가상자산사업자 신고서 (□ 신규 / □ 변경 / □ 갱신)**</div>						

<table>
<tr><td rowspan="12">① 신 고 인</td><td colspan="2">명칭(상호)</td><td></td><td colspan="2">사업자등록번호
(사업자등록번호 등)</td><td></td></tr>
<tr><td rowspan="3">본점
(외국)</td><td>대표자 성명</td><td colspan="4"></td></tr>
<tr><td>소재지</td><td colspan="4"></td></tr>
<tr><td>전화번호</td><td colspan="4"></td></tr>
<tr><td rowspan="3">국내
사업장</td><td>대표자 성명</td><td colspan="2">사업자등록번호(사업자등록번호 등) :</td><td colspan="2">국적 :</td></tr>
<tr><td>소재지</td><td colspan="4"></td></tr>
<tr><td>전화번호</td><td colspan="4"></td></tr>
<tr><td colspan="2">전자우편주소</td><td colspan="4"></td></tr>
<tr><td colspan="2">인터넷 도메인 이름</td><td colspan="4"></td></tr>
<tr><td colspan="2">호스트 서버의 소재지</td><td colspan="4"></td></tr>
</table>

신 고 사 항	② 대표자 및 임원(등기 임원) 현황 임원 수: 명

직위	성명	실명번호 (주민등록번호 등)	국적

③ 가상자산사업자가 수행할 행위의 유형

항목	선택(○)
1) 가상자산을 매도, 매수하는 행위	
2) 가상자산을 다른 가상자산과 교환하는 행위	
3) 가상자산을 이전하는 행위 중 대통령령으로 정하는 행위	
4) 가상자산을 보관 또는 관리하는 행위	
5) 1) 및 2)의 행위를 중개, 알선하거나 대행하는 행위	
6) 그 밖에 가상자산과 관련하여 자금세탁행위와 공중협박자금조달행위에 이용될 가능성 이 높은 것으로서 대통령령으로 정하는 행위	

* 법 제2조 제1호 하목 중 선택하되 복수기재 가능

---

10 외국 가상자산사업자[본점 또는 주사무소가 외국에 있는 자(사업의 실질적 관리장소가 국내에 있지 아니하는
경우만 해당)]로서 내국인을 대상으로 법 제2조 제2호 라목에 따른 가상자산 거래를 영업으로 하는 자

④ 실명확인 입출금계정에 관한 정보				
구분	내용			
발급처				
발급확인자*	은행명 :	직위 :	성명 :	연락처 :
발급담당자*	은행명 : 부서명 :	직위 :	성명 :	연락처 :
계약기간				
주요 계약조건 (인원수 등)	1. 2. 3.			

* 발급확인자는 은행의 보고책임자 이상으로 하고 발급담당자는 부서장급 이상으로 기재

⑤ 정보보호 관리체계 인증에 관한 정보

구분	내용
발급처	
유효기간	
인증번호	

(좌측 세로: 신고사항)

「특정 금융거래정보의 보고 및 이용 등에 관한 법률」 제7조 제1항, 제2항 및 「특정 금융거래정보의 보고 및 이용 등에 관한 법률 시행령」 제12조에 따라 위와 같이 가상자산사업자 신고서를 제출합니다.

년   월   일

신고인(또는 대리인)   서명 또는 인
(전화번호:)

금융정보분석원장 귀하

(좌측 세로: 첨부서류)

1. **신고인 관련**
   가. 정관(이에 준하는 것을 포함한다) 1부
   나. 사업자등록증 1부
   다. (법인의 경우) 법인등기부등본 및 발기인총회, 창립주주총회 또는 이사회의 의사록 등 설립 또는 신고의 의사결정을 증명하는 서류 각 1부
   라. 본점의 명칭 및 소재지를 기재한 서류 1부
   마. 대리인이 신고하는 경우, 위임장(위임관계 서류)
2. **대표자 및 임원 현황 관련**
   가. 대표자 및 임원 여부를 확인할 수 있는 서류
3. **가상자산사업자의 업무방법 관련**
   가. 가상자산사업자의 업무방법을 기재한 서류 1부
   나. 가상자산 취급목록(붙임 2) 1부
4. **실명확인 입출금계정 관련**
   가. 실명확인 입출금계정 발급 확인서 1부
5. **정보보호 관리체계 인증 관련**
   나. 정보보호 관리체계 인증서 1부
6. **기타**
   가. 신고인·대표자·임원 확인서(붙임 3)

▼ 붙임 2 가상자산 취급목록 양식

1. 전체 가상자산 현황(신고일 기준)

　가. 총종류 수(나. + 다.) :　　개

　나. 고객거래용　　　　 :　　개

　다. 고객거래外　　　　 :　　개

2. 가상자산 내역(신고일 기준)

상품명	발행처[11]	용도[12]		다크코인 여부[13]	비고[14]
		고객거래	고객거래外		

[11] 발행기관이 특정되지 않을 경우, "해당 사항 없음"으로 표기
[12] 가상자산의 용도에 따라 해당하는 칸에 ○ 표기(복수표기 가능)
[13] 가상자산이 하나의 가상자산 주소에서 다른 가상자산 주소로 이전될 때 전송기록이 식별될 수 없도록 하는 기술이 내재된 가상자산
[14] 기타 특이사항 기재

▼ 붙임 3 신고인 · 대표자 · 임원 확인서 양식(안)

가. 신고인 확인서

신고인 확인서	
신고불수리 요건 사유내용	해당 사항 없음 확인서명
금융 관련 법률*에 따라 벌금 이상의 형을 선고받고 그 집행이 끝나거나(집행이 끝난 것으로 보는 경우를 포함한다) 집행이 면제된 날부터 5년이 지나지 아니한 자	
신고 또는 변경신고가 직권 말소되고 5년이 지나지 아니한 자	

* ① 「특정 금융거래정보의 보고 및 이용 등에 관한 법률」 제7조 제3항 제3호
　　동 법, 「범죄수익은닉의 규제 및 처벌 등에 관한 법률」, 「공중 등 협박목적 및 대량살상무기확산을 위한 자금조달행위의 금지에 관한 법률」, 「외국환거래법」 및 「자본시장과 금융투자업에 관한 법률」
　② 「특정 금융거래정보의 보고 및 이용 등에 관한 법률시행령」 제12조의2 제3항
　　「금융회사의 지배구조에 관한 법률」 제2조제7호에 따른 금융관계법령
　③ 「금융회사의 지배구조에 관한 법률」 제2조제7호(동법 시행령 제5조)
　　「공인회계사법」, 「근로자퇴직급여 보장법」, 「금융산업의 구조개선에 관한 법률」, 「금융실명거래 및 비밀보장에 관한 법률」, 「금융위원회의 설치 등에 관한 법률」, 「금융지주회사법」, 「금융혁신지원 특별법」, 「금융회사부실자산 등의 효율적 처리 및 한국자산관리공사의 설립에 관한 법률」, 「기술보증기금법」, 「농림수산식품투자조합 결성 및 운용에 관한 법률」, 「농업협동조합법」, 「담보부사채신탁법」, 「대부업 등의 등록 및 금융이용자 보호에 관한 법률」, 「문화산업진흥 기본법」, 「벤처기업육성에 관한 특별조치법」, 「보험업법」, 「감정평가 및 감정평가사에 관한 법률」, 「부동산투자회사법」, 「사회기반시설에 대한 민간투자법」, 「산업발전법」, 「상호저축은행법」, 「새마을금고법」, 「선박투자회사법」, 「소재·부품·장비산업 경쟁력강화를 위한 특별조치법」, 「수산업협동조합법」, 「신용보증기금법」, 「신용정보의 이용 및 보호에 관한 법률」, 「신용협동조합법」, 「여신전문금융업법」, 「예금자보호법」, 「온라인투자연계금융업 및 이용자 보호에 관한 법률」, 「외국인투자 촉진법」, 「외국환거래법」, 「유사수신행위의 규제에 관한 법률」, 「은행법」, 「자본시장과 금융투자업에 관한 법률」, 「자산유동화에 관한 법률」, 「전자금융거래법」, 「주식·사채 등의 전자등록에 관한 법률」, 「주식회사 등의 외부감사에 관한 법률」, 「주택법」, 「중소기업은행법」, 「중소기업창업 지원법」, 「채권의 공정한 추심에 관한 법률」, 「특정 금융거래정보의 보고 및 이용 등에 관한 법률」, 「한국산업은행법」, 「한국수출입은행법」, 「한국은행법」, 「한국주택금융공사법」, 「한국투자공사법」, 「해외자원개발 사업법」

본인은 상기 「특정 금융거래정보의 보고 및 이용 등에 관한 법률」 제7조, 시행령 제12조의2의 금융 관련 법률위반에 해당하지 않음을 확인합니다. 　　　　　　　　　　　　　　202×. ××. ×. 　　　　　　　　　　　　　　　　　　　　　　　　　　성명 :　　　　(인)

<첨부> : 진행 중인 조사·검사, 형사소송 등의 개요

나. 대표자 및 임원(등기임원) 확인서

대표자 및 임원 확인서(개인)	
신고불수리 요건 사유내용	**해당 사항 없음 확인서명**
금융 관련 법률*에 따라 벌금 이상의 형을 선고받고 그 집행이 끝나거나(집행이 끝난 것으로 보는 경우를 포함한다) 집행이 면제된 날부터 5년이 지나지 아니한 자	

* ① 「특정 금융거래정보의 보고 및 이용 등에 관한 법률」 제7조 제3항 제3호
  동 법, 「범죄수익은닉의 규제 및 처벌 등에 관한 법률」, 「공중 등 협박목적 및 대량살상무기확산을 위한 자금조달행위의 금지에 관한 법률」, 「외국환거래법」 및 「자본시장과 금융투자업에 관한 법률」
  ② 「특정 금융거래정보의 보고 및 이용 등에 관한 법률시행령」 제12조의2 제3항
  「금융회사의 지배구조에 관한 법률」 제2조 제7호에 따른 금융관계법령
  ③ 「금융회사의 지배구조에 관한 법률」 제2조 제7호(동법 시행령 제5조)
  「공인회계사법」, 「근로자퇴직급여 보장법」, 「금융산업의 구조개선에 관한 법률」, 「금융실명거래 및 비밀보장에 관한 법률」, 「금융위원회의 설치 등에 관한 법률」, 「금융지주회사법」, 「금융혁신지원 특별법」, 「금융회사부실자산 등의 효율적 처리 및 한국자산관리공사의 설립에 관한 법률」, 「기술보증기금법」, 「농림수산식품투자조합 결성 및 운용에 관한 법률」, 「농업협동조합법」, 「담보부사채신탁법」, 「대부업 등의 등록 및 금융이용자 보호에 관한 법률」, 「문화산업진흥 기본법」, 「벤처기업육성에 관한 특별조치법」, 「보험업법」, 「감정평가 및 감정평가사에 관한 법률」, 「부동산투자회사법」, 「사회기반시설에 대한 민간투자법」, 「산업발전법」, 「상호저축은행법」, 「새마을금고법」, 「선박투자회사법」, 「소재·부품·장비산업 경쟁력강화를 위한 특별조치법」, 「수산업협동조합법」, 「신용보증기금법」, 「신용정보의 이용 및 보호에 관한 법률」, 「신용협동조합법」, 「여신전문금융업법」, 「예금자보호법」, 「온라인투자연계금융업 및 이용자 보호에 관한 법률」, 「외국인투자 촉진법」, 「외국환거래법」, 「유사수신행위의 규제에 관한 법률」, 「은행법」, 「자본시장과 금융투자업에 관한 법률」, 「자산유동화에 관한 법률」, 「전자금융거래법」, 「주식·사채 등의 전자등록에 관한 법률」, 「주식회사 등의 외부감사에 관한 법률」, 「주택법」, 「중소기업은행법」, 「중소기업창업 지원법」, 「채권의 공정한 추심에 관한 법률」, 「특정 금융거래정보의 보고 및 이용 등에 관한 법률」, 「한국산업은행법」, 「한국수출입은행법」, 「한국은행법」, 「한국주택금융공사법」, 「한국투자공사법」, 「해외자원개발 사업법」

본인은 상기 「특정 금융거래정보의 보고 및 이용 등에 관한 법률」 제7조, 시행령 제12조의2의 금융 관련 법률위반에 해당하지 않음을 확인합니다.

202×. ××. ×.

성명 :   (인)

<첨부> : 진행 중인 조사·검사, 형사소송 등의 개요

1. 신고서 요건

특정금융정보법	특정금융정보법 시행령(입법예고안)
제7조(신고) ① 가상자산사업자(이를 운영하려는 자를 포함한다. 이하 이 조에서 같다)는 대통령령으로 정하는 바에 따라 다음 각 호의 사항을 금융정보분석원장에게 신고하여야 한다. 1. 상호 및 대표자의 성명 2. 사업장의 소재지, 연락처 등 대통령령으로 정하는 사항	제12조(신고의 방법 및 절차 등) ① 법 제7조 제1항에 따라 신고를 하려는 가상자산사업자(이를 운영하려는 자를 포함한다. 이하 이 조에서 같다)는 금융정보분석원장이 정하여 고시하는 신청서를 금융정보분석원에 제출하여야 한다. ② 제1항에 따른 신청서에는 다음 각 호의 서류를 첨부하여야 한다. 1. 정관(이에 준하는 것을 포함한다) 2. 본점의 위치와 명칭을 기재한 서류 3. 가상자산사업자의 대표자와 임원의 「형의 실효 등에 관한 법률」 제5조의2 제2항에 따른 범죄경력자료 4. 가상자산사업자의 업무방법을 기재한 서류 5. 가상자산사업자가 사용할 법 제7조 제3항 제2호에 따른 실명확인이 가능한 입출금계정(가상자산사업자의 명의로 금융회사 등에 개설된 계좌로 한정한다. 이하 "실명확인 입출금계정"이라 한다)을 발급한 금융회사 등이 작성한 확인서(다만, 가상자산사업자가 제12조의8 제3항 후단에 따라 금융회사 등으로부터 신고의 수리를 조건으로 실명확인 입출금계정을 발급받는 경우 그러한 취지를 기재한 확인서로 대체할 수 있다) 6. 법 제7조 제3항 제1호에 따른 정보보호 관리체계 인증을 증명하는 서류 7. 그 밖에 금융정보분석원장이 정하여 고시하는 사항 ③ 법 제7조 제1항 제2호에서 "대통령령으로 정하는 사항"이란 다음 각 호의 사항을 말한다. 1. 국내 가상자산사업자(본점, 주사무소 또는 사업의 실질적 관리장소가 국내에 있는 가상자산사업자를 말한다)의 경우 다음 각 목의 사항

15 시행령 등 하위규정 확정 시 변경 가능

	가. 가상자산사업자의 대표자 및 임원의 실지 명의와 국적
	나. 본점, 주사무소 및 영업소의 소재지와 연락처
	다. 전자우편주소, 인터넷도메인 이름, 호스트서버의 소재지
	라. 법 제2조 제1호 하목에 따른 행위 중 가상자산사업자가 수행할 행위의 유형
	마. 법 제7조 제3항 제2호에 따른 실명확인이 가능한 입출금계정에 관한 정보
	바. 그 밖에 금융정보분석원장이 정하여 고시하는 사항
	2. 외국 가상자산사업자(본점 또는 주사무소가 외국에 있는 자(사업의 실질적 관리장소가 국내에 있지 아니하는 경우만 해당한다)로서 내국인을 대상으로 법 제2조 제2호 라목에 따른 가상자산거래를 하는 영업으로 하는 자를 말한다)의 경우 다음 각 목의 사항
	가. 제1호 각 목의 사항
	나. 국내 사업장의 주소 및 연락처
	다. 국내에 거주하면서 외국 가상자산사업자를 대표할 수 있는 자의 실지명의와 국적
	라. 그 밖에 금융정보분석원장이 정하여 고시하는 사항

2. 불수리 요건

(1) 정보보호 관리체계 인증

특정금융정보법	특정금융정보법 시행령(입법예고안)
제7조(신고) ③ 금융정보분석원장은 제1항에도 불구하고 다음 각 호의 어느 하나에 해당하는 자에 대해서는 대통령령으로 정하는 바에 따라 가상자산사업자의 신고를 수리하지 아니할 수 있다. 1. 정보보호 관리체계 인증을 획득하지 못한 자	

(2) 실명확인 입출금계정

특정금융정보법	특정금융정보법 시행령(입법예고안)
제7조(신고) ③ 금융정보분석원장은 제1항에도 불구하고 다음 각 호의 어느 하나에 해당하는 자에 대해서는 대통령령으로 정하는 바에 따라 가상자산사업자의 신고를 수리하지 아니할 수 있다. 2. 실명확인이 가능한 입출금계정(동일 금융회사 등(대통령령으로 정하는 금융회사 등에 한정한다)에 개설된 가상자산사업자의 계좌와 그 가상자산사업자의 고객의 계좌 사이에서만 금융거래 등을 허용하는 계정을 말한다)을 통하여 금융거래 등을 하지 아니하는 자. 다만, 가상자산거래의 특성을 고려하여 금융정보분석원장이 정하는 자에 대해서는 예외로 한다.	**제12조의2(가상자산사업자에 대한 신고불수리에 관한 사항)** ② 법 제7조 제3항 제2호에 따른 "대통령령으로 정하는 금융회사 등"이란 다음 각 호의 자를 말한다. 1. 「은행법」에 따른 은행 2. 「중소기업은행법」에 따른 중소기업은행 3. 「농업협동조합법」에 따른 농협은행 4. 「수산업협동조합법」에 따른 수협은행 **제12조의8(실명확인 입출금계정 개시기준 등)** ① 금융회사 등은 법 제7조제9항에 따른 실명확인 입출금계정을 개시할 때 가상자산사업자가 다음 각 호의 요건을 충족하는지 여부를 확인하여야 한다. 1. 법 제5조의2 제1항 제3호 마목 1)에 따라 예치금을 고유재산과 구분하여 관리할 것 2. 법 제5조의2 제1항 제3호 마목 2)에 따른 정보보호 관리체계 인증을 획득할 것 3. 법 제7조 제3항 제3호 및 제4호에 해당하지 않을 것 4. 제13조 제1호에 따라 고객별로 거래내역을 분리하여 관리할 것 ② 금융회사 등이 실명확인 입출금계정을 개시하려는 경우에는 가상자산사업자가 자금세탁행위와 공중협박자금조달행위를 방지하기 위하여 구축한 절차 및 업무지침 등을 확인하여 법 제5조 제3항 제1호에 따라 가상자산사업자와의 금융거래 등에 내재된 자금세탁행위와 공중협박자금조달행위의 위험을 식별, 분석, 평가하여야 한다. ③ 금융회사 등은 가상자산사업자의 법 제7조제1항 또는 제2항에 따른 신고 또는 변경신고가 수리된 이후에 금융거래 등이 이루어질 것을 조건으로 하여 실명확인 입출금계정을 개시할 수 있다. ④ 실명확인 입출금계정의 사용기한은 법 제7조 제6항에 따른 신고의 유효기간까지로 한다. 다만, 신고의 갱신에 따라 사용기한을 연장할 수 있다.

⑤ 제1항부터 제4항에서 규정한 사항 외에 실명 확인 입출금계정에 관하여 필요한 사항은 금융정보분석원장이 정하여 고시한다.

(3) 금융 관련 법률위반

특정금융정보법	특정금융정보법 시행령(입법예고안)
제7조(신고) ③ 금융정보분석원장은 제1항에도 불구하고 다음 각 호의 어느 하나에 해당하는 자에 대해서는 대통령령으로 정하는 바에 따라 가상자산사업자의 신고를 수리하지 아니할 수 있다. 3. 이 법, 「범죄수익은닉의 규제 및 처벌 등에 관한 법률」, 「공중 등 협박목적 및 대량살상무기 확산을 위한 자금조달행위의 금지에 관한 법률」, 「외국환거래법」 및 「자본시장과 금융투자업에 관한 법률」 등 대통령령으로 정하는 금융관련 법률에 따라 벌금 이상의 형을 선고받고 그 집행이 끝나거나(집행이 끝난 것으로 보는 경우를 포함한다) 집행이 면제된 날부터 5년이 지나지 아니한 자(가상자산사업자가 법인인 경우에는 그 대표자와 임원을 포함한다)	**제12조의2(가상자산사업자에 대한 신고불수리에 관한 사항)** ③ 법 제7조 제3항 제3호에서 정하는 "대통령령으로 정하는 금융 관련 법률"이란 「금융회사의 지배구조에 관한 법률」 제2조 제7호에 따른 금융관계법령을 말한다.

(4) 직권말소 경력

특정금융정보법	특정금융정보법 시행령(입법예고안)
제7조(신고) ③ 금융정보분석원장은 제1항에도 불구하고 다음 각 호의 어느 하나에 해당하는 자에 대해서는 대통령령으로 정하는 바에 따라 가상자산사업자의 신고를 수리하지 아니할 수 있다. 4. 제4항에 따라 신고 또는 변경신고가 말소되고 5년이 지나지 아니한 자	

가상자산 주요 용어 정리

가상자산은 새로운 기술과 기법 등이 활용됨에 따라 용어 등이 매우 낯설다. 가상자산을 이해하는 데 꼭 필요한 주요 용어들을 소개하고자 한다.

■1 기본용어

① **계정**Account : 지갑Wallet의 계정을 통해 사용자는 가상자산의 잔금을 추적하고 자금을 받기 위해 공유할 수 있음

② **지갑**Wallet

• 블록체인 관련 자산을 넣을 수 있는 지갑으로, 블록체인 관련 자산을 컴퓨터나 모바일 등 하드웨어 기기에 보관하는 소프트웨어

• 비트코인 등을 외부에 따로 저장할 수 있는 하드웨어 지갑도 있지만, 투자자가 가장 많이 사용하는 형태는 온라인으로 접속하는 방식

③ **핫월렛**Hot Wallet

• 온라인에 연결되어 있는 지갑으로서 '소프트웨어 지갑'이라고도 함

• 데스크탑 지갑, 모바일 지갑, 거래소 지갑 등이 여기에 속함

• 핫월렛은 편리하고 사용하기 쉽지만, 온라인으로 연결되어 있기 때문에 해커의 공격을 받을 수 있음

④ **콜드월렛**Cold Wallet

• 온라인에 연결되어 있지 않은 지갑으로서 '하드웨어 지갑'이라고도 함

• 종이지갑 등이 여기에 속함

• 콜드월렛은 보안성이 높지만, 사용하기 불편함

⑤ **주소**Address : 블록체인으로 보안이 유지되는 지갑을 표시하는 문자열(일반

적으로 문자와 숫자로 구성됨)

⑥ 재단(프로젝트)

• '재단'이라는 표현을 사용하기는 했으나 가상자산을 발행하는 업체를 말함

• 재단법인은 비영리활동이 주를 이루어야 하기 때문에 실질적으로는 유한책임회사 형태

⑦ 알트코인Altcoin : 비트코인Bitcoin을 제외한 가상화폐 전부를 일컫는 편의상의 용어로서 이더리움Ethereum, 리플Ripple, 라이트코인Litecoin 등이 대표(줄여서 그냥 "코인"이라고도 부름)

⑧ 밈코인Meme Coin

• 인터넷과 소셜네트워크서비스SNS에서 큰 인기를 끄는 사진이나 영상을 기반으로 만든 가상자산으로, 여기서 밈Meme이란 영국의 생물학자 리처드 도킨스가 1976년 내놓은 『이기적 유전자』란 저서에서 만들어낸 개념

• 밈코인은 특별판 목표나 기술력 없이 인기 캐릭터를 앞세운 재미유발을 목적으로 하는데, 2021년 도지코인으로 큰 관심을 받으면서 주목받기 시작함

⑨ 토큰Token

• 특정 블록체인 플랫폼에서 동작하는 응용서비스에서만 사용하는 암호화폐

• 일반적으로 블록체인 플랫폼의 거래수수료, 채굴보상 등을 위해 코인coin이라는 자체 지불수단 필요

• 블록체인 플랫폼에서 동작하는 사용자를 위한 응용서비스는 지속적으로 성장하고 안정적으로 유지될 수 있도록 네트워크 사용자와 참여자들을 새롭게 확보해야 함

• 이 특정 응용서비스만을 위한 별도의 지불수단이 토큰

2 블록체인 관련 용어

① 블록체인Blockchain : 데이터를 블록단위로 저장하고 그 블록을 체인처럼 연결하여 데이터의 위·변조를 방지하는 분산형 데이터 저장기술로, 거래장부 또는 공공거래장부로 불리기도 함

② 탈중앙화 : 네트워크나 거래를 통제하는 기관이 없는 상태에서 금융거래를 하는 것을 의미

③ 노드Node : 일반적으로 데이터를 작성, 수신 및 전송할 수 있는 네트워크 내 연결지점 또는 컴퓨터를 의미

④ P2P : peer−to−peer의 줄임말로, 중앙서버를 거치지 않고 클라이언트 컴퓨터끼리 직접 통신하는 방식

⑤ 암호화기술 : 중요한 정보를 어려운 값으로 변환하여 제3자가 볼 수 없도록 하는 기술로, 수학적인 원리에 기반하고 있으며, 보안에 있어 중요한 정보를 직접적으로 보호하는 원천기술

3 가상자산 발행 관련 용어

① 디파이 : 탈중앙화 금융(Decentralized Finance, DeFI)은 블록체인 인프라에서 금융을 재구축하는 오픈소스 프로젝트이며, 중앙화 금융Centralized Finance, CeFI의 반대 개념

② 해시함수Hash Function : 임의 크기의 데이터를 고정된 크기의 해시에 맵핑하는 데 사용할 수 있는 수학적 일방함수

③ 해시Hash : 해시함수에 의해 얻어지는 값(해시값, 해시코드, 해시 체크섬)

④ **채굴**Mining : 가상자산의 블록체인 네트워크에서 새로운 블록을 생성하고 그 대가로 가상자산을 보상받는 행위

⑤ **논스**Nonce : 해시값을 생성할 수 있도록 사용하는 임의의 수로, 채굴 시 찾아야 하는 값

⑥ **스테이킹**Staking : 블록체인 네트워크의 운영을 지원하기 위해 디지털자산을 일정 기간 동안 보유하고 잠그는 행위

⑦ **펌핑**Pumping **& 덤핑**Dumping : 단기간에 가격이 급증하는 것을 펌핑이라 하고, 단기간에 가격이 급락하는 것을 덤핑이라 함

⑧ **테이퍼링**Tapering : 끝이 뾰족해진다는 뜻으로, 양적 완화의 정책규모를 축소해 나가는 것을 말하며, 출구전략을 의미

⑨ **디커플링**Decoupling : 가격의 상승과 하락이 상관관계 없이 전혀 다른 방향으로 움직이는 현상

⑩ **에어드랍**Airdrop : 인식 확대와 배포를 위해 코인이나 토큰을 여러 지갑 주소로 보내는 것

⑪ **프라이빗 세일**Private sale : 제한된 대상에게 코인을 판매하는 행위

⑫ **프리 세일**Pre-sale : 대중에게 공개되기 전인 코인을 조기에 접할 수 있는 기회를 제공하는 것

⑬ **토큰락업**Token Lockup : 스마트 컨트랙트를 통해 발행된 토큰을 거래할 수 없도록 잠가 정해진 기간 혹은 조건에 맞춰 정해진 물량을 배출하는 것

⑭ **가상자산 공개**ICO ; Intial Coin Offering

• 주식시장의 기업공개IPO ; Intial Public Offering와 유사한 개념

• 가상자산인 코인 신규개발 시 투자자를 모집하여 개발금을 모집하는 행위로, 백서를 공개한 후 투자자들에게 자금을 받고 발행되는 토큰을 배분하는 것

⑮ **가상자산거래소 공개**IEO ; Intial Exchange Offering : 개발사에서 직접 투자금을

모으는 것이 아니라, 거래소에서 개발사를 대신해 투자자를 모집하고 코인을 판매하는 방식

◼4 기타

① NFT^{Non-Fungible Token} : 대체 불가능한 토큰이라는 의미로, 블록체인 기술을 기반으로 생성되며, 각 NFT는 고유한 ID와 메타데이터를 가지고 있음

② 스마트 계약^{Smart contract} : 계약의 주체가 사전에 협의한 내용을 미리 프로그래밍하여 전자계약서 안에 넣어 두고, 이 계약조건이 모두 충족되면 계약내용이 실행되는 시스템

③ 스캠코인^{Scam Coin} : 사실과 다른 내용으로 투자자를 속이는 코인

FATF Guidance
VIRTUAL ASSETS AND VIRTUAL
ASSET SERVICE PROVIDERS

Bitcoin Whitepaper
A Peer−to−Peer Electronic
Cash System

FinCEN ADVISORY
Advisory on Illicit Activity Involving
Convertible Virtual Currency

Ethereum Whitepaper

주요 자료 출처

▎금융정보분석원 홈페이지(www.kofiu.go.kr) 보도자료

▎금융정보분석원 내부자료
   – 일본의 자금결제법, 사무처리 기준 등(일본) 해석자료

▎미국 FinCEN 홈페이지(www.fincen.gov) 자료
   – CVC 관련 불법행위에 관한 FinCEN 권고안(미국)

▎국제기구 FATF(www.fatf-gafi.org) 자료
   – FATF 가상자산(VA)·가상자산사업자에 대한 위험 기반 접근법 적용지침

▎업무에 활용하는 자금세탁방지 가이드
   – 사례 등 일부 인용

▎가상자산 관련 신문기사 및 인터넷 기사 등 일부 인용

▎FIU 의심거래 참고유형
   – 가상자산 관련 부문 인용

디지털금융시대, 금융당국자가 알려 주는 가상자산 투자 및 관리 秘法

초판발행   2025년 5월 14일

지은이   김춘규
펴낸이   안종만·안상준

편 집   김경수
기획/마케팅   최동인
표지디자인   BEN STORY
제 작   고철민·김원표

펴낸곳   ㈜**박영사**
             서울특별시 금천구 가산디지털2로 53, 210호(가산동, 한라시그마밸리)
             등록 1959. 3. 11. 제300-1959-1호(倫)
전 화   02)733-6771
f a x   02)736-4818
e-mail   pys@pybook.co.kr
homepage   www.pybook.co.kr
ISBN   979-11-303-2268-1 (03320)

정 가   26,000원